API-Design

Kai Spichale beschäftigt sich seit mehr als 10 Jahren leidenschaftlich mit Softwarearchitekturen von verteilten Systemen und sauberem Code. Nach seinem Studium am Hasso-Plattner-Institut war er u.a. als Softwarearchitekt für die adesso AG und als IT-Berater für innoQ Deutschland GmbH tätig. Als IT Solution Architect arbeitet er heute für SAP SE. Sein technologischer Schwerpunkt liegt auf modernen Architekturansätzen, API-Design und Datenbanktechnologien. Er lebt mit seiner Familie in Berlin.

Kai Spichale

API-Design

Praxishandbuch für Java- und Webservice-Entwickler

 dpunkt.verlag

Kai Spichale
kai.spichale@gmail.com

Lektorat: René Schönfeldt
Copy-Editing: Ursula Zimpfer, Herrenberg
Satz: Birgit Bäuerlein
Herstellung: Susanne Bröckelmann
Umschlaggestaltung: Helmut Kraus, www.exclam.de
Druck und Bindung: M.P. Media-Print Informationstechnologie GmbH, 33100 Paderborn

Bibliografische Information der Deutschen Nationalbibliothek
Die Deutsche Nationalbibliothek verzeichnet diese Publikation in der Deutschen Nationalbibliografie;
detaillierte bibliografische Daten sind im Internet über http://dnb.d-nb.de abrufbar.

ISBN:
Print   978-3-86490-387-8
PDF   978-3-96088-077-6
ePub   978-3-96088-078-3
mobi   978-3-96088-079-0

Korrigierter Nachdruck 2017
Copyright © 2017 dpunkt.verlag GmbH
Wieblinger Weg 17
69123 Heidelberg

5 4 3 2 1

❖ Für Marion und Rudolf ❖

Vorwort

Es gibt bereits sehr gute Bücher über Softwarearchitektur und Design. Warum dann noch dieses Buch über den Entwurf von Application Programming Interfaces, kurz APIs? Weil meiner Meinung nach der Bedarf dafür existiert! Denn API-Design unterscheidet sich von den klassischen objektorientierten Design-Heuristiken, die mit einem internen Datenmodell beginnen und versuchen, Applikationen im Hinblick auf Wartbarkeit und Flexibilität zu optimieren. Im Gegensatz dazu nimmt API-Design die Perspektive der Benutzer, d.h. anderer Entwickler, ein und versucht, die Benutzung von Komponenten oder Diensten durch gutes API-Design für diese Entwickler möglichst einfach zu machen. API-Design ist deswegen nicht nur wichtig für Open-Source-Frameworks, auch unternehmensinterne Softwarekomponenten können davon profitieren. Ein anderer Grund für dieses Buch ist die schnell wachsende Anzahl intern und extern eingesetzter Web-APIs. Deswegen finden Sie in diesem Buch Techniken und Best Practices für Java-, Web- und Messaging-APIs.

Warum ist API-Design wichtig?

APIs gibt es in allen Größen und Formen: Das Spektrum reicht von der Betriebssystem-API POSIX bis zur Web-API des Kurznachrichtendienstes Twitter und von der API der Java-Klassenbibliothek bis zur Web-API des Cloud-Speichers Amazon S3.

> APIs sind der Kleber, der unsere digitale Welt zusammenhält.

Als Softwareentwickler arbeiten wir ständig mit ihnen. Aber wir benutzen sie nicht nur, wir schreiben sie auch. Wenn Sie ein Softwareentwickler sind, dann sind Sie auch ein API-Designer. Warum ist das so? Beispielsweise ist eine gute Architektur in Module strukturiert. Jedes dieser Module braucht eine API, über die es aufgerufen werden

kann. Die APIs entscheiden darüber, wie einfach oder schwer die
Module integriert werden können.

Nützliche Module werden wiederverwendet, sodass deren API
nicht nach Belieben verändert werden sollte. Angenommen eine API
wird von drei anderen Applikationen verwendet, dann gibt es drei gute
Gründe, Kompatibilität bei Änderungen zu berücksichtigen.

> APIs können zu den wertvollsten Assets eines Unternehmens gehören.

Mithilfe von APIs können Kunden oder Partner einen Dienst integrieren. Häufig wird deswegen auch die API als das eigentliche Produkt
angesehen. Kunden investieren viel Zeit und Geld in die Integration
einer API. Die Kosten für einen Umstieg auf eine andere API sind meist
sehr hoch. Deswegen werden Kunden durch APIs gebunden. Allein die
Twitter-API hat Zehntausende registrierte Applikationen.

> APIs können zu den größten Verbindlichkeiten eines Unternehmens
> gehören.

APIs können nicht nur wertvoll für Unternehmen sein, sie können auch
eine Last darstellen. Eine schlechte API oder eine schlechte Dokumentation kann unzählige Supportanfragen zur Folge haben. Aber eine schlechte
API kann nicht mal eben verändert werden. Aus diesem Grund erfahren Sie in diesem Buch, was alles beim API-Design zu beachten ist.

Eine Frage der Perspektive

Zweifellos gibt es Softwareentwickler, die APIs korrekt entwickeln,
ansonsten gäbe es nicht so viele gute Applikationen, Frameworks und
Webservices. Doch es scheint so, als ob die Prinzipien des API-Designs
häufig nur unbewusst durch Erfahrung erlernt werden. Softwareentwickler folgen Regeln, ohne sich dessen bewusst zu sein oder deren
zugrunde liegende Motive zu kennen.

> Beim API-Design geht es um Kommunikation zwischen Entwicklern.

APIs werden nicht für Computer geschrieben, sondern für Menschen.
Was bedeutet das? Wir schreiben Software nur in ganz wenigen Aus-
nahmen in Isolation. Vielmehr baut unsere Software auf existierenden
Komponenten und Services auf, deren APIs wir auswählen und verste-

hen müssen. Weil diese Komponenten und Services von anderen Entwicklern geschrieben wurden, ergibt sich ein Kommunikationsproblem. Denn in den wenigsten Fällen können uns diese Entwickler persönlich erklären, wie die API funktioniert. Daher muss die API selbst der primäre Kommunikationskanal sein. Das kann nur funktionieren, wenn eine API klar, einfach und gut dokumentiert oder sogar selbsterklärend ist.

Können Sie voraussetzen, dass die Benutzer Ihrer API diese bis in letzte Detail verstehen? Das Gegenteil ist oftmals der Fall: Entwickler müssen ihren Job möglichst schnell erledigen. Da bleibt keine Zeit, alles über eine API in Erfahrung zu bringen, bevor man sie benutzt. Entwickler rufen eine Methode der API auf und schauen, was passiert. Wenn das gewünschte Verhalten eintritt, sind sie fertig, ansonsten probieren sie etwas anderes. Entwickler fangen häufig mit Erfahrung an und das Verständnis folgt später, in manchen Fällen nie [Tulach 2008]. Dieses Prinzip der Ahnungslosigkeit ist sogar gewünscht. Denn darum geht es ja gerade bei Modularisierung, Wiederverwendung und dem Geheimnisprinzip. Aus diesem Grund muss eine API intuitiv verständlich sein. Sie sollte keine Überraschungen bereithalten und es Entwicklern schwer machen, sie falsch zu benutzen.

> Die Perspektive ist beim API-Design entscheidend. APIs sollten aus der Perspektive ihrer potenziellen Benutzer entworfen werden.

Wer sind die Benutzer? Was wollen sie mit der API machen? Welche Technologien benutzen sie? Das sind Fragen, die API-Designer beantworten müssen, um eine erfolgreiche und gute API zu entwerfen.

Zielgruppe und Voraussetzungen

Dieses Buch richtet sich an Softwareentwickler und -architekten, die APIs für Frameworks, Bibliotheken oder andere Softwarekomponenten entwickeln. Aber prinzipiell ist das in diesem Buch vorgestellte API-Design für jeden Entwickler interessant, der Code schreibt, der von anderen Entwicklern wiederverwendet wird. Zu Beginn des Buches werden allgemeine Konzepte, Qualitätsmerkmale und Vorteile des API-Designs beschrieben. Dann folgen praktische Tipps und Best Practices für Java-Softwarekomponenten. Eine Übertragung auf andere Programmiersprachen ist durchaus möglich, muss aber durch den Leser erfolgen.

Das Buch richtet sich auch an Softwareentwickler und architekten, die Web-APIs entwickeln und dafür REST und HTTP einsetzen. Für mobile Applikationen, IoT-Szenarien, zur Integration von Microservices etc. eignen sich auch Messaging-APIs, die ebenfalls in diesem Buch betrachtet werden. Praktische Erfahrungen mit diesen Technologien sind sicherlich von Vorteil, aber keine zwingende Voraussetzung, denn alle Konzepte und Technologien werden erklärt.

Struktur des Buches

In diesem Buch werden Sie sowohl allgemeine Konzepte als auch konkrete Techniken und Best Practices für unterschiedliche APIs und Protokolle kennenlernen. Aus diesem Grund ist das Buch in vier Teile gegliedert, die wiederum aus mehreren Kapiteln bestehen.

Teil I:
Grundlagen

Der erste Teil des Buches umfasst wichtige Grundlagen und besteht aus den Kapiteln 1 bis 3:

- **Kapitel 1** beginnt mit einem Überblick über die Geschichte der APIs. In diesem Einstieg werden Zweck, Funktion und Bedeutung von APIs beschrieben.
- **Kapitel 2** stellt die Qualitätsmerkmale vor, die beim API-Design berücksichtigt werden sollten. Diese Merkmale sind die Voraussetzung für alle weiteren Designtechniken in diesem Buch.
- **Kapitel 3** beschreibt das allgemeine Vorgehen beim Entwurf von APIs. Für den Entwurf werden Beispiele eingesetzt, die zeigen, wie die API von Clients in verschiedenen Szenarien benutzt werden soll.

Teil II:
Java-APIs

Nach der allgemeinen Einführung geht es im zweiten Teil um objektorientierte Java-APIs:

- **Kapitel 4** beschreibt die vielfältigen Ausprägungen von objektorientierten APIs, die man in Bibliotheken, Frameworks und anderen Softwarekomponenten findet.
- **Kapitel 5** stellt grundlegende Techniken und Best Practices für Java-APIs vor. Hierzu zählen codenahe Themen wie Command/Query Separation, Design für Vererbung, Verwendung von Interfaces und Exception Handling.
- **Kapitel 6** betrachtet Techniken, die größeren Einfluss auf die Architektur der Anwendung haben, dennoch aber zum API-Design zählen.
- **Kapitel 7** führt in das Thema Kompatibiliät ein. In diesem Zusammenhang werden theoretische Grundlagen und praktische Techniken vorgestellt.

An dieser Stelle verlassen wir die Welt der Java-APIs und kommen zu   *Teil III:*
den Remote-APIs, die primär zur Integration unterschiedlicher Sys-   *Remote-APIs*
teme eingesetzt werden. Konkret geht es im dritten Teil um RESTful
HTTP, SOAP-Webservices und Messaging-APIs:

- **Kapitel 8** führt in den Architekturstil REST ein und beschreibt des-
  sen Grundprinzipien anhand von RESTful HTTP.
- **Kapitel 9** stellt Techniken für Web-APIs vor und geht dabei u.a.
  auf Ressourcendesign, Medientypen und Fehlerbehandlung ein.
- **Kapitel 10** behandelt Designtechniken für SOAP-Webservices.
  Dabei werden Granularität, Message Exchange Patterns, Datentypen und Versionierung beschrieben.
- **Kapitel 11** stellt Messaging als weitere wichtige Alternative zur
  Integration und Aufrufverarbeitung vor. Neben einem umfassenden Anwendungsbeispiel werden verschiedene Protokolle und Pro-
  dukte gezeigt.

Der abschließende vierte Teil des Buches behandelt Querschnittsthe-   *Teil IV:*
men wie Dokumentation, Skalierbarkeit und API-Management: *Übergreifende Themen*

- **Kapitel 12** bietet Empfehlungen zur Dokumentation von APIs. Das
  Kapitel wird mit der Vorstellung hilfreicher Dokumentationswerk-
  zeuge vervollständigt.
- **Kapitel 13** behandelt das Thema Caching, das insbesondere für die
  Performance von RESTful HTTP sehr wichtig sein kann.
- **Kapitel 14** stellt die Grundlagen skalierbarer Systeme vor. In die-
  sem Zusammenhang werden das CAP-Theorem, statuslose Kom-
  munikation, Load Balancing und verschiedene Architekturvarian-
  ten diskutiert.
- **Kapitel 15** diskutiert Consumer-Driven Contracts, »One size fits
  all«-APIs und andere Architekturthemen.
- **Kapitel 16** stellt zu guter Letzt das Thema API-Management vor.
  Architektur und Werkzeuge für das Veröffentlichen, Dokumentieren und Managen von APIs werden beschrieben.

Pfade durch das Buch

Falls Sie das Buch nicht von Anfang bis Ende lesen wollen, können Sie
die Einteilung des Buches nutzen und verschiedene Pfade durch das
Buch wählen. Wenn Sie beispielsweise hauptsächlich am Design von
Web-APIs auf Basis von RESTful HTTP interessiert sind, können Sie
nach den Kapiteln 1 bis 3 direkt mit den Kapiteln 8, 9 und 11–15 fortfahren. Falls Sie hingegen an Java-APIs interessiert sind, können Sie
nach den Kapiteln 1 bis 7 zum Kapitel 12 springen.

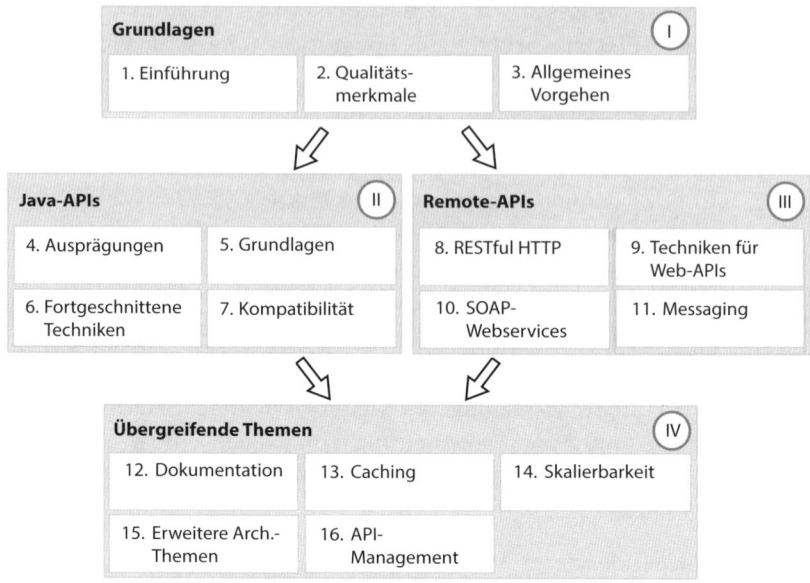

Danksagung

Bei der Arbeit an diesem Buch konne ich von kritischen Diskussionen und wertvollen Kommentaren profitieren. Besonders möchte ich mich bei Eberhard Wolff, Stefan Tilkov, Dirk Ludwig, Ulf Fildebrandt, Ivo Walther und Stefanie Elste bedanken.

Ebenso geht ein Dankeschön an das Team vom dpunkt.verlag. Die Zusammenarbeit mit meinem Lektor René Schönfeldt war stets professionell und freundlich.

Der größte Dank gehört jedoch meiner Frau Ileana, die mich von Anfang an unterstützte, auf viele gemeinsame Abende und Wochenenden verzichten musste und sich auf die Zeit nach dem Buch freut. Danke!

Inhaltsübersicht

Inhaltsverzeichnis

Teil IV   Übergreifende Themen   257

Teil I

Grundlagen

1 Application Programming Interfaces – eine Einführung

APIs sind keine Erfindung der letzten Jahre, denn ihre zugrunde liegenden Prinzipien wurden bereits Mitte des 20. Jahrhunderts erkannt und seitdem in vielfältigen Ausprägungen angewandt. Ab der Jahrtausendwende entstanden zunehmend Web-APIs und eine ganze API-Industrie für E-Commerce, soziale Medien, Cloud und Mobile entwickelte sich. In diesem Kapitel werden wir uns zunächst mit der Entwicklung der ersten APIs beschäftigen, eine Definition finden und die Vorteile von APIs erläutern.

1.1 Eine kurze Geschichte der APIs

Das Konzept einer Subroutinen-Bibliothek wird erstmalig 1948 von Herman Goldstine und John von Neumann beschrieben [Goldstine & von Neumann 1948]. Demnach ist die Idee, dass die meisten Programme allgemeine Operationen wiederverwenden, um den Umfang von neuem Code und Fehlern zu reduzieren, nach Informatikermaßstäben schon sehr alt. Für die Idee der Subroutinen-Bibliotheken wurde Maurice Vincent Wilkes 1967 sogar mit dem Turing Award ausgezeichnet.

Wilkes und sein Team bauten den EDSAC-Röhrencomputer, der erstmals die Von-Neumann-Architektur implementierte und gespeicherte Programme ausführte. Wilkes damaliger Ph.D.-Student David Wheeler entwickelte für EDSAC ein detailliertes Schema zum Einsatz von Subroutinen. Während Goldstine und von Neumann vorsahen, das gesamte Programm in den Speicher zu laden und die Adressen vor Ausführung mit einer speziellen Routine zu ändern, entwickelte Wheeler eine Reihe von Initiierungsbefehlen, die zuerst ausgeführt wurden, um ein Programm von Lochkarten einzulesen und ohne weitere manuelle Eingriffe auszuführen. Die Initiierungsbefehle von Wheeler waren eine Art Boot Loader für die Programme auf den Lochkarten. Die Programme wurden in Assembler geschrieben, sodass die Benutzer des Computers nie mit dem Binärcode des Computers zu tun hatten.

Der technische Bericht »The preparation of programs for an electronic digital computer«, den das Team 1951 veröffentlichte, war ein Standardwerk der Programmierung, bis Jahre später die ersten höheren Programmiersprachen folgten. Wheeler veröffentlichte 1952 auf nur zwei Seiten folgende grundlegende Konzepte [Wheeler 1952]:

- Subroutinen
- Subroutinen-Bibliotheken
- Bedeutung von Dokumentation für Subroutinen-Bibliotheken
- Geheimnisprinzip
- Trade-off zwischen Generalität und Performance
- Funktionen höherer Ordnung
- Debugger
- Routinen zur Interpretierung von Pseudocode

In diesem Dokument schreibt Wheeler, dass die Vorbereitungen für eine Subroutinen-Bibliothek größer sind als ihre eigentliche Programmierung. Außerdem betont er die Bedeutung von Dokumentation von Subroutinen-Bibliotheken. Im abschließenden Fazit nennt er einfache Benutzung, Korrektheit und akkurate Dokumentation als Hauptziele bei der Konstruktion von Bibliotheken. Komplexität sollte vor Benutzern verborgen bleiben.

Obwohl Wheeler schon die Prinzipien der späteren APIs erkannte, unterschied er nicht zwischen API und Implementierung, denn es gab zu diesem Zeitpunkt nur eine Maschinenarchitektur und keine alternativen Implementierungen der Bibliotheken. Erst als die Bibliotheken wegen neuerer Hardware oder wegen besserer Algorithmen neu implementiert wurden und man existierende Programme portieren wollte, gab es Gründe, zwischen API und Implementierung zu unterscheiden.

1968 erschien erstmalig der Begriff »Application Programming Interface« [Cotton & Greatorex 1968]. API und Implementierung werden konzeptionell voneinander getrennt, um Implementierungen austauschen zu können, ohne dass Clients davon betroffen sind.

Mehr als ein halbes Jahrhundert nach Wheelers Pionierarbeit sind seine Aussagen immer noch gültig. Lediglich die Begriffe haben sich verändert. So schreibt Joshua Bloch [Bloch 2006], dass es einfach sein sollte, eine API korrekt zu benutzen, und dass es schwer sein sollte, eine API falsch zu benutzen. Egal wie gut eine API ist, ohne gute Dokumentation wird sie nicht benutzt.

1.2   Web-APIs ab dem Jahr 2000

Zur Jahrtausendwende begann die Suche nach innovativen Lösungen, um Produkte mehrerer E-Commerce-Webseiten miteinander zu verbinden. Web-APIs auf Basis der existierenden HTTP-Infrastruktur schienen das richtige Werkzeug für diese Aufgabe zu sein:

- Im Februar 2000 startete Salesforce.com offiziell eine web-basierte Sales Force Automation für Unternehmen. Dieser Internetdienst setzte von Anfang an XML-APIs ein. Salesforce.com reagierte damit auf den Kundenbedarf, Informationen zwischen verschiedenen Geschäftsanwendungen austauschen zu wollen.

  Erste XML-APIs von Salesforce.com

- Im November 2000, also nur 7 Monate nach Salesforce.com, ging die eBay-API zusammen mit dem eBay Developers Program live. Die eBay-API war eine Reaktion des Unternehmens auf die wachsende Anzahl an Applikationen, die bereits die eBay-Webseite benutzten. Die API sollte die Integration mit diesen und zukünftigen Applikationen vereinheitlichen. eBay kann deswegen als führender Pionier der Web-APIs und Webservices angesehen werden.

  Pionierarbeit von eBay

- Neben diesen E-Commerce-Plattformen spielten auch soziale Medien eine wichtige Rolle in der Geschichte der Web-APIs. 2003 startete del.icio.us, ein Bookmarking-Dienst zum Speichern, Teilen und Auffinden von Bookmarks für Webseiten. Mit einem leicht verständlichen URL-Schema[1] konnte man eine Liste mit Bookmarks für ein Schlüsselwort abrufen. Diese API war nahtlos in die Webseite integriert. Del.icio.us war eine der ersten Webseiten, die HTML zusammen mit maschinenlesbaren Inhalten wie RSS und XML anbot.

  Soziale Medien

- 2004 startete Flickr sein Webportal zum Hochladen, Kommentieren und Teilen von Bildern und kurzen Videos. Die Einführung einer RESTful API half Flickr, schnell populär für Blogger und Benutzer sozialer Medien zu werden. Flickr etablierte für Anwendungsentwickler zur Benutzung der API ein Self-Service. Neben seiner technischen Funktion wurde die API ein wichtiger Faktor für die weitere Geschäftsentwicklung. Die moderne Plattform von Flickr zählte zu den typischen Vertretern des »Web 2.0«.

  Web 2.0

---

1. Bookmark-Listen konnten für bestimmte Tags mit der HTTP-Methode GET abgerufen werden: XML-Inhalte mit *http://del.icio.us/api/tag/[tag_name]*, RSS mit *http://del.icio.us/rss/tag/[tag_name]* und HTML mit *http://del.icio.us/tag/[tag_name]*.

Facebook REST-API   Die Entwicklungsplattform und API von Facebook ist seit 2006 verfügbar. Seitdem ist es Softwareentwicklern möglich, auf Facebook-Freunde, Fotos und Profilinformationen zuzugreifen. Die REST-API war ein Vorteil von Facebook gegenüber Konkurrenten wie MySpace.

Twitter REST-API   Im gleichen Jahr startete auch Twitter seine API auf Basis von REST mit JSON und XML. Wie eBay wollte Twitter auf die wachsende Anzahl an Applikationen reagieren. Die Twitter-API wird von unzähligen Desktop-Clients, mobilen Anwendungen und sogar Geschäftsanwendungen verwendet.

Google Maps API   Ebenfalls 2006 startete Google seine Google Maps API für die zahllosen Entwickler, die Google Maps in ihre Anwendungen integrieren wollten. Dies war die Geburtsstunde der Mashups, die neue Inhalte durch die Kombination bereits bestehender Inhalte erzeugen. Hierfür nutzen Mashups offene APIs, die von anderen Webanwendungen zur Verfügung gestellt werden.

API-Serviceprovider   Die Liste bekannter Web-APIs ließe sich leicht fortsetzen. Wichtig sind ebenfalls die API-Serviceprovider wie Mashery. Dies war 2006 der erste Anbieter einer Infrastruktur zur Entwicklung, Veröffentlichung und Verwaltung von APIs, die es externen Entwicklern ermöglicht, Inhalte anderer Unternehmen für ihre Produkte zu nutzen.

Public Cloud PaaS   In diesem Zeitraum begann außerdem die Ära des Public Cloud Computing Platform as a Service durch die Veröffentlichung der Amazon Web Services (AWS). Amazon startete mit dem Cloud-Speicher Amazon S3 und legte mit Amazon EC2, einem Webservice für die Bereitstellung von skalierbarer Rechenkapazität, nach. Beide bieten eine Web-API. PaaS sollte ein wichtiger Motor der API-Industrie werden.

Mobile Apps   Foursquare startete 2009 einen standortgebundenen Dienst für mobile Geräte, mit dem Benutzer interessante Orte einer Stadt finden können. 2011 folgte die offizielle API von Instagram. APIs entwickelten sich vom Antreiber für E-Commerce-Anwendungen, sozialer Medien und Cloud Computing zum Lieferanten von Ressourcen und Funktionen für mobile Geräte.

Versionierung   Viele APIs leben sehr lang und werden deswegen versioniert. Die Twitter-API v1, die 2006 online ging, wurde beispielsweise erst 2013 eingestellt. Zuvor gab es bereits eine neuere Version der API, sodass Entwickler ausreichend Zeit hatten, ihre Anwendungen umzustellen. Manche APIs leben sogar ewig. Denn aus der Java-Standardbibliothek wurden bisher keine Elemente entfernt, sondern nur als veraltet markiert.

Das nächste große Kapitel der API-Geschichte trägt den Titel »Internet der Dinge« (Internet of Things – IoT). Hinter diesem Trend steckt die Idee, unterschiedlichste intelligente Geräte zu vernetzen, um Menschen bei ihren Tätigkeiten zu unterstützen. Das Spektrum dieser intelligenten Geräte reicht von Kühlschränken bis zu Autos. Mithilfe verschiedener APIs kann man auf die IoT-Einheiten zugreifen. Dies geschieht häufig drahtlos per Wi-Fi, BLE (Bluetooth Low Energy) oder NFC (Near Field Communication). Beispiele sind ThingSpeak, eine Open-Source-Lösung, mit der Entwickler unter Zuhilfenahme von Webtechnologien mit Geräten interagieren können, und OGC SensorThings API, ein Standard zum einheitlichen Zugriff auf IoT-Einheiten, Daten und Applikationen über das Web.

Internet der Dinge

1.3   API-Definition

Eine API kann man allgemein definieren als ein Programmteil, das von einem Softwaresystem anderen zur Anbindung zur Verfügung gestellt wird [Wikipedia 2016]. Diese Definition betont korrekterweise den Integrationszweck einer API. Eine API beschreibt aber auch die möglichen Interaktionen, mit denen sie verwendet werden kann. Deswegen gehört zu einer API eine detaillierte Dokumentation der Schnittstellenfunktionen mit ihren Parametern. Laut Martin Reddy [Reddy 2011] bietet eine API eine Abstraktion für ein Problem und spezifiziert, wie Benutzer mithilfe von Softwarekomponenten, die eine Lösung für das Problem implementieren, interagieren sollten.

Eine andere Definition, die wir auch für dieses Buch verwenden wollen, stammt von Joshua Bloch: »Eine API spezifiziert die Operationen sowie die Ein- und Ausgaben einer Softwarekomponente. Ihr Hauptzweck besteht darin, eine Menge an Funktionen unabhängig von ihrer Implementierung zu definieren, sodass die Implementierung variieren kann, ohne die Benutzer der Softwarekomponente zu beeinträchtigen« [Bloch 2014].

Allgemeine API-Definition

Diese allgemeine Definition verdeutlicht, dass »API« nur der Oberbegriff für viele unterschiedliche API-Spielarten ist. Konkret unterscheidet dieses Buch zwischen Programmiersprachen-APIs und Remote-APIs:

API-Typen in diesem Buch

Programmiersprachen-APIs werden beispielsweise von Bibliotheken angeboten und sind sprach- und plattformabhängig. Als Vertreter der Programmiersprachen-APIs behandelt das Buch objektorientierte Java-APIs.

Abb. 1–1

Es gibt verschiedene
API-Typen. In diesem Buch
werden objektorientierte
Java-APIs, Web-APIs und
Messaging-APIs
behandelt.

Auf der Seite der Remote-APIs bietet das Buch RESTful HTTP, SOAP-Webservices und Messaging-APIs. Diese APIs sind durch Protokolle wie HTTP sprach- und plattformunabhängig. Diese Eigenschaften erfüllen ebenfalls SOAP-Webservices, die mit und ohne HTTP (z. B. über eine Message Queue) genutzt werden können. Messaging-APIs bieten asynchrone Kommunikation auf Protokollen wie AMQP (Advanced Message Queuing Protocol) oder MQTT (Message Queue Telemetry Transport). Darüber hinaus gibt es auch Remote Procedure Calls (RPCs) und dateibasierte APIs für Konfigurationen und asynchronen Informationsaustausch.

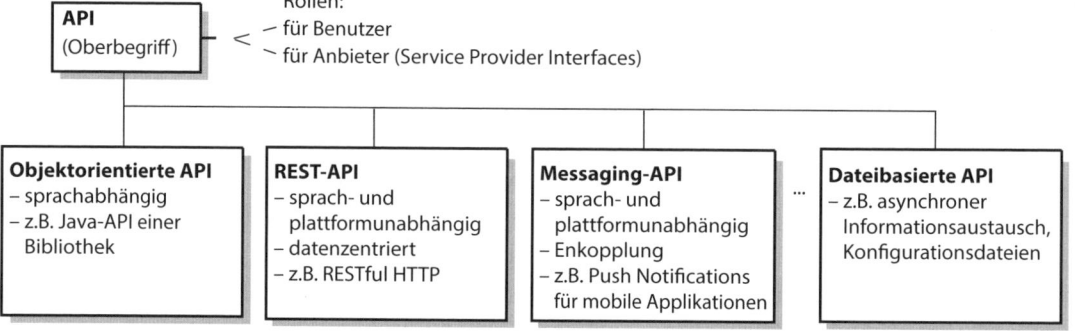

Service Provider Interface Auch Frameworks haben eine API, über die sie benutzt und erweitert werden können. Ein Service Provider Interface (SPI) ist eine API, die dazu bestimmt ist, von einem Benutzer erweitert oder implementiert zu werden. Auf diese Weise kann eine Applikation oder ein Framework Erweiterungspunkte bereitstellen. Generell ist für Programmiersprachen-APIs das Thema Vererbung wichtig.

API versus Protokoll Häufig werden APIs und Protokolle im gleichen Kontext verwendet. Dennoch können und sollten die Begriffe voneinander getrennt werden.

Eine objektorientierte API kann ein Protokoll kapseln. Ein Beispiel dazu ist im Java-Umfeld RMI (Remote Method Invocation). Eine Implementierung dieser Java-API nutzt intern das Protokoll JRMP (Java Remote Method Protocol) für entfernte Aufrufe zwischen Objekten. Ein anderes Beispiel ist JMS (Java Messaging Service). Diese Java-API für Message Queues wird von einem JMS-Provider (z. B. ActiveMQ) mithilfe eines zugrunde liegenden Protokolls (z. B. AMQP) umgesetzt. Eine API-Implementierung kann demzufolge ein Protokoll kapseln bzw. es implementieren. Umgekehrt gilt das nicht: Ein Protokoll kann keine API kapseln oder implementieren.

HTTP ist ein Protokoll, das ist unstrittig, aber HTTP allein stellt noch keine API dar. Eine API kann man jedoch als eine Menge von

HTTP-Requests und -Responses inklusive der Struktur der verwendenten Nachrichten definieren. Häufig spricht man in diesem Fall von einer Web-API oder allgemein von einer Remote-API.

Ein anderes anschauliches Beispiel sind WebSockets, weil hier Protokoll und API konsequent voneinander getrennt sind. Das WebSocket-Protokoll ist in RFC 6455 [Fette & Melnikov 2011] standardisiert und spezifiziert u.a. das Öffnen und Schließen von Verbindungen mit Handshake. Die WebSocket-API [Hickson 2011] definiert u.a. ein WebSocket-Interface mit den Methoden send und close. Mithilfe der API können Webseiten das WebSocket-Protokoll für die Zwei-Wege-Kommunikation mit einem entfernten Host nutzen. Moderne Webbrowser exponieren die API und nutzen das Protokoll zur Kommunikation mit entfernten Servern, die das Protokoll möglicherweise hinter einer serverseitigen API anbinden.

1.4   Vorteile einer API

In der zuvor betrachteten kurzen Geschichte der APIs wurden bereits einige Vorteile beschrieben. Ein wichtiger Vorteil, der sich durch die Trennung zwischen API und Implementierung ergibt, ist die Änderbarkeit oder Austauschbarkeit der Implementierung. Solange der Vertrag der API eingehalten wird, müssen Benutzer ihren Code nicht anpassen. Aus diesem Ansatz ergeben sich mehrere Vorteile:

- Angenommen Benutzer einer Softwarekomponente wären direkt von den Implementierungsdetails der Softwarekomponente abhängig, dann wäre der Code des Benutzers instabil, weil dieser schon bei kleinen Änderungen der Softwarekomponente angepasst werden müsste. Diese starke Kopplung zwischen einer Softwarekomponente und ihren Benutzern kann durch eine API minimiert werden. Falls beispielsweise ein Webservice seine Ein-Server-Lösung durch eine Lösung mit verteilter Architektur ersetzen muss, weil die Benutzeranzahl wächst und Performance-Probleme auftreten, sollte die Änderung keine Auswirkungen auf bestehende Benutzer haben, obwohl die neue Lösung auf einer völlig anderen Architektur basiert. *Stabilität durch lose Kopplung*

- Beispielsweise kann ein in ANSI C geschriebenes Programm auf verschiedenen Computerarchitekturen und Betriebssystemen ausgeführt werden, sofern eine konforme C-Implementierung vorhanden ist. Als Beispiel könnte man auch die Java Runtime Environment (JRE) nennen, denn sie bietet für Java-Programme eine einheitliche API-Implementierung für verschiedene Betriebssysteme. *Portabilität*

Komplexitätsreduktion durch Modularisierung

▨ Eine API bietet eine geeignete Abstraktion und versteckt die Komplexität der Implementierung. Diese nicht notwendige Kenntnis des API-Benutzers über Implementierungsdetails folgt dem Geheimnisprinzip und hilft, die Komplexität großer Anwendungen zu beherrschen. Die Modularisierung hat wiederum Vorteile für Arbeitsteilung und Entwicklungskosten.

Softwarewieder-verwendung und Integration

▨ Eine API wird nicht nur entworfen, um Implementierungsdetails zu verbergen, sondern um Funktionen einer Softwarekomponente anderen Entwicklern möglichst einfach zur Verfügung zu stellen. Aus diesem Grund sollte eine API für einfache Wiederverwendung und Integration optimiert werden. Mit RESTful HTTP kann beispielsweise eine einheitliche Schnittstelle für unterschiedliche Web-APIs realisiert werden.

Grundvoraussetzung für die genannten Vorteile ist gutes API-Design. Allerdings ist es gar nicht so einfach, gute APIs zu entwerfen. Das Entwerfen schlechter APIs geht vergleichsweise einfach [Henning 2007]. Eine gute API erkennt man sofort, sobald man sie verwendet: Ihre Benutzung macht Spaß und es gibt kaum Reibungsverluste, weil sie intuitiv benutzbar und gut dokumentiert ist.

Die Konsequenzen schlechten API-Designs sind vielfältig und schwerwiegend: Schlechte APIs sind schwer zu benutzen, und in manchen Fällen muss zusätzlicher Clientcode geschrieben werden, der Programme größer, komplizierter und schwerer wartbar macht. Entwickler brauchen mehr Zeit, um schlechte APIs zu verstehen und zu benutzen. Schlechte APIs führen deswegen zu erhöhten Entwicklungskosten oder zur völligen Ablehnung von Softwarekomponenten, falls Entwickler zwischen mehreren Alternativen wählen können.

1.5   Nachteile einer API

Interoperabilität

Eine API hat sicherlich nicht nur Vorteile, sondern auch Nachteile. Erwähnenswert ist die fehlende Interoperabilität von Programmiersprachen-APIs, denn eine Java-API kann beispielsweise nicht von einer Go-Applikation konsumiert werden. Die Lösung liegt allerdings auf der Hand: Die gewünschte Interoperabilität bieten Remote-APIs auf Basis von Protokollen wie HTTP und AMQP, weil diese von unterschiedlichen Plattformen und Programmiersprachen genutzt werden können.

Änderbarkeit

Ein anderer Nachteil, der im Alltag Kopfschmerzen bereiten kann, ist die eingeschränkte Änderbarkeit von APIs, denn die mit den API-Benutzern geschlossenen API-Verträge dürfen nicht gebrochen werden – oder etwa doch?

Um das Problem besser erläutern zu können, sollte man zwischen interner und veröffentlichter API unterscheiden. Letztere hat Benutzer, die Sie nicht kennen oder die Sie nicht kontrollieren. In diesem Fall dürfen Sie keine Änderungen machen, die den bestehenden API-Vertrag brechen. Für die internen APIs ist die Situation anders: Wenn Sie zum Beispiel Ihre Codebasis in Module mit öffentlichen und privaten Teilen strukturieren, erfolgt die Kommunikation der Module untereinander über deren öffentliche Teile, also über deren APIs. In diesem Fall könne Sie die APIs ändern und von Refactoring profitieren, weil Sie den von den APIs abhängigen Code kontrollieren. Generell sollten Sie so wenig wie möglich veröffentlichen, um Änderungen machen zu können.

1.6   API als Produkt

Die bisher genannten Funktionen sind hauptsächlich technischer Art. Es gibt jedoch auch wirtschaftliche Funktionen, die wir hier nicht vergessen dürfen. Prinzipiell kann man in diesem Zusammenhang zwischen zwei Unternehmenstypen unterscheiden:

- Für Unternehmen wie Yelp, Twilio oder SendGrid ist die API das Hauptprodukt. Das Bereitstellen einer nützlichen und leicht verwendbaren API ist ihre Geschäftsgrundlage. *Das Unternehmen ist die API.*
- Für andere Unternehmen wie FedEx, Walmart und Best Buy steht die API weniger im Mittelpunkt. Viele Offline-Unternehmen nutzen APIs, um ihren Markt zu vergrößern. *Die API als zusätzlicher Kanal*

1.7   Welche Strategien verfolgen Unternehmen mit APIs?

Web-APIs können für Unternehmen von strategischer Bedeutung sein. Einige dieser Strategien sind hier aufgezählt:

- Unternehmen wie Facebook können nicht für jedes mobile Gerät einen dedizierten Client bauen. Stattdessen setzen sie eine neutrale API ein, die ausfallsicher und skalierbar ist. *Mobile Strategie*
- Twitter konnte die Benutzung seiner Plattform durch eine besonders gute API steigern. Denn diese API war die Grundvoraussetzung für die vielen Twitter-Apps, mit denen Twitter auf unzähligen Geräten überall und jederzeit genutzt werden kann. *Benutzung der Plattform antreiben*
- Eine API-Strategie kann der Anfang eines neuen Geschäftszweigs sein und Wachstum zur Folge haben. Auch Best Buy startete eine API zur Steigerung seines Onlinehandels. Schnell entstanden Apps *Investition in neue Geschäftszweige*

zum Preisvergleich, zum Stöbern im Warenkatalog und zur Verbreitung von Angeboten.

Integration mit Partnern   ▦ APIs sind wichtig zur Vernetzung mit Partnern und Zulieferern. Beispielsweise verfolgt FedEx eine API-Strategie, durch die unzählige FedEx-kompatible Applikationen entstanden sind.

Integration innerhalb   ▦ APIs dienen nicht nur zur Integration von Fremdsystemen, sondern
eines Unternehmens   auch innerhalb eines Unternehmens sind sie zur Integration von Systemen wichtig.

1.8   Zusammenfassung

In diesem Kapitel haben Sie einen Überblick über die Geschichte der APIs bekommen. Hier sind die wichtigsten Etappen kurz zusammengefasst:

▦ Die ersten Subroutinen-Bibliotheken gab es 1949/1950 für den Supercomputer EDSAC.

▦ Der Begriff »API« wurde 1968 erstmals erwähnt.

▦ Ab 2000 entstehen erste Web-APIs für E-Commerce. Daraufhin entwickelt sich eine ganze API-Industrie für soziale Medien, Cloud Computing, mobile Applikationen und schließlich das Internet der Dinge.

In diesem Kapitel wurden ebenfalls wichtige Vorteile von APIs vorgestellt:

▦ Man kann konzeptionell zwischen einer API und ihrer Implementierung unterscheiden. Eine API bildet den Vertrag und die Beschreibung einer Softwarekomponente.

▦ Eine gute API ist für einfache Wiederverwendung und Integration optimiert.

Das nächste Kapitel geht der Frage nach, was eine gute API ausmacht. Dazu werden Sie verschiedene Qualitätsmerkmale kennenlernen.

2 Qualitätsmerkmale

Nachdem Sie im vorherigen Kapitel die Prinzipien und den Zweck von APIs kennengelernt haben, geht es in diesem Kapitel weiter mit den allgemeinen Qualitätsmerkmalen. Diese Merkmale sind das Ziel der Best Practices und Design-Heuristiken in diesem Buch.

2.1 Allgemeine Qualitätsmerkmale

Um die Qualität eines Produktes oder einer Applikation bewerten zu können, gibt es viele Qualitätsmodelle, von denen sich insbesondere DIN/ISO 9126 in der Praxis durchgesetzt hat. Die darin definierten Qualitätsziele gelten für Software im Allgemeinen und damit auch für APIs. Ein Ziel ist beispielsweise die Richtigkeit der geforderten Funktionalität. Zweifellos ist das ein wichtiges Ziel, doch welche Ziele kann man für APIs besonders hervorheben?

- APIs sollen für andere Entwickler leicht verständlich, erlernbar und benutzbar sein. Gute Benutzbarkeit ist ein zentrales Ziel beim API-Design, deshalb finden Sie in diesem Kapitel weitere Informationen darüber. *Benutzbarkeit*

- Insbesondere für mobile Applikationen ist geringer Akku-Verbrauch und geringes Online-Datenvolumen wichtig. Remote-APIs und eventuell dazugehörige Software Development Kits (SDKs), mit denen die Remote-APIs aufgerufen werden, sollten dies berücksichtigen. Auch Skalierbarkeit kann ein wichtiges Ziel sein, falls Sie beispielsweise davon ausgehen, dass Ihre API in Zukunft immer häufiger aufgerufen wird. Kapitel 14 bietet weitere Informationen zu diesem Thema. *Effizienz*

- Die Reife einer API-Implementierung hängt von der Versagenshäufigkeit durch Fehlerzustände ab. Interessant für API-Designer ist vor allem die Frage, wie man mit Fehlern umgehen soll. Informationen über Exception Handling und zur Fehlerbehandlung von Web-APIs finden Sie in Abschnitt 5.7 und 9.4. *Zuverlässigkeit*

2.2   Benutzbarkeit

Wann ist eine API gut benutzbar? Vermutlich kann diese Frage nur mit einer subjektiven Einschätzung beantwortet werden. Dennoch gibt es eine Reihe allgemein akzeptierter Eigenschaften. Weil aber diese Eigenschaften in der Praxis nie vollständig umgesetzt werden können, könnte man auch von Zielen sprechen:

- Konsistent
- Intuitiv verständlich
- Dokumentiert
- Einprägsam und leicht zu lernen
- Lesbaren Code fördernd
- Schwer falsch zu benutzen
- Minimal
- Stabil
- Einfach erweiterbar

Diese Eigenschaften werden in den folgenen Abschnitten vorgestellt.

2.2.1   Konsistent

Kohärentes Design mit der Handschrift eines Architekten

»Konsistenz« deckt sich weitestgehend mit »konzeptioneller Integrität«. Dieses Grundprinzip besagt, dass komplexe Systeme ein kohärentes Design mit der Handschrift eines Architekten haben sollten. Dieses Designprinzip stammt von Frederick Brooks, der bereits vor mehreren Jahrzehnten schrieb: »Konzeptionelle Geschlossenheit ist der Dreh- und Angelpunkt für die Qualität eines Produkts [...]« [Brooks 2008]. Er meint damit, dass Entwurfsentscheidungen, wie beispielsweise Namensgebungen und die Verwendung von Mustern für ähnliche Aufgaben, im gesamten System durchgängig angewandt werden sollen. Das folgende Beispiel soll diese Aussage verdeutlichen. Zu sehen sind zwei Listen mit Funktionsnamen [Lacker 2013]:

```
str_repeat        strcmp
str_split         strlen
str_word_count    strrev
```

Die Liste auf der linken Seite beginnt mit einem Präfix »str«. Darauf folgen die Funktionsbezeichnungen, wobei die einzelnen Wörter durch Unterstriche voneinander getrennt sind. Die Funktionsnamen auf der rechten Seite sind ähnlich aufgebaut. Der Unterschied ist, dass man hier auf die Unterstriche verzichtet hat. Vermutlich haben Sie schon erkannt, dass es sich hierbei um die Bezeichnungen von Funktionen zur Bearbeitung von Zeichenketten handelt. Beide Namenskonventionen sind in Ordnung. Es ist eine Frage des persönlichen Geschmacks, welche man bevorzugt.

Was ist das Problem? Das Problem ist, dass beide Namenskonventionen zur gleichen PHP-API gehören. Das bedeutet, dass sich Entwickler nicht nur die Namen der Funktionen, sondern auch ihre Namenskonvention merken müssen. Aus diesem Grund sollte eine API unbedingt die (nur eine) Handschrift eines Architekten[1] tragen.

Auch im Java Development Kit (JDK) lassen sich leicht Beispiele finden. Das Wort »Zip« wird im selben Package mal mit CamelCase und mal komplett in Großbuchstaben geschrieben:

```
java.util.zip.GZIPInputStream
java.util.zip.ZipOutputStream
```

Das Setzen des Textes eines Widgets ist nicht einheitlich im JDK gelöst. Mehrheitlich heißt die Methode setText, aber leider gibt es Abweichungen:

```
java.awt.TextField.setText();
java.awt.Label.setText();
javax.swing.AbstractButton.setText();
java.awt.Button.setLabel();
java.awt.Frame.setTitle();
```

2.2.2 Intuitiv verständlich

Die zweite wichtige Eigenschaft einer guten API ist intuitive Verständlichkeit. Eine intuitiv verständliche API ist in der Regel auch konsistent und verwendet einheitliche Namenskonventionen. Das bedeutet, dass gleiche Dinge die gleichen Namen haben. Und umgekehrt haben unterschiedliche Dinge auch unterschiedliche Namen. Dadurch ergibt sich eine gewisse Vorhersagbarkeit. Betrachten wir dazu ein weiteres Beispiel:

Ruby-Methoden, die mit einem Ausrufezeichen (!) enden, ändern das Objekt, auf dem sie aufgerufen wurden. Methoden ohne Ausrufezeichen am Namensende erzeugen hingegen eine neue Instanz und lassen das Objekt, auf dem sie aufgerufen wurden, unverändert.

Ruby-Methoden mit Ausrufezeichen (!)

```
my_string.capitalize
# Funktioniert wie capitalize, erzeugt aber keinen neuen String
my_string.capitalize!

my_string.reverse
# Funktioniert wie reverse, erzeugt aber keinen neuen String
my_string.reverse!
```

---

1. Selbstverständlich könnte es auch die Handschrift einer Architektin sein.

Nachdem Sie die Beispiele für capitalize! und reverse! gesehen haben, können Sie vermutlich das Namenspaar für »downcase« erraten.

Setter- und
With-Mehoden
Für Java gibt es ebenfalls derartige Konventionen. Eine Konvention betrifft Setter-Methoden wie setName, setId oder setProperty. Setter-Methoden ändern das aufgerufene Objekt. Methoden wie with-Name, withId oder withProperty ändern das aufgerufene Objekt nicht, sondern erzeugen ein neues Objekt mit den angegebenen Werten. Das Präfix »with« wird beispielsweise von Joda-Time genutzt.

Methoden der
Java-Collections
Ein anderes anschauliches Beispiel sind die Collections der Java-Standardbibliothek. Die starken Begriffe add, contains und remove wurden hier etabliert und da, wo es passt, wiederverwendet. Man findet diese Methoden einheitlich in den Interfaces List und Set. Für Map wurde leider ein anderer Name verwendet. Die Methode zum Hinzufügen von Elementen heißt dort put. Zugegeben, diese Methode hat andere Parameter und funktioniert nicht wie add von List, aber auch zwischen List und Set gibt es Unterschiede. Ein einheitliches add in allen drei Interfaces wäre vermutlich besser gewesen.

Die folgende Tabelle zeigt die Interfaces von List, Set und Map im Vergleich:

java.util.List	java.util.Set	java.util.Map
add	add	put
addAll	addAll	putAll
contains	contains	containsKey, containsValue
containsAll	containsAll	–
remove	remove	remove
removeAll	removeAll	–

Die Tabelle zeigt eine gewisse Symmetrie. Denn es gibt Methodenpaare wie add und remove, addAll und removeAll etc. Die Methode removeAll scheint bei Map zu fehlen, denn diese Methode wäre das Gegenstück zu putAll. Map bietet außerdem die Methode entrySet und keySet, aber nicht die Methode valueSet. Diese Methode heißt korrekterweise values, weil die Mengeneigenschaften in diesem Fall nicht erfüllt werden kann.

Es ist wichtig, starke Begriffe in einer API zu etablieren und diese einheitlich wiederzuverwenden. Beispielsweise sollten Sie nicht Synonyme wie »delete« und »remove« innerhalb einer API beliebig mischen. Entscheiden Sie sich für einen Begriff und bleiben Sie dann dabei. Verwenden Sie Begriffe, die den Benutzern der API geläufig sind. Das Wort »erase« wäre zum Beispiel zu ungewöhnlich. Ein Java-

Entwickler würde vermutlich für Dateioperationen nach »create« und »delete« als Erstes suchen. Bei Persistenzoperationen hingegen nach »insert« und »remove«.

Eine API ist intuitiv verständlich, wenn Entwickler den Clientcode der API ohne die Dokumentation lesen können. Das kann nur durch Vorwissen und sprechende Bezeichner funktionieren. Daher sollten Sie gezielt versuchen, Begriffe aus bekannten APIs wiederzuverwenden.

2.2.3 Dokumentiert

Eine API sollte möglichst einfach zu benutzen sein. Gute Dokumentation ist für dieses Ziel unverzichtbar. Neben Erklärungen für einzelne Klassen, Methoden und Parameter sollten auch Beispiele in der Dokumentation vorhanden sein. Entwickler können durch Beispiele schnell eine API lernen und benutzen. Im Idealfall findet ein Entwickler ein passendes Beispiel, das mit wenigen Änderungen direkt wiederverwendet werden kann. Die Beispiele der Dokumentation zeigen, wie die API korrekt verwendet werden soll.

Gute Dokumentation kann zum Erfolg einer Technologie beitragen. Das Spring Framework hat beispielsweise eine sehr gute Dokumentation mit vielen sinnvollen Beispielen und Erklärungen. Dies war sicherlich ein Grund für die hohe Akzeptanz des Frameworks.

2.2.4 Einprägsam und leicht zu lernen

Wie leicht oder schwer es ist, eine API zu lernen, hängt von vielen unterschiedlichen Faktoren ab. Eine konsistente, intuitiv verständliche und dokumentierte API ist sicherlich einfacher zu lernen als eine inkonsistente, unverständliche und undokumentierte. Die Anzahl der von einer API verwendeten Konzepte, die Wahl der Bezeichner und das individuelle Vorwissen der Benutzer haben ebenfalls großen Einfluss auf die Lernkurve.

APIs sind nur mit Mühe zu erlernen, wenn die Einstiegshürden sehr hoch gelegt werden. Dies ist dann der Fall, wenn viel Code für erste kleine Ergebnisse geschrieben werden muss. Nichts kann einen Benutzer mit Anfängerkenntnissen mehr einschüchtern. Das Webframework Vaadin bietet deswegen auf seiner Website ein Beispiel[2] mit geringer Einstiegshürde und »sichtbaren« Ergebnissen:

---

2. *https://vaadin.com/introduction#how-works*

```
public class MyUI extends UI {
    protected void init(VaadinRequest request) {
        TextField name = new TextField("Name");
        Button greetButton = new Button("Greet");
        greetButton.addClickListener(
            e -> Notification.show("Hi " + name.getValue())
        );
        setContent(new VerticalLayout(name, greetButton));
    }
}
```

Das Beispiel zeigt die Verwendung von Widgets – eine Besonderheit für Webframeworks. Dieses Beispiel hat den Vorteil, dass mit nur etwa 10 Zeilen Code ein erstes sichtbares Ergebnis entsteht. Das Beispiel kann man für weitere Experimente nutzen, um das Framework auszuprobieren.

2.2.5   Lesbaren Code fördernd

APIs haben enormen Einfluss auf die Lesbarkeit des Clientcodes. Schauen wir uns dazu folgendes Beispiel an:

```
assertTrue(car.getExtras().contains(airconditioning));
assertEquals(2, car.getExtras().size());
```

Das Beispiel ist ein Auszug aus einem Unit Test. Die beiden Assertions prüfen, ob das Fahrzeug car eine Klimaanlage und insgesamt zwei Extras hat. Alternativ könnte der Unit Test auch mit dem FEST-Assert-Framework geschrieben werden:

```
assertThat(car.getExtras())
    .hasSize(2)
    .contains(airconditioning);
```

Dank des Fluent Interface, dessen Methodenketten zur Validierung des Testergebnisses stärker an eine natürliche Sprache angelehnt sind, ist der Code des zweiten Beispiels etwas verständlicher. Ein Fluent Interface ist eine Domain Specific Language (DSL), die durch die Anpassung an die Anforderungen ihrer Domäne viel ausdrucksstärker als eine universelle Programmiersprache ist. In Abschnitt 6.1 finden Sie weitere Informationen zu diesem Thema.

Bessere Lesbarkeit und Wartbarkeit von Unit Tests waren die Entwurfsziele des FEST-Assert-Frameworks. In diesem Zusammenhang könnte man noch viele andere Bibliotheken mit gleichem Zweck nennen: Das Spock Famework beispielsweise bietet eine kleine DSL zur übersichtlichen Strukturierung von Tests.

Ein Beispiel aus einem ganz anderen Aufgabengebiet ist die JPA Criteria API. Diese API dient zur Konstruktion von typsicheren Datenbankabfragen. Mit dem folgenden Java-Code wird eine Query gebaut und ausgeführt, um alle Order-Objekte mit mehr als einer Position zu selektieren:

```
EntityManager em = ...;
CriteriaBuilder builder = em.getCriteriaBuilder();
CriteriaQuery<Order> cq = builder
    .createQuery(Order.class);
Root<Order> order = cq.from(Order.class);
order.join(Order_.positions);
cq.groupBy(order.get(Order_.id)).having(
    builder.gt(builder.count(order), 1));
TypedQuery<Order> query = em.createQuery(cq);
List<Order> result = query.getResultList();
```

Übersichtlicher wird die Abfrage mit QueryDSL. Diese Bibliothek bietet ein Fluent Interface, mit dem verständliche Pfadausdrücke formuliert werden können.

```
EntityManager em = ...;
QOrder order = QOrder.order;
JPQLQuery query = new JPAQuery(em);
List<Order> list = query.from(order)
                        .where(order.positions.size().gt(1))
                        .list(order).getResults();
```

Entwickler verbringen mehr Zeit mit dem Lesen als mit dem Schreiben von Quellcode. Daher kann deren Produktivität durch gut lesbaren Quellcode bzw. einer leicht verständlichen API verbessert werden. Wie können APIs zu lesbarem Code führen?

▨ Gute Namenskonventionen sind wichtig, denn sie unterstützen das Lesen und Erfassen des Quellcodes. Gut lesbarer Code enthält auch weniger Fehler, denn Fehler fallen dann schneller auf.

▨ Die zuvor beschriebenen Eigenschaften Konsistenz und intuitive Verständlichkeit haben ebenfalls einen großen Einfluss auf die Lesbarkeit des Clientcodes.

▨ Auch ein einheitliches Abstraktionsniveau verbessert die Lesbarkeit von Code. Das bedeutet, dass eine API beispielsweise nicht Persistenzfunktionen mit Geschäftslogik mischen sollte. Das sind Aufgaben unterschiedlicher Abstraktionsniveaus. Wenn diese vermischt werden, entsteht unnötig komplexer Clientcode. Die gewählten Abstraktionen der API sollten passend für die zukünftigen Benutzer ausgewählt werden.

▨ APIs sollten Hilfsmethoden bieten, sodass der Clientcode kurz und verständlich bleibt. Ein Client sollte nichts tun müssen, was ihm die API abnehmen kann.

2.2.6   Schwer falsch zu benutzen

Eine API sollte nicht nur einfach zu benutzen, sie sollte sogar schwer falsch zu benutzen sein. Daher sollte man nicht offensichtliche Seiteneffekte vermeiden und Fehler zeitnah mit hilfreichen Fehlermeldungen anzeigen. Benutzer sollten nicht gezwungen sein, die Methoden einer API in einer fest definierten Reihenfolge aufzurufen.

Unerwartetes Verhalten   Die ursprüngliche Datums- und Zeit-API von Java sieht auf den ersten Blick einfach und intuitiv aus. Doch schon bei einfachen Beispielen stolpert man über ein Verhalten, das man vermutlich nicht erwartet. Was das bedeutet, wollen wir uns an einem Beispiel anschauen:

Die ursprüngliche Datums- und Zeit-API von Java lädt geradezu dazu ein, Fehler zu machen. Den 20. Januar 1983 würde man vermutlich so definieren wollen:

```
Date date = new Date(1983, 1, 20);
```

Leider enthält diese Codezeile gleich zwei Fehler. Denn die Zeitrechnung dieser API beginnt unerwarteterweise im Jahre 1900. Außerdem sind die Monate beginnend mit 0 durchnummeriert. Die Tage werden beginnend mit 1 angegeben. Deswegen muss der 20. Januar 1983 folgendermaßen erzeugt werden:

```
int year = 1983 - 1900;
int month = 1 - 1;
Date date = new Date(year, month, 20);
```

Im nächsten Schritt geben wir zusätzlich noch die Uhrzeit 10:17 mit der Zeitzone von Bukarest an. Die Uhrzeit soll schließlich in einen formatierten String umgewandelt werden. Weil die Klasse Date keine Zeitzonen unterstützt, müssen wir ein Calendar-Objekt erzeugen. Die erwartete Ausgabe ist »20.01.1983 10:17 +0200«.

```
Date date = new Date(year, month, 20, 10, 17);
TimeZone zone = TimeZone.getInstance("Europe/Bucharest");
Calendar cal = new GregorianCalendar(date, zone);
DateFormat fm = new SimpleDateFormat("dd.MM.yyyy HH:mm Z");
String str = fm.format(cal);
```

Auch hier verstecken sich mehrere Fehler: Der Konstruktor der Klasse GregorianCalendar akzeptiert eine Zeitzone, aber kein Date-Objekt. Der Calendar kann nicht von SimpleDateFormat formatiert werden. Auch SimpleDateFormat muss die Zeitzone übergeben werden. Durch Angabe der Zeitzone wird die Uhrzeit verändert. Der korrigierte Clientcode sieht so aus:

```
int year = 1983 - 1900;
int month = 1 - 1;
// weil 1 Stunde Zeitunterschied zwischen Berlin und Bukarest
int hour = 10 - 1;
Date date = new Date(year, month, 20, hour, 17);
TimeZone zone = TimeZone.getInstance("Europe/Bucharest");
Calendar cal = new GregorianCalendar(zone);
cal.setTime(date);
DateFormat fm = new SimpleDateFormat("dd.MM.yyyy HH:mm Z");
fm.setTimeZone(zone);
Date calDate = cal.getTime();
String str = fm.format(calDate);
```

Aufgrund dieser Fallstricke entstand in der Java-Community die Bibliothek Joda-Time. Der Clientcode könnte folgendermaßen aussehen:

```
DateTime dt = new DateTime(1983, 1, 20, 10, 17,
        DateTimeZone.forID("Europe/Bucharest"));
DateTimeFormatter formatter
        = DateTimeFormat.forPattern("dd.MM.yyyy HH:mm Z");
String str = dt.toString(formatter);
```

Ein anderes nicht unbedingt intuitives Feature ist die Möglichkeit, mehr als 60 Sekunden, mehr als 24 Stunden usw. bei der Erzeugung eines Date-Objektes anzugeben. Statt einer Fehlermeldung wird der Überhang korrekt berechnet. Durch eine Angabe von beispielsweise 25 Stunden wird der nächste Tag 1 Uhr ausgewählt. Dieses Verhalten ist nicht offensichtlich und könnte deswegen zu Fehlern führen.

2.2.7 Minimal

Eine API sollte prinzipiell so klein wie möglich sein, weil einmal hinzugefügte Elemente nachträglich nicht mehr entfernt werden können. Außerdem sind größere APIs auch komplexer. Dies hat Auswirkungen auf Verständlichkeit und Wartbarkeit der API. Ein ganz anderer Punkt ist der Implementierungsaufwand: Je größer die API, desto aufwendiger ihre Implementierung. Deswegen sollten beispielsweise zusätzliche Hilfsmethoden nur mit Bedacht hinzugefügt werden. Andererseits können Hilfsmethoden sehr nützlich sein. Überhaupt sollte ein Client nichts tun müssen, was eine API übernehmen kann.

Im Zweifel weglassen!

Daher braucht man einen Kompromiss, wie ihn die Entwickler der Java-Collection-API gefunden haben: Mit den Methoden addAll und removeAll im Interface java.util.List können mit einem Aufruf mehrere Objekte zu einer Liste hinzugefügt bzw. entfernt werden. Diese Methoden sind optional, weil man Objekte auch einzeln mit add und remove hinzufügen bzw. entfernen kann. Trotzdem ist das Vorhandensein dieser Hilfsmethoden im Interface java.util.List nachvollziehbar und akzeptabel. Diese Hilfsmethoden werden sehr häufig verwendet und passen gut zum Rest des Interface. Andere Hilfsmethoden wie beispielsweise removeAllEven oder removeAllOdd, die alle Objekte mit gerader bzw. ungerader Positionsnummer aus einer Liste entfernen, wären für nur wenige spezielle Anwendungsfälle hilfreich und gehören deswegen nicht in die API.

Die Ruby-Standardbibliothek hat diverse Methoden mehrfach, weil man so im Clientcode besser ausdrücken kann, was man tut. Die Anzahl der Elemente eines Arrays kann z.B. mit length, count und size abgefragt werden. Das muss man nicht ermöglichen, aber es ist ein guter Stil, wenn man ihn konsistent anwendet.

Weniger ist manchmal mehr

Schweizer Messer sind bekannt für ihre zahlreichen Werkzeuge. Neben einer Klinge bieten sie z.B. eine Holzsäge, einen Korkenzieher, eine Schere, eine Metallfeile oder eine Pinzette. Manche dieser Werkzeuge werden kaum oder vielleicht nie benutzt. Ein gewöhnlicher Schraubenzieher mit einem vergleichsweise einfachen Design ist ebenfalls vielseitig einsetzbar: Man kann beispielsweise eine Farbdose mit ihm öffnen, falls der Deckel klemmt. Man kann mit ihm die Farbe umrühren, ein Loch in etwas machen, etwas hinter dem Schrank hervorholen, das man mit der Hand nicht erreichen kann, und man kann sogar Schrauben festdrehen.

Auch eine kleine einfache API kann vielseitig einsetzbar sein. Es muss nicht für jeden Sonderfall eine spezielle Funktion, die am Ende kaum jemand nutzen wird, eingebaut werden. Nichtsdestotrotz sind Schweizer Messer sehr nützlich.

2.2.8   Stabil

Stabilität ist eine wichtige Eigenschaft von APIs. Angenommen Sie entwickeln einen Tarifrechner. Ihr Produkt wird ein großer Erfolg und soll in mehrere Kundensysteme integriert werden. Die Integrationen werden von unterschiedlichen Teams durchgeführt und sind relativ teuer, weil Altsysteme nur mit großem Aufwand angepasst werden können. Dann gibt es eine neue Anforderung aus der Fachabteilung und die komplexen Berechnungsregeln des Tarifrechners müssen erweitert werden. Falls sich nun die Schnittstelle oder das bisherige Verhalten dieser Schnittstelle ändern würde, gäbe es Probleme bei der Integration in die Altsysteme. Deswegen muss bei jeder Änderung geprüft werden, ob diese negative Auswirkungen auf bestehende Benutzer hat und wie diese gegebenenfalls kommuniziert werden können. In Kapitel 7 werden wir uns anschauen, welche Änderungen kompatibel sind. Falls

Änderungen nicht kompatibel sind, ist gegebenenfalls eine neue Version zu nutzen. Stabilität ist auch bei Einführung einer neuen Version wichtig, wenn Sie die Migration für existierende Clients möglichst einfach machen wollen.

2.2.9 Einfach erweiterbar

Eine weitere Eigenschaft von APIs ist Erweiterbarkeit. Diese Eigenschaft ist kein Widerspruch zur zuvor genannten Stabilität, denn gemeint ist Folgendes:

- Bei der Erweiterung einer API sollte der Änderungsaufwand für existierende Clients berücksichtigt werden.
- Im Idealfall ist die veränderte API kompatibel und der Clientcode muss überhaupt nicht angepasst werden.

Eine API kann beispielsweise durch Vererbung erweitert werden:

- API-Benutzer können durch Vererbung das Verhalten eines Frameworks anpassen oder ändern.
- API-Entwickler können eine neue Subklasse hinzufügen, um auf kompatible Art und Weise neue Funktionen umzusetzen. Die neue Subklasse wird womöglich in einer Factory-Methode erzeugt, sodass API-Benutzer dies nicht bemerken.

Auch für Web-APIs ist Erweiterbarkeit ein wichtiges Qualitätsmerkmal. Flexible Datenformate wie XML und JSON können genutzt werden, um kompatible Erweiterungen umzusetzen.

2.3 Zusammenfassung

In diesem Kapitel haben Sie die Qualitätsmerkmale bzw. Qualitätsziele kennengelernt. Diese sind hier zusammengefasst:

- APIs müssen vollständig und korrekt sein.
- APIs sollten konsistent, intuitiv verständlich, dokumentiert, minimal, stabil, erweiterbar und leicht zu lernen sein. Sie sollten es Benutzern leicht machen, lesbaren Code zu schreiben. Es sollte schwer sein, sie falsch zu benutzen.

Im folgenden Kapitel werden Sie erfahren, wie APIs auf Basis von Use Cases und Beispielen entsprechend zuvor identifizierter Anforderungen iterativ mit Feedbackschleifen entworfen werden können.

3 Allgemeines Vorgehen beim API-Design

Eine API ist für gewöhnlich das Ergebnis eines Prozesses mit vielen Iterationen. Manche APIs werden über mehrere Jahre kontinuierlich entwickelt. Jeder Schritt in diesem Prozess bietet einerseits die Chance, die API zu verbessern, und andererseits die Gefahr, die API zu verschlechtern. Aus diesem Grund stellt dieses Kapitel einen Leitfaden zum allgemeinen Vorgehen beim Entwurf von neuen APIs oder zur Erweiterung existierender zur Verfügung.

3.1 Überblick

Das in diesem Kapitel beschriebene Vorgehen ist in der folgenden Abbildung dargestellt. Grundvoraussetzung für den Entwurf einer API sind deren Anforderungen und deren Rolle im Gesamtsystem. Die Anforderungen werden typischerweise mit Use Cases beschrieben. Wenn diese Informationen vorliegen, können Codebeispiele für die neue API geschrieben werden. Diese Beispiele verwenden repräsentative Szenarien, die die wichtigsten Features abdecken. Sie können die Codebeispiele später auch für Tests einsetzen, doch primär sind sie für den Entwurf gedacht.

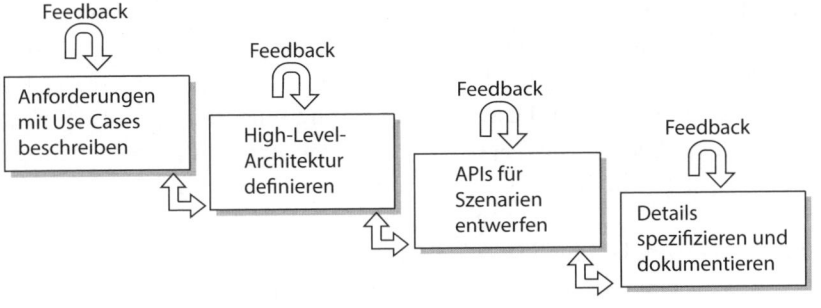

Abb. 3–1

Allgemeines Vorgehen beim API-Entwurf mit Feedbackschleifen

Bevor Sie eine API entwerfen können, müssen Sie deren Rolle in der Gesamtarchitektur einordnen. Je nach System kann die API ein ganz entscheidender, wenn nicht sogar der entscheidende Bestandteil der Architektur sein – wenn es beispielsweise darum geht, mit der API die einzelnen Bestandteile so voneinander zu trennen, dass sie sich unabhängig voneinander weiterentwickeln können, enthält die API die Summe der wichtigen Entscheidungen.

Nachdem Sie die Klassen und Interfaces der zu entwerfenden API mithilfe der Codebeispiele in mehreren Review- und Feedbackschleifen identifiziert haben, könnten Sie eine formale Spezifikation erstellen. Falls Sie keine Programmiersprachen-API, sondern eine Web-API entwerfen, würden die Beispiele typischerweise aus HTTP-Requests und Responses bestehen.

3.2   Heuristiken und Trade-offs

In sehr kleinen Projekten entsteht ein Entwurf häufig informell, während der Softwareentwickler vor seinem Computer sitzt [McConnell 2004]. Der Entwurf besteht vielleicht aus Pseudocode, der einige Klassenschnittstellen skizziert. Danach folgt schon die eigentliche Umsetzung. Für größere Projekte ist ein Entwurf jedoch sehr wichtig. Der fertige Softwareentwurf sollte durchdacht und gut strukturiert sein und alle priorisierten Anforderungen umsetzen. Doch der Prozess, der zu diesem Ergebnis führt, sieht bei Weitem nicht so ordentlich aus. David Parnas und Paul Clements bringen es auf den Punkt [Parnas & Clements 1986]:

»Die Vorstellung, dass ein Softwareingenieur seinen Entwurf in einem rationalen, fehlerfreien Weg aus den Anforderungen ableitet, ist ziemlich unrealistisch. Kein System ist jemals auf diese Weise entwickelt worden, und wahrscheinlich wird das auch nie passieren. Selbst die Entwicklung kleiner Programme in Lehrbüchern und Artikeln sind unrealistisch. Sie wurden überarbeitet und aufpoliert, bis der Autor uns gezeigt hat, was er beabsichtigte, und nicht, was tatsächlich geschah.«

Daher muss man akzeptieren, dass »die erste Version niemals perfekt ist« [Tulach 2008]. Fast jedes Programm muss im Verlauf der Zeit weiterentwickelt werden, weil sich Anforderungen ändern. Wichtige Anforderungen in der Vergangenheit können morgen ungültig sein. Es könnte auch sein, dass Benutzer eine API für Aufgaben einsetzen, für die sie ursprünglich nicht konzipiert wurde.

Aus diesem Grund ist das in diesem Kapitel beschriebene Vorgehen eine Heuristik und kein deterministischer Algorithmus, den Sie Schritt für Schritt abarbeiten können, um sicher zum bestmöglichen Ergebnis zu gelangen.

3.3 Anforderungen herausarbeiten

Bevor man über eine mögliche Lösung nachdenken kann, muss man erst einmal wissen und verstehen, wie die Anforderungen lauten. Systematisch ermittelte Anforderungen minimieren das Risiko, das falsche System zu bauen. Anforderungen sind häufig verborgen unter mehreren Schichten aus falschen Annahmen, Missverständnissen und politischen Entscheidungen. Anforderungen können nicht einfach eingesammelt werden, sie müssen ausgegraben werden [Hunt & Thomas 1999].

Vorgaben kritisch hinterfragen

Anforderungen sind noch keine Lösungen, wenngleich vermeintliche »Anforderungen« implizite technische Lösungen oder Einschränkungen enthalten können. Diese Vorgaben müssen kritisch hinterfragt werden, um bessere technische Lösungen finden zu können.

Anforderungen verständlich und genau formulieren

Anforderungen sollten einfach und verständlich formuliert sein, um Missverständnisse von vornherein zu vermeiden. Genauigkeit ist ebenfalls wichtig: Eine Aussage wie »Die Schnittstelle muss intuitiv und einfach verständlich sein« ist nicht hilfreich, weil »intuitiv« nicht quantifizierbar ist. Die Anforderung »Die Schnittstelle muss fehlerfrei sein« ist nicht realisierbar, denn nicht triviale Software enthält immer Fehler. Auch Anforderungen wie »Die Software läuft mit der neuesten Java-Version« sind zu ungenau, weil beispielsweise nicht klar ist, ob das SDK oder das JRE gemeint ist.

Kompromisse fair verteilen

Kompromisse müssen gemacht werden, wenn Anforderungen unterschiedlicher Benutzergruppen in Konflikt zueinander stehen. Es ist empfehlenswert, in solchen Fällen die Abstriche gleichmäßig auf alle Benutzer zu verteilen, sodass jeder eine Lösung erhält, mit der er arbeiten kann, obwohl sie für niemanden perfekt ist [Bloch 2006].

Mit wenigen Seiten anfangen

Den Entwurf einer API sollte man mit einem Unfang von zunächst nur wenigen Seiten beginnen. Denn nicht jeder Kollege, den man um Feedback bittet, hat Zeit und Lust ein hundertseitiges Dokument zu lesen. Ein kurzer Entwurf kann außerdem auch leichter verändert werden. Agilität ist am Anfang wichtiger als Vollständigkeit.

3.4 Wenn Use Cases nicht ausreichen

Use Cases sind eine etablierte Technik zur Ausarbeitung von Benutzeranforderungen. Use Cases dokumentieren die Vereinbarungen zwischen den Beteiligten eines Projektes über das Verhalten des geplanten Systems. Das Verhalten des Systems ist die Reaktion auf das Handeln eines Hauptakteurs, der ein bestimmtes Ziel verfolgt. Für jeden Use Case werden deswegen Szenarien für die Verwendung des Systems entwickelt. Ein Use Case ist relativ abstrakt und fasst mehrere Szenarien, die dieselben Ziele betreffen, zusammen.

Man kann Use Cases formlos schreiben, häufig werden auch Templates verwendet. Alistair Cockburn empfiehlt eine kurze informelle Variante (casual version) und eine stark strukturierte Variante (fully dressed version) [Cockburn 2000]. Wem keine der beiden Varianten gefällt, kann diese für sein Projekt anpassen. Man sollte in jedem Fall sicherstellen, dass Use Cases ein Ziel haben, einfach zu lesen sind und nicht zu viele Schritte enthalten.

Use Cases vermitteln Entwicklern ein allgemeines Verständnis über das beabsichtigte Verhalten des Systems. Allerdings brauchen Entwickler mehr Informationen als in Use Case enthalten sind. Aus diesem Grund ist neben den Use Cases auch eine Anforderungsspezifikation (software requirements specification) notwendig, die die funktionalen und nicht funktionalen Anforderungen detaillierter beschreibt.

Use Cases sind ungeeignet für beispielsweise Hardwareprodukte mit Steuerungssoftware, für Data-Warehouse-Projekte, Datenverarbeitung mit Batch-Jobs und andere komplexe Datenverarbeitungssoftware. Denn in den genannten Beispielen ist die Komplexität in den Berechnungsalgorithmen verborgen. Der Gebrauch der Software, die mit den Use Cases dargestellt wird, ist im Vergleich dazu trivial. Die Use Cases können in diesen Fällen die für Entwickler interessanten Informationen nicht beschreiben.

Eine wichtige Alternative sind die Event-Response-Tabellen [Wiegers 2006]. In Abhängigkeit des Zustandes des Systems reagiert das System auf ein Ereignis mit einer bestimmten Reaktion oder Antwort. Ereignisquellen sind beispielsweise Sensoren, zeitbasierte Trigger oder Benutzeraktionen.

3.5 Entwurf mit Szenarien und Codebeispielen

Hilfreich zum Entwurf einer API sind Beispiele, die die Verwendung der API aus Clientperspektive zeigen. Als Grundlage für diese Beispiele sind repräsentative Anwendungsszenarien geeignet.

Kommunikation zwischen Client und API beschreiben

Die Kommunikation zwischen Client und API kann zu Beginn mit Interaktionsbeispielen beschrieben werden. Man sollte Notationen verwenden, mit denen man gut arbeiten kann. Es müssen keine formal korrekten UML-Sequenzdiagramme sein. Auch einfache Skizzen auf einem Whiteboard eignen sich gut für diese Aufgabe. Die Entwürfe können dann mit Kollegen oder Teammitgliedern diskutiert und gemeinsam verbessert werden. Wenn Sie die API einer Bibliothek entwerfen, können Sie diesen Schritt auch überspringen.

Im zweiten Schritt folgen bereits Codebeispiele für die Benutzung der API entsprechend den Anwendungsszenarien. Viele objektorientierte Ansätze beginnen mit dem Entwurf des Objektmodells und schreiben die Beispiele für die resultierende API danach. Eine API, die mit einem derartigen Bottom-up-Ansatz entsteht, spiegelt häufig die Struktur der internen Implementierung wider und ist schwerer zu benutzen. Beginnen Sie stattdessen den Entwurf der API mit einem Top-down-Ansatz aus der Perspektive der späteren API-Benutzer. Die API wird nur dann gut, wenn sie für die wichtigen Benutzungsszenarien optimiert wird.

Szenarien mit Code aufschreiben

Schreiben Sie die Codebeispiele entsprechend der Priorität der Szenarien, sodass die wichtigsten Szenarien am elegantesten mit der API zu lösen sind. Nutzen Sie die Programmiersprachen und Technologien der späteren API-Benutzer.

Angenommen Sie wollen die API eines Audit-Logs entwerfen, das Benutzerinteraktionen speichert, um eventuellen Missbrauch einer Anwendung feststellen zu können. Die Codebeispiele für die Szenarien des Audit-Logs könnten folgendermaßen lauten:

Es ist wichtig, eine API früh und häufig mit Beispielen auszuprobieren.

```
// Szenario 1: Erfolgreiche Benutzeranmeldung loggen
AuditLogger logger = new AuditLogger();
AuditEvent event = logger.event()
        .name("user login")
        .status(SUCCESS)
        .user("user1")
        .date(new Date())
        .build();
logger.log(event);

// Szenario 2: Fehlgeschlagene Benutzeranmeldung loggen
AuditLogger logger = new AuditLogger();
AuditEvent event = logger.event()
        .name("user login")
        .status(FAILURE)
        .user("user1")
        .date(new Date())
        .detail("failure explanation", "wrong password")
        .detail("user locked", "true")
        .build();
logger.log(event);
```

Zur Erzeugung der AuditEvent-Instanzen könnten Sie beispielsweise mit verschiedenen Erzeugungsmustern experimentieren und deren Vor- und Nachteile abwägen. Die Beispiele helfen Ihnen außerdem, eventuelle Entwurfsfehler frühzeitig zu erkennen. Erst wenn Sie eine API mehrfach auf diese Weise geschrieben haben, sollten Sie weitere Details spezifizieren oder mit der Implementierung beginnen. Aus den Codebeispielen ergibt sich folgendes API-Design für das AuditLog:

```
public class AuditLogger {
        public AuditLogger() { }
        public AuditEventBuilder event() { }
        public void log(AuditEvent event) { }
}

public class AuditEventBuilder {
        public AuditEventBuilder name(String name) { }
        public AuditEventBuilder status(String success) { }
        public AuditEventBuilder user(String user) { }
        public AuditEventBuilder date(Date date) { }
        public AuditEventBuilder detail(String key, String value) {
}
        public AuditEvent build() { }
}

public class AuditEvent {
        // Getter-Methoden
}
```

Die Codebeispiele sind die Grundlage für eine szenariobasierte API-Spezifikation. Diese kann Teil einer größeren Spezifikation sein oder in einem separaten Dokument abgelegt werden. Die geschriebenen Beispiele können als Teil der Spezifikation, als ausführbare Dokumentation und für Testzwecke verwendet werden.

3.6   Spezifikation erstellen

Nachdem die Klassen und Interfaces der zu entwerfenden API mithilfe der Codebeispiele identifiziert worden sind, könnte eine formale Spezifikation erstellt werden. API-Spezifikationen dieser Art werden beispielsweise im Rahmen des Java Community Process (JCP) erarbeitet, um neue Sprachelemente aufzunehmen, aber auch APIs zu erweitern oder zu verändern. Die Spezifikationen definieren die Konzepte der API und die Anforderungen an Implementierungen. Eine textuelle Spezifikation kann durch ein detailliertes JavaDoc vervollständigt werden. Darin werden konkrete Packages, Interfaces, Klassen etc. genannt und beschrieben. Weitere Details zu JavaDoc finden Sie in Kapitel 12.

Prinzipiell können Sie eine API-Spezifikation in folgende Abschnitte gliedern:

Auf dieser Ebene können Eigenschaften spezifiziert werden, die für die gesamte API gültig sind. Beispielsweise kann festlegt werden, dass alle Objekte Thread-sicher sind. Abweichungen werden explizit angegeben. Ein anderes Beispiel ist der Umgang mit Unchecked Exceptions.

Allgemeine Spezifikation

Diese Angaben sind gültig für alle Elemente innerhalb eines Packages. Der Zweck des Packages sollte kurz und präzise beschrieben sein. Verweise auf andere Dokumente können hier ebenfalls eingefügt werden.

Package-Spezifikation

Dieser Abschnitt beginnt stets mit einer kurzen und präzisen Beschreibung des Objektes. Es folgen Angaben zu Thread-Sicherheit, Zustand (Immutability), Serialisierung, erlaubte Implementierungsvarianten, eventuelle Hardwareabhängigkeiten, Sicherheitseinschränkungen und Verweise auf andere Dokumente.

Klassen- und Interface-Spezifikation

Zur Spezifikation eines Feldes gehört dessen Bedeutung, Wertebereich und eine Aussage, ob das Feld null sein könnte.

Feldspezifikation

Das erwartete Verhalten der Methode ist in jedem Fall anzugeben. Falls der Aufruf der Methode den Zustand des Objektes ändert, sollte ebenfalls die Zustandsänderung beschrieben werden. Weitere Angaben umfassen Bedeutung und Wertebereiche der Parameter, null-Parameter, mögliche Rückgabewerte, null-Rückgaben, erlaubte Implementierungsvarianten, Sicherheitseinschränkungen und Exceptions. Um das Verhalten der Methode korrekt beschreiben zu können, müssen häufig auch Algorithmen beschrieben werden.

Methoden- und Konstruktorspezifikation

Der Teufel steckt häufig im Detail, deswegen kann sich eine aufwendige Dokumentation gerade für veröffentlichte APIs lohnen. Vergessen Sie jedoch nicht zu beschreiben, wie die einzelnen Objekte im Kontext verwendet werden sollen. Typischerweise enthalten JSR-Spezifikationen (Java Specification Request) auch Beispiele, um die Funktionsweise zu verdeutlichen.

3.7   Reviews und Feedback

Was würden Sie über eine Bibliothek oder einen Dienst denken, wenn Sie beim erstmaligen Ausprobieren schon nach wenigen Minuten falsch geschriebene Bezeichner oder Inkonsistenzen finden? Sie würden sich vermutlich fragen, ob Sie an dieser Stelle abbrechen und Ihre Arbeit mit einer Alternative fortsetzen sollten.

Berühmte API-Typos

Als Ken Thompson, der Erfinder von Unix, einmal gefragt wurde, was er anders machen würde, wenn er Unix noch einmal neu schreiben würde, antwortete er: »Ich würde create mit einem 'e' schreiben.« Gemeint war die Funktion creat zur Öffnung eines Dateideskriptors für I/O-Operationen. Auch der HTTP-Header refer(r)er wurde falsch geschrieben. Das Gleiche gilt für mnemonic in der Funktion SHStripMneumonic. Der Schreibfehler fiel zunächst nicht auf oder wurde als unwichtig eingestuft, weil diese Funktion nur intern verwendet wurde. Als jedoch später die betreffende Bibliothek ohne weitere Qualitätssicherung veröffentlicht wurde, war es zu spät. Der Name konnte nicht mehr korrigiert werden. Denn eine Änderung hätte Auswirkungen auf alle Programme, die diese Funktion verwenden.

Diese Art von einfachen Fehlern kann man leicht aufspüren und beheben. Sie können beispielsweise eine Kollegin oder einen Kollegen bitten, ein Review zu machen, denn bekanntlich ist man blind für seine eigenen Fehler. Feedback ist insgesamt sehr wichtig für den Entwurf einer API. Zeigen Sie die entworfene API Ihrem Team und führen Sie Gespräche mit Benutzern der API, um Feedback zu sammeln. Auch negatives Feedback hilft. Je mehr Informationen Ihnen zur Verfügung stehen, desto besser sind Ihre Chancen, eine gute API zu entwerfen.

3.8   Wiederverwendung

Versuchen Sie nicht alles neu zu erfinden, sondern versuchen Sie etablierte Konzepte und Bezeichner wiederzuverwenden, die die Benutzer Ihrer API vermutlich schon kennen. Beispielsweise hat jeder Java-Entwickler eine intuitive Erwartung, wie sich die Methode add einer Klasse namens OrderSet verhält. Nutzen Sie dieses Wissen für sich aus. Berücksichtigen Sie beispielsweise auch die bekannten Namenskonventionen von JavaBeans.

Wiederverwendung heißt auch, von anderen guten APIs zu lernen. Nutzen Sie die Namen und Muster von APIs von Bibliotheken oder Diensten, die Sie bereits kennen oder die von vielen anderen Entwicklern verwendet werden.

Falls die Anwendung, an der Sie arbeiten, bereits andere Schnittstellen hat, dann sollten Sie diese beim Entwurf der neuen berücksichtigen. Denn die Benutzer der neuen API kennen bereits die Namen und Konzepte der existierenden APIs. Versuchen Sie eine dazu passende API zu entwerfen, sodass die Lernkurve der Benutzer möglichst flach bleibt.

3.9   Zusammenfassung

In diesem Kapitel wurde das allgemeine Vorgehen beim Entwurf einer API beschrieben. Die wichtigsten Informationen sind hier noch einmal kurz zusammengefasst:

- Softwareentwurf basiert nicht auf deterministischen Algorithmen, sondern auf Heuristiken.
- Wenn die Anforderungen nicht stimmen, ist es fast egal, wie gut der Rest des Projektes läuft.
- Entwerfen Sie APIs mit Beispielen für wichtige Benutzungsszenarien.
- Zeigen Sie die API anderen Entwicklern und zukünftigen Benutzern. Nutzen Sie Feedback für Verbesserungen.
- Nutzen Sie das Vorwissen der API-Benutzer aus.
- Lassen Sie sich von guten APIs inspirieren.

Im nächsten Kapitel werden objektorientierte Java-APIs vorgestellt, die in vielen unterschiedlichen Formen genutzt werden.

Teil II

Java-APIs

4 Ausprägungen

Java-APIs sind sehr vielfältig, sodass man sie auf verschiedenen Ebenen diskutieren kann. Das Spektrum reicht von den APIs einzelner Klassen und Komponenten bis zu den APIs ganzer Frameworks. Zwischen den folgenden Ausprägungen kann man unterscheiden:

- Implizite Objekt-API
- Utility-Bibliothek
- Service
- Framework

4.1 Implizite Objekt-API

Jedes Objekt hat eine extern sichtbare Schnittstelle, die im Wesentlichen nicht private Methoden und Konstruktoren umfasst. Diese Schnittstelle bildet per Definition die API des Objektes. Objekte sind untereinander verbunden, sodass APIs typischerweise nicht nur auf Basis einzelner Klassen, sondern auf Basis mehrerer miteinander verbundener Klassen zu betrachten sind. Nichtsdestotrotz ist API-Design auf dieser Ebene eng verbunden mit allgemeineren Konzepten wie dem Geheimnisprinzip, Datenkapselung und der Trennung von Zuständigkeiten:

- Das Geheimnisprinzip wurde bereits 1972 von David Parnas in seinem Aufsatz »On the Criteria To Be Used in Decomposing Systems Into Modules« [Parnas 1972] eingeführt. Als Kriterium zur Modularisierung schlug Parnas das Kapseln von Implementierungsentscheidungen vor. Diese Entscheidungen sollen hinter wohldefinierten Schnittstellen verborgen bleiben, sodass diese geändert werden können, ohne dass alle abhängigen Module angepasst werden müssen. Das Geheimnisprinzip verbessert die Wartbarkeit von Software und macht sie stabiler. Module anderer Entwickler können wiederverwendet werden, ohne Details über deren Implementierung kennen zu müssen. Für eine korrekte Benutzung reicht es, zu

Geheimnisprinzip (information hiding)

Datenkapselung
(encapsulation)

wissen, welche Funktionen das Modul bietet und wie diese über die Schnittstelle des Moduls genutzt werden können.

▪ Geheimnisprinzip und Datenkapselung stehen im engen Zusammenhang und werden häufig synonym verwendet. Trotzdem handelt es sich um unterschiedliche Softwaredesignprinzipien. Das Hauptanliegen von Kapselung ist das Ziehen einer Grenze um etwas, sodass man zwischen innen und außen unterscheiden kann. Eine objektorientierte Sprache wie Java bietet Objekte für diesen Zweck. Datenkapselung ist demzufolge das Feature einer Programmiersprache, mit dessen Hilfe das Geheimnisprinzip umgesetzt werden kann.

Trennung von
Zuständigkeiten
(separation of concerns)

▪ Die Trennung von Zuständigkeiten ist ein Softwaredesignprinzip zur Aufteilung der Software in unterscheidbare Sektionen, die jeweils eine Zuständigkeit haben. Diese Aufteilung unterstützt einen modularen Entwurf im Zusammenspiel mit Datenkapselung und dem Geheimnisprinzip. Vorteile dieser Aufteilung sind vereinfachte Entwicklung und Wartung, weil indivduelle Sektionen unabhängig voneinander wiederverwendet oder weiterentwickelt werden können.

APIs nicht nur für Komponenten- und Teamgrenzen

APIs werden häufig zur Integration von Komponenten eingesetzt. Nach dem Gesetz von Conway stimmen diese technischen Schnittstellen häufig mit Team- oder Organisationsgrenzen überein. APIs – insbesondere die auf der hier betrachteten Objektebene – sind jedoch auch innerhalb einer Komponente oder eines Teams zu finden, denn prinzipiell kann API-Design in der gesamten Codebasis eingesetzt werden, um den Code zu verbessern.

```
public class NoEncapsulationOrInformationHiding {
    public static final int STATUS_ENABLED = 0;
    public static final int STATUS_DISABLED = 1;
    public int currentStatus = STATUS_ENABLED;
}
```

Dieses Beispiel zeigt, dass der Einsatz einer objektorientieren Sprache nicht automatisch Datenkapselung und das Geheimnisprinzip sicherstellen.

```
public class EncapsulationWithoutInformationHiding {
    public static final int STATUS_ENABLED = 0;
    public static final int STATUS_DISABLED = 1;
    private int currentStatus = STATUS_ENABLED;
    public int getStatus() {
        return currentStatus;
    }
}
```

Diese zweite Variante ist insofern besser, weil der interne Zustand des Objektes gekapselt wird. Kein Benutzer dieser Klasse ist in der Lage, unkontrolliert den Wert des Attributes currentStatus zu ändern. Das Geheimnisprinzip wird dennoch nicht befolgt, weil implementierungsspezifische Details über eine Zugriffsmethode (accessor method) exponiert werden.

```java
public class EncapsulationAndInformationHiding {
    private static final int STATUS_ENABLED = 0;
    private static final int STATUS_DISABLED = 1;
    private int currentStatus = STATUS_ENABLED;
    private int getStatus() {
        return currentStatus;
    }
    public boolean isEnabled() {
        return getStatus() == STATUS_ENABLED;
    }
}
```

Diese Variante nutzt Datenkapselung zur korrekten Umsetzung des Geheimnisprinzips. Benutzer dieser Klasse können den Status abfragen, ohne dass sie erfahren, wie dieser realisiert ist. Auch das Design dieser API hat sich verbessert, sodass die Klasse intuitiver benutzt werden kann.

API-Design fördert Clean Code

Wie das vorherige Beispiel zeigt, kann eine gute API das Schreiben von lesbarem und wartbarem Clientcode unterstützen. Clean Code [Martin 2008] – eine Sammlung verschiedener Maßnahmen zur Verbesserung der Verständlichkeit von Quellcode – verfolgt ähnliche Ziele. Das gleichnamige Buch von Robert C. Martin deckt viele Themen ab, die ebenfalls für gutes API-Design relevant sind:

- Auswahl aussagekräftiger Namen
- Entwurf von Klassen und Methoden
- Fehlerbehandlung
- Boundaries

Im Gegensatz zu Clean Code schaut API-Design jedoch nicht in das Innere von Klassen und Methoden. Deswegen enthält dieses Buch auch keine Empfehlung zur Formatierung von Quellcode, zur Benutzung von Instanzvariablen oder Schachtelungstiefe von If-Anweisungen.

4.2   Utility-Bibliothek

Auch Utility-Bibliotheken haben eine API. Diese Bibliotheken sind häufig klein und haben keinen globalen Zustand. Globaler Zustand entsteht beispielsweise durch eine Datenbank, eine Konfiguration oder Initialisierung. Charakteristisch für diese APIs sind statische Methoden, wie man sie in Apache Commons Lang findet. Ein passendes Beispiel sind die statischen Methoden der Klasse StringUtils:

- chomp
- contains
- appendIfMissing
- equals

Auch Joda-Time, Guava und FEST sind Utility-Bibliotheken. Selbst das JDK kann als Beispiel genannt werden. Typischerweise bieten Utility-Bibliotheken konkrete Klassen zur Benutzung an.

4.3   Service

Charakteristisch für APIs dieser Kategorie sind Fassaden und Datentransferobjekte zur Kapselung einer zugrunde liegenden Komponente, sodass man diese Kategorie auch »Component Boundary« nennen könnte. Die API eines Service kapselt das Klassenmodell der Komponente vollständig oder partiell. Bei einer partiellen Kapselung werden Elemente der internen Implementierung der Komponente in der API verwendet, sodass Benutzer ebenfalls davon abhängig werden.

Den überladenen Begriff »Service« finden man im Domain-Driven Design (DDD) nach Eric Evans [Evans 2004] als Bezeichnung für eine Operation, die nicht natürlich einem anderen Domänenobjekt zugeordnet werden kann und deswegen Teil eines Serviceobjektes ist. Diese Bedeutung von »Service« passt nicht zu dieser API-Kategorie, wenngleich die Platzierung von Methoden eine wichtige Aufgabe beim API-Design darstellt.

Domain-Driven Design, Application Services und Onion Architecture

Ein Application Service – ebenfalls ein Baustein im Domain-Driven Design nach Vaughn Vernon [Vernon 2013] – ist ein treffenderes Beispiel. Diese Services bieten Operationen für externe Benutzer und kapseln das zugrunde liegende Domänenmodell. Die Application Services sind ebenfalls ein Bestandteil der Zwiebelarchitektur (Onion Architecture) nach Jeffrey Palermo [Palermo 2008]. Die API eines Application Service dient als Einstiegspunkt in die Domäne und nutzt deren Begriffe und Objekte. Die API sollte nur unveränderliche Objekte oder Datentransferobjekte veröffentlichen, sodass Benutzer der API nicht Zugriff auf die darunterliegende Domäne erhalten und diese manipulieren können. Mit einem testgetriebenen Ansatz würde man mit einem funktionalen High-Level-Test auf Basis eines Serviceentwurfs beginnen und die fehlende Geschäftslogik in der Domäne implementieren, bis der Test erfolgreich durchläuft.

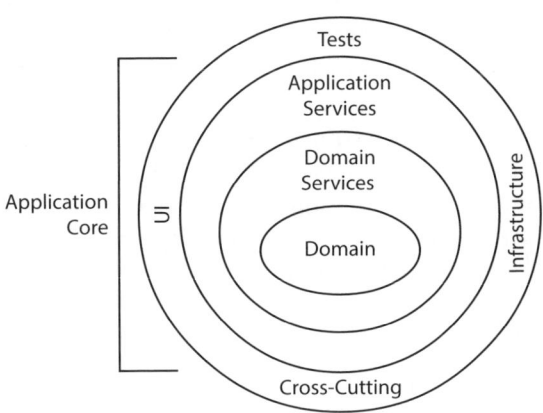

Abb. 4–1
In der Onion Architecture bilden die Application Services die API-Schicht des Application Core.

Nicht nur im API-Layer findet man Services, denn in einer komponentenbasierten Architektur kann die Applikation nicht nur in Schichten, sondern auch in vertikale Schnitte (vertical slices) eingeteilt werden, sodass kleinere Komponenten entstehen, die durch definierte Schnittstellen miteinander verbunden sind. In diesem Sinne unterstützt API-Design bei der Bildung einer modularen Codebasis.

Component Boundary und Vertical Slices

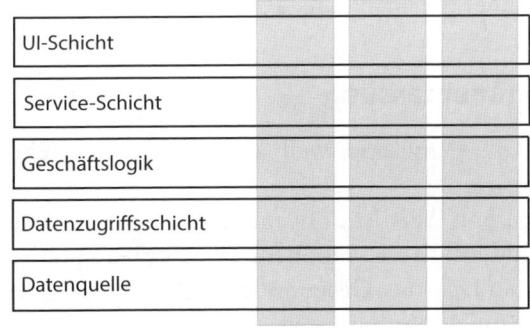

Abb. 4–2
Die Applikation ist in Schichten und vertikale Schnitte eingeteilt. Die entstandenen Komponenten sind durch wohldefinierte Schnittstellen integriert.

4.4 Framework

Frameworks bieten wiederverwendbare Funktionen und Erweiterungspunkte in Form von Interfaces und abstrakten Klassen, die von Benutzern des Frameworks zu erweitern sind. Auch objektorientierte Ansätze wie Callback- und Template-Methoden sind charakteristisch für Frameworks. Im Gegensatz zu einem Service nutzt ein Framework häufig eine Umkehrung der Steuerung (inversion of control), bei der der Entwickler eine konkrete Implementierung registriert, die dann durch das Framework genutzt und gesteuert wird.

Frameworks können großen Einfluss auf die Architektur einer Applikation haben. Charakteristisch sind Callback-Methoden, Dependency Injection und Annotationen zur Steuerung des Lebenszyklus von Objekten. Beispiele sind die Beans des Spring Framework und die Enterprise JavaBeans (EJBs) des Java-EE-Standards. Auch das Framework JUnit prägt die Funktionsweise von Testfällen, denn Testfälle durchlaufen einen fest definierten Lebenszyklus. Mit speziellen Annotationen des Frameworks markierte Methoden können vor und nach der Testfallausführung aufgerufen werden.

4.5   Eine Frage der Priorität

Die Frage lautet nicht, ob man API-Design anwendet, sondern wie viel.

Die obige Liste, die sich wahrscheinlich fortsetzen ließe, zeigt, in welchen unterschiedlichen Ausprägungen objektorientierte APIs diskutiert werden können. APIs sind allgegenwärtig und nicht ausschließlich ein Integrationsthema. Der Aufwand, der mit dem Erreichen der API-Qualitätsmerkmale verbunden ist, ist jedoch nicht immer gerechtfertigt. API-Design ist daher eine Frage der Priorität. Typischerweise investiert man mehr in das API-Design für Framework- und Komponentengrenzen als für eine nur für wenige Entwickler sichtbare interne Implementierung. Die Priorität sollte von der Sichtbarkeit der API und der beabsichtigten Arbeitsteilung abhängig gemacht werden.

4.6   Zusammenfassung

▨ APIs sind allgegenwärtig, weil selbst einzelne Objekte eine implizite API besitzen.

▨ Das Design von APIs ist aufwendig und wird deswegen typischerweise nur intensiv an Komponenten- bzw. Teamgrenzen eingesetzt.

▨ APIs unterstützen das Geheimnisprinzip, Datenkapselung und die Trennung von Zuständigkeiten.

▨ APIs helfen, eine modulare Codebasis zu bilden.

Das folgende Kapitel geht auf eine Vielzahl unterschiedlicher Aspekte und Empfehlungen zum praktischen Design von Java-APIs ein.

5 Grundlagen für Java-APIs

Nachdem in den vorherigen Kapiteln die Qualitätsziele und das allgemeine Vorgehen beim API-Design behandelt wurden, geht dieses Kapitel auf konkrete Aspekte und Empfehlungen für den praktischen Entwurf von Java-APIs ein.

5.1 Auswahl passender Namen

Aus Benutzersicht sind die Namen von Klassen, Interfaces, Methoden und anderen sichtbaren API-Elementen sehr wichtig. Zum Beispiel ist die Bedeutung der statischen Methode interrupted der Klasse java.lang.Thread nicht ohne Dokumentation verständlich. Ein besserer Name wäre vielleicht clearInterruptedStatus gewesen, denn diese Methode räumt den Interrupted-Zustand des aktuellen Threads auf, falls dieser unterbrochen wurde. Intuitiv verständliche Namen sind essenziell, nicht nur um die Benutzung einer API zu erleichtern, sondern auch für die spätere Wartung des entstandenen Codes. Eine API ist wie eine kleine Sprache: Sie sollte möglichst verständlich und konsistent sein.

Beim Entwurf einer API müssen Namen sorgfältig ausgewählt werden, weil nachträgliche Änderungen nur mit großem Aufwand durchgeführt werden können. Wenn es schwerfällt, einen passenden Namen zu finden, ist das meist ein Anzeichen für einen suboptimalen Entwurf. Denn wenn eine Methode mehr als eine Funktion erfüllt, dann fällt es auch schwer, einen einfachen und treffenden Namen zu finden. Wiederkehrende Konzepte sind einheitlich zu benennen und Unterschiede erkennbar zu machen:

```
save()
saveInBackground()
saveEventually()

sendEventSynchronously()
sendEventAsynchronously()
```

Die gewählten Namen sollten möglichst präzise sein. Implementierungsdetails dürfen die Methoden jedoch nicht verraten.

5.1.1   Klassennamen

Der Name einer Klasse bezieht sich auf den Typ, den die Klasse implementiert[1]. Folglich bezieht sich der ausgewählte Name nicht auf die technische Implementierung der Klasse, sondern auf die fachliche Domäne des Typs. Gute Klassennamen sind zum Beispiel Booking, Flight und Customer. Wer jedoch einen Stack implementieren möchte, sollte die Klasse selbstverständlich auch so nennen. In diesem Fall sind Collections die fachliche Domäne.

Klassen werden mit Substantiven benannt. Falls ein Name aus mehreren Substantiven zusammengesetzt wird, kann Pascal Case[2] verwendet werden. Man sollte versuchen, einfache und deskriptive Namen auszuwählen. Präfixe wie zum Beispiel bei CFileHandler sind unnötig.

Die Namen sollten möglichst spezifisch sein: Angenommen Sie entwerfen zur Fehlerbehandlung von HTTP-Verbindungen eine Klasse mit dem Namen ErrorHandler. Der Name ist aussagekräftig und für den Augenblick ausreichend. Falls dann jedoch eine Fehlerbehandlung für Dateizugriffe gebraucht wird, kann der ErrorHandler höchstwahrscheinlich nicht wiederverwendet werden, da dieser für HTTP-Verbindungen entwickelt wurde. Also fügen Sie eine neue Klasse mit dem Namen FileErrorHandler hinzu. Später folgen weitere Klassen zur Fehlerbehandlung, sodass Sie schließlich eine gemeinsame Basisklasse brauchen. Der Name ErrorHandler steht jedoch nicht mehr zur Verfügung. Besser wäre es daher gewesen, wenn Sie die Klasse zur Fehlerbehandlung der HTTP-Verbindungen von Anfang an HttpErrorHandler genannt hätten.

5.1.2   Methodennamen

Ein guter Methodenname beschreibt vollständig und exakt, was eine Methode tut. Hier sind einige ausgewählte Empfehlungen für effektive Methodennamen [McConnell 2004].

---

1. Die Klasse eines Objektes bestimmt, wie das Objekt implementiert ist. Die Klasse definiert den internen Objektzustand und die Implementierung ihrer Methoden. Der Typ eines Objektes bezieht sich auf dessen Schnittstelle. Ein Objekt könnte auch mehrere Typen haben.
2. Jedes der zusammengesetzten Wörter beginnt mit einem Großbuchstaben (XmlParser, HttpServerExceptionHandler, FirstName).

Beschreibe alles, was die Methode macht!

Zu welchen Ergebnissen führt ein Aufruf dieser Methode? Welche Seiteneffekte sind zu erwarten? Wenn eine Methode eine Buchung storniert und dabei außerdem eine Bestätigung in Form eines PDF-Doku-
mentes erzeugt, dann reicht ein Name wie cancelBooking nicht aus.
Ein besserer Name wäre cancelBookingAndCreatePdfConfirmation.
Zugegeben, das ist kein schöner Methodenname, aber er beschreibt die
Methode sehr genau. Wer sich an diesen langen Namen stört, braucht
keine andere Namenskonvention, sondern Methoden, die nur eine
Funktion ohne Seiteneffekte erfüllen.

Ob das Erstellen des PDFs ein Implementierungsdetail ist, kann
man nicht allgemeingültig beantworten. Falls Sie eine öffentliche Web-
API für unbekannte Clients bauen wollen, wäre cancelBooking wahrscheinlich ein guter Name, denn Sie wollen oder dürfen den Clients
keine Details über die Stornierung verraten.

Vermeide bedeutungslose Verben!

Methodennamen wie handleBooking, performBooking und process-
Booking sind vage und austauschbar. Zweck und Funktion der Methoden werden viel zu ungenau beschrieben. Die Namen verraten nur,
dass sie etwas mit Buchungen zu tun haben. Ein Name wie createNew-
BookingIfValidationSuccessful ist viel aussagekräftiger. Oft sind die
Methoden intern sauber geschnitten, aber die Namen wurden schlecht
ausgewählt. Umgekehrt könnte es auch sein, dass der vage Methodenname mit dem nicht eindeutig festgelegten Zweck der Methode korrespondiert. Wenn es schwerfällt, einen passenden Namen zu finden,
deutet das meist darauf hin, dass die Methode überarbeitet werden
sollte.

Ein Name ist so lang wie notwendig, aber nicht länger.

Bei der Auswahl der Methodennamen sollte man berücksichtigen, dass
Objektname und Methodenname im Quellcode hintereinander stehen.
Beide Namen tragen zur Lesbarkeit des Codes bei.

```
booking.getBookingId(); // "Booking" ist redundant
booking.getId();        // mit Getter-Präfix der JavaBean-Konvention
booking.id();           // minimal
```

Letztendlich hängt es von der Namenskonvention des Projektes ab, für
welchen Namen man sich entscheidet. Im Zweifelsfall ist ein kurzer
Name ohne Redundanzen zu bevorzugen.

Benenne Query-Methoden nach ihren Rückgabewerten!

Falls eine Methode einen Rückgabewert hat und sonst keine andere Funktion erfüllt, dann sollte der Methodenname den Rückgabewert beschreiben. Passende Methodennamen sind beispielsweise size, next, isFinished und currentUser. Diese Namen beschreiben exakt, was die Methoden zurückgeben. Andere Beispiele sind findBookingById, getAllBookings und loadAllBookings. Diese Namen setzen voraus, dass es einen nachvollziehbaren Grund für die unterschiedlichen Verben gibt.

Benenne Command-Methoden mit aussagekräftigen Verben!

Eine Command-Methode führt eine Operation aus, infolge dessen der Zustand des Objektes geändert wird. Deswegen beginnt der Name einer Command-Methode mit einem aussagekräftigen Verb, dem optional ein Substantiv folgt. Schauen wir uns dazu diese Beispiele an:

```
// cancelBooking wäre redundant
booking.cancel()

// wären ohne Substantiv unpräzise
booking.computePrice()
booking.addCustomer(customer)
```

Nutze etablierte Begriffe!

Um die Benutzung einer API zu vereinfachen, sollte man wenn möglich bekannte und etablierte Begriffe verwenden. Beispielsweise eignet sich zum Löschen einer Datei delete, für ein Objekt remove und für eine Tabelle drop. Bevor man selbst neue Begriffe einführt, sollte man recherchieren, welche bereits bekannten Begriffe man stattdessen verwenden kann. Die schließlich ausgewählten Begriffe sollten konsistent verwendet werden. Für jedes Konzept sollte es genau einen Begriff geben.

```
booking.cancel();
flight.cancel();
print.abort();        // oder genauer cancelOrAbort()
```

In diesem Beispiel wird einheitlich cancel verwendet, um etwas zu stornieren, das noch nicht begonnen hat. Das Verb abort wird verwendet, um einen Vorgang abzubrechen, der schon begonnen hat. Falls man einen Druckauftrag auch abbrechen kann, noch bevor er begonnen hat, könnte man die Methode auch cancelOrAbort nennen. Dieser Name wäre etwas präziser.

Nutze passende Antonyme!

Methoden einer Klasse können paarweise angeboten werden, sodass eine gewisse Symmetrie entsteht. Die Namen diese Methoden sollten aufeinander durch den Gebrauch passender Antonyme abgestimmt werden.

```
connection.open();
connection.close();

userAccount.activate();
userAccount.deactivate();

list.add(item);
list.remove(item);
```

5.1.3   Parameternamen

Auch der Name eines Parameters sollte vollständig und präzise dessen Wert oder dessen referenziertes Objekt beschreiben. Ein Parameter für die heutige Anzahl von Pizzas, die wegen verspäteter Lieferung kostenlos waren, könnte numberOfTodaysFreePizzaDueToLateDelivery heißen. Der Parameter sollte einen möglichst sprechenden Namen haben. Abkürzungen können kontraproduktiv sein. Akzeptabel sind weitverbreitete Abkürzungen wie min, max, avg, dir, rect, prev und Abkürzungen, die innerhalb eines Projektes einheitlich verwendet werden.

```
np                    // nicht lesbar
price                 // eventuell zu ungenau
nettoPrice            // gute Beschreibung
```

Das Abstraktionsniveau eines Namens sollte zu dessen fachlicher Funktion passen.

```
void submit(Order inputRecord);  // Name beschreibt technische
                                 // Funktion
void submit(Order pizzaOrder);   // Name passt zur Problemdomäne
```

Falls es mehrere Methoden mit ähnlichen Parametern gibt, dann sollten die Parameter einheitlich benannt und in einheitlicher Reihenfolge verwendet werden. Die Namen der Parameter können ab Java 8 auch mit Reflection abgefragt werden. Voraussetzung dafür ist, dass ein entsprechender Compiler-Parameter gesetzt wird.

5.1.4   Ubiquitäre Sprache

Häufig haben Domänenexperten mit den technischen Begriffen von Softwareentwicklern ihre Schwierigkeiten. Auf der anderen Seite nutzen die Softwareentwickler ihren IT-Jargon unabhängig von der Fachsprache der Anwendungsdomäne. Nicht selten führen Softwareentwickler auch Abstraktionen ein, die zu ihrem Softwareentwurf passen, aber von den Domänenexperten nicht verstanden werden. Weil nicht alle Teammitglieder beide Sprachen sprechen, gerät der Informationsfluss ins Stocken. Domänenexperten können nur vage ihre Anforderungen artikulieren und Entwickler haben Probleme, die Fachdomäne zu durchdringen.

Um sicherzustellen, dass die alltäglich im Projekt verwendete Terminologie auch im Quellcode wiederzufinden ist, empfiehlt Domain-Driven Design eine allgemein verwendete Sprache. Das Vokabular dieser Sprache beinhaltet die Namen von Klassen und wichtigen Operationen.

Zur Identifikation dieser Sprache können Diagramme der Fachdomäne und der konzeptionellen Domäne hilfreich sein. Beide Domänen werden mit Namen und Aktionen markiert. Diese Diagramme sind informal. Wer möchte, kann jedoch auch formale UML-Diagramme verwenden, sofern die Aufmerksamkeit nicht auf Diskussionen über UML-Spezifikationen gezogen wird. Auch ein Glossar kann helfen, eine allgemein verwendete Sprache zu identifizieren. Ein Glossar listet die zentralen Begriffe mit einer knappen Definition auf. Ebenso können auch alternative Begriffe aufgeführt werden, um darüber zu diskutieren.

Das Vokabular einer ubiquitären Sprache dient nicht nur dazu die Klassen eines Domänenmodells zu benennen, sondern auch das Verhalten von Objekten zu entwerfen.

```
// Client teilt Piloten einem Flug zu, indem
// die Flugnummer und der Pilotenstatus gesetzt werden
pilot.setFlightId(flightId);
pilot.setStatus(PilotStatus.ASSIGNED_TO_FLIGHT);
```

In diesem Beispiel gibt das Pilot-Objekt Zugriff auf dessen Daten. Besser wäre es jedoch, wie das folgende Beispiel zeigt, wenn das Verhalten eines Domänenobjektes mit der ubiquitären Sprache ausgedrückt wird:

```
// Client teilt Piloten einem Flug zu mithilfe
// einer domänenspezifischen Aktion
pilot.assignTo(flight);
```

In diesem Beispiel wird dem Piloten ein Flug »assigned«. Dieses Modell stimmt mit dem vom Team gesprochenen Ausdruck überein.

5.1.5   Fazit

Die Auswahl aussagekräftiger und präziser Namen ist eine wichtige Aufgabe. Namenskonventionen sind sehr nützlich, aber damit ist die Aufgabe nicht getan. Die Namen von Klassen, Interfaces und Methoden bilden eine gemeinsame Sprache für API-Entwickler und API-Benutzer.

5.2   Effektiver Einsatz von Typen

Ein objektorientiertes Programm besteht aus Objekten, die durch den Austausch von Nachrichten miteinander kommunizieren und so ein Informationssystem abbilden. Jedes dieser Objekte hat einen Zustand, ein Verhalten und eine Identität. Der Zustand entspricht den Werten der Objektattribute. Das Verhalten wird durch die Operationen, die mit dem Objekt ausgeführt werden können, beschrieben. Java nutzt Klassen zur Implementierung dieser Objekte – deswegen spricht man auch von klassenbasierter Objektorientierung[3].

In Java können Objekte nicht direkt verwendet werden, stattdessen geschieht dies indirekt über Objektreferenzen. Eine Objektreferenz hat einen Typ. Dieser Typ ist der Name einer Schnittstelle. In Java ist dies entweder ein Interface oder eine Klasse. Weil Java-Objekte durch eine Klasse implementiert werden und zusätzliche Interfaces implementieren können, können Java-Objekte mehrere Typen haben. Und umgekehrt können sich unterschiedliche Objekte einen Typ teilen. Typen unterstützen Vererbung: Die Schnittstelle eines Subtyps beinhaltet die Schnittstelle des Supertyps.

Schnittstellen sind ein fundamentales Konzept der Objektorientierung. Ohne Schnittstellen könnte man Objekte nicht beschreiben und nutzen. Die Interaktionen zwischen Objekten laufen stets über die Schnittstellen der Objekte. Deswegen ist der Entwurf dieser Schnittstellen eine zentrale Aufgabe beim API-Design.

Der Typ der Objektreferenz bestimmt, wie das Objekt verwendet werden kann. Der Typ der Objektreferenz ist somit ein Vertrag, der garantiert, dass bestimmte Operationen zur Laufzeit verfügbar sind. Ein solcher Vertrag hat einen semantischen und einen syntaktischen Anteil. Die korrekte Benutzung des syntaktischen Teils wird durch den Compiler dank des statischen Typsystems sichergestellt. Der semantische Teil muss dokumentiert werden. Um die Benutzung von Objekten zu vereinfachen, sollte man beim Entwurf versuchen, den seman-

---

3. Im Gegensatz dazu nutzen Programmiersprachen wie Ruby und JavaScript prototypenbasierte Objektorientierung.

tischen Teil des Typs zu minimieren und in einen syntaktischen zu konvertieren.

5.2.1   Semantischen Vertrag minimieren

Ein Teil des API-Vertrages kann vom Compiler überprüft werden – gemeint ist der syntaktische oder programmatische Teil. Ein anderer Teil des API-Vertrages, der semantische Teil, sollte möglichst klein sein, denn hier verbergen sich Fehlerquellen und Möglichkeiten zur Zweckentfremdung. Aus diesem Grund sollte der semantische Vertrag wann immer möglich in einen syntaktischen umgewandelt werden. Es könnte beispielsweise eine temporäre Kopplung zwischen zwei Methoden geben. Im Beispiel kann die Methode getErrorMessages erst nach dem Aufruf der Methode create genutzt werden. Das Problem ist, dass dieser Zusammenhang nicht syntaktisch zu erkennen ist.

```
class DocumentCreator {
  Document create(DocumentDescription desc) { … }
  List<Messages> getErrorMessages() { … }
}
```

Dieser semantische Vertrag kann mithilfe eines anderen Rückgabeobjektes in einen syntaktischen Vertrag umgewandelt werden. Die temporäre Kopplung der beiden Methoden entfällt hierdurch.

```
class DocumentCreator {
  DocumentCreatorResult create(DocumentDescription desc);
}

class DocumentCreatorResult {
  Document getDocument();
  List<Messages> getErrorMessages();
}
```

Nun ist programmatisch sichergestellt, dass die Methode getErrorMessages erst aufgerufen werden kann, nachdem die Methode create ausgeführt wurde.

5.2.2   Semantische Verletzung der Datenkapselung vermeiden

Eine Klasse darf keine Annahmen über ihre Benutzung machen. Sie wird entworfen und implementiert entsprechend ihrem API-Vertrag. Beispielsweise muss eine Subklasse ihre Basisklasse kennen, aber umgekehrt sollte eine Basisklasse nichts über ihre Subklassen wissen. Diese Regel verbietet nicht nur programmatische Abhängigkeiten von der Basisklasse zur Subklasse, sondern auch semantische.

Die Basisklasse im folgenden Beispiel nutzt fälschlicherweise Wissen über die Implementierung ihrer Subklassen. Die Basisklasse Message weiß, dass es zwei Subklassen gibt, falls eine dritte Subklasse Error hinzugefügt wird, müsste die Methode toString in der Basisklasse angepasst werden. Die Basisklasse weiß außerdem auch, dass die Klasse Info die Fehlerstufe 1 benutzt.

```java
class Message {
  private Logger log = Logger.getLogger(getClass().getName());
  private int severityLevel;
  private String msg;

  public Message(int severityLevel, String msg) {
    this.severityLevel = severityLevel;
    this.msg = msg;
  }

  @Override
  public String toString() {
    if(severityLevel==1) {
      return "INFO: " + msg;
    }
    return "WARN: " + msg;
  }
}

class Info extends Message {
  public Info(String msg) {
    super(1, msg);
  }
}

class Warning extends Message {
  public Warning(String msg) {
    super(2, msg);
  }
}
```

Die semantische Datenkapselung wird ebenfalls verletzt, falls ein Benutzer Details über die interne Implementierung einer Klasse ausnutzt. Wenn ein Benutzer den Aufruf einer Methode init() auslässt, weil er weiß, dass diese Methode intern auch von der Methode load-Data() durchgeführt wird, dann ist das Zusammenspiel beider Klassen sehr instabil. Dieses Verhalten gehört nicht zum offiziellen API-Vertrag und könnte sich in einer späteren Version ändern. Wiederum sollte man sich nicht die Implementierung einer Klasse anschauen müssen, um zu verstehen, wie man sie korrekt benutzen kann.

5.2.3   Werden Namen überschätzt?

Angenommen Sie sollen eine Methode zum Laden von Adressen mithilfe von Benutzer-IDs entwerfen. Es stehen zwei Extreme zur Auswahl:

```
String findAddress( String userId );

Address foo( UserId bar );
```

Dieses Beispiel habe ich bei mehreren Vorträgen zum Thema API-Design gezeigt und das Publikum nach dessen Meinung befragt. Ausnahmslos wurde die erste Variante als verständlicher eingeschätzt. Zugleich wurde stets ein wichtiger Nachteil dieser Variante erkannt: Die Formate der Strings sind nicht definiert. Vielleicht ist das Format irgendwo dokumentiert, aber einen syntaktischen Vertrag gibt es nicht. Namen sind wie Kommentare: Nützlich, aber ihre Korrektheit kann nicht vom Compiler überprüft werden. Im Vergleich dazu sind Typen verlässlicher. Java ist eine statisch typisierte Sprache. Diese Tatsache sollten Sie beim API-Design effektiv ausnutzen[4]. Das folgende Codebeispiel tut aber gerade das nicht.

```
/**
 * Checks the given speed against road traffic regulations.
 * Returns a negative integer, zero or a positive integer as the
 * argument is below speed limit, is within tolerance limit, or
 * exceeds the speed limit.
 */
int checkSpeed(int kmPerHour);
```

Typen sind ein mächtiges Werkzeug, um die Absicht des Entwicklers zu dokumentieren und um möglichst korrekte Programme zu entwickeln. Rückgabewerte und Argumente können mit benannten Alternativen und Typen eingeschränkt werden, um den Vertrag einer Methode programmatisch nachvollziehbar und überprüfbar zu machen. Die Signatur der Methode checkSpeed könnte alternativ so aussehen:

```
enum SpeedCheckResult {
  BELOW_SPEED_LIMIT,
  WITHIN_TOLERANCE_LIMIT,
  EXCEEDS_SPEED_LIMIT;
}

final class Speed {
  private final int kmPerHour;
```

---

4.   Optimal wäre eine dritte Variante Address findAddress(UserId id), die sowohl Namen als auch Typen effektiv einsetzt.

```
  public Speed(int kmPerHour) {
    this.kmPerHour = kmPerHour;
  }
  // …
}
```

```
SpeedCheckResult checkSpeed(Speed vehicleSpeed);
```

Der Rückgabetyp und der Typ des Parameters wurden in dieser Variante mit dem Enum SpeedCheckResult bzw. der Klasse Speed ersetzt. Daraus ergeben sich einige Vorteile:

▪ Die möglichen Rückgabewerte sind durch einen Typ dokumentiert. Diese Form der Dokumentation ist immer aktuell.

▪ Es gibt nur drei Rückgabewerte. In der ersten Variante konnte die Methode mehr als 4 Milliarden unterschiedliche Werte zurückgeben. Illegale Rückgabewerte sind durch das Enum SpeedCheckResult ausgeschlossen, denn ein vierter oder fünfter Wert kann mit diesem Typ nicht repräsentiert werden.

▪ Die Methode akzeptiert nur Objekte vom Typ Speed, sodass ausgeschlossen werden kann, dass versehentlich das Alter des Fahrzeughalters, der Kilometerstand des Fahrzeugs oder der Hubraum übergeben werden.

▪ Die Klasse Speed könnte leicht mit Einheiten erweitert werden.

▪ Ein anderer praktischer Vorteil ist IDE-Unterstützung (code completion).

Obwohl sich die API durch die Einschränkung der erlaubten Rückgabewerte verbessert hat, wäre es in diesem konkreten Beispiel möglich, komplett auf Rückgabewerte zu verzichten und stattdessen Methoden zur Überprüfung der Geschwindigkeit hinzuzufügen. Die API wäre dadurch sogar noch einfacher.

```
final class Speed {
  // …
  public boolean belowLimit() { ... }
  public boolean withinToleranceLimit() { ... }
  public boolean exceedsLimit() { … }
}
```

Auch Methodenparameter können wie Rückgabewerte durch benutzerdefinierte Typen eingeschränkt werden, um die Verständlichkeit einer API zu verbessern. Das folgende Beispiel ist schwer lesbar, weil die Bedeutung der beiden booleschen Parameter nicht erkennbar ist.

```
textField.setFont("Helvetica", true, true);
```

Um die Lesbarkeit zu verbessern, könnte man zwei boolesche Variablen mit passenden Namen definieren und übergeben, sodass die Bedeutung der Parameter lesbar wird. Man könnte die booleschen Parameter durch eine Enumeration ersetzen:

```
import static com.example.Font.BOLD;
import static com.example.Font.ITALIC;

textField.setFont("Helvetica", BOLD, ITALIC);
```

Dieses Beispiel ist schon besser lesbar, dennoch könnte man noch einen Schritt weitergehen und ein Font-Objekt übergeben, das mit einem Builder und Fluent Interface erzeugt wird. Mehr dazu erfahren Sie in den Abschnitten 5.8 und 6.1. Das Beispiel könnte dann folgendermaßen aussehen:

```
textField.setFont(font().name("Helvetica")
                        .bold(true)
                        .italic(true)
                        .build());
```

5.2.4   Fazit

Obwohl die Auswahl verständlicher Namen unabdingbar ist, dürfen Typen nicht vernachlässigt werden. Passende Datentypen können einen Teil des semantischen API-Vertrages umwandeln, sodass er mithilfe des Compilers automatisch überprüft werden kann. Mit spezifischen Typen für Rückgaben und Parameter kann der API-Vertrag syntaktisch sichergestellt werden.

5.3   Techniken für Objektkollaboration

Objekte arbeiten zusammen, um komplexere Aufgaben zu erfüllen. Beim Entwurf dieser Kollaborationen wird entschieden, wie Objekte miteinander interagieren und wo Methoden platziert werden.

5.3.1   Tell, Don't Ask

Wenn der Zustand eines Objektes genutzt wird, um eine Entscheidung zu fällen, die allein das Objekt betrifft, dann sollte diese Entscheidung auch innerhalb des Objektes erfolgen. Falls jedoch ein Aufrufer den Zustand eines Objektes abfragt und eine Entscheidung trifft, um dann den Zustand des Objektes zu ändern, dann wird die Datenkapselung des Objektes verletzt. Entwerfen Sie die Schnittstelle stattdessen so, dass der Zustand der Objekte nicht abgefragt werden muss, um eine Entscheidung zu treffen, denn es liegt in der Verantwortung der Objekte, die richtigen Entscheidungen zu treffen.

```
Flight flight = …;
flight.addPassenger(passenger);
if( flight.getPassengers().size()
   > flight.getMaxPassengerNumber() ) {
   flight.setOverbooked(true);
}
```

Das gezeigte Beispiel kann leicht entsprechend der beschriebenen Heuristik verbessert werden, indem die Überbuchung innerhalb der Methode addPassenger überprüft wird. Die Methode setOverbooked muss nicht mehr von außen aufgerufen werden, da der Zustand innerhalb des Objektes gesetzt wird

Die »Tell, Don't Ask«-Heuristik erinnert daran, dass in der Objektorientierung die Verhaltenslogik eines Objektes innerhalb des Objektes, wo auch die Daten liegen, definiert sein sollte. Entscheidungen, die allein vom Zustand eines Objektes abhängen, sollten nur innerhalb des Objektes getroffen werden.

5.3.2 Command/Query Separation

Laut dieser Heuristik kann eine Methode entweder ein Command oder eine Query sein, aber niemals beides [Meyer 1988]. Eine Query ist beispielsweise eine Getter-Methode, denn eine solche Methode fragt einen Wert ab, ohne den Zustand des Objektes zu ändern. Ein Command hingegen gibt keinen Wert zurück, sondern verändert den Zustand des Objektes. Ein Command könnte eine Setter-Methode sein. Getter und Setter sind jedoch keine guten Beispiele, weil sie gegen »Tell, Don't Ask« verstoßen. Die Unterscheidung in Command und Query soll doch gerade helfen, »Tell, Don't Ask« einzuhalten.

Das Interface java.io.Closable definiert beispielsweise das Command close zum Schließen eines Datenstroms und zum Freigeben genutzter Systemressourcen. Eine Query ist beispielsweise die Methode isPresent in java.util.Optional. Die Rückgabe ist nur dann true, falls ein Wert ungleich null gesetzt wurde. Der Zustand wird von dieser Methode nicht geändert.

Query-Methoden haben den Vorteil, dass sie mit größerer Sicherheit und in beliebiger Reihenfolge aufgerufen werden können. Nur bei den Command-Methoden muss besondere Sorgfalt geübt werden. Letztendlich ist Command/Query Separation eine besondere Form des Single Responsibility Principle, das besagt, dass eine Methode oder ein Objekt idealerweise nur für eine Aufgabe verantwortlich sein sollte. Insbesondere sollten Sie die Vermischung von Command und Query vermeiden.

Schaut man sich beispielsweise das Interface java.util.Iterator mit der Query-Methode hasNext und den beiden Command-Methoden next und remove an, dann fällt auf, dass es keine spezielle Query-Methode gibt, um das jeweils aktuelle Element zu erhalten.

```
public interface Iterator {
  boolean hasNext();
  Object next();
  void remove();
}
```

Der Iterator passt nur bedingt zum allgemeinen Aufbau einer For-Schleife, weil das Voranschreiten zum nächsten Element mit der Methode next die einzige Möglichkeit ist, an das aktuelle Element zu gelangen.

```
for(Initialisierung; Test; Fortsetzung) {
  // Zugriff auf aktuelles Element
}
```

Die Benutzung eines Iterators mit einer For-Schleife sieht deswegen häufig so aus:

```
for(Iterator iterator = collection.iterator(); iterator.hasNext();)
{
  Object current = iterator.next();
  // Benutzung von current
}
```

Wäre die Methode next eine Command-Methode ohne Doppelfunktion, dann bräuchte das Interface eine zusätzliche Methode current, um an das aktuelle Element zu gelangen. Diese Methode könnte mehrfach aufgerufen werden, weil der Zustand des Iterators nicht verändert wird. Das Interface und dessen Benutzung würde dann so aussehen [Henney 2000]:

```
public interface Iterator {
  boolean hasCurrent();
  Object current();
  void next();
  void remove();
}

for(Iterator iterator = collection.iterator();
    iterator.hasCurrent();
    iterator.next()) {

  // Mehrfachaufruf möglich
  iterator.current().doSomething();
  iterator.current().doSomethingElse();
}
```

Command/Query Separation funktioniert in vielen Fällen, aber es gibt auch Ausnahmen: Kombinierte Methoden sind beispielsweise besser für nebenläufige oder verteilte Anwendungen geeignet. Denn wenn mehrere Methodenaufrufe auf einem veränderbaren Objekt erfolgen, ist nicht garantiert, dass das gewünschte Ergebnis eintritt, falls das Objekt innerhalb unterschiedlicher Threads verwendet wird. In diesem Fall hilft es auch nicht, wenn alle Methoden einzeln Thread-sicher sind. Wie das folgende Beispiel zeigt, muss der Benutzer auf Thread-Sicherheit achten, weil dies nicht von der API unterstützt wird.

```
class File {
  Directory getParent() { … }
  void moveTo(Directory dir) { … }
}
```

Angenommen ein Benutzer möchte die Klasse File dazu verwenden, eine Datei in ein anderes Verzeichnis zu verschieben. Bevor die Datei verschoben wird, stellt der Benutzer das aktuelle Verzeichnis fest, um die Datei zu einem späteren Zeitpunkt an ihren ursprünglichen Ort platzieren zu können. Ohne Synchronisierung können jedoch Race Conditions entstehen, falls die Datei gleichzeitig in mehreren Threads verwendet wird.

```
class SomeClient {
  public void moveFile(File file, Directory newDir) {
    synchronized(file) {
      Directory oldDirectory = file.getParent();
      file.setParentDirectory(newDir);
    }
  }
}
```

Alternativ könnte die API eine einzelne Thread-sichere Methode anbieten, die jedoch der Heuristik-Command/Query-Separation widerspricht. Der Benutzercode könnte dann folgendermaßen aussehen:

```
class SomeClient {
  public void moveFile(File file, Directory newDir) {
    Directory oldDirectory = file.getParentAndMoveTo(newDir);
  }
}
```

Eine kombinierte Methode kann mehrere Query-Methoden, mehrere Command-Methoden oder sogar beides umfassen. Man sollte klug abwägen, ob man Command/Query Separation einsetzt, da die Vor- und Nachteile der strikten Trennung vom jeweiligen Anwendungsfall abhängen.

5.3.3   Law of Demeter

Diese Entwurfsrichtlinie besagt, dass Objekte nur mit Objekten in ihrer unmittelbaren Umgebung kommunizieren dürfen, um Kopplung zu reduzieren. Formal ausgedrückt darf eine Methode m einer Klasse K nur auf folgende Elemente zugreifen:

- Methoden von K
- Methoden der Parameter von m
- Methoden der mit K assoziierten Objekte
- Methoden der Objekte, die m erzeugt

Der folgende Code würde zum Beispiel gegen Law of Demeter verstoßen, weil Booking auf die Methode add indirekt über die Klasse Flight zugreift. Die Kopplung zwischen Booking und Flight wird unnötig stark, weil Booking das Wissen über den internen Aufbau von Flight nutzt, um einen Passenger zum Flight hinzuzufügen.

```
class Booking {

  private Flight flight = …;

  public void setPassenger(Passenger passenger) {
    SortedList passengers = flight.getPassengers();
    passengers.add(passenger);
  }
}
```

Allgemein sollte man aufpassen, wenn Query-Methoden Collections zurückgeben. Seiteneffekte und versteckte Änderungen der Collection außerhalb der Klasse Booking könnten die Folge sein. Aus diesem Grund sollte eine Kopie der Collection oder eine unveränderliche Collection herausgegeben werden.

Durch Einhaltung von Law of Demeter kann jedoch die Herausgabe der Collection grundsätzlich vermieden werden. Eine mögliche Verbesserung wäre eine Wrapper-Methode addPassenger der Klasse Flight, die den Aufruf auf SortedList delegiert. Diese Lösung hat außerdem den Vorteil, dass die Wrapper-Methode beliebig ergänzt werden kann, ohne dass der Benutzer Details darüber kennen muss. Beispielsweise könnte die maximale Passagieranzahl überprüft werden.

```
class Booking {

  private Flight flight = …;

  public void setPassenger(Passenger passenger) {
    flight.addPassenger(passenger);
  }
}

class Flight {

  // …

  public boolean addPassenger(Passenger passenger) {
    passengers.add(passenger);
    if( passengers.size() > maxPassengerNumber ) {
      overbooked = true;
    }
  }
}
```

Law of Demeter hat den Nachteil, dass viele zusätzliche Delegate-Methoden hinzugefügt werden müssen. Für APIs ist die Idee dieser Entwurfsrichtlinie dennoch interessant, weil vermieden wird, dass Benutzer von Objekt zu Objekt navigieren müssen, um eine gesuchte Operation ausführen zu können.

5.3.4   Platzierung von Methoden

Die Platzierung von Methoden – die Entscheidung, in welche Klasse oder in welchen Klassen eine Methode platziert wird – hat großen Einfluss darauf, wie einfach eine API zu lernen ist. Der Grund dafür ist, dass Entwickler eine API beginnend mit einem zentralen Ausgangsobjekt erkunden. Das Ausgangsobjekt bietet Methoden zur Ausführung von Operationen und zum Zugriff auf andere Objekte, die wiederum Operationen zur Ausführung anbieten. Wenn die gesuchte Operation vom Ausgangsobjekt erreichbar ist, wird die Arbeit von Entwicklern um ein Vielfaches beschleunigt [Stylos & Myers 2008].

```
bookingService.book(
  booking()
    .flight(flight)
    .customer(customer)
    .build());
```

Im Domain-Driven Design können Operationen wie das Buchen eines Fluges für einen Kunden von einem Domain Service (BookingService) implementiert werden. Man darf es sich jedoch nicht zu einfach machen. Diese wichtige domänenspezifische Operation sollte standardmäßig im Domänenobjekt Flight oder Customer platziert werden. Andernfalls erhält man ein anämisches Domänenmodell[5].

```
customer.book(flight);    // Variante 1
flight.book(customer);    // Variante 2
```

Variante 1 ist sinnvoll, falls Entwickler ihre Erkundung der API mit der Klasse Customer beginnen. Die gesuchte Methode wäre in diesem Fall mit Variante 2 schwieriger zu finden. Welche der beiden Varianten letztendlich beim API-Design zu bevorzugen ist, hängt vom Ausgangspunkt der API-Benutzer ab.

5.3.5   Fazit

Die Platzierung von Methoden ist beim Entwurf von APIs sehr wichtig. Entscheidungen, die allein vom Zustand eines Objektes abhängen, sollten auch dort gefällt werden. Folglich ist auch die dazugehörige Methode in diesem Objekt zu platzieren. Die optimale Platzierung ist jedoch nicht immer eindeutig erkennbar. Manchmal kann auch das Ausgangsobjekt bei der Suche nach der passenden Methode ausschlaggebend sein. Unabhängig von diesen Überlegungen sollte ein anämisches Domänenmodell vermieden werden. Nur wenn eine Operation nicht natürlich zu einem Objekt passt, sollte die Operation in einem getrennten Serviceobjekt platziert werden. Die Unterscheidung in Commands und Querys kann dabei helfen, Methoden mit nur jeweils einer Aufgabe zu entwerfen, um so die API zu vereinfachen.

5.4   Minimale Sichtbarkeit

Eine API sollte möglichst klein sein, weil nachträglich Elemente nicht mehr entfernt werden können, ohne dass man das Risiko eingeht, die API inkompatibel für einen Benutzer zu ändern. Folglich sollte man die Sichtbarkeit von Anfang an möglichst stark einschränken und nur jene Objekte, Methoden, Konstruktoren und Konstanten für Benutzer sichtbar machen, die unbedingt notwendig sind.

5.4.1   Packages

Packages kann man nicht verstecken, um Module mit nicht sichtbarem innerem Aufbau zu implementieren. Sie können jedoch unterschiedliche Packages für API und Implementierung nutzen, um interne und

---

5.   Dieses DDD-Antipattern beschreibt ein Domänenmodell ohne Fachlogik.

öffentliche Elemente nicht miteinander zu vermischen. Die Standardbibliothek von Java nutzt für die API die Basis-Packages java und
javax. Die Implementierung befindet sich in Packages wie com.sun
und com.oracle. Bei der Entwicklung einer API und ihrer Implementierung sollten Sie darauf achten, dass Referenzen von der API auf die
Implementierung nicht erlaubt sind.

5.4.2   Klassen

Man muss nicht unbedingt getrennte Packages verwenden, um die
Sichtbarkeit von Klassen einzuschränken. Java unterstützt für Klassen
den Zugriffsmodifizierer package-private. Innere Klassen können
zudem auch mit private markiert werden.

5.4.3   Methoden

Methoden sollten nur dann mit public oder protected markiert werden, falls sie Teil der API sind. Prinzipiell sollten möglichst wenige
Methoden extern aufrufbar sein. Auch die als protected markierten
Methoden sind für Benutzer sichtbar, wenn sie die betroffenen Klassen
erweitern.

5.4.4   Felder

Instanzvariablen sind entweder private oder protected – andere Zugriffsmodifizierer sind nicht empfehlenswert. Nur indirekt über Methoden
dürfen andere Objekte auf die Instanzvariablen einer Klasse zugreifen.
Diese einfache Regel ist Grundlage der Datenkapselung. Für Klassenvariablen in der Funktion von Konstanten sind hingegen auch andere
Zugriffsmodifizierer sinnvoll.

5.4.5   Fazit

Für API-Design im Speziellen und zur Bildung einer modularen Codebasis im Allgemeinen sollte man die Entwicklung mit einer möglichst
restriktiven Sichtbarkeit beginnen. Restriktive Sichtbarkeit bedeutet
beispielsweise, dass Klassen standardmäßig als package-private deklariert werden, es sein denn, sie werden tatsächlich in einem anderen
Package benötigt.

5.5   Optionale Hilfsmethoden

Minimale
API vs. Convenience

Eine API sollte möglichst klein sein, sodass sie einfach implementiert und benutzt werden kann. Nichtsdestotrotz sollen API-Benutzer keine Aufgaben durchführen, die von der API hätten erfüllt werden können. Notwendig ist daher ein Kompromiss aus Minimalität und Komfort durch zusätzliche Hilfsmethoden.

5.5.1   Komfort

Ein Beispiel sind die Methoden addAll und removeAll im Interface java.util.List. Mit diesen Methoden können mit einem Aufruf mehrere Objekte zu einer Liste hinzugefügt bzw. aus einer Liste entfernt werden. Diese Methoden sind optional, weil man Objekte auch einzeln mit add und remove hinzufügen bzw. entfernen kann. Trotzdem ist das Vorhandensein dieser Hilfsmethoden im Interface java.util.List nachvollziehbar und angemessen. Die Hilfsmethoden werden häufig verwendet und passen gut zum Rest des Interface. Andere Hilfsmethoden wie beispielsweise removeAllEven oder removeAllOdd, die alle Objekte mit gerader bzw. ungerader Positionsnummer aus einer Liste entfernen, wären für nur wenige spezielle Anwendungsfälle hilfreich und sollten daher nicht Teil dieser Schnittstelle sein.

5.5.2   Utility-Klassen

Falls Hilfsmethoden nur von extern aufrufbaren Methoden abhängig sind, dann können sie in eine separate Utility-Klasse verschoben werden. Beispiele hierfür sind java.util.Arrays und java.util.Collections. Diese Utility-Klassen haben folgende Vorteile:

- Es werden viele zusätzliche Hilfsmethoden bereitgestellt, um die Arbeit von Entwicklern zu erleichtern.
- Die Schnittstellen der Collections bleiben klein und auf wesentliche Funktionen beschränkt.
- Eine Utility-Klasse kann auch nachträglich um neue Methoden erweitert werden. Die Utility-Klassen java.util.Arrays und java.util.Collections wurden bereits durch Hinzufügen neuer Methoden abwärtskompatibel erweitert. Eine Erweiterung der Interfaces wäre nicht abwärtskompatibel. Erst seit Java 8 können Interfaces mit Defaultmethoden sicher erweitert werden.

Neben den Vorteilen haben Utility-Klassen leider auch einige Nachteile, die Sie beachten sollten:

▨ Nicht immer können Methoden in separate Utility-Klasse verschoben werden. Eine Methode, die private Felder oder private Methoden nutzt, kann nicht aus der Klasse gezogen werden.

▨ Ein anderes Problem ergibt sich bei Methoden wie putIfAbsent. Wenn diese Methode der JDK-Klasse ConcurrentHashMap in eine separate Utility-Klasse verschoben wird, muss diese den Aufruf von contains und put innerhalb eines synchronisierten Blocks ausführen. Folglich würde die Verantwortung der korrekten Synchronisation von ConcurrentHashMap auf dessen Benutzer übergehen.

▨ Auch Performance kann ein Nachteil von Utility-Klassen sein. Die Methode addAll kann vor dem Hinzufügen der Objekte prüfen, ob die Liste ausreichend groß ist und diese gegebenenfalls vergrößern.

▨ Utility-Klassen haben auch den Nachteil, dass sie gerne zu einem Sammelsurium sehr unterschiedlicher Dinge werden und deshalb später ständig und aus vielen unterschiedlichen Gründen geändert werden müssen.

5.5.3 Fazit

Eine API sollte einerseits so klein wie möglich sein. Andererseits sind zusätzliche Komfortmethoden notwendig, um Boilerplate-Code zu vermeiden. Insbesondere Interfaces, die von Clients implementiert werden, sollten minimal sein. In diesen Fällen können getrennte Utility-Klassen genutzt werden.

5.6 Optionale Rückgabewerte

Mithilfe einer Query-Methode greift man bekanntlich auf Daten zu. Doch wie soll sich eine Query-Methode verhalten, falls keine Daten vorhanden sind, die zurückgegeben werden können? Der EntityManager von JPA (Java Persistence API) bietet beispielsweise die Möglichkeit, mit einem Primärschlüssel eine Entität aus der Datenbank zu laden. Falls zum angegebenen Primaschlüssel kein Datensatz existiert, wird null zurückgegeben. Benutzer des EntityManager müssen darauf vorbereitet sein.

```
Discount discount = em.find(Discount.class, id);
if(discount ==null) {
  // Discount ist nicht vorhanden
} else {
  // Discount ist vorhanden
}
```

Um die Semantik der Methode für Benutzer erkennbar zu machen, könnte die Methode find in getByIdOrNull umbenannt werden. Den Namenszusatz könnte man konsequent auch für andere Methoden, die eventuell null zurückgeben, verwenden.

Die FindBugs-Bibliothek bietet verschiedene Annotationen, die in diesem Zusammenhang ebenfalls erwähnt werden sollten. Die Find-Bugs-Bibliothek implementiert die JSR-305-Annotationen zum Aufspüren von Softwaredefekten. Mit @Nullable können Felder, lokale Variablen und Parameter markiert werden, die eventuell null sind, sowie Methoden, die möglicherweise null zurückgeben. Die Annotation @CheckForNull hat dieselbe Bedeutung, jedoch meldet FindBugs einen Fehler, falls der Client keinen Null-Check macht. Man kann aber darüber diskutieren, ob tatsächlich ein Client gezwungen werden sollte, einen Check zu machen.

5.6.1   Ad-hoc-Fehlerbehandlung

Die Rückgabe von null ist allgemein nicht empfehlenswert, falls ein Benutzer davon überrascht werden könnte. Robert Martin spricht in seinem Buch [Martin 2008] sogar ausdrücklich von schlechtem Design. Um die Rückgabe von null auszuschließen, könnte man eine RuntimeException werfen, um sofort auf das Problem hinzuweisen.

```
public Discount getById(String id) {
  Discount discount = discounts.get(id);
  if(discount == null) {
    throw new DiscountNotFoundException(id);
  }
  return discount;
}
```

Es könnte jedoch sein, dass Benutzer dieser Methode nicht wissen, ob das gesuchte Objekt überhaupt existiert. Um zu vermeiden, dass Exceptions in einem korrekten Programm geworfen und anschließend gefangen werden müssen, sollte die API folgende Methode anbieten:

```
public boolean containsById(String id) { … }
```

Mit einer Methode wie containsById können Benutzer der API prüfen, ob das gesuchte Objekt überhaupt existiert. Das Werfen einer Exception durch die Methode getById kann dadurch in einem korrekten Programm vermieden werden. Die Exception tritt nur auf, falls der Benutzer die API falsch verwendet.

5.6.2   Null-Objekte

Alternativ können Query-Methoden auch leere Arrays oder leere Listen zurückgeben, falls die gesuchten Objekte nicht existieren. Bei Zahlen kann man eventuell 0 als neutralen Wert verwenden. Falls kein neutraler Wert fachlich sinnvoll ist oder eine leere Collection einfach nicht zur Signatur der Methode passt, kann man ein sogenanntes Null-Objekt einsetzen.

```
public Discount getById(String id) {
  Discount discount = discounts.getByIdOrNull(id);
  if(discount == null) {
    return new NullDiscount();
  }
  return discount;
}
```

Im obigen Beispiel wird eine Instanz von NullDiscount zurückgegeben, falls kein Discount für die angegebene ID existiert. Ein derartiges Null-Objekt wird häufig auch als Singleton implementiert, denn es hat keinen veränderlichen Zustand, sodass mehrere Instanzen identisch wären. Typischerweise gibt es neben der eigentlichen Implementierungsklasse MembershipDiscount und der Null-Klasse NullDiscount die abstrakte Basisklasse Discount, um den gemeinsamen Vertrag festzulegen.

```
abstract class Discount {
  public abstract Price computeSalePrice(Price originalPrice);
}

class MembershipDiscount {
  @Override public Price computeSalePrice(Price originalPrice) {
    // Berechnung des Verkaufspreises für Mitglieder
  }
}

class NullDiscount {
  @Override public Price computeSalePrice(Price originalPrice) {
    // keine Preisveränderung
    return originalPrice;
  }
}
```

Zur Unterscheidung zwischen einem konkreten Discount und einem Null-Objekt könnte die abstrakte Basisklasse eine Methode isNull deklarieren. Doch die Idee besteht nicht darin, dass Benutzer ständig damit den internen Zustand der Objekte prüfen sollen, um dann Entscheidungen zu treffen, wie mit den Objekten umgegangen werden soll. Dieses Vorgehen wäre nicht viel besser als einfache Null-Checks und würde außerdem der »Tell, Don't Ask«-Heuristik widersprechen.

Stattdessen kann das Strategiemuster eingesetzt werden: Während die Methode computeSalePrice der Klasse MembershipDiscount eine komplexe Logik implementiert, macht NullDiscount an dieser Stelle nichts. Der von beiden Klassen implementierte Algorithmus variiert unabhängig von der Benutzung.

5.6.3   Ergebnisobjekte

Eine etwas einfacherere und viel bessere Alternative zum Null-Objekt stellen Ergebnisobjekte dar. Die Standardbibliothek von Java bietet eine elegante Möglichkeit zum Umgang mit möglichen Null-Rückgaben von Methoden. Gemeint ist java.util.Optional<T>, ein Container, der kein oder ein Objekt beinhalten kann. Ziel ist es, mit dieser Klasse die Verwendung von null zu reduzieren. Statt null wird Optional.empty() verwendet.

```
public Optional<Discount> getById(String id) {
  Discount discount = discounts.getByIdOrNull(id);
  return Optional.ofNullable(discount);
}
```

Mit Optional<Discount> ist dem Benutzer klar, dass der Rückgabewert möglicherweise null ist.

```
Optional<Discount> result = getById(id);
if(result.isPresent()) {
  Discount discount = result.get();
  // …
}
```

Sie sollten die Benutzung von Optional jedoch nicht übertreiben. Als Rückgabewert macht Optional Sinn. Für Methodenparameter ist Optional jedoch nicht empfehlenswert. Sie können stattdessen Methoden überladen, falls manche Parameter optional sind. Durch das Überladen können Sie Methoden mit unterschiedlicher Parameteranzahl oder unterschiedlichen Parametertypen anbieten. Auch für Felder sollte Optional nicht verwendet werden, da eine Klasse intern mit Null-Werten umgehen können sollte.

5.6.4   Fazit

Die Rückgabe von null kann problematisch sein. Einerseits kann eine NullPointerException geworfen werden, falls ein Null-Check fehlt. Andererseits können zu viele Null-Checks den Clientcode unübersichtlich machen. Alternativ können Sie eine leere Collection, ein Ergebnisobjekt oder Optional verwenden. Falls Sie sich trotzdem dafür entscheiden, null zurückzugeben, sollten Sie die Methode entsprechend benennen, sodass Benutzer gewarnt werden.

5.7 Exceptions

Um Exceptions beim Design einer API zweckmäßig einsetzen zu können, sollten Sie verstehen, welche Möglichkeiten Exceptions bieten und welche Konsequenzen damit verbunden sind. Falls Exceptions nicht korrekt verwendet werden, können sie die Performance eines Programms erheblich verschlechtern[6]. Übertriebener Einsatz von Exceptions macht Quellcode schwer lesbar und ist frustrierend für API-Benutzer. Frust und Unzufriedenheit führen zu Hacks und unsauberem Clientcode.

5.7.1 Ausnahmesituationen

Aus den genannten Gründen sollten Exceptions nur sparsam eingesetzt werden. Konsequenterweise dürfen Exceptions nicht zur Ablaufsteuerung verwendet werden, sondern ausschließlich zur Behandlung von Ausnahmen, die in verschiedenen Situationen auftreten können:

- In diesem Fall werden Exceptions geworfen, weil im Programm eine unerwartete Situation eintritt, die auf einen Defekt in der Implementierung hindeutet. Typischerweise werden NullPointerExceptions oder IllegalArgumentExceptions geworfen. In diesem Fall kann der Benutzer nichts machen, weil das Problem in der API bzw. ihrer Implementierung liegt. *Exceptions wegen Programmierfehler*
- Der API-Vertrag wird wegen falscher Benutzung vom Clientcode verletzt. Sofern die API hilfreiches Feedback liefert, kann der Clientcode angepasst werden. Dies ist beispielsweise der Fall, wenn der Client Vorbedingungen nicht erfüllt. Eine Booking-Komponente könnte beispielsweise alle Buchungen, die in der Vergangenheit liegen, mit einer Exception ablehnen. *Exceptions wegen falscher Benutzung*
- Diese Exceptions werden geworfen, wenn Netzwerkverbindungen ausfallen oder das System nicht genügend Speicherplatz hat. Je nach Kontext und Art des Problems kann der Client zu einem späteren Zeitpunkt einen Retry versuchen. *Exceptions wegen Ressourcenausfall*

---

6. Die Performance-Nachteile von Exceptions sind auf zwei wesentliche Ursachen zurückzuführen: Erzeugung des Stacktrace in Abhängigkeit seiner Tiefe und das Aufräumen des Stacks.

5.7.2   Checked Exception versus Unchecked Exception

Java unterscheidet zwischen Checked und Unchecked Exceptions. Erstere erweitern die Klasse java.lang.Exception und müssen mit dem Schlüsselwort throws in der Methodensignatur angegeben werden. Die in der API deklarierten Checked Exceptions müssen im Clientcode mit Catch-Blöcken behandelt oder zumindest weitergeworfen werden. Unchecked Exceptions erweitern die Klasse java.lang.RuntimeException und werden nicht in der Methodensignatur angegeben. Auch der Clientcode ist nicht verpflichtet, diese Exceptions zu behandeln.

Der Einsatz von Checked Exceptions ist fragwürdig und schon seit längerer Zeit gilt die allgemeine Empfehlung, nur Unchecked Exceptions einzusetzen ([Martin 2008], [Bloch 2008]). Eine Checked Exception ist Teil des API-Vertrages und muss vom Benutzer behandelt werden. Aus dieser Verpflichtung kann schnell eine unerwünschte Last für Benutzer werden, falls diese die Exceptions nicht effektiv behandeln können. Benutzer einer API suchen dann meist den Weg des geringsten Widerstands und fangen die Exception mit einem leeren Catch-Block.

```
public List<Bookings> getBookings() throws IOException,
SQLException {
  // ..
}
```

Die Signatur der Methode zeigt an, dass die beiden Checked Exceptions IOException und SQLException geworfen werden könnten. Benutzer dieser Methode müssen mit diesen implementierungsspezifischen Exceptions umgehen können. Doch was soll ein Benutzer machen, der keine näheren Informationen über die Dateizugriffe und Datenbankaufrufe der Methode hat oder haben will? Wenn ein API-Designer entscheiden soll, welche Exceptions am besten geeignet sind, muss unbedingt beachtet werden, ob sich ein Client von der geworfenen Exception erholen kann. Denn nur falls ein Client zweckmäßig auf eine Exception reagieren kann, indem er eine alternative Aktion ausführt, sollte eine Checked Exception verwendet werden. Ein Client muss also mehr machen können als einfach nur Fangen und Loggen. Für Programmierfehler kommen praktisch nur Unchecked Exceptions infrage. Der Vorteil dieser Exceptions ist, dass API-Benutzer nicht gezwungen werden, diese zu behandeln. In der Java-Standardbibliothek gibt es eine Vielzahl an Exceptions wie zum Beispiel IllegalStateException, IllegalArgumentException und NullPointerException. Wenn möglich sollte man auf diese Standard-Exceptions zurückgreifen und auf benutzerdefinierte verzichten, um die API möglichst einfach und klein zu halten.

Zusammenfassend lässt sich festhalten:

- Nutzen Sie Unchecked Exceptions für Programmierfehler und andere Ausnahmesituationen, von denen Clients sich nicht erholen können.
- Nutzen Sie Checked Exceptions, falls sich Clients tatsächlich davon erholen können.

5.7.3 Passende Abstraktionen

Implementierungsspezifische Checked Exceptions sollten sich niemals in höhere Schichten ausbreiten. Zum Beispiel hat eine FileNotFound-Exception einer Klasse, die zum Lesen von Konfigurationsdateien zuständig ist, nichts im Code höherer Schichten mit Geschäftslogik zu tun. Auch die I/O- und SQL-Exceptions der Methode getBookings passen nicht zum Abstraktionsniveau der Methode. Generell sollte die Information, dass diese Exceptions auftreten können, nicht Teil des API-Vertrages sein. Die Entscheidung der Entwickler, Dateien und Datenbanken zu nutzen, ist implementierungsspezifisch. Gemäß dem Geheimnisprinzip und der Datenkapselung sollten diese Informationen nicht nach außen sichtbar sein. Das Beispiel kann deshalb abgewandelt werden, sodass Benutzer dieser Methode keine Checked Exceptions behandeln müssen:

```
public List<Bookings> getBookings() {
  try {
    // ..
  }catch (IOException|SQLException ex) {
    logger.log(ex);
    return Collections.emptyList();
  }
}
```

Benutzer dieser Methode werden nun nicht mehr mit Checked Exceptions auf unpassendem Abstraktionsniveau konfrontiert, die sie höchstwahrscheinlich gar nicht sinnvoll hätten behandeln können. Diese Lösung hat jedoch den Nachteil, dass die beiden verschluckten Exceptions, eigentlich auf ein Problem hindeuten, das nun unbemerkt bleibt oder erst zu einem späteren Zeitpunkt auffällt. Je später das Problem jedoch erkannt wird, desto schwieriger ist es, dessen Ursache zu identifizieren. Um die Benutzung einer API möglichst einfach zu machen, sollte daher das Fail-Fast-Prinzip angewandt werden.

```
public List<Bookings> getBookings() {
  try {
    // ..
  }catch (IOException|SQLException ex) {
    throw new RuntimeException(ex);
  }
}
```

In dieser Variante werden die beiden Checked Exceptions gefangen und in eine neue RuntimeException verwandelt[7], um höhere Schichten mit Geschäftslogik nicht unnötig mit der Behandlung von IOExceptions und SQLExceptions zu belasten. Dennoch wirft die Methode eine Unchecked Exception, um möglichst frühzeitig den Fehler erkennen zu können. Falls die Geschäftslogik tatsächlich mit alternativen Aktionen auf diese Ausnahmesituationen reagieren kann, so könnten die beiden Standard-Exceptions in eine aussagekräftigere und zur Abstraktion passende Checked Exception umgewandelt werden. In den meisten Fällen ist jedoch eine einfache RuntimeException ausreichend.

Zusammenfassend lässt sich festhalten:

- Exceptions sollten zum Abstraktionsniveau der (fachlichen) Methode passen. Gegebenenfalls müssen IOExceptions oder SQLExceptions konvertiert werden.
- Exceptions sollten keine Implementierungsdetails offenlegen.

5.7.4   Dokumentation von Exceptions

Sie sollten die Exceptions einer API vollständig dokumentieren. Das Tag @throws von JavaDoc ist bestens für diese Aufgabe geeignet. Auch Unchecked Exceptions, die nicht Teil der Methodensignatur sind, sind zu dokumentieren. Zur Dokumentation einer Exception gehört deren Klassenname und eine präzise Angabe der Bedingungen, unten denen die Exception geworfen wird. Die Dokumentation von Unchecked Exceptions ist wichtig, da diese ebenfalls Teil des API-Vertrages sind. Die Dokumentation ermöglicht es, andere Implementierungen mit gleichem Verhalten zu entwickeln. Falls in einer Klasse eine Exception unter gleichen Bedingungen von mehreren Methoden geworfen wird, kann die Exception auch einmalig auf Klassenebene angegeben werden.

---

7.   Die Ursache geht nicht verloren, sondern wird durch Chaining durchgeschleift.

```
/**
 * @throws NullPointerException
 *      if booking is null
 */
void submit( Booking booking ) {
  if( booking == null ) {
    throw new NullPointerException("Booking must not be null.");
  }
  ...
}
```

5.7.5 Vermeidung von Exceptions

Aus Performance-Gründen sollte man Exceptions sparsam einsetzen und dafür sorgen, dass möglichst wenig davon geworfen werden. Das Behandeln von Exceptions kostet nicht nur viel Zeit, sondern macht den Code unansehnlich und komplex. Aus diesen Gründen sollte eine API Möglichkeiten bieten, um Exceptions zu vermeiden.

```
try {
  int num = Integer.parseInt(s);
} catch( NumberFormatException ex ) {
  // …
}
```

Die Klasse Integer der Java-Standardbibliothek bietet die Methode parseInt zum Parsen von Strings. Falls das Format nicht korrekt ist, wird eine NumberFormatException geworfen. Diese Unchecked Exception ist Teil des API-Vertrages und entsprechend mit JavaDoc dokumentiert. Es ist dem Client überlassen, ob er die Exception fangen und speziell behandeln möchte. Falls die Exception in einem korrekten Clientprogramm nicht auftreten sollte, muss die Exception nicht beachtet werden.

Es könnte jedoch sein, dass das Clientprogramm korrekt ist und trotzdem damit zu rechnen ist, dass diese Exception geworfen wird. Angenommen eine Benutzereingabe soll in einen Integer umgewandelt werden. Der Benutzer soll eine Zahl angeben, könnte aber theoretisch auch Buchstaben eingeben. Es ist also sehr wahrscheinlich, dass die Exception auftritt. Man kann hier nicht mehr von einer Ausnahmesituation sprechen.

```
if( Integer.isInteger(s) ) {
  int num = Integer.parseInt(s);
} else {
  // …
}
```

Der Klasse Integer fehlt für diesen Anwendungsfall eine Methode isInteger, mit der das Format des Strings geprüft werden kann. Nur wenn die Überprüfung positiv ist, wird anschließend versucht, den String in einen Integer umzuwandeln. Das Werfen der Exception kann auf diese Weise ausgeschlossen werden. Diese Idee hat jedoch den Nachteil, dass zwei Mal geparst werden muss – ein Optional wäre hier wieder besser.

```
Optional<Integer> optionalNum = Integer.parseInt(s);
if(optionalNum.isPresent()) {
  // ...
}
```

5.7.6   Fazit

Exceptions werden für Ausnahmesituationen, wie Programmierfehler, falsche Benutzung und Ressourcenausfall, genutzt. Checked Exceptions sollten ausschließlich für Ausnahmesituationen verwendet werden, von denen sich ein Client erholen kann. Da diese Voraussetzung äußerst selten erfüllt wird, gilt die Daumenregel, nur Unchecked Exceptions zu verwenden. Selbst wenn sich ein Client von einer Exception erholen kann, sollte die API so geschrieben sein, dass die geworfenen Exceptions minimiert werden. Exceptions sind in jedem Fall zu dokumentieren, denn auch Unchecked Exceptions sind Teil des API-Vertrages.

5.8   Objekterzeugung

Objekte werden letztendlich immer nur durch den Aufruf eines Konstruktors erzeugt. Jedoch sollte ein Benutzer das nicht immer direkt tun oder tun dürfen. Ein Benutzer braucht ein Objekt, auf das er mithilfe einer Objektreferenz eines bestimmten Typs zugreifen kann. Die Konstruktion des Objektes kann sehr komplex sein und gegebenenfalls möchte man diese Aufgabe dem Benutzer ersparen. Im Sinne der Trennung von Schnittstelle (API) und Implementierung soll der Benutzer vielleicht auch gar nicht wissen, welche konkreten Klassen instanziiert oder welche existierenden Objekte wiederverwendet werden, denn schließlich geht es nur darum, dass ein Benutzer seine gewünschte Objektreferenz erhält.

5.8.1 Erzeugungsmuster der GoF

Die Gang of Four (GoF) beschreibt mehrere Erzeugungsmuster, die helfen, die Objekterzeugung zu kapseln und auszulagern. Für diese Entwurfsmuster gibt es in der IT-Literatur zahlreiche Erklärungen, deswegen gibt es hier nur eine Zusammenfassung:

▪ Dieses Muster definiert eine Schnittstelle zur Erzeugung von Objekten. Die Schnittstelle legt sich dabei nicht auf konkrete Klassen fest, sondern beschreibt die Erzeugung für abstrakte Klassen einer Klassenfamilie, sodass über die Schnittstelle unterschiedliche Objekte erzeugt werden können. *Abstract Factory*

▪ Die Konstruktion von komplexen Objekten und ihrer Repräsentation wird getrennt, sodass ein Bauplan für verschiedene Objekte angewandt werden kann. *Builder*

▪ Die Konstruktion eines Objektes wird in eine Methode ausgelagert, die in einer Subklasse überschrieben werden kann. Die Subklasse kann somit entscheiden, welches konkrete Objekt benutzt wird. *Factory Method*

▪ Objekte werden durch das Klonen spezieller Prototypen erzeugt. *Prototype*

▪ Dieses Entwurfsmuster stellt sicher, dass nur ein Exemplar einer Klasse zur Laufzeit existiert. Zugriff auf dieses Exemplar erfolgt zentral. Häufig lautet der Zugriff Singleton.getInstance(), weil der Konstruktor privat ist. Leider wird dieses Entwurfsmuster typischerweise zur Verwaltung des globalen Zustands eingesetzt und ist deswegen nicht empfehlenswert. Alternativ können Sie Dependency Injection einsetzen, um den gewünschten Objektkollaborationsgraph ohne explizite Konstruktoraufrufe zu erzeugen. Die Tatsache, dass nur ein Exemplar der Klasse existiert, ist noch kein Problem, es ist das Entwurfsmuster und dessen globaler Zustand. *Singleton*

5.8.2 Statische Factory-Methode

Das von Joshua Bloch vorgeschlagene Muster zur Objekterzeugung ist eine statische Factory-Methode, die im Vergleich zu den klassischen Erzeugungsmustern der GoF sehr einfach angewandt werden kann. Letztendlich müssen Sie nur eine statische Methode bereitstellen, die die Objekterzeugung kapselt, und die Sichtbarkeit des Konstruktors einschränken. Hier wird auch gleich der Nachteil dieses Musters erkennbar: Wenn der Konstruktor für Benutzer nicht sichtbar ist, kann die Klasse nicht abgeleitet werden. Das kann im Sinne von Designed Inheritance auch so gewollt sein, denn statische Methoden können nicht überschrieben werden und sind deswegen auch nicht polymorph gebunden. Man kann also darüber streiten, ob die fehlende Vererbung tatsächlich ein Nachteil ist.

Joshua Bloch hätte dieses Muster nicht vorgeschlagen, wenn es nicht eine Reihe interessanter Vorzüge bieten würde. Welche Vorteile sind das?

Konkrete Namen

Im Gegensatz zu Konstruktoren können Factory-Methoden mit unterschiedlichen Namen belegt werden, um ihren Gebrauch zu vereinfachen. Eine Klasse kann durchaus mehrere Konstruktoren anbieten, sofern sich die Parameter unterscheiden, doch das ist in manchen Fällen nicht zur eindeutigen Unterscheidung ausreichend. Schauen wir uns die Konstruktoren der Klasse java.util.TreeSet an:

```
Public TreeSet(Collection c) // Ignoriert die Reihenfolge
Public TreeSet(SortedSet s)  // Beachtet die Reihenfolge
```

Wenn sich das Verhalten von Methoden unterscheidet, dann sollte sich das auch in den Namen der Methoden widerspiegeln, besonders dann, wenn sie zum gleichen Typ gehören. Diese Regel für das Überladen von Methoden gilt ebenfalls für das Überladen von Konstruktoren. Zwar kann man die Namen der Konstruktoren nicht ändern, aber man kann sie durch Factory-Methoden ersetzen. Die Namen der Factory-Methoden sollten möglichst präzise gewählt werden:

```
// neutrale Namen
valueOf
getInstance
newInstance

// Namen mit präziser Beschreibung
createBooking
createBookingWithDiscount
createBookingForGroup
```

Wiederverwendung von Objekten

Nicht in jedem Fall muss tatsächlich ein neues Objekt erzeugt werden. Ein gutes Beispiel für Wiederverwendung mit dem Flyweight-Muster ist Boolean.valueOf(boolean). Die Performance kann hierdurch verbessert werden, weil diese Klasse häufig verwendet wird, aber nur zwei immutable Objekte benötigt werden.

Flexible Erzeugung von Subtypen

Konstruktoren können nur Instanzen ihrer Klasse erzeugen. Factory-Methoden sind etwas flexibler, denn sie können auch Objektreferenzen auf Subtypen zurückgeben. Auf diese Weise kann die Implementierung einer API flexibel verändert werden. Die Klasse, deren Instanzen die Applikation zur Laufzeit nutzt, könnte theoretisch später als die Applikation geschrieben worden sein.

5.8.3 Builder mit Fluent Interface

Falls ein Konstruktor mehr als drei Parameter hat oder unterschiedliche Parameterkombinationen verwendet werden können, empfiehlt sich der Einsatz eines Builders mit Fluent Interface:

```
Car car = Car.builder()
            .engineType(EngineType.REGULAR_GAS)
            .extra(new SoundSystem())
            .extra(new AirConditioning())
            .build();
```

Die Objekterzeugung in diesem Beispiel erfolgt mit dem abschließenden Aufruf der Methode build. Die zuvor übergebenen Daten werden in einem Builder-Objekt gesammelt. Eine Referenz auf diesen Builder ist typischerweise nicht notwendig, weil er nach Objekterzeugung nicht mehr verwendet wird. Falls sich ein Benutzer trotzdem eine Referenz auf den Builder aufhebt, um weitere Objekte zu erzeugen, muss sichergestellt sein, dass die Methode build bei jedem Aufruf ein neues Objekt zurückgibt.

Das Beispiel zeigt außerdem die Methode withEngineType. Dies ist keine normale Setter-Methode, weil Car immutable ist. Jeder Aufruf dieser Methode führt zur Erzeugung einer neuen Instanz.

```
public final class Car {

    private final EngineType engineType;
    private final List<Extra> extraList;

    public static CarBuilder builder() {
        return new CarBuilder();
    }

    private Car(CarBuilder builder) {
        Preconditions.checkNotNull(builder.engineType,
                                    "EngineType must not be null");
        Preconditions.notEmpty(builder.extraList,
                              "List of extras must not be empty");
        engineType = builder.engineType;
        extraList = Collections.unmodifiableList(
                          new ArrayList<>(builder.extraList));
    }
```

```
public Car withEngineType(EngineType engineType) {
  return new Car(builder()
                    .engineType(engineType)
                    .extras(this.extraList));
}

static class CarBuilder {
  private EngineType engineType = null;
  private List<Extra> extraList = new ArrayList<>();

  public CarBuilder engineType(EngineType engineType) {
    this.engineType = engineType;
    return this;
  }

  public CarBuilder extra(Extra extra) {
    extraList.add(extra);
    return this;
  }

  public CarBuilder extras(List<Extra> extras) {
    extraList.addAll(extras);
    return this;
  }

  public Car build() {
    return new Car(this);
  }
}
}
```

5.8.4   Praktische Anwendung der Erzeugungsmuster

Nachdem in den vorherigen Abschnitten verschiedene Entwurfsmuster zur Objekterzeugung vorgestellt wurden, schauen wir uns nun die Objekterzeugung in konkreten Frameworks an.

Joda-Time Framework

Das Joda-Time Framework wurde entwickelt, um die Klassen für Zeit- und Datumsangaben der Standardbibliothek, deren Design einige Schwächen aufweist, zu ersetzen (siehe auch Abschnitt 2.2.6). Eine zentrale Klasse dieser neuen API ist DateTime, ein Ersatz für java.util.Calendar. Die Klasse DateTime hat keinen Builder, sodass die Objekterzeugung durch einen der vielen Konstruktoren erfolgt.

```
DateTime today = new DateTime();
DateTime xmas = new DateTime(2016, 12, 24, 18, 0);
```

Mit weiteren Methoden können einzelne Attribute verändert werden. Da die Klasse immutable ist, erzeugt jeder Aufruf ein neues Objekt.

Jede Methode gibt ein DateTime-Objekt zurück, sodass die Methoden als Fluent Interface genutzt werden können.

```
DateTime dt = new DateTime();
DateTime year2016 = dt.withYear(2016);
DateTime twoHoursLater = dt.plusHours(2);
```

Es ist sinnvoll, jedes Datum und jeden Zeitpunkt mit einem separaten Objekt zu repräsentieren. Andere Objekte der API haben keinen derartigen Zustand. Objekte vom Typ Chronology bieten Funktionen eines Datums- und Zeitrechners für komplexe Kalenderregeln. Es ist nicht notwendig, mehr als jeweils eine Instanz dieser Klassen zu erzeugen.

```
Chronology coptic = CopticChronology.getInstance();
```

MongoDB Java Client

Ein anderes Beispiel ist der Java-Client der dokumentenorientierten Datenbank MongoDB. Die Objekte dieser API werden in logischer Reihenfolge erzeugt und bauen aufeinander auf. Als Erstes muss eine Instanz der Klasse MongoClient erzeugt werden. Dazu werden verschiedene Konstruktoren angeboten. Alternativ hätte auch ein Builder verwendet werden können.

```
MongoClient mongoClient = new MongoClient( "localhost" , 27017 );
mongoClient.setWriteConcern(WriteConcern.JOURNALED);
```

Wenn die MongoClient-Instanz erst einmal erzeugt wurde, können weitere Einstellungen vorgenommen werden. Mithilfe verschiedener Setter-Methoden kann der Zustand der MongoClient-Instanz verändert werden. Das Erzeugen neuer Instanzen bei jedem Aufruf wäre hier nicht hilfreich, da typischerweise nur eine Instanz pro Applikation verwendet wird. Falls neue Instanzen erzeugt werden würden, müsste jedes Objekt, das eine Referenz auf die alte Instanz hat, benachrichtigt werden.

Wenn der Verbindungsaufbau mit dem Daemon-Prozess der MongoDB-Installation erfolgreich war, kann als Nächstes eine spezifische Datenbank ausgewählt werden. Der Zugriff auf eine Datenbank erfolgt über das Interface MongoDatabase. Welche konkrete Implementierung des Interface verwendet wird, entscheidet die MongoClient-Instanz.

```
MongoDatabase database = mongoClient.getDatabase("mydb");
```

Der Zugriff auf die Collections erfolgt ebenfalls über ein Interface. Auch in diesem Fall entscheidet die API, welche Implementierung verwendet wird.

```
MongoCollection<Document> collection =
database.getCollection("test");
```

Bei der Erzeugung der Dokumente bietet die API nur rudimentäre
Unterstützung. Die Methode append ist die Minimallösung eines
Fluent Interface.

```
Document doc = new Document("name", "Car")
.append("engineType", "REGULAR_GAS")
.append("extras", Arrays.asList("SOUND_SYSTEM", "AIRCONDITIONING"));

collection.insert(doc);
```

5.8.5   Fazit

Die bekannten Erzeugungsmuster der GoF, die statische Factory-
Methode à la Bloch und Fluent Interfaces sind Teil eines vielfältigen
Repertoires zur Erzeugung von Objekten. Alle Muster entkoppeln die
Objekterzeugung vom Client, sodass die API flexibel entscheiden
kann, welche Objekte erzeugt bzw. wiederverwendet werden.

5.9   Vererbung

Schauen wir uns zunächst ein Beispiel an, wo Vererbung offensichtlich
falsch eingesetzt wird. In diesem Beispiel wird die Klasse Stack als
Erweiterung von ArrayList implementiert. Aus API-Sicht ist einzuwen-
den, dass die Schnittstelle von Stack unnötig umfangreich ist, weil
nicht nur die Methoden push und pop angeboten werden, sondern
auch die Methoden von ArrayList. Die Methoden contains, add und
remove passen überhaupt nicht zu einem Stack.

```
class Stack extends ArrayList {
    public void push(Object value) { … }
    public Object pop() { … }
}
```

Laut der gewählten Vererbung ist ein Stack eine ArrayList, doch diese
Aussage ist inhaltlich falsch. Ein Stack muss Last-in-first-out-Semantik
unterstützen, aber die Schnittstelle von ArrayList passt nicht dazu. Die
Typen Stack und ArrayList kann man vermutlich in dieselbe Domäne
einordnen, sodass keine unerwünschte Cross-Domain-Beziehung vor-
liegt. Jedoch ist eine ArrayList eine Collection mit Random Access.
Der Stack hingegen setzt ein Queuing-Konzept mit bewusst einge-
schränktem Zugriff um.

```
class Flight extends ArrayList<Passenger> { … }
```

In diesem Beispiel gibt es eine Cross-Domain-Beziehung, denn Flight ist ein fachliches Domänenobjekt und ArrayList ein eher technisches Konstrukt, das zur Implementierung eingesetzt wird. Flight kann mithilfe einer ArrayList implementiert werden, die Erweiterung dieses Typs ist jedoch in diesem Fall unpassend. Die Verwendung von Array-List ist ein Implementierungsdetail, das nicht in die Schnittstelle von Flight gehört.

Diese Negativbeispiele für Vererbung zeigen jedoch nicht, dass Vererbung per se schlecht ist. Sie verdeutlichen lediglich, dass bestimmte Bedingungen für den Einsatz von Vererbung zu erfüllen sind:

- Beide Klasse gehören zur selben logischen Domäne.
- Die Implementierung der Basisklasse ist notwendig oder zweckdienlich für die Implementierung der abgeleiteten Klasse.
- Laut dem Liskov'schen Substitutionsprinzip ist die abgeleitete Klasse ein gültiger Subtyp der Basisklasse. Das Liskov'sche Substitutionsprinzip besagt, dass ein Client, der Objekte einer Basisklasse verwendet, auch mit Objekten einer abgeleiteten Klasse funktioniert, ohne dass der Client angepasst werden muss.

Die Gang of Four [Gamma et al. 1994] empfiehlt, Komposition gegenüber Vererbung zu bevorzugen, weil die Kopplung zwischen Basisklasse und abgeleiteter Klasse stärker ist als bei einer Komposition von Objekten. Nichtsdestotrotz ist Vererbung bei der Modellierung von fachlichen Domänen hilfreich. Auch für Frameworks und Frameworkerweiterungen ist Vererbung eine unverzichtbare Technik. Weil Vererbung aber einige Tücken hat, sollte man sie zumindest sparsam einsetzen.

5.9.1   Ansätze zum Einsatz von Vererbung

Es gibt zwei grundsätzliche Ansätze zum Umgang mit Vererbung beim API-Design:

- Open Inheritance
- Designed Inheritance

Open Inheritance

Open Inheritance ist eine vergleichsweise optimistische Herangehensweise. Vererbung wird hier grundsätzlich erlaubt und kann daher von jedem Benutzer der API eingesetzt werden. Befürworter dieses Ansatzes verstehen Entwickler als Profis, die genau wissen, was sie tun.

Wenn sich Entwickler für die Erweiterung von Klassen einer API entscheiden, dann sind sie selbst für die Einhaltung des Vertrages der

Basisklasse verantwortlich und wissen, dass spätere Erweiterungen der Basisklasse in einer neueren API-Version unter Umständen inkompatibel sein können. Open Inheritance gibt den Benutzern mehr Freiheiten: Es können beispielsweise Test Doubles durch Vererbung erstellt werden. Ganz allgemein kann das Verhalten durch Vererbung von Objekten angepasst und erweitert werden.

Designed Inheritance

Die Möglichkeit, durch Vererbung das Verhalten von Objekten beliebig zu verändern, erkannten auch die Designer der Klasse java.lang.String und entschieden sich aus Sicherheitsgründen gegen Open Inheritance.

Designed Inheritance bedeutet, dass nur an ausgewählten Stellen, das heißt dort, wo es notwendig ist, Vererbung erlaubt wird. Diese Klassen werden speziell für Vererbung entworfen und entsprechend dokumentiert. Alle anderen Klassen werden standardmäßig als final deklariert, sodass Vererbung nicht möglich ist. Bei Java nennt man dieses Abschließen auch Sealing. In der offiziellen Dokumentation wird der Begriff jedoch nur für Packages verwendet, die vollständig innerhalb derselben JAR-Datei liegen müssen.

Im Vergleich zu Open Inheritance vertritt Designed Inheritance eine pessimistische Sichtweise. Designed Inheritance sieht Vererbung relativ kritisch, da es die Datenkapselung der Klassen verletzt. Die Annahme ist hier auch, dass eine API von Experten für Nichtexperten entworfen wird. Die Experten wissen besser darüber Bescheid, was ein Cliententwickler tun oder lassen sollte. Der API-Designer führt den Cliententwickler sozusagen in die richtige Richtung.

Open Inheritance und Designed Inheritance haben ihre jeweiligen Vor- und Nachteile. Die Entscheidung zwischen diesen beiden Optionen ist letztendlich eine Frage der Philosophie.

5.9.2   Stolperfallen bei Vererbung

Die vorsichtige Herangehensweise von Designed Inheritance ist nicht ganz unberechtigt. Selbst das Hinzufügen einer neuen Methode kann problematisch sein. Angenommen eine Klasse der API wird von einem Benutzer durch Vererbung erweitert. Im folgenden Beispiel wird die Methode getResults in der abgeleiteten Klasse hinzugefügt.

```
class ApiBaseClass {
}

class ClientClass extends ApiBaseClass {
  List<Integer> getResults() {
    // …
```

```
    }
  }
```

Falls in einer neueren Version der API die Klasse ApiBaseClass um eine gleichnamige Methode erweitert wird, aber sich die Rückgabewerte der Methoden unterscheiden bzw. inkompatibel zueinander sind, kann der Clientcode nicht mehr kompiliert werden.

```
class ApiBaseClass {
  List<String> getResults() {
    // …
  }
}
```

Auf eine andere Stolperfalle macht Joshua Bloch [Bloch 2008] aufmerksam und schlägt eine erstaunlich einfache universelle Lösung vor: Ableitung einer Forwarding-Klasse. Die Collections in der Java-Standardbibliothek wurden nicht durch Sealing abgeschlossen, sondern können durch Vererbung erweitert werden. Falls nun ein Client die Klasse java.util.Set erweitert und die Methode add überschreibt, jedoch fälschlicherweise dabei voraussetzt, dass die Methode addAll die Methode add aufruft, irrt er sich. Aus diesem Grund schlägt Bloch vor, zunächst eine Forwarding-Klasse zu definieren, die das Interface der jeweiligen Collection implementiert und alle Methodenaufrufe an die Collection weiterleitet. Die Forwarding-Klassen sind leider nicht standardmäßig in der Java-Standardbibliothek enthalten.

Im folgenden Beispiel wird die Forwarding-Klasse für Set gezeigt. Diese Klasse implementiert java.util.Set und kann wiederverwendet werden, weil sie ansonsten keine weiteren Methoden enthält.

```
public class ForwardingSet<E> implements Set<E> {
  private final Set<E> s;

  public ForwardingSet(Set<E> s) {
    this.s = s;
  }

  @Override public boolean add(E e) {
    return s.add(e);
  }

  @Override public boolean addAll(Collection<? extends E> c) {
    return s.addAll(c);
  }
  // weitere Methoden
}
```

Die eigentliche Erweiterung durch Vererbung erfolgt schließlich auf Basis der Forwarding-Klasse. Die neue Collection NonNullSet stellt sicher, dass null nicht hinzugefügt werden kann.

```
class NonNullSet<E> extends ForwardingSet<E> {
  public NonNullSet(Set<E> s) {
    super(s);
  }

  @Override public boolean add(E e) {
    if (e == null) return false;
    return super.add(e);
  }

  @Override public boolean addAll(Collection<? extends E> c) {
    boolean changed = false;
    for (E e : c) {
      changed |= add(e);
    }
    return changed;
  }
}
```

5.9.3   Bedeutung für API-Design

Warum werden Klassen für Vererbung optimiert?

▪ API-Designer können mit Designed Inheritance Erweiterungspunkte für Benutzer anbieten, sodass diese flexibel Algorithmen erweitern oder vervollständigen können. Diese Erweiterungspunkte werden typischerweise von Frameworks genutzt.

▪ Durch Vererbung können auch generische Utility-Klassen um zusätzliche Funktionen erweitert werden, um die spezifischen Anforderungen von Applikationen erfüllen zu können.

▪ Eine API kann ebenfalls abstrakte Klassen als Hilfe zur Implementierung komplexer Interfaces anbieten.

▪ Eine API nutzt selbst Vererbung, um ihre Implementierung flexibel zu erweitern. Wenn die Objekterzeugung durch Entwurfsmuster in der API gekapselt wird, können Objekte verschiedener Subklassen verwendet werden.

Designed Inheritance für Eclipse-Plug-ins

Falls Sie eine API für ein Eclipse-Plug-in entwickeln, können Sie die Elemente der API mit speziellen JavaDoc-Tags markieren, um Restriktionen zu definieren:

- @noimplement
  Diese Interfaces dürfen von Benutzern nicht implementiert werden.

- @noextend
  Diese Klassen dürfen nicht durch Vererbung erweitert werden.

- @noinstantiate
  Diese Klassen dürfen durch Aufruf des Konstruktors nicht instanziiert werden.

- @nooverride
  Diese Methoden dürfen in Subklassen nicht überschrieben werden.

- @noreference
  Benutzer dürfen diese Methoden, Konstruktoren und nicht finalen Felder nicht referenzieren.

5.9.4   Fazit

Vererbung ist eine mächtige objektorientierte Technik, die jedoch den Nachteil hat, dass Subklassen stark an ihre Superklasse gekoppelt werden. Um die Komplexität gering zu halten, sollten Kompositionen gegenüber Vererbung bevorzugt werden. Aufgrund dieser Eigenschaften unterscheidet man zwischen Designed Inheritance und Open Inheritance. Designed Inheritance erlaubt – im Gegensatz zu Open Inheritance – Vererbung nur an wenigen ausgewählten Stellen, die speziell für Vererbung entworfen wurden. In allen anderen Fällen ist Vererbung durch Sealing nicht möglich.

5.10   Interfaces

In Java sollten Interfaces ausschließlich dazu verwendet werden, einen Typ zu definieren. Da ein Interface von mehr als einer Klasse implementiert werden kann, ist es möglich, ein nicht hierarchisches Typsystem zu konstruieren. Denn Klassen müssen nicht notwendigerweise voneinander erben, um einen bestimmten Typ zu erhalten. Mehrfachvererbung ist in Java nicht möglich, aber dennoch können Objekte mehrere Typen besitzen, falls deren Klassen mehrere Interfaces implementieren. Ein Objekt kann somit in unterschiedlichen Rollen genutzt werden.

Interfaces definieren Typen.

```
public interface Storable {
  void store();
}

public interface Shippable {
  void ship(Destination dest);
}

public class Package implements Storable, Shippable {
  // ...
}
```

Mixins

In diesem Beispiel implementiert die Klasse Package die beiden Interfaces Storable und Shippable. Man kann Package als primären Typ ansehen. Storable und Shippable bieten zusätzliches Verhalten, das zu unterschiedlichen Objekten bzw. Klassen hinzugefügt wird. Daher kann man die beiden Interfaces auch als Mixins bezeichnen. In anderen Programmiersprachen enthalten Mixins bereits eine Implementierung, die verwendet werden kann. In Java ist dies mit Defaultmethoden und statischen Methoden eingeschränkt ebenfalls möglich.

Schlanke Klassenhierarchie

Die Interfaces können wiederverwendet werden, um zu vermeiden, dass Duplikate mit unnötigen Abweichungen entstehen. Außerdem helfen die Interfaces, eine möglichst flache und einfache Klassenhierarchie zu gestalten.

5.10.1 Typen nachrüsten

Interfaces können auch nachträglich zu einer existierenden Klasse hinzugefügt werden. Das Ändern der Basisklasse hat im Vergleich dazu größere Implikationen. Wenn beispielsweise nachträglich das Interface Comparable hinzugefügt wird, muss nur eine neue Methode implementiert werden, falls diese noch nicht vorhanden ist. Das Typsystem einer API kann mit Interfaces elegant erweitert werden.

5.10.2 Unterstützung für nicht triviale Interfaces

Skelettartige Implementierung

Wenn für API-Benutzer ein Interface angeboten wird, dessen Implementierung aufwendig oder kompliziert ist, kann zusätzlich in der API eine abstrakte Klasse, eine sogenannte skelettartige Implementierung, bereitgestellt werden. Als Beispiele für diesen Ansatz nennt Joshua Bloch [Bloch 2008] AbstractCollection, AbstractSet, AbstractList und AbstractMap.

5.10.3   Markierungsschnittstellen

Interfaces wie Serializable und EventListener sind leer, denn sie werden nur verwendet, um Klassen zu markieren oder zu kategorisieren, sodass sie anders behandelt werden können. Seit Java 5 dienen zwar Annotationen zum Markieren von Klassen, aber im Gegensatz zu den Annotationen können Markierungsschnittstellen einen Typ definieren. Bereits zum Kompilierzeitpunkt kann das Vorhandensein von bestimmten Typen überprüft werden, um möglichst frühzeitig Fehler zu erkennen.

Marker Interfaces

5.10.4   Funktionale Interfaces

Seit Java 8 können Interfaces, die genau eine abstrakte Methode haben, als funktionales Interface genutzt werden[8]. Falls diese Eigenschaft erfüllt ist, sollte das Interface entsprechend dokumentiert werden. Für diesen Zweck gibt es die Annotation java.lang.FunctionalInterface[9].

Ein funktionales Interface, das mit Java 8 eingeführt wurde, ist zum Beispiel java.util.function.Consumer:

```
@FunctionalInterface
public interface Consumer<T> {

    /**
     * Performs this operation on the given argument.
     *
     * @param t the input argument
     */
    void accept(T t);
}
```

Das Interface Consumer hat noch eine weitere Defaultmethode, die uns aber an dieser Stelle nicht interessiert. Das Interface kann »klassisch« mit einer anonymen Klasse implementiert werden:

```
myList.forEach(new Consumer<String>() {
    public void accept(String element) {
        System.out.println(element);
    }
});
```

Alternativ können nun API-Benutzer auch einen Lambda-Ausdruck nutzen, um das funktionale Interface zu implementieren. Der Code wird hierdurch kompakter und ausdrucksstärker:

---

8.   Eventuell vorhandene Defaultmethoden haben eine Implementierung und sind daher nicht abstrakt.

9.   Das Vorhandensein dieser Annotation ist allerdings nicht zwingend erforderlich für den Einsatz als funktionales Interface.

```
myList.forEach((String element) -> System.out.println(element));
```

Nebenläufige   Ein weiterer Vorteil der Lambda-Ausdrücke ist die nebenläufige Verar-
Verarbeitung   beitung, denn die Collection kann den Lambda-Ausdruck selbst paral-
lel ausführen. Die Benutzung der API wird vereinfacht, weil eventuelle
Threading-Logik gekapselt wird.

5.10.5   Fazit

Java bietet keine Mehrfachvererbung, aber Klassen können mehrere
Interfaces implementieren. Die durch Interfaces definierten Typen
können außerdem von mehr als einer Klasse implementiert werden,
ohne dass diese eine gemeinsame Basisklasse benötigen. Auf diese
Weise können flache Typhierarchien entworfen werden. Funktionale
Interfaces können außerdem für Lambda-Ausdrücke verwendet werden. Der primäre Einsatzzweck von Interfaces ist jedoch die Definition
von Typen.

5.11   Zusammenfassung

In diesem Kapitel wurden zahlreiche Aspekte und Empfehlungen zum
praktischen Design von Java-APIs vorgestellt.

- Präzise und konsistente Namen sind wichtig für die Verständlich-
  keit und Lernbarkeit.
- Statische Typisierung hilft Clients, die API korrekt zu benutzen.
- Zur Objektkollaboration helfen Techniken wie »Tell, Don't Ask«,
  Command/Query Separation und Law of Demeter.
- Minimale Sichtbarkeit hilft, möglichst kleine APIs zu entwickeln.
- Boilerplate-Code sollte mit Convenience-Methoden minimiert wer-
  den.
- Null-Rückgaben sind eine suboptimale Lösung.
- Exceptions sollten sparsam eingesetzt werden. Unchecked Excep-
  tions sind zu bevorzugen.
- Nutzen Sie die Erzeugungsmuster der GoF.
- Wenn Sie davon ausgehen, dass Benutzer Elemente der API durch
  Vererbung erweitern, sollten Sie Designed Inheritance einsetzen.

Basierend auf diesen Grundlagen geht das nächste Kapitel auf API-
Techniken ein, die häufig auch Teil der Architektur der Anwendung
sind.

6 Fortgeschrittene Techniken für Java-APIs

Beim Entwurf einer API müssen Sie eine Vielzahl von Entscheidungen, die unterschiedliche Belange der API betreffen und Einfluss auf die resultierende Qualität haben, treffen. Die Entscheidungen können die Architektur beeinflussen bzw. müssen passend zur beabsichtigten Architektur getroffen werden. Sie müssen beispielsweise entscheiden, ob eine API synchron oder asynchron arbeitet.

6.1 Fluent Interface

Der Begriff Fluent Interface wurde ursprünglich von Eric Evans und Martin Fowler geprägt und bezeichnet eine Technik zur Verbesserung der Lesbarkeit des Quellcodes [Fowler 2005]. Eine DSL bietet eine konkretere fachliche Abstraktion als eine General Purpose Language wie Java. Beim Entwurf einer DSL kann das aus Domain-Driven Design bekannte Konzept einer »ubiquitären Sprache« verwendet werden, um den Bezug zur Anwendungsdomäne sicherzustellen. Die Begriffe interne DSL und Fluent Interface können synonym verwendet werden.

Interne domänenspezifische Sprachen

Eine interne DSL wird mit den Möglichkeiten ihrer Wirtssprache umgesetzt. In diesem Fall ist Java die Wirtssprache. Im Gegensatz dazu ist eine externe DSL eine von Grund auf neu definierte Sprache mit eigener Semantik und Syntax. Bekannte Beispiele für externe DSLs sind SQL und reguläre Ausdrücke.

Eine sehr einfache Form eines Fluent Interface bietet der StringBuffer bzw. der StringBuilder in Java. Die Methode append gibt die String-Builder-Instanz zurück, sodass erneut append aufgerufen werden kann. Abgeschlossen wird die Methodenkette mit toString. Derartige Methodenketten werden häufig zur Implementierung von Fluent Interfaces eingesetzt.

```
new StringBuilder()
  .append("Hello")
  .append(" ")
  .append("World")
  .toString();
```

Jede Methode gibt ein Objekt zurück, das den Rückgabekontext bildet. Entsprechend dem Rückgabekontext stehen weitere aufrufbare Methoden zur Auswahl, um die Methodenkette fortzusetzen. Die Kombinationsmöglichkeiten der einfachen API des StringBuilder sind überschaubar. Für komplexere APIs können die Rückgabekontexte gezielt entworfen werden, sodass nur sinnvolle Kombinationen möglich sind, um eine Fehlbenutzung der API auszuschließen. Diese Einschränkung erlaubt eine gewisse Prüfung der Korrektheit bereits zum Kompilierzeitpunkt. Außerdem kann eine integrierte Entwicklungsumgebung (IDE) durch Autovervollständigung dabei helfen, die passenden Methoden auszuwählen.

Für jedes Schlüsselwort einer DSL gibt es eine Methode. Die zur Auswahl stehenden Schlüsselwörter bestimmt der Kontext, für den es im Idealfall ein eigenes Interface gibt. Falls nur ein einziges Schlüsselwort zur Auswahl steht, hat das Interface auch nur eine Methode. Falls Schlüsselwörter wiederholt verwendet werden können, gibt die Methode dasselbe Interface zurück. Alternativ zu den Interfaces können auch Klassen zur Implementierung der internen DSL verwendet werden.

6.1.1   DSL-Grammatik

Die Grammatik einer DSL kann formal mit der erweiterten Backus-Naur-Form (EBNF), die speziell zur Darstellung von kontextfreien Grammatiken eingeführt wurde, spezifiziert werden [ISO/IEC 14977].

```
Grammar ::= 'WORD'
          | 'WITH-PARAMETER' '(' [a-z]+ ')'
          | 'WITH-ALTERNATIVE' ( 'ALTERNATIVE-A' | 'ALTERNATIVE-B' )
          | 'WITH-OPTION' 'OPTION'?
          | 'REPEATABLE'+
```

Jede EBNF, wie auch das obige Beispiel, kann eins zu eins in ein Syntaxdiagramm (railroad diagram) umgewandelt werden. Diese grafische Alternative wird häufig in Dokumentationen bevorzugt, weil sie leichter verständlich ist.

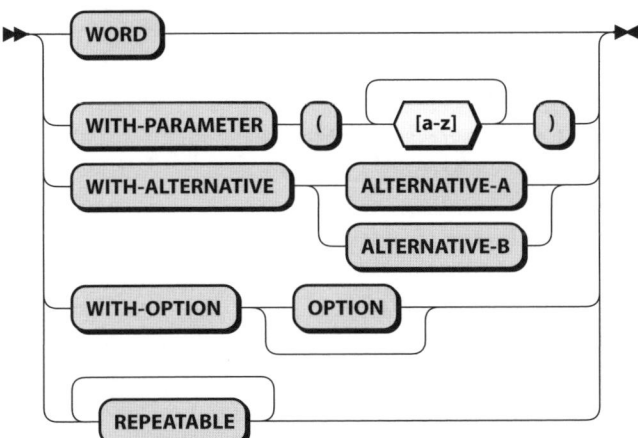

Abb. 6–1
*Das Syntaxdiagramm
ist eine grafische
Repräsentation der
EBNF und wurde mit
http://www.bottlecaps.de/
rr/ui erstellt.*

Wie kann nun diese Grammatik mit Java umgesetzt werden? Zunächst benötigt man ein Interface, das den Anfangskontext darstellt. Diese Aufgabe übernimmt das Interface AlternativeBegin. Beendet werden die Methodenketten stets mit dem Interface End. Außerdem gibt es drei weitere Intermediate-Interfaces, die entsprechend der DSL-Grammatik weitere Methoden anbieten.

```
interface AlternativeBegin {
  End word();
  End withParameter(String parameter);
  AlternativeIntermediate withAlternative();
  OptionIntermediate withOption();
  NoToManyIntermediate repeatable();
}

interface End {
  void end();
}

interface AlternativeIntermediate {
  End alternativeA();
  End alternativeB();
}

interface OptionIntermediate extends End {
  End option();
}

interface NoToManyIntermediate extends End {
  NoToManyIntermediate repeatable();
}
```

Die folgenden Beispiele zeigen, wie das Fluent Interface verwendet werden kann. Alle Beispiele folgen der vorab definierten DSL-Grammatik.

```
AlternativeBegin begin = …

// ein einzelnes Wort und Abschluss
begin.word().end();

// Wort mit Parameter und Abschluss
begin.withParameter("param").end();

// Wort gefolgt von Auswahl und Abschluss
begin.withAlternative().alternativeA().end();
begin.withAlternative().alternativeB().end();

// Wort gefolgt von optionalem Wort und Abschluss
begin.withOption().end();
begin.withOption().option().end();

// wiederholbare Aufrufe und Abschluss
begin.repeatable().repeatable().end();
```

Mit diesen Grundlagen können wir nun fortfahren und konkrete Fluent Interfaces bauen. Anwendung findet diese Technik beispielsweise bei Testframeworks. Ein Fluent Interface wird eingesetzt, um die Lesbarkeit und Wartbarkeit des Tests zu verbessern.

```
String text = …

// Variante A
assertNotNull(text);
assertTrue(text.startsWith("a"));
assertTrue(text.endsWith("z"));
assertTrue(text.isLowerCase());

// Variante B
assertThatString(text)
  .notNull()
  .startsWith("a")
  .endsWith("z")
  .isLowerCase();
```

In Variante A werden die Assertions einzeln aufgerufen. Im Vergleich dazu ist Variante B aufgrund der Fluent API kompakter und etwas leichter lesbar. Die Grammatik für das Beispiel lautet:

```
Grammar ::= 'assertThatString' '('[a-z]+')' ( 'notNull'
          | 'isLowerCase'
          | 'startsWith' '('[a-z]+')'
          | 'endsWith' '('[a-z]+')')+
```

Ähnliche APIs bietet die Bibliotheken FEST-Assert und AssertJ. Sie müssen also das Rad nicht neu erfinden, sondern können auf existierende Lösungen zurückgreifen.

6.1.2   Schachteln versus Verketten

Hilfreiche Assertions und Matcher bietet ebenfalls die Bibliothek Hamcrest. Diese arbeitet jedoch nicht mit Methodenketten, sondern mit Methodenschachtelungen. Den Matcher zur Überprüfung der Kleinschreibung gibt es standardmäßig nicht in der Bibliothek, aber man kann ihn leicht selbst mit einem org.hamcrest.TypeSafeMatcher implementieren. Das Beispiel würde dann so aussehen:

```
String text = …
assertThat(text,
  allOf(
    notNullValue(),
    startsWith("a"),
    endsWith("z"),
    isLowerCase()));
```

Die API von Hamcrest ist ebenfalls eine interne DSL, obwohl keine Methodenketten genutzt werden. Methodenketten sind keine Anforderung an DSLs, sondern nur ein möglicher Implementierungsansatz. Die Methodenketten erfordern für jeden Knoten im Syntaxdiagramm einen Intermediate-Typ. Im Gegensatz dazu braucht man beim Methodenschachteln einen Parameter, um weitere Methoden einzubetten. Die eingebetteten Methoden sind typischerweise static und werden durch static imports geladen.

6.1.3   Fluent Interface von jOOQ

Das nächste Beispiel basiert auf der Bibliothek jOOQ, die eine gelungene DSL zur Formulierung von typischeren SQL-Abfragen bietet.

Angenommen Sie haben eine Kundentabelle CUSTOMER und eine Tabelle ORDER für die Kundenbestellungen, dann könnten Sie mit folgendem Codebeispiel von allen Kunden, die seit 2016 mehr als drei Bestellungen getätigt haben, Vorname, Nachname und die Anzahl ihrer Bestellungen laden. Außerdem können Sie die Liste nach dem Kundennachnamen sortieren:

```
create.select(CUSTOMER.FIRST_NAME, CUSTOMER.LAST_NAME, count())
      .from(CUSTOMER)
      .join(ORDER).on(CUSTOMER.ID.equal(ORDER.CUSTOMER_ID))
      .where(ORDER.CREATED.ge(date("2016-01-01")))
      .groupBy(CUSTOMER.FIRST_NAME, CUSTOMER.LAST_NAME)
      .having(count().gt(3))
      .orderBy(CUSTOMER.LAST_NAME.asc().nullsFirst())
```

Intern wird die Methodenkette in eine JDBC-Abfrage umgewandelt und gegen eine Datenbank ausgeführt. Die resultierende SQL-Abfrage würde so aussehen:

```
SELECT CUSTOMER.FIRST_NAME, CUSTOMER.LAST_NAME, COUNT(*)
    FROM CUSTOMER
    JOIN ORDER ON CUSTOMER.ID = ORDER.CUSTOMER_ID
    WHERE ORDER.CREATED >= DATE '2016-01-01'
GROUP BY CUSTOMER.FIRST_NAME, CUSTOMER.LAST_NAME
    HAVING COUNT(*) > 3
ORDER BY CUSTOMER.LAST_NAME ASC NULLS FIRST
```

6.1.4   Ist der Aufwand gerechtfertigt?

Der Implementierungsaufwand für eine interne DSL ist vergleichsweise hoch und die Benutzung der API erschließt sich auch nicht immer auf den ersten Blick. Nichtsdestotrotz führt eine gute interne DSL sehr wohl zu leicht lesbarem Code, und schon kleine JavaDoc-Beispiele können die Benutzung vereinfachen. Welche Vorteile rechtfertigen den hohen Implementierungsaufwand?

- Die fachliche Komplexität wird nicht durch technischen Boilerplate-Code verschleiert.
- Längliche Codestellen können kürzer und prägnanter formuliert werden.
- Die korrekte Benutzung der API wird begünstigt. Beispielsweise sind syntaktisch fehlerhafte SQL-Abfragen mit jOOQ faktisch ausgeschlossen.

6.1.5   Fazit

Ein Fluent Interface ist eine interne DSL, die kompakt, ausdrucksstark und mit dem Vokabular einer Anwendungsdomäne ausgestattet ist. Sie kann mit der Wirtssprache Java durch Verkettung von Methoden gebaut werden. Ein wesentlicher Vorteil ist die Lesbarkeit des entstehenden Clientcodes.

6.2   Template-Methoden

Eng verbunden mit dem Thema Vererbung sind Template-Methoden. Sie finden häufig Anwendung in den APIs von Frameworks. Dazu bietet die API ein Interface oder eine abstrakte Basisklasse, die vom Benutzer der API implementiert wird. Auf diese Weise kann das Framework gezielt Erweiterungspunkte anbieten, die der Benutzer mit

konkreter Logik füllt. Ziel ist es, die Bibliothek variabel und erweiterbar zu machen.

Im folgenden Beispiel definiert die Klasse OrderSorter die abstrakte Methode compare, die vom Benutzer der Klasse zu implementieren ist.

```java
abstract class OrderSorter {
  private List<Order> orders;

  public void sort() {

    …
    if(compare(o1,o2)) {
      …
    }
  }

  /**
   * Compares its two arguments for order. Returns a negative
   * integer, zero, or a positive integer as the first argument
   * is less than, equal to, or greater than the second.
   */
  abstract int compare(Order o1, Order o2);
}
```

Suboptimal an diesem Beispiel ist die fehlende Trennung zwischen
Benutzung und Implementierung, weil nicht zwischen API im engeren
Sinne und Service Provider Interface (SPI) unterschieden wird.

6.2.1   API versus SPI

Eine API im engeren Sinne bietet programmatischen Zugriff auf Operationen, um ein gewünschtes Verhalten oder Ergebnis zu erzielen. Der
Benutzer einer API implementiert keine Interfaces oder erweitert durch
Vererbung keine Klassen der API, um sein Ziel zu erreichen. Der
Benutzer beschränkt sich auf den Aufruf von implementierten Operationen. Falls in einer neueren API-Version Methoden hinzugefügt werden, hat dies keinen negativen Effekt auf existierende Benutzer.

Ein Service Provider Interface erlaubt es Entwicklern, das Verhalten der Software zu erweitern oder zu ändern. Diese Erweiterungen
basieren typischerweise auf Vererbung oder Implementierung von
Interfaces. Das Hinzufügen einer neuen Methode oder das Ändern
existierender Methoden in einem SPI ist in der Regel für SPI-Benutzer
inkompatibel.

Mit diesem neuen Wissen über die unterschiedlichen API-Typen
kann das obige Beispiel überarbeitet werden, um die miteinander ver-
mischten Zuständigkeiten voneinander zu trennen. Der SPI-Teil kann
in ein separates Interface extrahiert werden. In diesem Fall muss kein
neues Interface definiert werden, denn java.util.Comparator erfüllt

genau diesen Zweck. Ein Benutzer kann dieses Interface folgendermaßen implementieren:

```java
public class OrderComparator implements Comparator<Order> {
  @Override
  public int compare(Order o1, Order o2) {
    return o1.getCreationDate().compareTo(o2.getCreationDate());
  }
}
```

Die Abhängigkeit des OrderSorter auf ein Objekt vom Typ Comparator wird über den Konstruktor aufgelöst. Dies ist eine mögliche Form
von Dependeny Injection. Der OrderSorter ist nun nicht mehr abstrakt. Theoretisch könnte die Klasse nun auch mit final deklariert werden. Man könnte für beide API-Typen auch unterschiedliche Packages
verwenden, um deren Unterscheidung zu unterstreichen. Die Trennung
von Benutzung und Implementierung führt in diesem Beispiel auch zur
Trennung der Zuständigkeiten von Vergleich und Sortierung. Ein weiterer Vorteil ist, dass der Comparator unabhängig vom OrderSorter
auch an anderen Stellen wiederverwendet werden kann.

```java
public final class OrderSorter {
  private final Comparator<? super Order> comp;

  public OrderSorter(Comparator<? super Order> comp) {
    this.comp = comp;
  }

  public void sort(List<Order> orders) {

    Collections.sort(orders, comp);
  }
}
```

Die erste Variante des Beispiels, bei der OrderSorter und Comparator
nicht voneinander getrennt sind, hat noch einen anderen Nachteil
gegenüber der zweiten Variante. Die erste Variante setzt voraus, dass
der Benutzer eine Subklasse von OrderSorter erstellt, um die Methode
compare zu implementieren. Als API-Designer kann man jedoch nicht
ausschließen, dass die Subklasse auch andere Methoden überschreibt
und dadurch das Verhalten in für den API-Designer unerwarteter
Weise verändern wird. Selbst wenn alle anderen Methoden mit final
deklariert werden, besteht trotzdem die Möglichkeit, dass auf Felder
oder andere Methoden zugegriffen wird. Auch wenn Sicherheitsbeden-
ken ausgeschlossen werden können, kann Vererbung bei dieser Variante zu unnötig hoher Komplexität und schwer wartbarem Code führen. Aus diesem Grund ist Designed Inheritance mit der zweiten
Variante zu bevorzugen.

6.2.2   Erweiterbare Parameter

In einer ersten Version könnte ein einfacher String als Parameter für die Template- oder Callback-Methode ausreichen. Doch was passiert, wenn zu einem späteren Zeitpunkt ein zweiter oder ein dritter Parameter notwendig werden? In diesem Fall wäre die Signatur der Methode inkompatibel zu erweitern. Derartige Änderungen würden auch Benutzer betreffen, die die neuen Parameter überhaupt nicht benötigen.

```
// Schlechter Stil
public interface ServiceProviderInterface {
    void callbackMethod(String param);
}
```

Eine einfache Lösung für dieses Problem bietet ein Context-Objekt, das abwärtskompatibel erweitert werden kann. Denn falls nachträglich zusätzliche Methoden hinzugefügt werden, hat dies keine Auswirkungen auf existierende Clients, die diese Methoden nicht kennen, aber auch nicht benutzen müssen.

```
// Bessere Variante
public class Context {
  public String foo() { … }

  public Integer bar() { … }
}

public interface ServiceProviderInterface {
    void someMethod(Context param);
}
```

6.2.3   Fazit

Mit Template-Methoden und Service Provider Interfaces kann das Verhalten einer Software vom Benutzer erweitert oder geändert werden. Achten Sie auf eine saubere Trennung zwischen SPI und sonstiger API.

6.3   Callbacks

Callbacks sind eine vielfältig einsetzbare Technik, deren allgemeine Funktionsweise schnell erklärt ist: Ein benutzerspezifisches Objekt mit speziellem Typ oder Annotationen wird bei einem Framework (oder allgemein bei einer API) registriert und von diesem aufgerufen. Der Rückruf kann je nach API-Vertrag synchron oder asynchron erfolgen, sodass sehr unterschiedliche Verarbeitungsansätze möglich sind.

Zur Behandlung von Ereignissen einer grafischen Oberfläche werden beispielsweise Event Listener implementiert und registriert. Wenn zur Laufzeit eine Benutzeraktion das Ereignis auslöst, wird der Event Listener aufgerufen. Der registrierte Event Listener kann dann beliebigen Code ausführen, um das Ereignis wie gewünscht zu behandeln. Typischerweise wird hierfür eine anonyme innere Klasse genutzt, obwohl für den Rückruf die Registrierung einer Funktion ausreichen würde.

Abhilfe schaffen seit Java 8 die Lambda-Ausdrücke. Streng genommen wurde das Java-Typsystem nicht erweitert, vielmehr handelt es sich um Interfaces mit einer einzelnen abstrakten Methode. Der Name dieser abstrakten Methode muss bei deren Implementierung mithilfe eines Lambda-Ausdrucks nicht angegeben werden.

```
Collections.sort(personList, (p1, p2) ->
                 p1.getName().compareTo(p2.getName()));
```

Mit Lambdas und Callbacks werden auf die eine oder andere Weise verpackte Funktionen als Methodenparameter übergeben. Entwurfsmuster wie beispielsweise Besucher (visitor), Beobachter (observer, listener, publish-subscribe), Kommando (command, transaction) oder Strategie (strategy) nutzen dieses Prinzip.

Callbacks sind ein Beispiel für die Umkehrung der Steuerung (inversion of control), weil der Kontrollfluss einer Applikation an ein Framework übergeben wird. Dadurch können Funktionen eines Frameworks sehr allgemein definiert werden. Die Applikation bestimmt das exakte Verhalten durch Registrierung der Rückruffunktionen.

6.3.1   Synchrone Callbacks

Callbacks können blockierend ausgeführt werden, man spricht dann von synchronen Callbacks. Beispielsweise ist der Aufrufer von forEach so lange blockiert, bis der Callback für jedes einzelne Element der Liste durchgeführt wurde.

```
list.forEach(callback);
```

In diesem Beispiel erwartet die Methode forEach ein Objekt des Typs java.util.function.Consumer, das wahlweise in Form einer einfachen Objektreferenz, einer anonymen Klasse oder eines Lambda-Ausdrucks angegeben werden kann.

6.3.2 Asynchrone Callbacks

Alternativ können Callbacks auch zu einem späteren Zeitpunkt ausge- *Ereignisbehandlung*
führt werden. Dies ist häufig bei der Behandlung von Ereignissen einer
grafischen Benutzeroberfläche der Fall, weil die Oberfläche sonst als
sehr langsam wahrgenommen werden würde. Generell können Callbacks dazu verwendet werden, Applikationen über das Eintreten
bestimmter Ereignisse zu informieren. Eine Stateful Session Bean
(Enterprise JavaBean) kann optional nach ihrer Aktivierung oder auch
optional vor ihrer Deaktivierung aufgerufen werden. Die Methoden
werden mit den Annotationen @PostActivate und @PrePassivate markiert. Ohne diese Rückruffunktionen würde die Bean nicht wissen,
dass eine Aktivierung oder Deaktivierung stattfindet.

Asynchrone Callbacks können ebenfalls für nicht blockierende APIs *Nicht blockiende APIs*
verwendet werden. Ein Benutzer startet eine Operation und muss nicht
auf deren Abschluss warten, stattdessen kann er unverzüglich weiterarbeiten. Daraus ergeben sich jedoch folgende Fragestellungen:

- Wie erfährt der Benutzer, wann die Operation beendet ist?
- Wie bekommt der Benutzer das Ergebnis der Operation?

Grundsätzlich können Sie Pull, Poll und Push [Kreft & Langer 2014]
einsetzen, um das Ergebnis zu bekommen. Die Funktionsweise diese
Lösungsansätze soll anhand asynchroner I/O-Operationen der Java-
Standardbibliothek veranschaulicht werden.

```
AsynchronousSocketChannel ch = …;
ByteBuffer buf = …;
Future<Integer> handle = ch.read(buf);
// andere Dinge in der Zwischenzeit machen
Integer result = handle.get();
```

In dieser Variante wird ein Future-Objekt zurückgegeben, mit dessen
Hilfe der Benutzer später das Ergebnis der Operation erhält. Weil der
Benutzer durch das Future nicht blockiert wird, können weitere
Berechnungen durchgeführt werden.

Das Future bietet eine blockierende Query-Methode zum Zugriff *Pull-Ansatz*
auf das Ergebnisobjekt. Aus Sicherheitsgründen kann ein Timeout
angegeben werden:

```
// Warten auf Abschluss der I/O-Operation mit Timout
int result = result.get(5, TimeUnit.SECONDS);
```

Um diese Blockierung zu vermeiden, kann alternativ Polling eingesetzt *Poll-Ansatz*
werden. Das Future-Objekt bietet eine Methode, mit der der Status der
Operation abgefragt werden kann. Der Poll-Ansatz benötigt eine
Schleife (Thread), um wiederholt den Status überprüfen zu können.

```
// Überprüfe Abschluss der I/O-Operation
boolean isDone = handle.isDone();
```

Push-Lösung   Die zweite Variante der asynchronen I/O-Operationen nutzt kein Future-Objekt, sondern das Interface CompletionHandler. Dieses Interface hat zwei Methoden:

- Die Methode completed wird aufgerufen, wenn die I/O-Operation erfolgreich abgeschlossen werden konnte. Als Parameter wird das Ergebnis übergeben. In diesem Fall ist es ein Integer.
- Falls bei der Durchführung der I/O-Operation ein Fehler auftritt, wird die Methode failed aufgerufen. Sie erhält als Parameter ein Throwable. Beide Methoden erhalten außerdem als Parameter eine Connection, die typischerweise dafür verwendet wird, Kontextinformationen zu übertragen.

```
class Connection { ... }

class Handler implements CompletionHandler<Integer,Connection> {
  public void completed(Integer result, Connection conn) {
    // Ergebnis behandeln
  }
  public void failed(Throwable exc, Connection conn) {
    // Fehlerbehandlung
  }
}

AsynchronousSocketChannel ch = ...;
ByteBuffer buf = ...;
Connection conn = ...;
Handler handler = ...;
ch.read(buf, conn, handler);
```

6.3.3   Fazit

Für einen Callback registriert ein Benutzer ein Objekt, das synchron oder asynchron aufgerufen wird. Ein Benutzer kann hierdurch eine Funktion bereitstellen, mit der beispielsweise Elemente einer Collection oder eines Datenstroms bearbeitet werden. Die Callbacks können zur Behandlung von asynchronen Ereignissen, wie zum Beispiel einer grafischen Benutzeroberfläche, eingesetzt werden.

6.4 Annotationen

Annotationen haben keine direkte Auswirkung auf den Code, den sie annotieren. Vielmehr dienen sie dazu, zusätzliche Metainformationen für ein Programm zu deklarieren. Diese Metainformationen können beispielsweise vom Compiler genutzt werden, um bestimmte Direktiven auszuführen. Für diesen Zweck bietet die Standardbibliothek Annotationen wie @SafeVarargs, @SuppressWarnings, @Deprecated und @Override.

Annotationen können zum Kompilier- und Bereitstellungszeitpunkt ausgewertet werden, um beispielsweise Quellcode, XML-Dateien, Datenbankschemata etc. zu generieren. Mit Reflection können Annotationen auch zur Laufzeit ausgewertet werden, um beispielsweise Objekte zu initialisieren oder Methoden für bestimmte Aufgaben zu registrieren. Eine API kann eigene Annotationen bereitstellen, die von Benutzern in ihrem Code verwendet werden. Wie dies konkret aussehen kann, beschreiben die folgenden Abschnitte.

6.4.1 Auswertung zum Kompilierzeitpunkt

Seit Java 6 ist es möglich, Annotationen mit Annotationsprozessoren zum Kompilierzeitpunkt zu verarbeiten. Diese Technik wird vom Projekt http://immutables.github.io verwendet, um immutable Value Objects zu generieren. Zentrales Element dieser API ist die Annotation @Value, die in vereinfachter Form hier angegeben ist:

```
@Retention(RetentionPolicy.SOURCE)
public @interface Value {

  @Documented
  @Target(ElementType.TYPE)
  public @interface Immutable {
    boolean singleton() default false;
    boolean builder() default true;
  }

  @Documented
  @Target({ ElementType.METHOD, ElementType.PARAMETER })
  public @interface Parameter {
    int order() default 0;
  }
}
```

Dieser Annotationtyp soll dazu dienen, Value-Objekte zu beschreiben, deren Implementierung von einem Prozessor generiert wird. Ein Annotationstyp wird ähnlich wie ein Interface deklariert. Eine Besonderheit ist das @-Zeichen vor dem Schlüsselwort interface. Durch Angabe

RetentionPolicy.SOURCE werden die Metainformationen dieser Annotation vom Compiler nicht in die .class-Datei übernommen. Diese Sichtbarkeit ist für den beschriebenen Anwendungsfall ausreichend.

Die beiden geschachtelten Annotationen sind mit @Documented und @Target annotiert. Standardmäßig tauchen die Annotationen von Typen und Methoden nicht im generierten JavaDoc auf. Man kann das aber leicht mit @Documented ändern. Mit @Target wird festgelegt, an welchen Stellen eine Annotation verwendet werden kann. Die geschachtelten Annotationen haben ebenfalls Attribute vom Typ boolean und int mit jeweils einem Defaultwert.

Mit diesem Annotationtyp kann beispielsweise der Typ Speed definiert werden:

```
@Value.Immutable(builder = false)
public interface Speed {
  @Value.Parameter
  int kmPerHour();
}
```

Schließlich fehlt noch der Annotationsprozessor, der den Java-Code erzeugt. Jeder Annotationsprozessor implementiert das Interface Processor. Zur Unterstützung bei der Implementierung des Interface bietet die Standardbibliothek eine skelettartige Basisklasse mit dem passenden Namen AbstractProcessor. Einzelheiten über das Interface und die Basisklasse können der Java-Dokumentation entnommen werden. Der Annotationsprozessor in diesem Beispiel implementiert die Methode process, in der die Verarbeitung der Annotationen erfolgt. Im Code-auszug ist zu sehen, dass der Java-Code der Klasse ImmutableSpeed in eine gleichlautende Datei geschrieben wird.

```
@SupportedAnnotationTypes("com.example.Value.Immutable")
@SupportedSourceVersion(SourceVersion.RELEASE_8)
public class ValueProcessor extends AbstractProcessor {

  private static final String PREFIX = "Immutable";

  @Override
  public boolean process(Set<? extends TypeElement> annotations,
                         RoundEnvironment roundEnv)
  {

    if (!roundEnv.processingOver()) {

      // Scan annotated elements
      for (Element annotatedElement :
        roundEnv.getElementsAnnotatedWith(Value.Immutable.class)) {

        TypeElement el = (TypeElement) annotatedElement;
        String className = PREFIX + el.getSimpleName();
        String packageName = ClassUtils
          .getPackageName(el.getQualifiedName().toString());
```

```
Builder typebuilder = TypeSpec
  .classBuilder(className)
  .addModifiers(Modifier.PUBLIC, Modifier.FINAL)
  .addSuperinterface(TypeName.get(el.asType())));

// add fields, methods, and constructors
// ...

TypeSpec spec = typebuilder.build();
JavaFile file = JavaFile.builder(packageName, spec).build();

try {
  file.writeTo(processingEnv.getFiler());
} catch (IOException e) {
  e.printStackTrace();
}
      }
    }
    return false;
  }
}
```

Das Beispiel verwendet die Bibliothek JavaPoet aufgrund seiner API zur Erzeugung von .java-Quelldateien.

6.4.2 Auswertung zur Laufzeit

Annotationen sind Java-Entwicklern nicht zuletzt durch das Spring Framework und Java EE bekannt, denn beide Technologien nutzen Container, in denen der Lebenszyklus von Komponenten – Scope, Lifecycle Callbacks, Dependency Injection etc. – mit Annotationen gesteuert wird. Annotationen werden auch von JUnit eingesetzt. Namenskonventionen gehören schon lange der Vergangenheit an, stattdessen werden die Testfälle annotiert. Die ausgeführten Testfälle haben einen Lebenszyklus, dessen Phasen bei der Entwicklung zu berücksichtigen sind. Entsprechende Callback-Methoden werden mit @BeforeClass, @AfterClass etc. markiert. Diese Annotationen könnten etwa so definiert werden:

```
@Target(ElementType.METHOD)
@Retention(RetentionPolicy.RUNTIME)
@interface BeforeClass {
}

@Target(ElementType.METHOD)
@Retention(RetentionPolicy.RUNTIME)
@interface AfterClass {
}
```

Diese Annotationen gehören zur API des Testframeworks und werden von Benutzern bei der Testfallentwicklung verwendet, um das Test-Fixture vor Beginn der Ausführung der Testfälle zu erzeugen und danach aufzuräumen.

```
public class TestCases {
  @BeforeClass
  public void setUpBeforeClass() {
    // …
  }

  @AfterClass
  public void tearDownAfterClass() {
    // …
  }
}
```

Mit ein wenig Reflection können die annotierten Methoden identifiziert und aufgerufen werden.

```
TestCases cases = …;

for (Method method : cases.getClass().getMethods()) {
  if (method.isAnnotationPresent(BeforeClass.class)) {
    method.invoke(cases);
  }
}

// TestCases ausführen
for (Method method : cases.getClass().getMethods()) {
  if (method.isAnnotationPresent(AfterClass.class)) {
    method.invoke(cases);
  }
}
```

6.4.3   Fazit

Auch Annotationen können Teil einer API sein. API-Benutzer verwenden die Annotationen in ihrem Code, der zum Kompilierzeitpunkt oder zur Laufzeit ausgewertet wird. Im ersten Fall werden Annotationsprozessoren genutzt, um Quellcode, XML-Dateien oder Datenbankschemata zu generieren. Im zweiten Fall können Lifecycle Callbacks, Ereignisbehandlung, Dependency Injection und andere von einer API angebotenen Funktionen im Clientcode genutzt werden.

6.5   Wrapper-Interfaces

Viele APIs nutzen ein sogenanntes Wrapper-Interface, das auf einer
Menge anderer Klassen aufsetzt und diese kapselt. Es gibt verschiedene
Gründe, dies tun zu: Möglicherweise gibt es eine große Legacy-Codeba-
sis, deren Funktion durch eine neue einfache API wiederverwendet werden soll. Die neue API entkoppelt Benutzer vom alten Legacy-Code und
reduziert so die Komplexität der Applikation. Ein Wrapper-Interface
könnte auch dazu genutzt werden, eine 3rd-Party-Bibliothek zu verbergen, sodass Benutzer nicht direkt davon abhängig sind. Die zusätzliche
Indirektion durch die Wrapper-Schicht stellt einen potenziellen Performance-Nachteil dar. Eventuell muss auch ein Zustand in der Wrapper-
Schicht verwaltet werden. Nichtsdestotrotz können die Vorteile, die
eine gute API mit sich bringt, diesen Overhead rechtfertigen.

   Verschiedene strukturelle Softwaremuster können zur konkreten
Umsetzung eines Wrapper-Interface genutzt werden. In den folgenden
Abschnitten werden Proxy, Adapter und Fassade vorgestellt.

6.5.1   Proxy

Ein Proxy [Gamma et al. 1994] ist ein Stellvertreterobjekt für ein rea-
les Objekt. Das Stellvertreterobjekt bietet das gleiche Interface, sodass
es genauso wie das reale Objekt vom Client benutzt werden kann. Die
zusätzliche Indirektion des Proxys kann vielfältig genutzt werden, um
das Verhalten des realen Objektes zu verändern:

- Lazy Loading bei Persistenzoperationen
- Remote-Proxy für Objekt in einem anderen Adressraum
- Durchsetzung von Zugriffsrechten
- Debugging-Unterstützung mit Logging
- Objektwiederverwendung durch Kombination mit Flyweight-Mus-
  ter

Die Funktionsweise kann leicht mit einem Beispiel erklärt werden. Im
Beispiel wird der Typ des realen Objektes durch das Interface MessagingService definiert und durch die Klasse EmailMessagingService
implementiert.

```
public interface MessagingService {
  Response send(Message msg);
}

public class EmailMessagingService implements MessagingService {
  @Override
  public Response send(Message msg);
   // ...
  }
}
```

Ein dynamischer Proxy wird mit einer statischen Factory-Methode der Klasse java.lang.reflect.Proxy erzeugt. Der resultierende Proxy hat automatisch den richtigen Typ und leitet alle Methodenaufrufe zur invoke-Methode des DebugProxy weiter. Der DebugProxy hat die Aufgabe, alle Methodenaufrufe zu loggen und den Aufruf an das reale Objekt zu delegieren.

```
public class DebugProxy implements
  java.lang.reflect.InvocationHandler {

  private final static Logger logger =
    Logger.getLogger(DebugProxy.class);

  private final Object realObject;

  public static Object newInstance(Object realObject) {
    return java.lang.reflect.Proxy.newProxyInstance(
        realObject.getClass().getClassLoader(),
        realObject.getClass().getInterfaces(),
        new DebugProxy(realObject));
  }

  private DebugProxy(Object obj) {
    this.obj = obj;
  }

  @Override
  public Object invoke(Object proxy, Method m, Object[] args)
      throws Throwable
  {
    Object result;
    try {
      logger.debug("Before invoking method " + m.getName());
      result = m.invoke(obj, args);
    } catch (InvocationTargetException ite) {
      throw ite.getTargetException();
    } catch (Exception exc) {
      throw new RuntimeException("Unexpected invocation exception: "
                                 + exc.getMessage());
    } finally {
      logger.debug("After invoking method " + m.getName());
    }
    return result;
  }
}
```

Der resultierende dynamische Proxy hat den Typ MessagingService und kann vom Client ganz normal verwendet werden:

```
MessagingService service = (MessagingService) DebugProxy
    .newInstance(new EmailMessagingService());
service.send(new Message("Hello, World!"));
```

Ein Proxy kann ebenfalls als Schutz vor zukünftigen Änderungen des realen Objektes genutzt werden. Wenn sich das Interface des realen Objektes ändert, kann der Proxy trotzdem noch das alte Interface anbieten, sodass Clients von dieser Änderung nicht betroffen sind. In diesem Moment wird aus einem Proxy ein Adapter.

6.5.2 Adapter

Falls eine existierende API nicht von einem Client benutzt werden kann, muss diese durch einen Adapter [Gamma et al. 1994] übersetzt werden. Ein Adapter kapselt ähnlich wie ein Proxy nur ein einzelnes Objekt, bietet aber ein anderes Interface mit gleichem Verhalten an. Beim Proxy ist es umgekehrt: Er bietet das gleiche Interface mit verändertem Verhalten an. Ein Adapter kann beispielsweise Methoden umbenennen, die Reihenfolge der Parameter ändern oder Datentypen transformieren. Vererbung oder Komposition können zur Implementierung eines Adapters genutzt werden. Allgemein sollte jedoch die Komposition bevorzugt werden, sodass das Interface flexibler angepasst werden kann. Methoden können in einer Subklasse überschrieben werden. Die Signaturen der Methoden können jedoch nicht beliebig angepasst werden.

6.5.3 Fassade

Im Gegensatz zum Proxy und Adapter kapselt eine Fassade [Gamma et al. 1994] nicht nur eine Klasse, sondern ein ganzes Subsystem, bestehend aus mehreren Klassen. Eine Fassade bietet eine neue API mit vereinfachter Klassenstruktur für die Funktionen des zugrunde liegenden Subsystems. Eine Fassade kann im Wesentlichen dazu genutzt werden, Geschäftslogik zu einem Service zu orchestrieren und Abhängigkeiten auf ein Subsystem zu kapseln.

Geschäftslogik zu Services orchestrieren

Im Domain-Driven Design werden Fassaden für Application Services, die die Geschäftslogik des Domänenmodells orchestrieren und ausführen, genutzt. Ein Teil der Funktionen des Domänenmodells werden zu einem neuen Interface zusammengefasst, das beispielsweise von der

Application Services
(Domain-Driven Design)

grafischen Benutzerschnittstelle genutzt wird. Die Application Services sind somit die direkten Benutzer des Domänenmodells. Typischerweise bilden Application Services eine dünne Schicht, denn die eigentliche Logik ist im Domänenmodell implementiert. Application Services bieten Sicherheitsmechanismen und Transaktionsverwaltung, sofern Datenbanken verwendet werden.

In den Methodensignaturen der Application Services können Typen des internen Domänenmodells benutzt werden. Infolgedessen werden Benutzer der Application Services von diesen Typen abhängig. Aus diesem Grund werden manche Application Services so gebaut, dass sie das interne Datenmodell vollständig kapseln. Die Methoden dürfen dann nur primitive Datentypen, Strings und möglicherweise auch Datentransferobjekte (DTOs) verwenden. Beide Ansätze haben ihre jeweiligen Vor- und Nachteile:

- Das Exponieren einiger Value-Objekte des internen Datenmodells stellt keinen Mehraufwand dar. Die Value-Objekte verbessern die API dank statischer Typüberprüfung und bereits vorhandener Invarianten-Checks.
- Man kann das interne Datenmodell als Implementierungsdetail verstehen, sodass die Datenkapselung verbessert wird, wenn externe Clients vom internen Datenmodell entkoppelt werden. Datentransferobjekte können speziell für die Anforderungen eines Application Service entworfen werden und dessen Benutzung vereinfachen.
- Durch den Einsatz von DTOs holt man sich jedoch unnötige Komplexität ins Projekt, weil das Mapping zwischen DTOs und Datenmodell sehr aufwendig und wartungsintensiv sein kann. Nur um ein einzelnes neues Feld zu exponieren, sind Änderungen in mehreren Schichten notwendig.
- Der Overhead für das Erzeugen der DTOs kann auch ein Performance-Nachteil sein. Insbesondere für Applikationen mit hohem Datenverkehr kann dieser Nachteil ausschlaggebend sein.

Abhängigkeiten kapseln

Eine Fassade kann eingebaut werden, um zu vermeiden, dass direkte Abhängigkeiten auf komplexen Legacy-Code entstehen. Hinter der neuen API der Fassade wird der Legacy-Code gekapselt. Dieser Schritt kann auch nachträglich erfolgen, indem schrittweise existierende Clients auf die neue Fassade umgestellt werden, bis schließlich keine direkten Abhängigkeiten mehr auf den Legacy-Code bestehen. Nach der Entkopplung könnte der Legacy-Code komplett oder teilweise ersetzt werden. Ein anderer Grund für den Einbau einer Fassade ist deren API, die einfacher zu benutzen ist als der Legacy Code, der nur mit sehr großem Aufwand geändert werden kann. Nicht nur Legacy-Code kann durch eine Fassade gekapselt werden: Eine Fassade kann ebenfalls Abhängigkeiten auf eigene Komponenten oder 3rd-Party-Bibliotheken kapseln und eine vereinheitlichte API anbieten. Im Domain-Driven Design übernimmt genau diese Aufgabe der Anti-Corruption Layer (ACL).

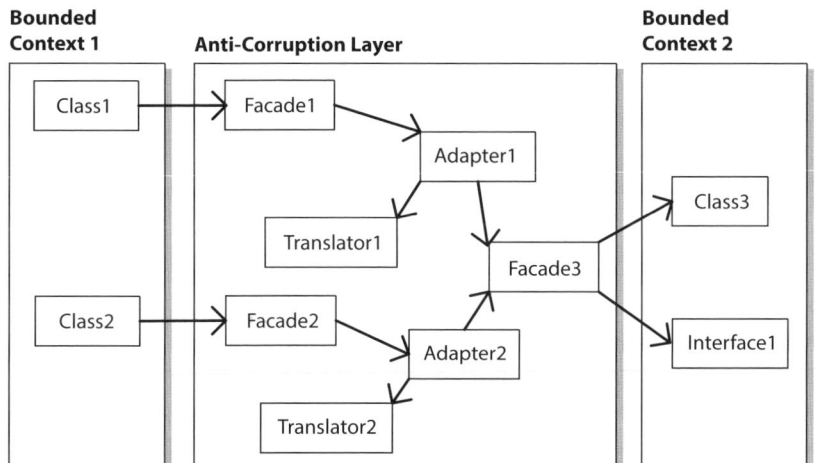

Abb. 6–2
Anti-Corruption Layer übersetzt Modelle unterschiedlicher Bounded Contexts.

Ein komplexes System hat häufig mehrere Modelle, die bestimmte Aspekte der Fachdomäne beschreiben. Die Modelle sollten nicht miteinander gemischt werden, weil sonst die Software fehlerhaft oder schwer verständlich wird. Ein Bounded Context definiert den Kontext, in dem ein Modell gültig ist, und hilft so, die Modelle zu trennen. Ein ACL übersetzt das Modell eines Bounded Context in das eines anderen, sodass beide voneinander getrennt bleiben.

Die Idee des ACL kann auf verschiedenen Ebenen genutzt werden: Angenommen ein Microservice, der zur Implementierung eines Bounded Context verwendet wurde, soll auf Services eines älteren Monolithen zugreifen. Man könnte den Microservice mit dem Monolithen verbinden, ohne dass deren Domänenmodelle beschädigt werden. Durch den ACL erhalten beide Seite eine API (Fassade) in der Sprache ihres Domänenmodells.

6.5.4   Fazit

Zur Implementierung eines Wrapper-Interface unterscheidet die Gang of Four zwischen Proxy, Adapter und Fassade. Ein Proxy bietet das gleiche Interface mit verändertem Verhalten. Ein Adapter ändert das

Verhalten nicht, bietet aber ein anderes Interface. Und eine Fassade kapselt nicht nur ein einzelnes Objekt, sondern ein beliebiges Klassenmodell. In allen Fällen wird die angebotene API von der verborgenen Implementierung entkoppelt.

6.6   Immutability

Ein Objekt, dessen Zustand nach seiner Erzeugung nicht mehr verändert werden kann, bezeichnet man als immutable. Folgende Regeln müssen für Immutability beachtet werden:

- Die Klasse ist final und kann nicht erweitert werden.
- Alle Felder sind private und final.
- Der Zustand des Objektes kann nicht durch Methoden verändert werden.
- Der Zugriff auf veränderbare Objekte ist eingeschränkt.

Immutable Objekte können als wiederverwendbare Bausteine eingesetzt werden und sind von Natur aus Thread-sicher. Sie sind vergleichsweise einfach zu benutzen, weil aufgrund ihres unveränderbaren Zustandes einige Stolperfallen kategorisch ausgeschlossen werden können. Der einzige erwähnenswerte Nachteil besteht darin, dass für jeden unterscheidbaren Wert ein separates Objekt notwendig ist. Das Erzeugen dieser Objekte – insbesondere wenn diese sehr viel Speicher verbrauchen – kann sehr aufwendig sein.

6.6.1   Wiederverwendung

Eine der am häufigsten verwendeten Klassen ist zweifelsohne java.util.String. Es wäre auch nicht verwunderlich, wenn mit zunehmender Größe einer Applikation auch der Speicherverbrauch der String-Literale steigen würde. Doch um Java effizienter zu machen, vermeidet die Java Virtual Machine (JVM) redundante String-Literale mithilfe eines speziellen Speicherbereiches, des sogenannten String Constant Pool. Inkonsistente Referenzen dieses Pools werden vermieden, weil der Zustand der String-Objekte nicht geändert werden kann.

```
String s1 = "test";
String s2 = new String(s1);
String s3 = "test";

System.out.println(s1 == s2); // false
System.out.println(s1 == s3); // true
```

Dieses Beispiel zeigt ein unerwartetes Verhalten. Obwohl die Variablen s1, s2 und s3 die gleichen Ausgaben »test« erzeugen würden, handelt es sich zum Teil um unterschiedliche Objekte im Speicher. Durch den expliziten Konstruktoraufruf wird für s2 ein neues Objekt erzeugt. Die Variablen s1 und s3 referenzieren hingegen dasselbe Objekt. Es gibt daher für die drei Variablen zwei Objekte im Speicher und ein Literal im String Constant Pool. Durch diese Besonderheit reduziert die JVM den Speicherverbrauch.

In der Java-Standardbibliothek gibt es zahlreiche weitere Beispiele wie java.net.URI, java.io.File, java.lang.Boolean und java.awt.Font.

6.6.2 Thread-Sicherheit

Selbst eine einfache veränderliche Klasse wie Point muss vorsichtig benutzt werden, sonst kann es sein, dass in einer nebenläufigen Anwendung ein Zustand ausgelesen wird, den es so nie gab. Der Zustand dieser Objekte wird jeweils durch zwei Felder vom Typ int definiert. Zwischen dem Lesen dieser beiden Felder kann sich der Zustand des Objektes ändern. Um einen konsistenten Zustand zu erhalten, muss der Aufruf der Getter-Methoden in einem synchronisierten Block erfolgen. Wäre der Zustand der Objekte unveränderbar, könnte die Benutzung in einer nebenläufigen Anwendung vereinfacht werden.

```java
// Negativbeispiel
class Point {
  private int x, y;

  void setCoordinates(int x, int y) {
    synchronized (this) {
      this.x = x;
      this.y = y;
    }
  }

  synchronized int getX() { return x; }
  synchronized int getY() { return y; }
}

// Client muss Aufruf synchronisieren
Point p = …;
synchronized (p) {
  int x = p.getX();
  int y = p.getY();
}
```

Auch semantisch wäre ein unveränderbarer Zustand für die Objekte der Klasse Point plausibel. Wenn beispielsweise der Wert der x-Koordinate von 1 in 2 geändert wird, so entspricht dies einem völlig anderen Punkt im Koordinatensystem. Dieser Punkt sollte auch durch ein anderes Objekt repräsentiert werden. Das bedeutet, dass bei der Verschiebung eines Objektes nicht ein Punkt im Koordinatensystem geändert wird, sondern dass das Objekt einen anderen Punkt erhält.

6.6.3   Einfachheit

Ein unveränderliches Objekt ist einfach, weil es nur einen Zustand hat. Dies ist der Zustand, den es bei seiner Erzeugung bekommt. Etwaige Klasseninvarianten werden zu diesem Zeitpunkt überprüft und sind für die restliche Lebenszeit des Objektes gültig. Im Gegensatz dazu haben veränderbare Objekte einen beliebig komplexen Zustandsraum. Die Überprüfung der Klasseninvarianten muss bei Änderungen durchgeführt werden. Wenn ein Objekt schon nicht unveränderlich sein kann, dann sollte sein Zustandsraum doch möglichst klein sein.

Kommen wir noch einmal zurück zum vorherigen Beispiel: Angenommen die Position eines Objektes wird regelmäßig gemeldet, sodass die von einem Objekt zurückgelegte Strecke berechnet werden kann:

```
Point pos = obj.getPosition();
tracker.updatePosition(pos);
```

Das Schreiben und Lesen dieses Codes könnte ungemein erleichtert werden, wenn sicher ausgeschlossen werden kann, dass die Position des Objektes nicht versehentlich durch einen Seiteneffekt der Methode updatePosition geändert wird. Abhilfe könnte eine defensive Kopie bieten, aber viel einfacher wäre ein unveränderbares Point-Objekt.

Unveränderliche Objekte bieten auch den Vorteil, dass sie als Schlüssel für Maps verwendet werden können. Wenn veränderbare Objekte in ein Set eingefügt werden, kann nicht ausgeschlossen werden, dass durch nachträgliche Änderung mehrere gleiche Objekte im Set enthalten sind.

6.6.4   Umsetzung

Umsetzung mit Enums Schließlich wäre noch zu klären, wie unveränderliche Objekte erzeugt und verwaltet werden können. Falls die möglichen Zustände bereits zum Entwicklungszeitpunkt bekannt sind und ihre Anzahl nicht allzu groß ist, können Enums zur Implementierung genutzt werden. Diese vordefinierten Konstanten sind immer final und static. Die Erzeugung neuer Objekte mittels eines Konstruktoraufrufs kann ebenfalls ausgeschlossen werden. Trotz dieser Eigenschaften ist nicht jedes Enum

automatisch unveränderlich. Die Immutability-Regeln müssen auch in
diesem Fall beachtet werden.

Falls Enums ungeeignet sind, können alternativ Klassen eingesetzt *Umsetzung mit Klassen*
werden. Zur effizienten Wiederverwendung der erzeugten Objekte
braucht man jedoch einen Mechanismus, der sicherstellt, dass nicht
beliebig viele Objekte einer Klasse erzeugt werden können. Wichtige
Lösungsansätze bieten statische Factory-Methoden, die statt der Konstruktoren angeboten werden. Insbesondere kann das Flyweight-Muster [Gamma et al. 1994] eingesetzt werden, um die Anzahl der erzeugten Objekte zu minimieren. Dieses Strukturmuster speichert die bereits
erzeugten Objekte, um sie wiederverwenden zu können. Ein neues
Objekt wird nur erzeugt, falls kein passendes gefunden wurde.

6.6.5 Automatische Überprüfung mit dem Mutability Detector

Die Einhaltung der Immutability-Regeln kann auch automatisch mithilfe von Werkzeugen sichergestellt werden. Ein Beispiel ist der Mutability Detector[1] für Java-Projekte. Mit dieser Bibliothek kann die
Änderbarkeit (Mutability) durch Unit Tests überprüft werden.

```
assertInstancesOf(
        MyImmutableClass.class,
        areImmutable());
```

Diese Assertion stellt in einem Unit Test sicher, dass die Klasse MyIm-
mutableClass alle Immutability-Regeln befolgt.

```
assertInstancesOf(
        MyFinalClassWhereTheFieldIsNotFinal.class,
        areEffectivelyImmutable(),
        allowingNonFinalFields());
```

Objekte, die technisch gesehen nicht unveränderlich sind, aber deren *Effektiv unveränderliche*
Zustand nach ihrer Veröffentlichung nicht verändert werden kann, *Objekte*
werden als effektiv unveränderlich bezeichnet. Mit Veröffentlichung
eines Objektes ist gemeint, dass das Objekt außerhalb seines ursprünglichen Scopes verwendet werden kann. Dies geschieht beispielsweise
durch Rückgabe aus einer privaten Methode. Nicht alle Objekte müssen unveränderlich sein, um als solche behandelt werden zu können.
Der Einsatz von effektiv unveränderlichen Objekten kann die Entwicklung vereinfachen und die Performance durch weniger Synchroni-
sationen verbessern.

---

1. *https://mutabilitydetector.github.io/MutabilityDetector/*

```
final class MyClassWithCollectionField {
    private final List<String> values;

    public MyClassWithCollectionField(List<String> input) {
        List<String> copy = new ArrayList<>(input);
        List<String> unmodifiable =
Collections.unmodifiableList(copy);
        this.values = unmodifiable;
    }
}

assertInstancesOf(
    MyClassWithCollectionField.class,
    areImmutable(),
    AllowedReason
      .assumingFields("myStrings")
    .areSafelyCopiedUnmodifiableCollectionsWithImmutableElements());
```

Mit dieser Assertion wird sichergestellt, dass die veränderbare Liste kopiert und in unveränderbarer Form dem Feld zugewiesen wird. Dabei wird vorausgesetzt, dass die enthaltenen Objekte ebenfalls unveränderlich sind. Ohne die defensive Kopie könnte die Liste von anderen Objekten geändert werden.

6.6.6   Codegenerierung mit Immutables

Die Immutability-Eigenschaft eines Objektes kann auch durch Codegenerierung sichergestellt werden. Das Projekt Immutables[2] nutzt Java Annotation Processors zur Generierung von sicheren Value-Objekten. Zur Generierung wird eine abstrakte Klasse oder ein Interface mit Annotationen markiert. Details zur Konfiguration der Builder werden in der Projektdokumentation genauestens beschrieben.

```
@Value.Immutable
abstract class AbstractPerson {
  abstract String getName();
  abstract Optional<String> getPhoneNumber();
}

// Instanziierung der generierten Klasse
Person foo = Person.builder()
    .setName("Foo")
    .setPhoneNumber("0123456789")
    .build();

Person bar = foo.withName("Bar");
```

---

2. *http://immutables.github.io*

Entsprechend der annotierten abstrakten Klasse wird eine unveränderliche Klasse inklusive Builder mit Fluent Interface generiert. Der Aufruf der Methode withName führt nicht zu einer Zustandsänderung, sondern zur Erzeugung eines neuen Objektes.

6.6.7   Fazit

Objekte mit unveränderbarem Zustand sind wiederverwendbare und Thread-sichere Bausteine. Ihre Benutzung ist einfach, weil ihre Klasseninvarianten stets erfüllt sind. Aufgrund dieser Vorteile sollten immutable Objekte häufig eingesetzt werden. Falls Immutability nicht praktikabel ist, so sollte dennoch der mögliche Zustandsraum klein gehalten werden.

6.7   Thread-sichere APIs

Die Rechenkapazität von Multiprozessorsystemen kann von Java-Applikationen mit mehreren aktiven Threads, die Operationen nebenläufig ausführen, ausgenutzt werden. Durch nicht Thread-sichere Objekte können jedoch inkonsistente Zustände und schwer nachvollziehbare Seiteneffekte auftreten, falls die Objekte in mehr als einem Thread verwendet werden. Aus diesem Grund ist Thread-Sicherheit ein wichtiges Kriterium beim Entwurf von Bibliotheken, Komponenten oder ganzen Applikationen. Selbst wenn eine Komponente niemals selbst einen Thread erzeugt und startet, kann nicht ausgeschlossen werden, dass die Komponente einmal Teil einer nebenläufigen Applikation sein könnte. Für Thread-Sicherheit sind mitunter signifikante Designänderungen notwendig. Es ist häufig einfacher, eine Klasse von Beginn an Thread-sicher zu entwerfen, als sie nachträglich anzupassen, deshalb werden in diesem Abschnitt wichtige Grundlagen zum Thema Thread-Sicherheit vorgestellt.

6.7.1   Vorteile

Wenn Threads richtig eingesetzt und Operationen effektiv parallelisiert werden, kann die Performance von Applikationen gesteigert werden. Performance-Verbesserungen sind beispielsweise in grafischen Oberflächen »spürbar«, wenn langlaufende Operationen in separaten Threads ausgeführt werden, sodass die Oberfläche nicht einfriert, sondern unmittelbar auf Benutzerinteraktionen reagiert. Java-Webserver bearbeiten ebenfalls Anfragen in separaten Threads, sodass Socket-Verbindungen synchron – also blockierend – arbeiten können.

6.7.2   Nachteile

Wer eine Applikation zumindest teilweise parallelisieren möchte, muss Thread-Sicherheit berücksichtigen. Thread-Sicherheit kann jedoch unerwartet schwierig sein, wenn ohne ausreichende Synchronisation Operationen in unterschiedlicher Reihenfolge bzw. mit Überschneidungen in mehreren Threads ausgeführt werden.

```
@NotThreadSafe
public class UnsafeCounter {
  private int value;

  public void increment() {
    value++;
  }
}
```

Die Klasse UnsafeCounter ist nicht Thread-sicher, weil die Inkrementoperation nicht in einem Schritt ausgeführt wird. Stattdessen wird die Variable value erst ausgelesen und dann mit dem nächstgrößeren Wert belegt. Falls zwei Threads durch eine zufällige Überschneidung den Wert n lesen und dann den Wert n+1 schreiben, wird der Counter nur um 1 erhöht, obwohl zwei Aufrufe stattfanden. Zu Recht ist die Klasse mit der Annotation @NotThreadSafe[3] markiert. Diese Annotation warnt Benutzer davor, diese Klasse nicht ohne clientseitige Synchronisation nebenläufig zu verwenden. Brian Goetz schlägt diese und weitere Annotationen in [Goetz et al. 2006] vor. Die Annotationen @ThreadSafe, @NotThreadSafe und @Immutable dokumentieren die Thread-Sicherheit auch für Entwickler, die die Garantien der Klasse bei zukünftigen Änderungen nicht inkompatibel ändern sollten.

6.7.3   Was bedeutet Thread-Sicherheit?

Bei Thread-Sicherheit geht es stets um die Koordination des Zugriffs auf einen gemeinsam verwendeten änderbaren Zustand eines Objektes: Mit Zustand sind die Werte der Instanz- und Klassenvariablen des Objektes gemeint. Relevant sind jene Daten, die eine der folgenden Bedingungen erfüllen:

▓ Beeinflussung des extern sichtbaren Verhaltens
▓ Verwendung in mehr als einem Thread
▓ Potenzielle Änderung bis Ende der Objektlebensdauer

Synchronisation ist notwendig, um den Zugriff auf diese Daten zu koordinieren. Gelingt dies nicht, können inkonsistente und andere

---

3.   *http://jcip.net/annotations/doc/index.html*

unvorhersehbare Seiteneffekte auftreten. Eine Thread-sichere Klasse verhält sich korrekt, auch wenn sie von mehreren Threads benutzt wird. Die Threads können in beliebiger Reihenfolge mit beliebigen Überschneidungen ausgeführt werden, die Korrektheit der Klasse ist davon nicht betroffen.

Wie kann man ein Objekt Thread-sicher machen? Eine Lösung ist Immutability, denn Objekte mit unveränderlichem Zustand sind immer Thread-sicher. Egal von wie vielen Threads ein immutable Objekt nebenläufig verwendet wird, inkonsistente Zustände können ausgeschlossen werden. Falls Immutability keine Option ist, sollte dennoch der Zustandsraum so klein wie möglich sein. Je kleiner der Zustandsraum ist, desto einfacher können die Invarianten und Nachbedingungen geschützt werden.

Immutable Objekte sind Thread-sicher.

Zustandslose Objekte sind aus dem gleichem Grund Thread-sicher. Die zur Berechnung notwendigen lokalen Variablen werden auf dem Stack des ausführenden Threads gespeichert. Zwei Threads, die dieselbe Methode ausführen, können einander nicht stören, denn es gibt keinen gemeinsam verwendeten Zustand.

Zustandslose Objekte sind Thread-sicher.

```
@ThreadSafe
public class StatelessCalculator {
  public int add(int a, int b) {
    int result = a + b;
    return result;
  }
}
```

Die Klasse UnsafeCounter im Beispiel zu Beginn des Abschnitts hat eine nicht Thread-sichere Methode. Es wurde schon beschrieben, dass das Hochzählen des Counters nicht in einem Schritt erfolgt. Wegen dieser Race Condition hängt die Korrektheit des Ergebnisses vom Zufall ab, es sei denn, die betroffene Methode würde synchronisiert werden.

Shared mutable State erfordert Synchronisation.

```
@ThreadSafe
public class SafeCounter {
  @GuardedBy("this") private int value;

  public synchronized void increment() {
    value++;
  }
}
```

Alternativ kann der Zustand dieses Objektes auch mit existierenden Thread-sicheren Objekten verwaltet werden. Diese Lösung hat den Vorteil, dass die Synchronisation in ein separates Objekt, das ausschließlich diesem Zweck dient, ausgelagert wird. Die Wartung dieser Klasse wird erleichtert, weil die Intention offensichtlicher wird.

Atomare Operationen

```
@ThreadSafe
public class SafeCounter {
  private final AtomicInteger value = new AtomicInteger(0);

  public void increment() {
    count.incrementAndGet();
  }
}
```

Alle Variablen einer Invariante mit einem Lock schützen.

Das bei der Synchronisation verwendete Lock muss alle beteiligten Variablen abdecken. Das folgende Beispiel ist nicht Thread-sicher, weil die Methode increment mit dem class-Objekt und die Methode decrement mit einem UnsafeCounter-Objekt synchronisiert werden. Folglich können zwei Threads gleichzeitig increment und decrement ausführen. Eine Klasse kann durchaus mehrere unterschiedliche Locks zur Synchronisation einsetzen. In diesem Fall werden jedoch zwei Locks für eine Invariante verwendet.

```
@NotThreadSafe
public class UnsafeCounter {
  @GuardedBy("itself") private static int value;

  public synchronized static void increment() {
    value++;
  }
  public synchronized void decrement() {
    value--;
  }
}
```

Beim Entwurf einer Thread-sicheren Klasse müssen alle Variablen identifiziert werden, die den Zustand des Objektes bilden. Dann können die Invarianten und Nachbedingungen dieser Variablen bestimmt werden. Aus diesen Informationen kann abgeleitet werden, welche Locks zur Synchronisation nebenläufiger Zugriffe notwendig sind. Beispielsweise müssen alle Threads bei Lese- und Schreiboperationen von gemeinsam verwendeten änderbaren Variablen mit demselben Lock arbeiten.

Referenzen auf internen veränderbaren Zustand dürfen nicht entkommen.

Auch die Veröffentlichung von Objekten bietet einige Stolperfallen. Ein Objekt wird veröffentlicht, indem es beispielsweise beim Aufruf einer Methode einem anderen Objekte übergeben wird und dann außerhalb seines privaten Kontextes sichtbar ist. Nach der Veröffentlichung kann der nebenläufige Zugriff nicht mehr vom Ursprungsobjekt koordiniert werden.

```
public class ThisEscape {
  private State[] states = new States[] {
    new State(…), …
  };

  public ThisEscape(Collection<ThisEscape> register) {
    register.add(this);
    // weitere Initialisierung
  }

  public State[] getStates() {
    return states;
  }
}
```

In diesem Beispiel werden das Array states und dessen Inhalt veröffentlicht. Jeder Aufrufer erhält eine Referenz und kann den Inhalt des
Arrays verändern. Nicht nur das Array entkommt seinem ursprünglich
privaten Kontext, sondern auch die Objekte, die indirekt durch nicht
private Felder und Methodenaufrufe erreichbar sind. Ein zweites Problem zeigt der Konstruktor: Die neu erzeugte Instanz wird übergeben,
noch bevor die Ausführung des Konstruktors abgeschlossen wurde.

6.7.4   Fazit

Thread-sichere Objekte funktionieren auch dann korrekt, wenn sie von
beliebigen Threads nebenläufig verwendet werden. Dazu muss das
Thread-sichere Objekt den Zugriff auf seinen sichtbaren änderbaren
Zustand koordinieren. Idealerweise ist das Objekt immutable oder
komplett zustandslos. In allen anderen Fällen müssen Locks zur Synchronisation eingesetzt werden.

6.8   Zusammenfassung

In diesem Kapitel wurden zahlreiche Aspekte und Empfehlungen zum
praktischen Design von Java-APIs vorgestellt.

▪ Selbst eine kleine interne DSL (Fluent Interface) kann die Benut-
  zung und Lesbarkeit einer API verbessern.
▪ Trennen Sie Service Provider Interfaces vom Rest der API.
▪ Nutzen Sie asynchrone Callbacks für I/O-abhängige APIs.
▪ Annotationen können wichtige Bestandteile Ihrer API sein, die zum
  Kompilierzeitpunkt und zur Laufzeit genutzt werden.
▪ Wrapper-Interfaces können API und Implementierung voneinander
  trennen.

▓ Nutzen Sie unveränderliche Objekte als wiederverwendbare und Thread-sichere Bausteine Ihrer API.

▓ Ein veränderlicher Zustand, der von mehreren Threads gemeinsam benutzt wird, muss synchronisiert werden.

Das folgende Kapitel beschreibt die verschiedenen Kompatibilitätsformen von Java-Programmen und erklärt, welche Änderungen den Code existierender Clients brechen können.

7 Kompatibilität von Java-APIs

Stellen Sie sich vor, die API der Java-Standardbibliothek würde sich bei Updates ändern, sodass Ihre Anwendungen erst nach Codeanpassungen wieder kompiliert und ausgeführt werden könnten. Das Vertrauen in die gesamte Plattform wäre dann schnell ruiniert. Nicht ohne Grund wurde in Kapitel 2 Stabilität als wichtiges Qualitätsmerkmal beschrieben. Nichtsdestotrotz kann man Änderungen zugunsten von Verbesserungen und Erweiterungen nicht kategorisch ausschließen. Aus diesem Grund ist Kompatibilität ein wichtiges Thema für API-Designer. Es ist einerseits ein wichtiges Entwurfsziel und andererseits eine Entwurfseinschränkung, wie wir später noch sehen werden.

7.1 Kompatibilitätsstufen

Zwei Softwarekomponenten sind zueinander kompatibel, falls sie gegeneinander ausgetauscht werden können, ohne dass Clients angepasst werden müssen. Es gibt verschiedene Stufen der Kompatibilität, die mit unterschiedlichen Einschränkungen verbunden sind:

- Code-Kompatibilität
- Binäre Kompatibilität
- Funktionale Kompatibilität

7.1.1 Code-Kompatibilität

Dies ist die einfachste Form der Kompatibilität. Wenn alle mit Java 1.3 kompilierbaren Programme ebenfalls mit Java 1.4 kompilieren, dann sind diese beiden Java-Versionen codekompatibel. Code-Kompatibilität ist jedoch nicht einfach zu erzielen, weil man beispielsweise nicht weiß, wie andere Entwickler eine API nutzen. Angenommen ein Entwickler hat in Java 1.3 eine Ableitung von JComboBox vorgenommen und eine Methode getItemListeners hinzugefügt.

```
public class MyComboBox extends JComboBox {
    public List<ItemListener> getItemListeners() {
        ...
    }
}
```

Dann würde dieser Clientcode nicht mit Java 1.4 kompilieren, weil mit diesem Release JComboBox um eine neue Methode mit gleichem Namen erweitert wurde. Für den Compiler sieht es so aus, als soll die neue Methode in MyComboBox überschrieben werden. Da jedoch die Rückgabewerte inkompatibel sind, gibt es einen Kompilierfehler. Beim Hinzufügen neuer Methoden durch Vererbung besteht immer die Gefahr, dass Kompatibilitätsprobleme auftreten können. Das gleiche Problem entsteht, wenn Klassen in existierende Packages hinzugefügt werden. Das Entfernen von Methoden oder Klassen ist ebenfalls eine inkompatible Änderung. Code-Inkompatibilität lässt sich leider nicht vollständig vermeiden. Dafür wurde Java nicht entworfen.

7.1.2   Binäre Kompatibilität

Wenn alle Programme, die gegen eine bestimmte Version kompilieren, ebenfalls mit einer veränderten Version ohne erneute Kompilierung gebunden werden können, dann sind diese beiden Versionen binär-kompatibel. Diese Kompatibilität ist ein wichtiges Ziel: Angenommen man kompiliert eine Webapplikation mit Apache log4j 1.2.15, aber zur Laufzeit ist im Webserver die Version 1.2.17 vorhanden, dann funktioniert das Logging der Webapplikation trotzdem, weil beide log4j-Versionen binärkompatibel sind. Binäre Kompatibilität kann Wartung, Packaging und Verteilung von Applikationen deutlich ver-einfachen.

Dynamisches Binden

Das .class-Format und der Java-Quellcode sind sich relativ ähnlich, es gibt jedoch einige Unterschiede. So sind beispielsweise alle Referenzen im Byte-code vollqualifiziert. Im Gegensatz dazu kann es im Java-Quellcode Wildcard-Imports geben, die für Code-Kompatibilität problematisch sein können. Im .class-Format wird ein Feld nicht nur mit seinem Namen, sondern auch mit dem Namen seiner Klasse codiert. Zur Laufzeit wird deswegen nur in der angegebenen Klasse gesucht, nicht aber in deren Subklassen. Die Auflösung von Methoden funktioniert in Java anders, denn diese sind standardmäßig virtuell, es sei denn, sie sind static, final oder private. Die Besonderheit von virtuellen Methoden ist, dass ihre Einsprungadresse erst zur Laufzeit ermittelt wird. Dieses dynamische Binden ist die Grundvoraussetzung für Polymorphie in Java.

→

Man kann sich die Funktionsweise einer JVM mit einer virtuellen Methodentabelle vorstellen. Eine solche Methodentabelle wird für jede Klasse und ihre virtuellen Methoden erzeugt. Die Methodentabelle stellt den Zusammenhang zwischen dem auszuführenden Methodencode und der Methodenbeschreibung, die aus dem Methodennamen sowie den Typen der Parameter und des Rückgabewertes besteht, her.

Falls eine Klasse C1 nur von Object erbt, dann verweist der Eintrag der Methode equals in der Methodentabelle von C1 auf Object.equals. Würde C1 die Methode equals überschreiben, dann wäre C1.equals in der Methodentabelle eingetragen.

Das Überladen von Methoden enthält in Java einige Fallstricke, die beachtet werden müssen. Zwei Methoden sind überladen, falls sie denselben Namen und unterschiedliche Parameter haben. Die Klasse java.lang.Integer hat zum Beispiel zwei valueOf-Methoden, die int bzw. String akzeptieren. Beim statischen Binden wählt der Compiler zur Kompilationszeit die Methode aus, die laut Java-Sprachspezifikation am besten zum Methodenaufruf und den verwendeten Parametertypen passt. Aufgrund dieses Mechanismus kann man nicht voraussetzen, dass der Bytecode eines Clientprogramms gleich ist, auch wenn es erfolgreich gegen unterschiedliche Versionen einer Bibliothek kompiliert werden konnte.

Eine andere Hürde stellen geänderte Konstanten primitiver Datentypen wie String und int dar. Denn diese werden nicht zur Laufzeit referenziert, sondern bereits zum Kompilierzeitpunkt an die Stellen kopiert, wo sie auch verwendet werden. Falls sich eine derartige Konstante einer API in einer neueren Version ändert, aber der Clientcode nicht neu kompiliert wird, dann wird der Clientcode weiterhin den veralteten Wert der Konstante benutzen.

7.1.3 Funktionale Kompatibilität

Dank binärer Kompatibilität können Softwarekomponenten ohne erneute Kompilierung ausgetauscht werden. Das Binden allein ist jedoch keine Garantie, dass ein Programm auch tatsächlich funktioniert, denn binäre Kompatibilität ist nur die Grundvoraussetzung für funktionale Kompatibilität.

Diese Stufe setzt voraus, dass eine Softwarekomponente ein erwartetes Verhalten zeigt. Zwei Versionen einer Softwarekomponente sind funktional zueinander kompatibel, falls alle Clients, die erfolgreich gegen eine Version kompiliert, gebunden und ausgeführt werden können, mit der anderen Version die gleichen Ergebnisse erzielen. Diese

Definition erscheint vielleicht beim ersten Lesen recht einfach, doch die Implikationen sind in der Praxis enorm. Dieses Problem ist auch als Amöben-Effekt bekannt [Tulach 2008].

Amöben-Effekt

Eine API ändert ihr Verhalten wie eine Amöbe ihre Form.

Stellen wir uns zunächst einmal vor, wir hätten für unsere Softwarekomponente eine vollständige und fehlerfreie Spezifikation, die das erwartete Verhalten der Softwarekomponente bis ins letzte Detail beschreibt. In der Realität gibt es leider keine derartige Beschreibung, denn diese ist entweder veraltet oder deckt nur einen Teil des gesamten Verhaltens ab. Nehmen wir trotzdem an, dass wir diese Spezifikation hätten, dann könnte sie so aussehen:

Abb. 7–1
Das erwartete Verhalten der Applikation ist als perfekter Kreis dargestellt.

Allerdings gibt es in jedem nicht trivialen Programm Fehler. Diese Tatsache ist unvermeidbar. Fehler sind ein Grund für Abweichungen zwischen dem tatsächlichen und erwarteten Verhalten. Hinzukommen spezifizierte Features, die aufgrund fehlender Priorität nicht umgesetzt wurden. Aus diesem Grund kann das tatsächliche Verhalten folgendermaßen grafisch darstellt werden:

Abb. 7–2
Das tatsächlich implementierte Verhalten sieht so aus.

Nicht nur Fehler und fehlende Features sind der Grund für Unterschiede zwischen Ist- und Sollzustand, denn manchmal macht eine API einfach mehr, als sie soll. Wenn Benutzer mit Trial-and-Error so lange herumprobieren, bis das Programm tut, was es soll, wird eventuell nicht spezifiziertes Verhalten ausgenutzt. Dieses Verhalten ist implementierungsspezifisch und könnte sich in einer zukünftigen Version ändern:

Abb. 7–3
*So könnte das Verhalten
in der nächsten Version
aussehen.*

Durch neue Features, Fehlerkorrekturen, Refactorings und Performance-Verbesserungen könnte das Verhalten ganz anders aussehen. Das Verhalten einer Softwarekomponente setzt sich zusammen aus dem beabsichtigten Verhalten, das in der Spezifikation definiert wurde, und aus dem zufälligen Verhalten, das sich durch die Implementierung ergibt. Ein Benutzer kann nicht zwischen beabsichtigtem und zufälligem Verhalten unterscheiden. Falls ein Benutzer das zufällige Verhalten für seine Lösung ausnutzt und in der nächsten Version ein Problem hat, wird die Schuld vermutlich auf den Entwickler der API fallen. Mit diesem Problem sind übrigens Browserhersteller konfrontiert, weil Entwickler von Webapplikationen unbewusst Verhalten ausnutzen, das in der nächsten Version oder in einem anderen Browser abweicht.

7.2   Verwandtschaftsbeziehungen

Wir haben Kompatibilität nicht als Eigenschaft einer einzelnen API, sondern als Beziehung zwischen zwei APIs kennengelernt. Diese Beziehung kann man aus zwei »Richtungen« diskutieren:

Kompatibilität aus verschiedenen Richtungen betrachten

- Abwärtskompatibilität ist ein spezieller Fall von Kompatibilität, bei dem eine API einen verwandten kompatiblen Vorgänger hat. Gäbe es nicht die Verwandtschaftsbeziehung zwischen den beiden APIs, würde man beide einfach nur als »kompatibel« zueinander bezeichnen.

Abwärtskompatibilität

- Eine API ist vorwärtskompatibel zu einer neueren Version der API, wenn alle Clientprogramme, die für die neue API entwickelt wurden, ebenfalls mit der alten Version funktionieren.

Vorwärtskompatibilität

Die Beziehungen zwischen kompatiblen Vorgängern und Nachfolgern ist in der folgenden Abbildung dargestellt:

Abb. 7–4

Vorwärts- und
Abwärtskompatibilität
im Zusammenhang

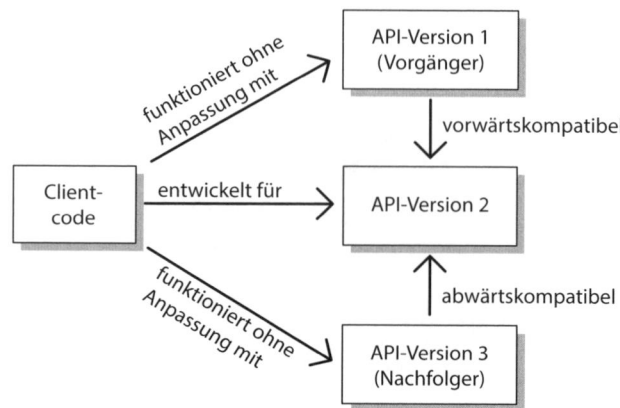

Der Client in diesem Beispiel wurde für Version 2 entwickelt, funktioniert aber auch mit den beiden anderen Versionen 1 und 3. Aufgrund der Verwandtschaftsbeziehung zwischen den drei kompatiblen Versionen kann man sagen, dass Version 1 vorwärtskompatibel zu Version 2 und Version 3 abwärtskompatibel zu Version 2 ist.

Nachteil der Abwärtskompatibilität

Manchmal werden Verbesserungen blockiert, weil eine API abwärtskompatibel sein muss. Viele Projekte beginnen daher mit Versionen wie 0.1, 0.2, 0.3, weil in diesen frühen Phasen inkompatible Änderungen zu erwarten sind. Man muss davon ausgehen, dass Benutzer suboptimale Stellen in einer API identifizieren werden, die man gegebenenfalls verbessern wird. Spätestens aber ab Version 1.0, wenn der Entwurf ausgereifter ist, darf man Abwärtskompatibilität nicht mehr vernachlässigen.

7.3   Design by Contract

Das Zusammenspiel von Klassen, Interfaces und Methoden kann durch einen Vertrag geregelt werden, der Invarianten sowie Vor- und Nachbedingungen festlegt:

- Invarianten (class invariants) sind Bedingungen, die für alle Objekte einer Klasse über deren gesamten Lebenszyklus gelten. Nur während der Ausführung von Methoden der Klasse darf es temporär zu Verletzungen der Invarianten kommen.
- Vorbedingungen (preconditions) sind Bedingungen, die der Aufrufer einzuhalten hat. Nachbedingungen (postconditions) muss der Aufgerufene einhalten.

Dieses Konzept ist allgemein bekannt als Design by Contract [Meyer 1988]. Ob eine Verstärkung oder Abschwächung des Vertrages kompatibel oder inkompatibel für einen Client ist, hängt auch davon ab, wie der Client die API benutzt. In der folgenden Tabelle ([Dig 2007], [des Rivières 2007]) unterscheiden wir deswegen zwischen API-Aufrufer und API-Implementierer.

Bedingung	Änderung	Auswirkungen für Aufrufer	Auswirkungen für Implementierer
Vorbedingungen für Methoden	Verstärkung	inkompatibel	kompatibel
	Abschwächung	kompatibel	inkompatibel
Nachbedingungen für Methoden	Verstärkung	kompatibel	inkompatibel
	Abschwächung	inkompatibel	kompatibel
Invarianten für Felder	Verstärkung	kompatibel für Getter-Rolle	inkompatibel für Setter-Rolle
	Abschwächung	inkompatibel für Getter-Rolle	kompatibel für Setter-Rolle

Tab. 7–1
Vertragsänderung aus Sicht des API-Implementierers und API-Aufrufers

Änderung einer Methodenvorbedingung

Vorbedingungen gehören zu den Dingen, die der Aufrufer vor dem Methodenaufruf sicherstellen muss, denn die Vorbedingungen werden vom Aufgerufenen vorausgesetzt.

Nehmen wir als Beispiel die Methode bookAll eines Booking-Interface. Die Designer dieses Interface setzen voraus, dass die übergebene Collection nicht null ist:

```
/** @param coll a non-null collection */
public boolean bookAll(Collection coll);
```

In einer möglichen Implementierung wird deswegen auf die Collection ohne Null-Check zugegriffen.

```
/** an implementation */
public boolean bookAll(Collection coll) {
        int size = coll.size();
        …
}
```

Falls die Vorbedingung verschärft wird, indem die übergebene Collection mindestens ein Element enthalten muss, würde das kein fehlerhaftes Verhalten beim Implementierer hervorrufen. Existierende Aufrufer könnten jedoch von dieser Änderung negativ betroffen sein, weil beispielsweise falsche Ergebnisse berechnet werden.

Bei einer Abschwächung der Vorbedingung sind die Konsequenzen für Aufrufer und Implementierer genau umgekehrt. Wenn Aufrufer absofort auch null als Parameter übergeben dürfen, hätte dies keinen negativen Effekt auf schon existierende Benutzer. Man kann jedoch nicht erwarten, dass existierende Implementierungen mit Null-Werten umgehen können, weil dies bisher nicht gefordert war.

Änderung einer Methodennachbedingung

Falls durch eine schwächere Methodennachbedingung beispielsweise auch null zurückgegeben werden kann, wo dies zuvor nicht möglich war, können Fehler in existierenden Clients auftreten, weil diese vermutlich nicht damit umgehen können.

Im umgekehrten Fall darf nicht mehr null zurückgegeben werden, wo dies zuvor erlaubt war. Diese verstärkte Nachbedingung wird vermutlich nicht von existierenden Implementierungen eingehalten. Für existierende Clients ist die stärkere Nachbedingung kein Problem, denn die zurückgegebenen Werte passen immer noch zu ihren Erwartungen.

Änderung einer Feldinvariante

Um die Kompatibilität von Feldinvarianten zu verstehen, ist es sinnvoll, Felder aus Getter- und Setter-Perspektive zu betrachten. In der Getter-Perspektive werden Felder gelesen, in der Setter-Perspektive geschrieben. Schauen wir uns auch dazu ein Beispiel an: Das folgende Feld darf keine negativen Werte haben.

```
/** non-negative value */
private BigDecimal balance;
```

Falls später doch negative Werte zugelassen werden, entspräche dies einer schwächeren Invariante. Existierende Setter hätten mit dieser Änderung kein Problem, da nicht negative Werte weiterhin erlaubt sind. Jedoch können vielleicht nicht alle bereits existierenden Getter mit negativen Werten umgehen. Abschwächungen von Invarianten sind deswegen für Getter inkompatibel.

7.4 Codeänderungen

Nach einer theoretischen Einführung in die Kompatibilitätsstufen und in Design by Contract schauen wir uns nun konkrete Package-, Interface- und Klassenänderungen im Java-Code sowie deren Implikationen auf existierenden Code an.

Varianzen

Um die Kompatibilität von geändertem Java-Code diskutieren zu können, sind die Begriffe Kovarianz, Kontravarianz und Invarianz wichtig. Entsprechend dem Ersetzbarkeitsprinzip müssen Objekte einer Oberklasse durch Objekte ihrer Unterklassen ersetzbar sein. Angenommen S ist ein Subtyp von T, dann lässt sich dies mit der Subtyprelation <= formulieren als S<= T.

In der objektorientierten Programmierung kann eine Typtransformation f gleichartig, entgegengesetzt oder weder noch zur Subtyprelation (Vererbungsrichtung) verlaufen. Man kann deswegen zwischen Kovarianz, Kontravarianz und Invarianz unterscheiden. Eine Typtransformation f ist beispielsweise eine Typdeklaration. Die Varianzen können folgendermaßen definiert werden:

- S<=T impliziert f(S)<=f(T), dann ist f **kovariant**.
- S<=T impliziert f(T)<=f(S), dann ist f **kontravariant**.
- In allen anderen Fällen ist f **invariant**.

Generics sind beispielsweise invariant, weil aus Integer<=Number weder List<Integer> <= List<Number> noch List<Number> <= List<Integer> folgt. Arrays sind kovariant, weil Integer[]<=Number[] korrekt ist.

7.4.1 Package-Änderungen

Es ist immer möglich, ein weiteres Package zu einer API hinzuzufügen, ohne dass existierende Clients negativ beeinflusst werden. Es ist jedoch zu beachten, dass einmal hinzugefügte Packages nicht problemlos wieder entfernt werden können. Das gilt im Übrigen für jedes Element einer API.

Kompatible Änderungen

Binärkompatibel ist das Hinzufügen von neuen public Typen bzw. das Ändern der Sichtbarkeit von nicht public in public. Nicht public Typen können ohne Probleme hinzugefügt, geändert oder entfernt werden, weil sie aufgrund ihrer Sichtbarkeit gar nicht zur API gehören.

Das Entfernen von einzelnen public Typen oder von kompletten Packages ist binärinkompatibel. Falls Elemente einer API veraltet sind und entfernt werden sollen, sollten Clients Gelegenheit und Zeit erhalten, ihren Code entsprechend anpassen zu können. In der Regel werden deswegen die obsoleten Bestandteile einer API mit @Deprecated markiert. In einem späteren Release könnten dann tatsächlich die markierten Elemente aus der API entfernt werden.

Inkompatible Änderungen

Das Ändern der Art eines Typs (Enum, Interface, Class, Annotation) ist ebenfalls binärinkompatibel, weil sich deren Repräsentationen im Bytecode voneinander unterscheiden.

7.4.2   Interface-Änderungen

Fast alle Änderungen an Interfaces sind inkompatibel. Nur unter
bestimmten Umständen wird der Clientcode nicht gebrochen. Nur
durch die Einführung von Defaultmethoden war es beispielsweise
möglich, altbekannte Interfaces wie java.util.List und java.lang.Iter-
able zu erweitern. Zu Problemen kann es jedoch trotzdem kommen,
falls in der implementierenden Klasse bereits Methoden mit gleicher
oder ähnlicher Signatur vorhanden sind, sodass der Compiler denkt,
die Methode soll überschrieben werden.

Schauen wir uns zum Thema Interface-Evolution in Java noch ein
interessantes Beispiel an: Ausgangspunkt ist Version 1 eines Interface
mit nur einer Methode. Das Interface wird von einer Klasse implementiert und in dessen main-Methode benutzt. In Version 2 wird das Interface um eine zweite Methode erweitert.

| Version 1 | ```java
public interface MyInterface {
    void method1();
}
``` |
|---|---|
| Version 2 | ```java
public interface MyInterface {
    void method1();
    void method2();
}
``` |
| Programm | ```java
public class Foo implements MyInterface {
    @Override
    public void method1() { }
    public static void main(String[]args) {
        new Foo().method1();
    }
}
``` |

Gegen Version 2 kann das Programm nicht kompiliert werden, weil
method2 nicht implementiert wird. Viel überraschender ist vermutlich
die Tatsache, dass Version 2 für das Programm binärkompatibel ist. Es
gibt weder Laufzeitfehler noch Probleme beim Binden des Programms,
weil die fehlende Methode nicht vom Programm verwendet wird.

Eine ähnliche Situation liegt vor, wenn wir in Version 1 zwei
Methoden haben und in Version 2 eine entfernen. Falls die Annotation
@Override verwendet wird, könnte das Programm nicht mehr kompi-
liert werden. Die Binaries wären jedoch kompatibel, weil @Override
nicht zur Laufzeit überprüft wird.

Auch neu zu einem Interface hinzugefügte Konstanten oder Varia-
blen könnten zu einem Konflikt führen, falls in einer Superklasse
gleichnamige Variablen vorhanden sind. Eine Klasse, die das Interface
```

implementiert und die Superklasse erweitert, könnte die Variablen nicht eindeutig auflösen. Kompilierfehler wären die Folge.

Bei diesen Kompatibilitätsüberlegungen ist die Unterscheidung zwischen aufgerufenen und implementierten Interfaces sehr wichtig. Callback-, Listener- und Visitor-Interfaces werden in der Regel von Clients implementiert. Wenn diese Interfaces geändert werden, müssen Clients ihren Code ebenfalls anpassen.

Interfaces vererben Defaultmethoden und abstrakte Methoden wie Klassen ihre Instanzmethoden. Falls ein Basistyp mehrere Methoden mit der gleichen Signatur besitzt, folgt der Java-Compiler festgelegten Regeln, um diesen Konflikt aufzulösen. Wenn ein Compiler zwischen einer Instanzmethode und einer Defaultmethode eines Interface wählen kann, wird er die Instanzmethode bevorzugen. Deswegen ist die Ausgabe des folgenden Programms »AbstractShape«.

```java
public abstract class AbstractShape {
    public String identifyMyself() {
        return "AbstractShape";
    }
}

public interface Drawable {
    default public String identifyMyself() {
        return "Drawable";
    }
}

public Shape extends AbstractShape, implements Drawable {
    public static void main(String[] args) {
        Shape s = new Shape();
        System.out.println(c.identifyMyself());
    }
}
```

Weitere Details und Beispiele für das Überschreiben und Verdecken von Methoden bietet auch das offizielle Java-Tutorial.

7.4.3 Klassenänderungen

Im Allgemeinen ist das Hinzufügen von Methoden eine kompatible Änderung. Sofern die Methode nicht abstrakt ist, besteht kein Grund, dass Clients ihren Code anpassen müssen. Falls Clients die betroffenen Klassen durch Vererbung erweitern, könnte es jedoch zu Konflikten kommen.

Auch das Hinzufügen von Konstruktoren ist fast immer unproblematisch. Die zuvor angebotenen Konstruktoren sollten jedoch weiterhin zur Verfügung stehen. Klassen ohne explizit definierten Konstruktor erhalten automatisch einen argumentlosen Konstruktor vom Compiler. Diese argumentlosen Konstruktoren werden beispielsweise von JPA-Entitätsklassen benötigt. Wenn diese Klassen dann explizit einen Konstruktor erhalten, wird der argumentlose Konstruktor nicht mehr automatisch vom Compiler hinzugefügt. Dies muss beim Hinzufügen von Konstruktoren beachtet werden.

7.4.4   Spezialisierung von Rückgabetypen

In Version 1 hat die Methode den Rückgabetyp java.util.Collection, der vom dazugehörigen Programm korrekterweise erwartet wird. In Version 2 wird der Rückgabetyp spezialisiert, denn das Interface java.util.List erweitert java.util.Collection.

| Version 1 | ```
public Collection getCollection() {
    return new HashSet();
}
``` |
|---|---|
| Version 2 | ```
public List getCollection () {
    return new ArrayList();
}
``` |
| Programm | ```
Collection collection = foo.getCollection();
``` |

Das Programm kann ohne Änderungen gegen die neue Version kompiliert werden. Die Änderung ist jedoch nicht binärkompatibel. Die Nachbedingung der Methode wird verschärft, weil ein Typ durch einen Subtyp ersetzt wird. Das bedeutet, dass Version 2 mehr als Version 1 garantiert. Ohne erneute Kompilierung wäre das Ergebnis ein NoSuchMethodError, weil sich die Bytecode-Beschreibung der Methode ändert.

Im nächsten Beispiel wird ebenfalls der Rückgabetyp von Collection auf List geändert. Das Programm implementiert das Interface. In Version 2 passt der Rückgabetyp jedoch nicht mehr zum Rückgabetyp der getCollection-Methode in der Implementierung.

| Version 1 | ```
public interface MyInterface {
    Collection getCollection();
}
``` |
|---|---|
| Version 2 | ```
public interface MyInterface {
    List getCollection();
}
``` |

→
```

| Programm | ```
public class Foo implements MyInterface {

public static void main(String[] args){
    Collection c = new
    Foo().getCollection();
}

@Override public Collection getCollection() {
    return new HashSet();
}
}
``` |
|---|---|

Die Änderung ist nicht binärkompatibel und beim Start des Programms würde ein java.lang.NoSuchMethodError auftreten. Auch Kompilieren reicht nicht aus, um das Problem zu beheben, denn beim Überschreiben von Methoden kann der Rückgabewert nicht generalisiert werden.

7.4.5 Generalisierung von Parametertypen

Im folgenden Beispiel wird der Parametertyp von List in Collection geändert. Da List eine Erweiterung von Collection ist, handelt es sich bei dieser Änderung um eine Generalisierung des Parametertyps. Diese abgeschwächte Vorbedingung ist eine binärinkompatible Änderung. Außerdem ändert sich die Beschreibung im Java-Bytecode. Die Änderung ist codekompatibel und kann durch Kompilation behoben werden.

Version 1	`public void method1(List coll) { }`
Version 2	`public void method1(Collection coll) { }`
Programm	`foo.method1(new ArrayList());`

7.4.6 Generics

Die Änderung von Typparametern ist ebenfalls codeinkompatibel, denn zum Kompilierzeitpunkt wird überprüft, ob die Parametertypen übereinstimmen. Zur Laufzeit stehen die Parametertypen jedoch nicht mehr zu Verfügung, weil sie durch Type Erasure entfernt wurden. Deswegen ist der Code trotz Änderung binärkompatibel. Nichtsdestotrotz würden zur Laufzeit RuntimeExceptions auftreten. Daher sind diese Änderungen nicht funktional kompatibel. Eine Liste vom Typ Integer ist kein Subtyp von einer Liste mit Typ Number, weil Collections invariant sind.
```

7.4.7   Ausnahmen

Auch für Exceptions gelten besondere Regeln. Beispielsweise muss man zwischen Checked und Unchecked Exceptions unterscheiden. Das folgende Beispiel verwendet eine Checked Exception. In der zweiten Version wird die Exception entfernt.

| Version 1 | ```java
public method1() throws IOException {
    throw new IOException();
}
``` |
|---|---|
| Version 2 | ```java
public method1() { }
``` |
| Programm | ```java
try {
    foo.method1();
} catch(IOException ioe) {
}
``` |

Die Änderung ist binärkompatibel, aber beim Kompilieren gibt es einen Fehler, weil die Methode in Version 2 niemals eine IOException werfen kann.

Unchecked Exceptions werden von Java anders behandelt. Diese Exceptions müssen nicht in der Methodensignatur angegeben werden und ihre Behandlung ist für Aufrufer der Methode nicht verpflichtend. Die Änderung im folgenden Beispiel ist binär- und codekompatibel.

| Version 1 | ```java
public method1() throws Exception {
    throw new Exception();
}
``` |
|---|---|
| Version 2 | ```java
public method1() { }
``` |
| Programm | ```java
try {
    foo.method1();
} catch(Exception e) {
}
``` |

7.4.8   Statische Methoden und Konstanten

Das Umwandeln einer statischen Methode in eine nicht statische ist binärinkompatibel, denn die Beschreibung der Methode ändert sich im Java-Bytecode. Diese Tatsache ist auch insofern nachvollziehbar, weil sich die Funktionsweise von statischen und nicht statischen Methoden unterscheidet. Deswegen kann auch eine erneute Kompilation das Problem nicht lösen. Vielmehr ist eine Anpassung des Codes notwendig.

Im umgekehrten Fall, wenn eine nicht statische Methode in eine statische geändert wird, reicht eine erneute Kompilation aus. Jedoch sollte auch hier der Code angepasst werden, denn statische Methoden sollten nicht wie nicht statische Methoden aufgerufen werden.

Für das Ändern von Feldern von statisch in nicht statisch oder umgekehrt gelten dieselben Regeln. Auch die Typänderung eines Feldes von zum Beispiel int in Integer ist eine binärinkompatible Änderung.

7.5   Praktische Techniken für API-Änderungen

Entwickler nutzen verschiedene Techniken, um Kompatibilität zu älteren Versionen zu erhalten, aber nicht immer ist eine einfache Lösung, wie das Hinzufügen eines neuen Packages, möglich oder angemessen. Einige alternative Techniken werden in diesem Abschnitt beschrieben.

Missbilligung

Elemente einer API können vorsichtig abgekündigt werden, sodass Entwickler Gelegenheit erhalten, ihren Code anzupassen. Die mit @Deprecated markierten API-Elemente sollten eine Migrationsbeschreibung anbieten.

Delegation

In manchen Fällen kann die Implementierung der alten API die neue verbesserte API nutzen. Nichtsdestotrotz sollten Benutzer aufgefordert werden, auf die neue API zu migrieren. Im JDK gibt es zahlreiche Beispiele für diese Technik.

```
/**
 * @deprecated  As of release 1.3, replaced
 *              by {@link #getPreferredSize()}
 */
@Deprecated public Dimension preferredSize() {
        return getPreferredSize();
}
```

Um dauerhaft abwärtskompatibel zu bleiben, behalten die betroffenen AWT-Widgets beide Methoden.

Namenskonventionen

Interfaces können durch Vererbung um zusätzliche Methoden erweitert werden. Das ursprüngliche Interface muss nicht verändert werden, sodass existierende Implementierungen nicht angepasst werden müssen.

```
public interface IMarkerResolution2 extends IMarkerResolution {
    ...
}
```

Eclipse-Entwickler nummerieren die Ableitungen von Interfaces. Die 2 im Namen IMarkerResolution2 zeigt an, dass dies eine Erweiterung von IMarkerResolution ist. Das erweiterte Interface kann anstelle des alten verwendet werden. Ältere Benutzer müssen jedoch einen Downcast machen.

Defaultmethoden

Seit Version 8 unterstützt Java die sogenannten Defaultmethoden. Mit ihnen war es erstmalig möglich, ältere Interfaces des JDK kompatibel für existierende Benutzer zu erweitern. Bis zu dieser Spracherweiterung waren die Methoden der Interfaces abstrakt und mussten von Klassen implementiert werden.

```
public interface Iterator<E> {

    //...

    default void remove() {
        throw new UnsupportedOperationException("remove");
    }

}
```

Beispielsweise erhielt die Methode remove im Interface java.util.Iterator eine Defaultimplementierung, um zukünftige Implementierungen des Interfaces zu vereinfachen. Weil aber im Interface keine korrekte Lösung angeboten werden kann, wirft die Defaultimplementierung eine UnsupportedOperationException.

Laufzeitschalter

Diese Technik ist etwas komplizierter und nicht immer möglich. Als mit Eclipse 3.0 die API inkompatibel zur Vorgängerversion geändert wurde, überlegte man sich eine Möglichkeit, wie trotzdem auch ältere Plug-ins unterstützt werden konnten. Falls ein Plug-in entdeckt wurde, das nicht auf der damals aktuellen Version 3.0 basierte, wurde automatisch die Bibliothek compatibility.jar am Anfang des Klassenpfads eingefügt. Diese Bibliothek fügte einen Teil der alten API, der in Version Eclipse 3.0 entfernt wurde, wieder hinzu.

Extension Interface

Es ist schwer bis unmöglich, zukünftige Funktionserweiterungen zu antizipieren, dennoch sollten nachträgliche Funktionserweiterungen den Code existierender Clients nicht brechen. Man braucht demzufolge APIs, die einerseits stabil und andererseits flexibel erweiterbar sind.

Angenommen wir haben das Interface Document mit verschiedenen Methoden zum Einfügen oder Anhängen von Zeichenketten entworfen:

```
Factory factory = ...;
Document doc = factory.createDocument();
doc.insert(offset, text1);
doc.append(text2);
```

In einer neuen Version soll nun die API eine Funktion zur Übersetzung erhalten. Um das Interface Document nicht verändern zu müssen, werden die neuen Methoden in einem Extension Interface mit dem Namen Translatable platziert:

```
Translatable t = (Translatable)
doc.getExtension(InterfaceId.TRANSLATE);
t = t.translate(Language.ENGLISH);
```

Dieser Ansatz kann auch für andere Erweiterungen genutzt werden. Beispielsweise könnte analog eine Druckfunktion hinzugefügt werden:

```
Printable p = (Printable) doc.getExtension(InterfaceId.PRINT);
p.print();
```

Die Kernidee dieses Entwurfsmusters [Schmidt 1998] ist das Verteilen der Funktionen einer Komponente auf mehrere Extension Interfaces. Jedes dieser Extension Interfaces gruppiert semantisch zusammengehörige Funktionen. Allgemeine und generische Methoden können in einem Wurzel-Interface platziert werden. In das Wurzel-Interface gehört in jedem Fall die Methode getExtension zum Abruf spezifischer Extension Interfaces. Im gezeigten Beispiel übernimmt das Java-Interface Document die Rolle des Wurzel-Interface. Es wird von den beiden Extension Interfaces Translatable und Printable erweitert:

```
/* Root interface */
public interface Document {
        Document getExtension(InterfaceId id);
}

/* Extension interface */
public interface Translatable extends Document {
        Translateable translate(Language language);
}

/* Extension interface */
public interface Printable extends Document {
        void print();
}
```

Eine exemplarische Implementierung der Interfaces bietet die Klasse SimpleDocument. Mit der Methode getExtension können Benutzer auf das gewünschte Extension Interface zugreifen:

```
public class SimpleDocument implements Document, Printable,
    Translatable {

    @Override
    public Translatable translate(Language language) {
        // ...
    }

    @Override
    public void print() {
        // ...
    }

    @Override
    public Document getExtension(InterfaceId id) {
        switch (id) {
            case PRINT: return this;
            case TRANSLATE: return this;
        }
        throw new IllegalArgumentException(
          "Could not handle id: " + id);
    }
}
```

Eingebaute Versionsinformationen

Binärkompatibler Code kann für so manche Überraschung sorgen,
weil Strings und Werte anderer primitiver Datentypen im Bytecode
nicht referenziert werden. Stattdessen werden diese Werte aus Performance-Gründen inline eingebettet. Das Ändern von Konstanten ist
allerdings eine binärkompatible Änderung. Deswegen könnte es passieren, dass ein bereits kompilierter Client eine neue Komponente mit
veränderten Werten bindet, aber diese Werte nicht verwendet. Glückli-
cherweise kann man diese Tatsache mit einem kleinen Trick ausnutzen, um inkompatiblen Clientcode aufzuspüren [Tulach 2008]:

```
abstract class Api {
    public static final int VERSION = 1;
    protected Api() {
        init(Api.VERSION);
    }
    protected abstract void init(int version) throws
      IllegalStateException;
}

class ClientImpl extends Api {
    protected void init(int version) {
        if(version != Api.VERSION) {
            throw new IllegalStateException(
              "Wrong API version error!");
        }
    }
}
```

Wenn die beiden Klassen Api und ClientImpl zusammen kompiliert werden, ist die Versionsüberprüfung stets erfolgreich. Falls jedoch die Konstante VERSION der Klasse Api einen neuen Wert erhält und ClientImpl nicht erneut kompiliert wird, schlägt der Vergleich fehl. Mit diesem kleinen Trick kann die erneute Kompilierung von Clients sichergestellt werden.

7.6   Test Compatibility Kit

Der Einsatz eines Test Compatibility Kit (TCK) ist empfehlenswert, falls es mehrere API-Implementierungen gibt, deren Kompatibilität gewährleistet werden soll. Einerseits kann mit den Tests eines TCK überprüft werden, ob das Verhalten einer API-Implementierung den Erwartungen entspricht. Andererseits hilft es Clients, zwischen verschiedenen Implementierungen problemlos zu wechseln, sofern diese mit dem TCK zertifiziert wurden. Abweichungen, die durch Weiterentwicklung oder Wartung entstehen, werden durch das TCK identifiziert.

Java Compatibility Kit

Das wohl bekannteste TCK im Java-Umfeld ist das Java Compatibility Kit (JCK). Das JCK ist eine umfangreiche Testsuite, mit der die Kompatibilität verschiedener Java-Plattformimplementierungen sichergestellt wird. Die Testsuite umfasst API-Verhaltenstests und API-Signaturkompatibilitätstests: Die API-Verhaltenstests überprüfen, ob die Implementierung die API-Spezifikation einhält. Die Testsuite enthält für diesen Zweck Zehntausende Unit Tests. Die API-Signaturkompatibilitätstests vergleichen die Programmierschnittstellen bezüglich Kompatibilität.

SigTest

Mithilfe von automatischen Signaturtests können Aussagen zur Kompatibilität von APIs abgeleitet werden. Als Beispiel wollen wir uns das Kommandozeilenwerkzeug SigTest anschauen. Ausgangspunkt dieses Beispiels ist die Klasse MyApi in der Jar-Datei api-v1.jar:

```
package com.example;
import java.util.List;

public class MyApi {
        public static final int CONSTANT = 1;
        public List<Integer> getList() {
                return null;
        }
}
```

Im ersten Schritt generieren wir eine Signaturbeschreibung für das Package com.example und speichern diese in der Datei validation-api-v1.sig. Die generierte Signaturbeschreibung können wir anschließend für einen Vergleich mit einer anderen Version der API nutzen.

```
java -jar sigtestdev.jar Setup
        -classpath $JAVA_HOME/jre/lib/rt.jar:api-v1.jar
        -package com.example
        -filename validation-api-v1.sig
```

Die generierte Beschreibung der Signatur dieser API umfasst nur die Klasse com.example.MyApi:

```
#Signature file v4.1
#Version

CLSS public com.example.MyApi
cons public <init>()
fld public final static int CONSTANT = 2
meth public java.util.List<java.lang.String> getList()
supr java.lang.Object

CLSS public java.lang.Object
cons public <init>()
meth protected java.lang.Object clone() throws
java.lang.CloneNotSupportedException
meth protected void finalize() throws java.lang.Throwable
meth public boolean equals(java.lang.Object)
meth public final java.lang.Class<?> getClass()
meth public final void notify()
meth public final void notifyAll()
meth public final void wait() throws java.lang.InterruptedException
meth public final void wait(long) throws
java.lang.InterruptedException
meth public final void wait(long,int) throws
java.lang.InterruptedException
meth public int hashCode()
meth public java.lang.String toString()
```

Nun verändern wir den Rückgabewert der Methode getList in List<String> und vergleichen die so entstandene API-Version mit der zuvor generierten Singnaturbeschreibung. Standardmäßig wird auf Code-Kompatibilität geprüft. Weil die Methoden nicht code-kompatibel sind, schlägt dieser Test fehl:

```
java -jar sigtest.jar Test
        -classpath $JAVA_HOME/jre/lib/rt.jar:api-v2.jar
        -static
        -package com.example
        -filename validation-api-v1.sig
```

Mit dem Parameter -mode bin kann auf Binärkompatibilität geprüft werden. Wegen Type Erasure ist dieser Test erfolgreich:

```
java -jar sigtest.jar Test
        -classpath $JAVA_HOME/jre/lib/rt.jar:api-v2.jar
        -static
        -mode bin
        -package com.example
        -filename validation-api-v1.sig
```

7.7 Zusammenfassung

▨ Kompatibilität ist nicht die Eigenschaft einer einzelnen Komponente, sondern die Beziehung zweier Komponenten. Man kann zwischen Code-, binärer und funktionaler Kompatibilität unterscheiden.

▨ Eine neue API-Version ist abwärtskompatibel zu einer älteren Version, falls alle Clients der älteren Version ebenfalls mit der neuen Version korrekt funktionieren.

▨ Die Kollaboration von Objekten kann nach Design by Contract mit Vorbedingungen, Nachbedingungen und Klasseninvarianten definiert werden.

▨ Mit Defaultmethoden, Extension Interfaces und anderen Techniken können APIs bzw. Komponenten kompatibel erweitert werden.

▨ Aussagen zur Kompatibilität von APIs können auf Basis von Verhaltens- und Signaturtests getroffen werden.

Mit dem nächsten Kapitel verlassen wir thematisch die zuvor betrachteten objektorientierten APIs und kommen zu APIs für Integration und Interprozesskommunikation: In den Kapiteln 8 und 9 geht es um Web-APIs und den Architekturstil REST. Danach folgt Kapitel 10 mit Webservices auf Basis von SOAP. Die Messaging-APIs in Kapitel 11 vervollständigen diesen Teil des Buches.

Teil III

Remote-APIs

8   Grundlagen RESTful HTTP

Mit diesem Kapitel verlassen wir die Programmiersprachen-APIs und kommen zu den Remote-APIs, die eine explizite Grenze und häufig auch Interoperabilität zwischen API-Konsument und API-Anbieter gewährleisten, sodass Systeme unterschiedlichster Plattformen zusammen funktionieren können. Wer APIs bauen möchte, die tatsächlich die Bezeichnung »Webservice« verdienen, muss den Architekturstil des Web berücksichtigen. Deswegen bietet Ihnen dieses Kapitel wichtige Grundlagen über REST und HTTP.

8.1   REST versus HTTP

Das Akronym REST steht für REpresentational State Transfer und wird in der Dissertation von Roy Fielding [Fielding 2000] erstmalig beschrieben. REST ist weder eine konkrete Technologie noch ein offizieller Standard. Es handelt sich vielmehr um einen Softwarearchitekturstil, bestehend aus Leitsätzen und bewährten Praktiken für netzwerkbasierte Systeme.

REST und HTTP werden häufig in einem Atemzug genannt. Das liegt daran, dass REST typischerweise mit HTTP umgesetzt wird. In diesem Fall spricht man von RESTful HTTP [Tilkov et al. 2015]. Doch nicht jede API, die HTTP verwendet, ist automatisch REST-konform. Außerdem ist HTTP nicht das einzige Protokoll, mit dem REST-konforme Applikationen realisiert werden können.

HTTP überträgt die Daten auf die Anwendungsschicht und ist vermutlich der wichtigste Standard im Web. HTTP basiert auf einem einfachen Request-Response-Modell, bei dem Nachrichten zwischen einem Client und einem entfernten Server über ein Netzwerk ausgetauscht werden. Ein Server kann eine Response-Nachricht nur als Antwort auf eine Request-Nachricht versenden.

In dieser Einführung werden die formalen Bedingungen des Architekturstils REST etwas vereinfacht, weil für dieses Buch nur RESTful

HTTP interessant ist. Andere Umsetzungen der REST-Prinzipien werden nicht betrachtet. Daher soll nachfolgend REST immer im Sinne
von RESTful HTTP verstanden werden.

8.2   REST-Grundprinzipien

Die Grundprinzipien von REST kann man laut Stefan Tilkov et al.
[Tilkov et al. 2015] folgendermaßen zusammenfassen:

- Eindeutige Identifikation von Ressourcen
- Verwendung von Hypermedia
- Verwendung von HTTP-Standardmethoden
- Unterschiedliche Repräsentationen von Ressourcen
- Statuslose Kommunikation

Was genau hinter diesen Grundprinzpien steht, wird im Einzelnen in
den folgenden Abschnitten beschrieben.

Eindeutige Identifikation von Ressourcen

Jede Ressource braucht zur Identifikation einen eindeutigen Schlüssel.
Stellen Sie sich vor, Sie könnten Videos auf YouTube, Tickets in Jira
oder Produkte bei Amazon nicht eindeutig über Links identifizieren.
Das wäre ziemlich unpraktisch, oder? Für das Web eignen sich für
diese Aufgabe Uniform Resource Identifiers (URIs). Diese einheitlichen Bezeichner für Ressourcen bilden einen globalen Namensraum.
Hier sind einige Beispiele:

```
http://example.com/answers/42
http://example.com/agents/agent-007/cars
http://example.com/users?locked=true
```

Man kann annehmen, dass die erste URI im obigen Beispiel genau eine
Entität identifiziert. Es könnte die Antwort mit der ID 42 gemeint sein.
Derartige menschenlesbare URIs werden nicht per se von REST verlangt, vereinfachen aber die Arbeit mit APIs. Auch die beiden anderen
Beispiele sind intuitiv verständlich. Das zweite Beispiel identifiziert
kein einzelnes Fahrzeug, sondern alle von Agent 007. Im dritten Beispiel werden alle gesperrten Benutzer selektiert.

   In den letzten beiden Beispielen werden Collections identifiziert.
Das ist jedoch kein Widerspruch zur Forderung, dass jede Ressource
eine eindeutige Identifikation haben soll, denn Collections sind ebenfalls Ressourcen.

URI versus URL

URIs und URLs sind zusammen in RFC 3986 [Fielding & Masinter 2005] definiert. In den meisten Fällen (wie auch in diesem Buch) können URIs und URLs synonym verwendet werden, denn jede URL ist per Definition auch eine URI. Das gilt aber nicht umgekehrt: Nicht jede URI ist auch eine URL. Deswegen soll an dieser Stelle einmal deren Unterschied erklärt werden.

Eine URL ist eine kurze Zeichenkette, die eine Ressource identifiziert. Eine URI ist ebenfalls eine kurze Zeichenkette, die eine Ressource identifiziert. Was ist der Unterschied?

Eine URI ist in erster Linie ein eindeutiger Identifikator und es gibt keine Garantie, dass für diesen eine Repräsentation existiert. Ein XML-Namensraum heißt typischerweise nicht »User«, weil diese Bezeichnung höchstwahrscheinlich nicht eindeutig wäre. Auch andere Entwickler könnten diesen Namen verwenden. Folglich wählt man einen Namen wie »http://mycompany.com/person«. Diese Bezeichnung ist eindeutig und ein Konflikt mit anderen Namensräumen sehr unwahrseinlich. Der Name des XML-Namensraums ist somit eine URI, aber ist der Name auch eine URL? Nein. Denn es gibt nicht notwendigerweise eine Repräsentation, die man unter dieser URI aufrufen könnte.

Übrigens ist auch eine URN (Uniform Resource Name) eine URI [Berners-Lee et al. 1998], die dauerhaft und ortsunabhängig nach dem urn-Schema eine Ressource identifiziert. Mit der ISBN eines Buches kann beispielsweise eine URN für das Buch gebildet werden. Sie enthält auch keine Protokollangaben (http, ftp, amqp etc.), mit der ein Client versuchen könnte, sie aufzurufen.

Verwendung von Hypermedia

Der Begriff Hypermedia ist eine Mischung aus »Hypertext« und »Multimedia«. Das griechische Präfix »hyper« (ὑπέρ) kann mit »über« und »hinaus« übersetzt werden. Daher ist mit Hypertext ein Text gemeint, der über sich selbst hinaus weist. Hypermedia ist ein Oberbegriff von Hypertext. Während also Hypertext ausschließlich Texte verknüpft, schließt Hypermedia auch Dokumente, Bilder, Töne, Videos und andere multimedialen Inhalte mit ein.

Ein wesentliches Merkmal von Hypermedia stellen Links zur Verknüpfung verschiedener Medien dar. Links sind vor allem durch HTML sehr gut bekannt. Mit einem Browser kann man den Links leicht folgen. Sie dienen zur Ausführung von Aktionen und zur Navigation im Web. HTML ist daher ein klassisches Hypermediaformat. Die für den Client möglichen Aktionen und Navigationspfade werden vom Server über Hypermedia angeboten.

Aber selbstverständlich können auch andere Formate mit Links verbunden werden. Das folgende XML-Beispiel zeigt eine Nachricht, deren Anhang nicht in die Nachricht eingebettet ist, sondern mittels einer URI referenziert wird.

```
<message self="http://example.com/messages/17">
  <body>...</body>
  <attachment ref="http://example.com/attachments/1701" />
</message>
```

Der Empfänger dieser Nachricht kann leicht dem Link folgen und weitere Informationen erhalten. Der entscheidende Vorteil der URIs ist, dass man auch Ressourcen in anderen Systemen referenzieren kann.

Verwendung von HTTP-Standardmethoden

Die zuvor genannten Vorteile setzen voraus, dass die Clients wissen, wie sie die URIs korrekt aufrufen können. Deswegen brauchen Links nicht nur eine URI, sondern auch eine einheitliche Schnittstelle, deren Semantik und Verhalten allen Clients bekannt ist. Und genau das ist der Fall bei HTTP.

Die Schnittstelle der URIs besteht im Wesentlichen aus den HTTP-Methoden GET, HEAD, POST, PUT und DELETE. Ihre Bedeutung und Garantien sind in der HTTP-Spezifikation definiert. Weil diese allgemeine Schnittstelle für jede Ressource verwendet wird, kann man ohne spezielles Vorwissen mit einem einfachen GET eine Repräsentation abrufen. Diese Vorhersagbarkeit entspricht den beschriebenen Qualitätsmerkmalen aus Kapitel 2.

GET ist beispielsweise sicher, sodass Clients keine Seiteneffekte zu erwartet haben, wenn sie diese HTTP-Methode wählen. Denn ein rein lesender Service ändert nicht den Zustand der Daten.

Schauen wir uns nun an, wie man einen Service zur Benutzerverwaltung mit REST und HTTP entwerfen könnte. In der folgenden Tabelle wird die objektorientierte Schnittstelle auf die Ressource users abgebildet. Nicht alle HTTP-Methoden kommen hierfür zur Anwendung.

Tab. 8–1
RESTful HTTP für
objektorientierte
Schnittstelle

Objektorientierte Schnittstelle	RESTful HTTP
getUsers()	GET /users
updateUser()	PUT /users/{id}
addUser()	POST /users
deleteUser()	DELETE /users/{id}
getUserRoles()	GET /users/{id}/roles

Unterschiedliche Repräsentationen von Ressourcen

Mit den bisher genannten Eigenschaften von REST können Clients eine Ressource über deren URI identifizieren und mit den bekannten HTTP-Methoden aufrufen. Doch woher wissen die Clients, wie sie mit den zurückgegebenen Daten umgehen sollen. Die Lösung für dieses Problem ist recht einfach. Die Clients geben die Formate an, die sie bei der Kommunikation verwenden wollen.

Durch HTTP Content Negotiation können Clients Repräsentationen in bestimmten Formaten abfragen. Wenn ein Browser beispielsweise einen Request absendet, teilt er im Accept-Header dem Server mit, welche Medienformate (MIME-Types) er erwartet:

```
GET /soccerstats HTTP/1.1
Host: example.com
Accept: text/html, application/xhtml+xml,
        application/xml;q0.9, */*;q=0.8
```

In dieser Abfrage gibt der Browser gleich mehrere alternative Medienformate an. Standardmäßig hat jedes Format die Präferenz 1. Mit dem Parameter q kann die Präferenz auch explizit auf einen Wert zwischen 0 und 1 gesetzt werden. Konkret heißt das für unser Beispiel, dass der Browser HTML oder XHTML erwartet. Falls der Server diese Formate für die angegebene Ressource nicht anbieten kann, soll er XML verwenden. Falls auch das nicht möglich ist, soll er irgendein Format auswählen.

Browser können unzählige Ressourcen dank einheitlicher URIs und des HTTP-Standardanwendungsprotokolls abrufen und darstellen, sofern die Repräsentationen der Ressourcen in Standardformaten bereitgestellt werden können. Leider gibt es nicht für jede Anwendung und für jede Art von Client ein passendes Standardformat. Innerhalb eines Unternehmens oder zwischen Partnern können daher auch andere Formate vereinbart werden. Diese Formate können beispielsweise auf XML oder JSON basieren.

Medientypen (MIME-Types)

Die Abkürzung MIME steht für Multipurpose Internet Mail Extensions. Wie der Name verrät, war dieser Standard ursprünglich für E-Mails mit Anhängen gedacht. Denn Empfängern muss schließlich per Konvention mitgeteilt werden, welche Datentypen und Zeichencodierungen die einzelnen Teile einer E-Mail haben. MIME-Types erwiesen sich für E-Mails als sehr nützlich und fanden ebenfalls Anwendung im übrigen Web. So wird beispielsweise einem Browser bei einer HTTP-Übertragung mitgeteilt, in welchem Format der Webserver die Daten sendet. Diese Technik findet auch bei REST Anwendung: Ser-

→

ver verwenden die Medientypen, um das Format ihrer Antworten zu beschreiben. Clients nutzen die Medientypen, um dem Server mitzuteilen, welche Formate sie bevorzugen.

Die Namen der Medientypen sind nach einem einheitlichen Schema aufgebaut. Zu den Top-Level-Typen zählen zum Beispiel application, audio, image, text und video. Danach folgt ein Subtyp und weitere optionale Parameter. Zusammen ergibt das beispielsweise:

```
text/plain; charset=utf-8
```

Der Top-Level-Typ application wird für Daten verwendet, die nur von bestimmten Programmen verarbeitet werden können. Hierzu zählen beispielsweise PDF-Dokumente oder applikationsspezifische XML- und JSON-Formate.

Die Angabe der Medientypen (MIME-Types) ist in RFC 2046 [Borenstein 1996] spezifiziert und wird beispielsweise für den Content-Type-Header verwendet.

Statuslose Kommunikation

Das letzte Grundprinzip, das in dieser Einführung nicht fehlen darf, ist die statuslose Kommunikation. Konsequenterweise gibt es bei REST-konformen Anwendungen keinen Sitzungsstatus, der serverseitig über mehrere Clientanfragen hinweg vorgehalten wird. Stattdessen muss der Kommunikationszustand im Client oder in der Repräsentation der Ressource gespeichert werden. Hierdurch wird die Kopplung zwischen Client und Server verringert.

Diese Einschränkung bietet viele Vorteile: Zum Beispiel könnte ein Server zwischen zwei Requests mit aktualisierter Software neu gestartet werden. Der Client würde es nicht merken. Genauso gut könnte zur Lastverteilung ein Load Balancer die Requests zu unterschiedlichen Serverinstanzen routen. Auch aufeinanderfolgende Requests eines Clients könnten von unterschiedlichen Serverinstanzen bearbeitet werden. Auf Sticky-Sessions muss nicht geachtet werden. Statuslose Kommunikation ist ebenfalls eine Voraussetzung dafür, dass jede URI als Einsprungpunkt dienen kann.

8.3 Ressourcen – die zentralen Bausteine

Nach der Einführung in die Grundprinzipien von REST konzentriert sich dieser Abschnitt auf Ressourcen, die als Bausteine für eine RESTful API dienen.

Beim Entwurf einer API findet man die Ressourcen in der Regel schnell, wenn man die fachliche Domäne betrachtet. Gute Kandidaten sind die fachlichen Kernkonzepte der Applikation, für die eine API entworfen werden soll. Zum Beispiel eignen sich für die API eines Onlineshops die Konzepte Order, Product und Customer. Diese identifizierbaren Konzepte bilden dann die Ressourcen der Schnittstelle. Ein Rückschluss auf die Implementierung der Schnittstelle ist damit jedoch nicht möglich. Die Unterscheidung zwischen dem Ressourcenmodell einer Web-API einerseits und andererseits dem Domänenmodell der internen Implementierung der Applikation ist sehr wichtig. Das Ressourcenmodell der Web-API stellt einen Vertrag mit der Außenwelt dar.

Ressourcen und ihre Repräsentationen

Um einen Blick auf den Zustand einer Ressource werfen zu können, bedarf es einer Repräsentation. Eine solche Repräsentation ist stets eine von vielen möglichen Sichten oder Darstellungen einer Ressource. Mit einer Repräsentation kann eine Ressource in der Außenwelt dargestellt und verarbeitet werden. Typischerweise werden im Web die Formate HTML und XHTML verwendet. Für APIs wird hingegen häufig JSON und XML eingesetzt. Alle Repräsentationen sind gleichermaßen gültig. Es gibt demzufolge nicht die eine »richtige« Repräsentation einer Ressource. Durch Content Negotiation können sich Client und Server auf ein Format einigen. Dazu teilt der Client mithilfe des Accept-Headers dem Server mit, welche Formate er bevorzugt. Der Server muss dies nicht beachten, sollte es aber, sodass jeder Client die gewünschte Ressource im passenden Format bekommt.

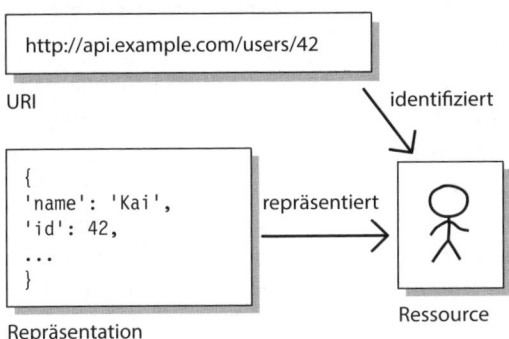

Repräsentation

Abb. 8–1

Zusammenhang zwischen URI, Repräsentation und abstrakter Ressource

Die Unterscheidung von Ressource und Repräsentation ist manchmal nicht ganz offensichtlich. Denn nicht immer kann eindeutig entschieden werden, ob zwei unterschiedliche Repräsentationen zur gleichen Ressource gehören sollen oder zu verschiedenen. Denken Sie beispielsweise an ein Foto eines Hauses und dessen Grundriss. In beiden Fällen handelt es sich um Darstellungen desselben Hauses. In diesem speziellen Fäll würde man sich sicherlich für zwei unterschiedliche Ressourcen entscheiden, da der Grundriss andere Informationen enthält als das Foto. Umgekehrt könnte es aber für das Foto und den Grundriss jeweils unterschiedliche Formate geben.

Ressourcenkategorien

Fielding unterteilt Ressourcen nicht in Kategorien, denn aus REST-Sicht ist auch eine Liste von Entitäten eine Ressource. Dennoch ist es durchaus sinnvoll, die folgenden Kategorien einzuführen, weil ihre Unterscheidung für die Modellierung von REST-APIs hilfreich ist:

- Einzelressource
- Collection-Ressource
- Primärressource
- Subressource

Singular vs. Plural Eine Ressource kann sich entweder auf eine einzelne Entität oder auf eine Collection von Entitäten beziehen. In beiden Fällen handelt es sich um Ressourcen im Sinne von REST. Als Name für eine Ressource sollte ein Substantiv verwendet werden, das die Bedeutung der Ressource treffend beschreibt. Es ist üblich, die Namen der Ressourcen einheitlich im Plural zu verwenden und nicht mit Singularvarianten zu mischen. Zur Identifikation eines einzelnen Objektes wird einfach deren ID an die URI angehängt.

| http://api.example.com/products | Identifiziert eine Liste mit mehreren Produkten |
| http://api.example.com/products/42 | Identifiziert das Produkt mit der ID 42 |

Dieses Schema ist einfach, aber ausreichend für viele unterschiedliche Anwendungsfälle. Es gibt jedoch auch Ausnahmen von dieser Regel: Ein gutes Beispiel wäre die Ressource »status«, mit der der Zustand eines Systems über die API exponiert werden könnte. In diesem besonderen Fall gibt es keine Pluralform, und gäbe es sie, würde sie fachlich keinen Sinn machen. Aber abgesehen von diesen Sonderfällen sollten die Namen von Ressourcen stets Substantive in Pluralform sein.

Die Unterscheidung zwischen Primärressourcen und Subressourcen wird klar, wenn man das Thema Schachtelung betrachtet. Ressourcen auf oberer Ebene heißen Primärressourcen. Die Ressourcen auf
den tieferen Ebenen sind die Subressourcen.

Schachtelung

Ressourcen können untereinander in Beziehung stehen. Beziehungen mit den Kardinalitäten 1:1 und 1:n können durch Schachtelung
abgebildet werden. Wenn zum Beispiel ein Kunde mehrere Adressen
hat, könnten die Adressen als Subressource modelliert werden. Subressourcen können weitere Subressourcen enthalten, sodass die Schachtelung beliebig fortgesetzt werden kann.

```
/customers/customer-0815/addresses
```

Eine Ressource könnte prinzipiell durch mehrere URIs identifiziert
werden. Bezogen auf das vorherige Beispiel könnte eine Adresse
sowohl eine Subressource eines bestimmten Kunden als auch eine Subressource einer Addressliste sein.

```
/customers/customer-0815/addresses/address-01
/addresses/xtz381f81d
```

8.4   HTTP-Methoden

API-Designer und Softwarearchitekten sollten die Semantik der HTTP-
Methoden genau kennen und beim API-Entwurf berücksichtigen. Das
Web verlässt sich auf diese Regeln. Wer sie nicht einhält, muss mit
unerwarteten Ergebnissen rechnen. Beispielsweise ist GET laut HTTP-
Spezifikation eine sichere Methode. Wer diese Bedingung ignoriert,
wird nach Murphys Gesetz[1] früher oder später ein Problem mit dieser
Entscheidung haben. Laut der HTTP-Spezifikation ist allein der Server
für eventuelle Seiteneffekte bei sicheren Methoden verantwortlich.

HTTP bietet die Methoden GET, HEAD, PUT, POST, DELETE,
OPTIONS, TRACE und CONNECT [Fielding et al. 1999]. In RFC
5789 [Dusseault & Snell 2010] wird außerdem die Methode PATCH
für HTTP definiert. Die für Web-APIs geläufigsten Methoden werden
in den folgenden Abschnitten näher vorgestellt.

GET

GET ist die wohl wichtigste und am häufigsten verwendete Methode
im Web. Mit dieser Leseoperation kann die Repräsentation einer Ressource abgerufen werden. Laut HTTP-Spezifikation ist GET sicher und

*Keine
Zustandsänderungen*

---

1.   Die bekannte Lebensweisheit des Ingenieurs Edward A. Murphy besagt, dass alles,
     was schiefgehen kann, auch schiefgehen wird.

idempotent. Deswegen kann GET aufgerufen werden, ohne dass Seiteneffekte zu befürchten sind. Wenn ein Client GET wählt, möchte er dem
Server mitteilen, dass er keine Zustandsänderungen beabsichtigt. Sicherlich könnte der Server den Request loggen, doch der Zustand der Ressource sollte davon nicht betroffen sein.

Conditional GET   Mit einem bedingten GET kann der Client dem Server mitteilen, in
welchen Fällen er die Daten der Ressource benötigt. Beispielsweise
möchte der Client die Daten nur haben, falls sich diese seit einem
bestimmten Zeitpunkt verändert haben. HTTP bietet für diesen
Zweck den If-Modified-Since-Header. Falls sich die Daten seit dem
angegebenen Zeitpunkt nicht geändert haben, antwortet der Server
»Not Modified«   mit dem Statuscode 304 »Not Modified«. Alternativ kann ein beding-
tes GET mit einem If-None-Match-Header ausgeführt werden. Der
If-None-Match-Header ist ein genauerer Ersatz für den If-Modified-
Since-Header und wird deswegen bevorzugt vom Server genutzt. Weitere Informationen zum Caching bietet Abschnitt 13.6.

Partial GET   Mithilfe des Range-Header-Feldes können partielle GET durchgeführt werden. Nur ein Teil der Entität wird hierbei übertragen.

HEAD

Die Methode HEAD ist genauso wie GET idempotent und sicher. Laut
Spezifikation muss der Server für HEAD und GET die gleichen Metadaten liefern. Trotz dieser Gemeinsamkeiten gibt es einen wichtigen
Unterschied: Eine Response auf HEAD darf keinen Nachrichtenrumpf
haben.

Reduktion des Overheads   Durch die Reduktion des Kommunikationsaufwands kann die Performance einer Anwendung verbessert werden, denn nicht für jeden
Request muss tatsächlich eine Repräsentation der Ressource übertragen werden: Ein Client kann mit HEAD beispielsweise prüfen, ob eine
Ressource überhaupt existiert. Außerdem kann ein Client den Zeitpunkt der letzten Änderung herausfinden. Soll beispielsweise ein Video
geladen werden, könnte der Client zunächst mit HEAD dessen Größe
abfragen. Das Video wird dabei noch nicht übertragen.

```
HEAD /videos/1234.mp4 HTTP/1.1
Host: example.com
```

Die Antwort des Servers enthält nur Metadaten. Der Client weiß nun,
wie groß das Video ist. Die Größe wird hier in Bytes angegeben:

```
HTTP/1.1 200 OK
Accept-Ranges: bytes
Content-Length: 32768
Content-Type: video/mp4
```

Mit diesen Informationen kann der Client den Download des Videos starten. Der folgende partielle GET-Request lädt die ersten 16384 Bytes. Beachten Sie, dass die Bereichsangabe mit dem Index 0 beginnt:

```
GET /pictures/123 HTTP/1.1
Host: example.com
Range: bytes=0-16383
```

Die Antwort enthält schließlich die Binärdaten:

```
HTTP/1.1 206 Partial Content
Accept-Ranges: bytes
Content-Length: 32768
Content-Range: bytes 0-16383/32768
Content-Type: image/jpeg
{Binärdaten}
```

PUT

PUT ist das Gegenstück zur GET-Methode. Mit PUT wird entweder eine existierende Ressource geändert oder eine noch nicht existierende erzeugt. Der Server darf die übermittelten Daten ignorieren, ändern oder ergänzen. Der HTTP-Client kann nicht voraussetzen, dass genau die Daten, die er dem Server sendet, verwendet werden.

PUT ist wie GET und HEAD idempotent. Das heißt, dass ein einmaliges und ein mehrmaliges Aufrufen der Operation zum gleichen Ergebnis führen. Diese Bedingung ist sehr wichtig für eine verteilte Anwendung, denn falls beispielsweise ein mobiler Client mit eingeschränkter Netzwerkqualität sich nicht sicher ist, ob sein PUT-Request erfolgreich beim Server eintraf, kann er diesen wiederholen, ohne dass er sich um doppelte Einträge sorgen muss.

POST

Der primäre Zweck von POST ist das Anlegen einer neuen Ressource. Wie oben beschrieben wurde, erfüllt auch PUT diesen Zweck. Der Unterschied ist die Angabe der URI: Bei POST wird die neue Ressource unter einer vom Server gewählten URI angelegt. Diese URI wird dem HTTP-Client im Location-Header der Antwort mitgeteilt. Bei PUT bestimmt der Client die URI der neuen Ressource. Es handelt sich schlicht um die URI des Aufrufs.

Weil POST keine semantischen Garantien erfüllen muss, wird es in der Regel zum Anstoßen von beliebigen Operationen eingesetzt, deren Aufruf den Zustand einer Ressource potenziell ändert. Dieser »Missbrauch« ist in der Praxis durchaus häufig anzutreffen. Beispielsweise nutzt JSON-RPC, ein Protokoll für Remote Procedure Calls, bevorzugt POST. Die Vorteile der anderen HTTP-Methoden werden dabei leider ignoriert.

Wenn mehrere Clients nahezu gleichzeitig eine Ressource ändern, könnte versehentlich ein Update verloren gehen. Um das zu verhindern, wird häufig in Kombination mit POST und anderen zustandsverändernden Methoden der If-Match-Header eingesetzt. Mit dem Header übertragene Entity Tags werden mit der aktuellen Repräsentation auf dem Server verglichen. Falls keines der Entity Tags übereinstimmt, wird die vom Client aufgerufene Methode nicht ausgeführt, sodass nicht unbeabsichtigt eine falsche Version der Ressource geändert wird. Falls die aufgerufene Ressource im Moment keine Repräsentation hat und ein Asterisk * übergeben wird, wird die Methode nicht ausgeführt[2].

DELETE

Wie der Name schon verrät, dient diese Methode zum Löschen von Ressourcen entsprechend der angegebenen URI. Das Löschen von etwas, das es nicht gibt, stellt kein Problem dar. Somit könnte man DELETE auch mehrfach aufrufen. Ein Client darf allerdings nicht voraussetzen, dass das Löschen oder Verschieben einer Ressource tatsächlich durchgeführt wurde, auch wenn der Statuscode darauf hindeutet. Ein erfolgreicher Aufruf sollte mit 200 »OK« bestätigt werden. Für akzeptierte, aber noch nicht durchgeführte Löschoperationen eignet sich 202 »Accepted«.

OPTIONS

Diese Methode liefert die möglichen Kommunikationsoptionen einer Ressource. Eine minimale Serverantwort wäre ein 200 »OK« mit einem Allow-Header, der die HTTP-Operationen auflistet, die für diese Ressource verwendet werden können.

```
HTTP/1.1 200 OK
ALLOW: HEAD, GET, PUT, OPTIONS
```

Der Nachrichtenrumpf der Antwort sollte weitere Informationen über diese Kommunikationsoptionen enthalten. Das Format dieser Optionen ist nicht festgelegt. OPTIONS könnte daher helfen, eine selbstbeschreibende API zu bauen, doch davon wird selten Gebrauch gemacht.

---

2. Falls Sie umgekehrt eine Methode nur für Ressourcen ohne Repräsentation ausführen wollen, können Sie den If-None-Match-Header mit Asterisk * nutzen. So können Sie beispielsweise die Ausführung einer duplizierten PUT-Nachricht verhindern.

PATCH

Viele Applikationen auf Basis von HTTP benötigen auch einen Mechanismus wie HTTP PATCH, mit dem nur ein Teil einer Ressource aktualisiert werden kann. Im Gegensatz dazu ersetzt HTTP PUT stets die vollständige Repräsentation der Ressource, die – sofern noch nicht bekannt – mit einem HTTP GET zuvor geladen werden muss. Wenn letztlich nur ein einzelnes Attribut geändert werden soll, ist der Overhead unverhältnismäßig hoch. Wenn ein Client mit einem PATCH nur die Daten überträgt, die geändert werden sollen, ist die Intention für den Server auch einfacher nachvollziehbar. PATCH ist weder sicher noch idempotent. Die Änderungen müssen vom Server atomar durchgeführt werden. Das bedeutet, dass der Server zu keinem Zeitpunkt unvollständig gepatchte Daten als Antwort auf ein GET-Request zurückgeben darf.

Bei einem Patch muss man sich beispielsweise Gedanken machen, wie mit partiellen Updates von Arrays umgegangen wird. Ein spezieller Medientyp wie JSON Patch kann genau für diese Aufgabe genutzt werden. Häufig verwendet man aber statt PATCH ein einfaches PUT auf eine Subressource, weil PUT geläufiger ist.

Zusammenfassung

Hier sind noch einmal die zuvor beschriebenen HTTP-Methoden im Überblick: PUT, POST, PATCH und DELETE führen zu Datenänderungen und sind daher nicht sicher. Entsprechend sollten Clients keine unbedachten Aufrufe mit diesen Methoden durchführen. Alle HTTP-Methoden, außer POST und PATCH, sind idempotent und führen auch bei wiederholten Aufrufen zum gleichen Ergebnis. Die Leseoperationen GET, HEAD und OPTIONS sind beides – sicher und idempotent.

HTTP-Methode	Sicher	Idempotent
GET	Ja	Ja
HEAD	Ja	Ja
PUT	Nein	Ja
POST	Nein	Nein
DELETE	Nein	Ja
OPTIONS	Ja	Ja
PATCH	Nein	Nein

Tab. 8–2
Eigenschaften der HTTP-Methoden

8.5   HATEOAS

Der Einsatz von Hypermedia ist eine wichtige Anforderung von REST. Auch Roy Fielding schrieb in seiner Doktorarbeit, dass REST-APIs »hypertext-driven« sein müssen. Diese Aussage bezieht sich auf HATEOAS, ein Konzept, das jedoch häufig von APIs missachtet wird, obwohl sie sich »RESTful« nennen. Die Abkürzung HATEOAS steht für »Hypermedia As The Engine Of Application State« und hat folgende Bedeutung:

- »Hypermedia« ist eine Verallgemeinerung des Hypertexts mit multimedialen Anteilen. Beziehungen zwischen Objekten werden durch Hypermedia Controls abgebildet.
- Mit »Engine« ist ein Zustandsautomat gemeint. Die Zustände und Zustandsübergänge der »Engine« beschreiben das Verhalten der »Application«.
- Im Kontext von REST kann man »Application« mit Ressource gleichsetzen.
- Mit »State« ist der Zustand der Ressource gemeint, deren Zustandsübergänge durch die »Engine« definiert werden.

Ein Zustandsautomat besteht aus Knoten, die durch Kanten miteinander verbunden sein können. Die Knoten entsprechen den Zuständen und die Kanten den Zustandsübergängen. Eine Kante führt demzufolge vom Ausgangszustand zum Folgezustand. Bei REST ist der Zustand einer Ressource vollständig in seiner Repräsentation enthalten und die Engine stellt die möglichen Zustände und deren Übergänge dar. Die Zustandsübergänge sind, da es sich um Hypermedia handelt, Links. Beispielsweise könnte eine Produktressource eine Operation zum Ändern der Produktbeschreibung anbieten. Wie später noch gezeigt wird, gibt es spezielle Hypermediaformate, die derartige Operationen genau beschreiben können. Auf diese Weise erfahren die Clients direkt von der Ressource, welche URI mit welcher HTTP-Methode und welchen Daten aufgerufen werden kann, um den Preis zu ändern.

Fundamentale Unterschiede zu Remote Procedure Calls

Der REST-Architekturstil definiert das Web als ein System verteilter Ressourcen, die über das Hypertext Transfer Protocol kommunizieren und durch Links miteinander verbunden sind. Aus diesem Grund ist HTTP ein passendes Fundament für eine REST-API. Im Zentrum einer REST-API stehen die Ressourcen, die durch Links erreichbar und miteinander vernetzt sind. Um den Zustand einer Ressource zu ändern, muss deren Repräsentation geändert und an die Ressource geschickt

werden. Die Ressource entscheidet dann, ob und wie sie ihren Zustand
ändert. Dieser Ansatz unterscheidet sich grundlegend von Remote Procedure Calls. Hier übernimmt der Client die Kontrolle und ruft Prozeduren auf einem entfernten Server auf. Dazu muss der Client die Prozeduren des Servers kennen. Beide Seiten werden hierdurch aneinander
gekoppelt. Auch SOAP-Webservices folgen genau diesem Ansatz. Im
Gegensatz dazu behält bei REST die Ressource die Kontrolle über
ihren Zustand. Nur sie kennt ihre internen Prozeduren. Sie gibt immer
»nur« eine Repräsentation von sich heraus (daher auch der Begriff
»representational state transfer«). Clients können eine solche Repräsentation beliebig verändern oder sogar löschen. Solange die Ressource nicht entscheidet, diese Änderung umzusetzen, bleibt die Ressource unverändert.

Ein zweiter wichtiger Unterschied zwischen REST und RPC sind
die Links, über die die Ressourcen erreichbar sind. Weil die Ressource
die Links ändern kann, hat sie die Macht, die API vollständig selbst zu
bestimmen. Sie könnte beispielsweise bestimmte Links nur ausgewählten Clients anbieten. Diese beiden wesentlichen Unterschiede geben
der REST-Ressource maximale Kontrolle und minimale Kopplung zu
ihren Clients.

Die Produktressource im zuvor genannten Beispiel bietet einen
Link zum Ändern der Produktbeschreibung. Falls diese Aktion nur
von bestimmten Clients ausgeführt werden darf, braucht nicht jeder
Client diesen Link zu erhalten[3]. Der Server kann selbst steuern, welcher Client den Link erhält.

Weil HTTP nur eine eingeschränkte Menge von Operationen
(GET, PUT, POST etc.) unterstützt, kann das Ressourcenmodell nicht
so flexibel wie ein internes Domänenmodell aufgebaut werden, sondern sollte diese Einschränkung berücksichtigen. Beim Entwurf einer
REST-API muss deswegen die Anzahl der möglichen Operationen eingeschränkt werden. Die Logik der API basiert nicht auf Prozeduren,
sondern auf Daten. Auf der anderen Seite ergibt sich durch die Verwendung eines bereits definierten, generischen Protokolls die Möglichkeit, Standardclients zu benutzen.

Dynamischer Workflow

Eine REST-API mit Hypermedia kann man sich wie eine Webseite vorstellen, deren API man mit einem Browser bedient. Ausgehend von der
Startseite, deren Adresse man kennt, folgt man nur noch den angebo-

---

3. Sicherheitskritische APIs und deren Daten sind selbstverständlich auch durch
   Authentifizierung und Autorisierung abzusichern.

tenen Links. Welche Links angeboten werden, das entscheidet ganz allein die Ressource zur Laufzeit und nicht der Client auf Basis einer statisch definierten API. Der Workflow der Interaktion kann auf diese Weise sehr dynamisch durch Erzeugung der Links durch die Ressource gesteuert werden. Theoretisch hat die Ressource so die Kontrolle über die API und kann sogar URIs ändern, ohne dass Clients davon nachteilig betroffen sind, sofern diese nur die von der Ressource erhaltenen Links verwenden.

Viele vermeintliche REST-APIs ignorieren die Bedingungen von HATEOAS und verdienen nicht die Bezeichnung »RESTful«. Denn falls eine API keine Links anbietet, müssen Clients diese kennen und eventuell selbst zusammenbauen. Somit gibt es keinen dynamischen Workflow, sondern eine statische API, die fest in die Clients codiert werden muss. Falls der Workflow aufgrund neuer Anforderungen geändert wird, müssten ebenfalls die Clients programmatisch angepasst werden.

Affordance

Die wesentlichen Elemente eines Hypermediaentwurfs sind die Affordances. Für diesen Begriff gibt es leider keine einheitliche Übersetzung. Begriffe wie Aufforderungscharakter oder Angebotscharakter erscheinen noch am sinnvollsten. Der Begriff ist auch geläufig für UI-Designer und bezieht sich auf die Fähigkeit eines Objektes, sich selbst zu erklären. Eine grafische Oberfläche mit hoher Affordance ist im Idealfall intuitiv verständlich, sodass ein Benutzer sofort versteht, wie er die grafische Oberfläche bedienen kann.

Dieses Konzept lässt sich auch auf Hypermedia anwenden: In der Repräsentation kann ein Client Links zur Navigation und Transklusion erkennen. Außerdem bietet Hypermedia Elemente zur Zustandsänderung der Ressource. Falls keine derartigen Elemente vorhanden sind, ist die Ressource für den Client unveränderlich. Fall es jedoch Elemente zur Zustandsänderung gibt, sollten diese anzeigen, ob sie idempotent sind.

Hypertext Transfer Protocol

Hat HTTP alles, was man braucht, um HATEOAS umzusetzen? Um diese Frage beantworten zu können, muss man zunächst einmal klären, wie eine HTTP-Response aufgebaut ist: Sie besteht aus einem Header und einem Body. Im Header können Links angegeben werden, um einfache Hypermedia-Steuerelemente bereitzustellen. Diese Metainformationen gehören nicht zur eigentlichen Repräsentation der Ressource, denn diese wird im Body angegeben. Ein Header eines Dienstes zur Verwaltung von Produkten könnte beispielsweise so aussehen:

```
HTTP/1.1 200 OK
Content-Type: text/plain
Link: <http://api.example.com/>
       rel="self";
       type="text/html;charset=UTF-8";
       title="Servicebeschreibung und Homepage";
       verb="GET, HEAD",
       <http://api.example.com/products>
       rel="all";
       type="application/json;charset=UTF-8";
       title="Liste aller Produkte";
       verb="GET"
```

Der Link-Header besteht aus einer Liste von Linkeinträgen, die jeweils eine URL, Parameter und Extensions enthalten. Die Extensions können dazu verwendet werden, die erlaubten HTTP-Methoden eines Links zu beschreiben. Zu den Parametern gehört auch ein Relationstyp zur Angabe der Bedeutung des Links. Eine Auswahl der standardisierten Linkrelationen ist in der folgenden Tabelle aufgeführt:

Linkrelation	Bedeutung
all	Kennzeichnet einen Link, der zur Listenrepräsentation einer Ressource führt
new	Markiert einen Link zum Anlegen einer Ressource
next	Verweist auf den nächsten Schritt im Workflow
previous	Führt zum vorherigen Workflowschritt zurück
self	Kennzeichnet einen Link, der auf die aktuelle Ressourcenrepräsentation zeigt

Tab. 8–3
Bedeutung standardisierter Linkrelationen

Der Link-Header im obigen Beispiel bietet einen Self-Link, der die vorliegende Ressource identifiziert. Es handelt sich hierbei um eine Homepage der API, von der aus zu weiteren Ressourcen navigiert werden kann. Der Link kann sowohl mit HTTP GET als auch mit HTTP HEAD aufgerufen werden. HTTP HEAD kann benutzt werden, falls kein HTTP-Body benötigt wird.

Der zweite Link im obigen Beispiel führt den Client zu einer Liste mit Produkten. Die angegebene URL kann mit HTTP GET aufgerufen werden.

Nun zurück zur Frage, ob HATEOAS mit Standard-HTTP-Mitteln umgesetzt werden kann: Es ist tatsächlich möglich, eine HATEOAS-konforme API zu entwerfen, falls kein Hypermediaformat verwendet werden kann. Wie aber in Abschnitt 9.3 gezeigt wird, bieten spezielle

Hypermediaformate viele Vorteile. Beispielsweise können Links mit Templates und Links für idempotente Schreiboperationen definiert werden. Außerdem beziehen sich Link-Header immer nur auf ganze Ressourcen.

8.6   Zusammenfassung

In diesem Kapitel haben Sie REST als erfolgreichen Stil des Web kennengelernt. Einige wichtige Aussagen sind in der folgenden Liste noch einmal zusammengefasst:

- Um von der Funktionsweise des Web profitieren zu können, sollten Sie die Bedingungen von REST beim Entwurf einer API berücksichtigen.
- RESTful HTTP zeichnet sich durch Ressourcen mit eindeutigen URIs zur Identifikation, durch den Einsatz von Hypermedia, durch die Anwendung von HTTP-Standardmethoden unter Beachtung ihrer Semantik, durch unterschiedliche Ressourcenrepräsentationen und durch statuslose Kommunikation aus.
- Hypermedia ist eine zentrale Anforderung von REST: Der Workflow der API entspricht einem Zustandsautomaten, dessen Zustände die Ressourcen darstellen. Die möglichen Zustandsübergänge werden durch Links von den Ressourcen angeboten.
- Ressourcen können mit unterschiedlichen Medientypen repräsentiert werden.

Im nächsten Kapitel folgen praktische Techniken zum Entwurf von Web-APIs auf Basis von HTTP.

9 Techniken für Web-APIs

Beim Enwurf einer Web-API haben Sie die Aufgabe, passende Ressourcen zu finden und geeignete URIs festzulegen. Außerdem müssen Sie herausfinden, welche Medientypen Sie Ihren Clients anbieten wollen. Hinzu kommen Themen wie Fehlerbehandlung, Versionierung und Sicherheit. Die lange Liste dieser Themen wollen wir mit einem Beispiel beginnen.

9.1 Anwendungsbeispiel: Onlineshop

Ressourcen gehören zu den zentralen Konzepten des Architekturstils REST. Jedes »Ding« oder »Objekt«, das man benennen kann, passt zu diesem generischen Konzept. Prinzipiell kann jedes Objekt, das Ziel einer Hypertextreferenz sein könnte, eine Ressource sein.

Die Modellierung von Ressourcen wird in diesem Abschnitt anhand eines Beispiels erläutert. Als Beispiel soll die API eines Onlineshops dienen. Verschiedene Varianten der API werden betrachtet und deren Eigenschaften diskutiert. Die wichtigsten Objekte der API sind in der folgenden Tabelle zusammengefasst:

Konzept (wichtige Attribute)	Beschreibung
product (name, id)	Die Produkte des Onlineshops sind die zentralen Objekte der API.
picture (name, id)	Mit Bildern können die Produkte dargestellt werden.
review (id, productId, rating, author, comment)	Für die Produkte können Bewertungen erfasst werden.
tag (name)	Die Produkte können mit Tags kategorisiert werden.

Tab. 9–1
Zentrale Konzepte der Onlineshop-API

Remote Procedure Calls vermeiden

Zur Modellierung von Ressourcen sollten Substantive als Bezeichner der identifizierbaren Konzepte verwendet werden. Die Konzepte ergeben sich während des Ressourcendesigns in der Regel ganz von allein. Kommen jedoch auch Verben zum Einsatz, kann man wohl kaum noch von Ressourcen sprechen, denn Verben (Verhalten) werden nicht durch Ressourcen abgebildet. Angenommen man würde sich trotzdem dafür entscheiden, dann könnte man vielleicht im ersten Entwurf mit folgender API starten:

```
http://api.example.com/getProducts
http://api.example.com/createProduct
http://api.example.com/createReview
```

Das sieht zunächst gar nicht so schlimm aus. Doch wenn weitere Anwendungsfälle hinzugefügt werden, kann die Anzahl dieser »Prozeduren« schnell groß werden:

```
http://api.example.com/getProducts
http://api.example.com/createProduct
http://api.example.com/updateProduct
http://api.example.com/deleteProduct
http://api.example.com/lockProduct
http://api.example.com/unlockProduct
http://api.example.com/getReviews
http://api.example.com/createReview
http://api.example.com/updateReview
http://api.example.com/removeReview
…
```

Diesen schlechten RPC-Stil sollten Sie vermeiden. Die »Prozeduren« dieser API sind sehr spezifisch. Hierdurch werden Server und Client stärker aneinander gebunden, als es tatsächlich notwendig wäre. Die Generalität von REST und die Semantik der HTTP-Methoden dürfen nicht ignoriert werden. Eine andere RPC-Variante auf Basis von HTTP könnte so aussehen:

```
http://api.example.com/products/create?name=Monitor
http://api.example.com/products?method=create&name=Monitor
```

In diesen beiden Fällen erkennt man leicht am verwendeten Verb »create«, dass hier etwas grundsätzlich nicht stimmt. Im zweiten Fall wird sogar die auszuführende Methode als Parameter übergeben. Das Tunneln beliebiger RPC-Interaktionen durch einen Endpunkt ist eine »clevere« Idee, widerspricht aber den Ideen von RESTful HTTP.

Dieser schlechte Stil ist unnötig, denn die HTTP-Methoden reichen völlig aus. Das Anlegen, Aktualisieren, Sperren, Freigeben und

Löschen eines Produktes kann auf die Standard-HTTP-Methoden abgebildet werden.

Fachliche Aktion	HTTP-Methode
Produkt anlegen	POST (alternativ PUT)
Produkt löschen	DELETE
Produkt aktualisieren	PUT (alternativ POST oder PATCH)
Produkt sperren/freigeben	POST

Tab. 9–2

Abbildung der fachlichen Aktionen auf HTTP-Methoden

Ressourcen identifizieren

Zur Identifikation geeigneter Ressourcen empfiehlt es sich, zunächst alle Informationen, die für die späteren Benutzer der API relevant sind, zu sammeln. Diese Informationen werden dann nach Zugehörigkeit gruppiert. Dabei sollte eine Struktur entstehen, die intuitiv Sinn ergibt. Die API des Onlineshops soll die folgenden Informationen anbieten. Zu einem späteren Zeitpunkt kann diese Liste noch weiter verfeinert und angepasst werden.

```
- product list
  - a product
    - name
    - sku (stock keeping unit)
    - review list
      - a review
    - picture list
      - a picture
```

Anhand dieser Informationen kann man bereits ableiten, dass eine Ressource für die Produktliste und jeweils eine Ressource pro Produkt notwendig sind. Diese Ressourcen können über /products und /products/{id} identifiziert werden. Die Stock Keeping Unit ist eindeutig und eignet sich als natürlicher Schlüssel für die Produkte.

Theoretisch könnte man anhand der Liste noch weitere Subressourcen für die Bilder sowie die Bewertungen der Produkte ableiten, zuvor sollte man jedoch erst herausfinden, ob diese Granularität überhaupt gefordert ist. Das heißt, es muss entschieden werden, ob Bewertungen und Bilder separate (Sub-)Ressourcen darstellen oder ob sie Teil der Produktressourcen sind.

Im nächsten Schritt wird der Anwendungszustand (application state) aus Clientsicht unter Berücksichtigung der bekannten Anwendungsfälle modelliert. Ein Anwendungsfall ist die redaktionelle Pflege der Produkte des Onlineshops: Benutzer können Produkte anlegen und bearbeiten. Es können ebenfalls Bilder für die Produkte hinterlegt werden. Ein anderer Anwendungsfall ist das Bewerten der Produkte.

Abb. 9–1

Initialer Entwurf: Die API
des Onlineshops erlaubt
die redaktionale Pflege
der Produkte inklusive der
Bilder und Bewertungen.

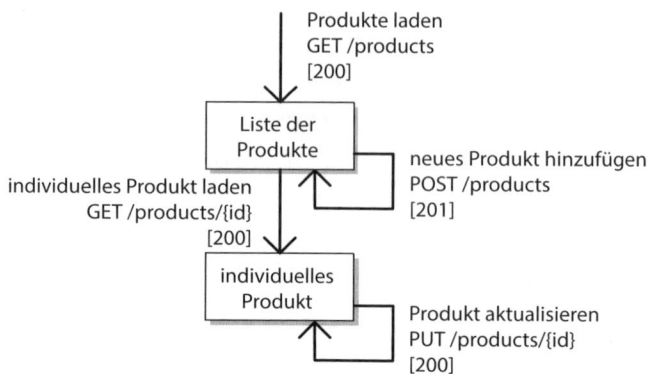

Das Bestimmen der passenden Granularität ist eine wichtige Aufgabe beim API-Design, denn grob- bzw. feingranulare Ressourcen haben ihre jeweiligen Vor- und Nachteile. Was die gewählten Ressourcen für die API des Onlineshops bedeuten, wird im nächsten Abschnitt genauer diskutiert.

Granularität beachten

Im ersten Schritt wurden nur die Ressource für die Produktliste und die Ressourcen für individuelle Produkte definiert. Auf Basis der Ressource für die Produktliste können Clients Produkte suchen und hinzufügen. Die Repräsentation der Produktliste könnte ausschließlich Metadaten und Links auf die Ressourcen der individuellen Produkte anbieten. Es wäre auch möglich, in die Repräsentation der Produktliste einige essenzielle Produktinformationen einzubetten, sodass ein Client ohne zusätzliche Interaktionen mit der API bereits eine Liste oder Tabelle grafisch anzeigen könnte.

Es ist sinnvoll, individuelle Produkte auf separate Ressourcen zu verteilen, sodass diese unabhängig voneinander referenziert und bearbeitet werden können. Ein Client könnte beispielsweise Bookmarks anlegen, weil Produkte eine eindeutige URI haben. Es wäre auch möglich, dass Bestellungen oder Bewertungen einzelne Produkte über URIs eindeutig referenzieren.

Die Bewertungen sind im ersten Entwurf Teil der sonstigen Produktinformationen. Das Pflegen der Produktinformationen und das Bewerten eines Produktes sind jedoch unterschiedliche Geschäftsprozesse, die höchstwahrscheinlich von unterschiedlichen Personen und mit unterschiedlichen Benutzerrechten durchgeführt werden. Aus diesem Grund soll der initiale Entwurf abgeändert und die Produktbewertungen in separate Ressourcen verschoben werden. Durch die Auftrennung in separate Ressourcen wird die Absicht des Requests eindeutiger.

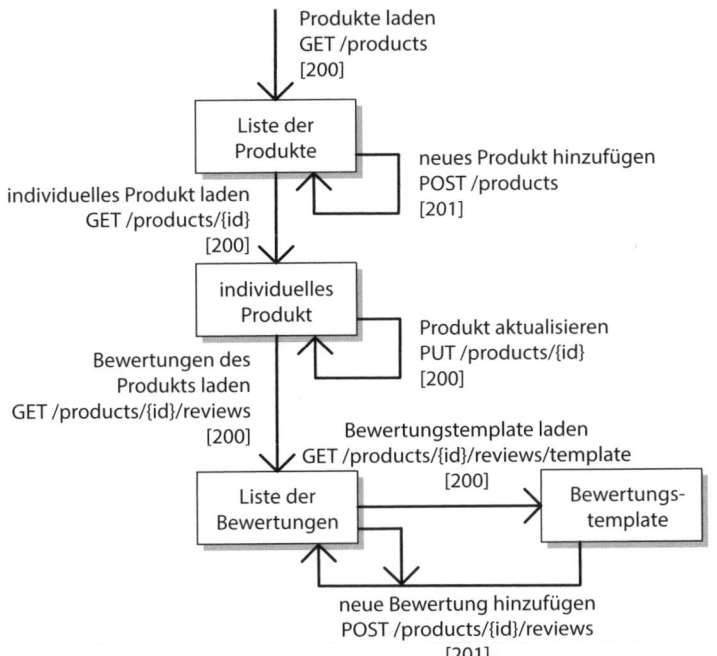

Abb. 9–2

Zweiter Entwurf:

Bewertungen eines

Produktes sind in

separater Ressource.

Das Hinzufügen eines neuen Produktes erfolgt mit HTTP POST, weil der Server die URI der neuen Ressource bestimmt. Das Aktualisieren kann mit HTTP PUT vorgenommen werden, weil der Client die URI des Produktes kennt und weil die Ressource vollständig aktualisiert wird. HTTP PUT ist im Gegensatz zu HTTP POST idempotent.

Für einen Client sind jeweils nur die Bewertungen eines spezifischen Produktes von Interesse. Die Zugehörigkeit der Bewertungen zu Produkten kann hervorragend durch Subressourcen abgebildet werden. Die URI /products/{id}/reviews würde demzufolge nur die Bewertungen eines spezifischen Produktes identifizieren.

Falls ein Client Bewertungen unabhängig von einem einzelnen Produkt laden oder suchen können möchte, könnte eine zusätzliche Ressource /reviews hinzugefügt werden. Es gäbe dann mehrere Möglichkeiten für Clients, zu den Bewertungen zu navigieren.

Auch Caching könnte Einfluss auf die gewählte Granularität haben. Obwohl Caching in diesem Anwendungsbeispiel nicht entscheidend ist, könnte man argumentieren, dass Produktbeschreibungen im Gegensatz zu Bewertungen änderbar sind. Deswegen können diese Ressourcen unterschiedlich gecacht werden.

Die API könnte zur Erstellung einer Bewertung ein Formular oder Template anbieten. Das Template teilt dem Client mit, welche Felder für eine Bewertung angegeben werden müssen und können. Falls Cli-

Template anbieten

ents diese Informationen bereits haben, können sie auch direkt ein POST auf die Liste der Bewertungen ausführen. Ein Template könnte man ebenfalls auch zur Produkterstellung anbieten.

Explizite Links   Trotz der sprechenden Namensgebung sollten die Navigationspfade nicht (ausschließlich) in der Dokumentation stehen, sondern durch Links direkt in den Ressourcenrepräsentationen dynamisch von der API angeboten werden.

Konsistenz sicherstellen

Nun stellt sich die Frage, ob auch die Bilder in separate Ressourcen verschoben werden sollten? Die Subressourcen für die Bilder könnten unter dem URI-Pfad /products/{id}/pictures erreichbar sein.

Angenommen es gibt die Regel, dass für jedes Produkt mindestens ein Bild hinterlegt werden muss, dann wäre der Benutzer der API aufgefordert, mehrere Aufrufe zu machen, um schlussendlich den geforderten Zustand herzustellen: Ein Aufruf wäre notwendig, um das Produkt hinzuzufügen. Mit einem zweiten Aufruf könnte dann das Bild hinzugefügt werden.

Ein API-Designer müsste in diesem Fall die Frage beantworten, wie sich die API verhalten soll, falls ein Benutzer vergisst, das Bild hinzuzufügen. Eventuell muss das Produkt erst in einen Editiermodus gesetzt werden. Nach Abschluss der redaktionellen Pflege kann das Produkt dann freigegeben werden. Bei dieser Gelegenheit werden die Bedingungen geprüft. Falls dann ein Bild fehlt, könnte die API eine entsprechende Fehlermeldung zurückgeben und das Produkt im Editiermodus belassen. Nur wenn alle Pflichtangaben vorhanden sind, wird das Produkt freigegeben. Dieser Ansatz würde jedoch die kleine API des Onlineshops unverhältnismäßig verkomplizieren.

Eine pragmatische Alternative könnte so funktionieren: Ein Client lädt erst die Bilder hoch, die für das Produkt verwendet werden sollen. Im zweiten Schritt wird dann das Produkt angelegt, dabei werden die URIs zu den Bildern als Teil der sonstigen Produktinformationen angegeben.

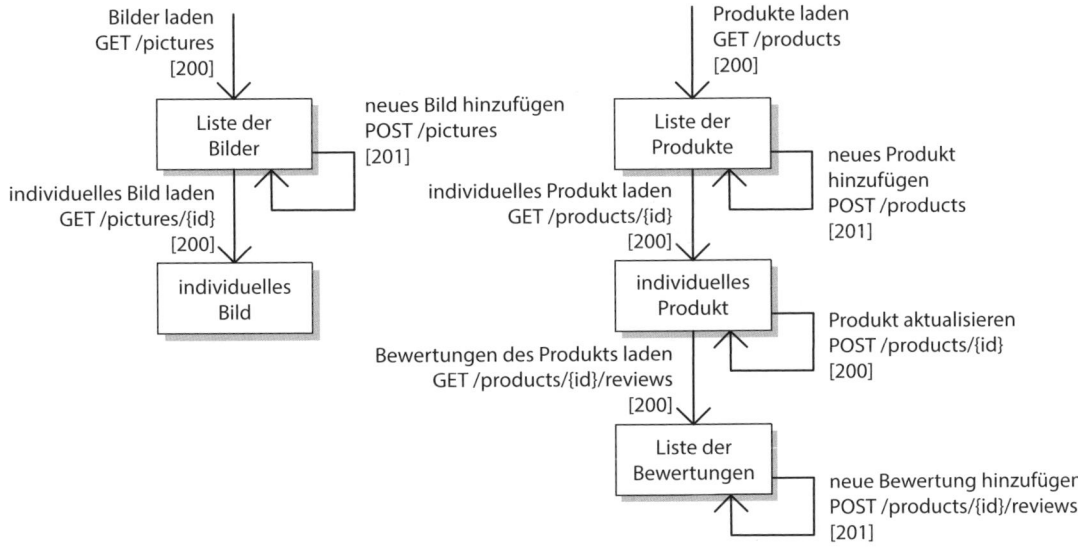

Fachliche Transaktionen

Im vorherigen Abschnitt wurde der Entwurf der API um separate Ressourcen für Bilder erweitert, sodass zuerst die Bilder und danach das Produkt hinzugefügt werden können. Diese Lösung stellt sicher, dass zu jedem Zeitpunkt konsistente Produktinformationen vorhanden sind. Leider kann man nicht immer davon ausgehen, dass die Produktpflege der Endbenutzer auch in dieser Reihenfolge durchgeführt werden kann. Deshalb könnte als Alternative eine fachliche Transaktion zur Produktpflege eingesetzt werden. Diese Transaktionen sind langlaufend und bilden eine logische Klammer um mehrere Benutzerinteraktionen. Die Umsetzung der Transaktionen erfolgt nicht mit serverseitigen Sessions, sondern mit Transaktionsressourcen, weil RESTful HTTP statuslose Kommunikation erfordert.

Eine fachliche Transaktion zur Definition eines neuen Produktes könnte mit einem HTTP POST-Request auf /productconfigurations beginnen. Die neu erzeugte Ressource /productconfigurations/{id} wird anschließend mit HTTP POST-Requests bearbeitet, bis alle erforderlichen Informationen angegeben sind. Die Transaktion wird mit einem HTTP POST-Request beendet. Ein Link auf eine spezielle Subressource wird von der API für diesen Zweck angeboten.

Zur Aktualisierung der erzeugten Ressourcen wird in diesem Beispiel POST verwendet, weil damit beliebige Verarbeitungen angestoßen werden können. Für Aktualisierungen wären jedoch auch idempotente PUT-Aufrufe ausreichend.

Abb. 9–3

Dritter Entwurf:
Bilder werden in separaten Ressourcen gepflegt und von den Produktbeschreibungen referenziert. Links auf Templates zur Erstellung von Produkten und Bewertungen sind nicht eingezeichnet.

Homepage-Ressource anbieten

Abb. 9–4

Vierter Entwurf:

Die Interaktion beginnt

mit den von der

Homepage-Ressource

bereitgestellten Links.

Die Interaktion zwischen Client und API sollte mit einer Homepage-Ressource beginnen, deren URL Clients kennen müssen. Alle weiteren Applikationszustände und Navigationsmöglichkeiten werden durch Hypermedia-Steuerelemente von der API angeboten.

Das vorgestellte Beispiel könnte mit weiteren interessanten Varianten umgesetzt werden. Beispielsweise könnte die »Homepage-Ressource« auch eine HTML-Repräsentation für eine menschenlesbare integrierte Dokumentation anbieten.

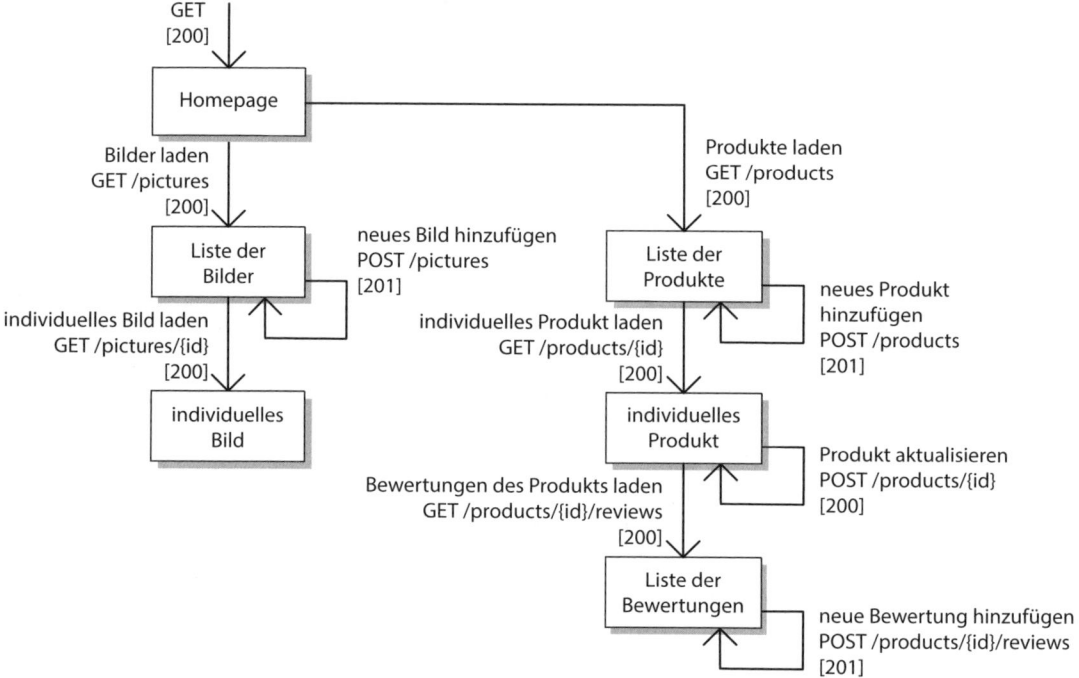

Asynchrone Bearbeitung

Der bisherige Entwurf geht davon aus, dass neue Produkte durch synchrone Bearbeitung hinzugefügt werden können. Falls jedoch weitere Backend-Systeme hinter den Kulissen von der API aufgerufen werden müssen, sollte die Bearbeitung asynchron erfolgen. Mit HTTP POST, Client-Polling und abschließendem Redirect könnte der Entwurf folgendermaßen variiert werden:

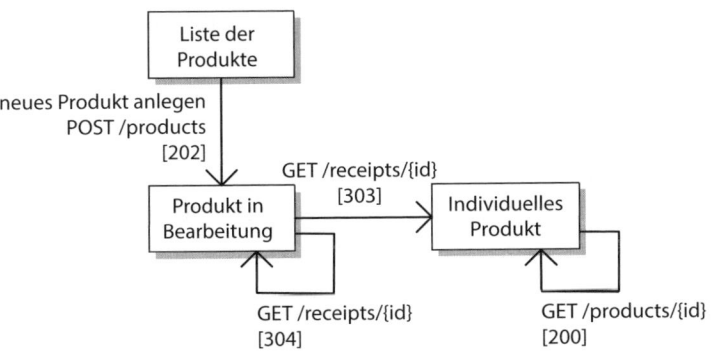

Abb. 9–5

*In dieser Variante werden
Produkte asynchron
hinzugefügt.*

Auch in dieser Variante beginnt das Hinzufügen eines neuen Produktes
mit einem HTTP POST-Request auf die Ressource der Produktliste:

```
POST /products HTTP/1.1
Content-Type:application/json;charset=UTF-8
Content-Length: 65536
{
    ... (Produktinformation als JSON)
}
```

Ein erfolgreicher Request hat in diesem Fall jedoch nicht den Statuscode 201 »Created«, sondern 202 »Accepted«. Der Request wurde
demzufolge akzeptiert, ist aber noch nicht abgeschlossen. Der Client
erhält im Location-Header daher auch noch nicht die URI des neuen
Produktes, sondern die URI der Empfangsbestätigung:

```
HTTP/1.1 202 Accepted
Location: http://api.example.com/receipts/receipt-3750527582
```

Der Client kann nun durch Polling den Status der Empfangsbestätigung überprüfen:

```
GET /receipts/receipt-3750527582 HTTP/1.1
```

Solange die Bearbeitung nicht abgeschlossen wird, erhält der Client
keine neuen Informationen:

```
HTTP/1.1 304 Not Modified
Location: http://api.example.com/receipts/receipt-3750527582
```

Schließlich wird das neue Produkt serverseitig hinzugefügt und durch
eine eigene Ressource exponiert. Durch einen Redirect wird der Client
nun zu dieser Ressource umgeleitet:

```
HTTP/1.1 303 See Other
Location: http://api.example.com/products/product-082655
```

Nachdem der Client die URI des neuen Produktes erhalten hat, kann dieses wie gewohnt mit HTTP GET aufgerufen werden:

```
HTTP/1.1 201 Created
Location: /products/product-082655
```

Die API könnte den ersten Aufruf des neuen Produktes mit dem Statuscode 201 »Created« beantworten. Statuscode 200 »OK« wäre jedoch auch ausreichend.

Lesbare URIs

Nachdem im vorherigen Schritt die Ressourcen identifiziert wurden, ist jetzt der Moment gekommen, noch einmal über deren Namen nachzudenken und sich über den Aufbau der URIs Gedanken zu machen. Streng genommen sind die Namen und URIs aus REST-Sicht nicht so wichtig. Denn durch den Einsatz von Hypermedia informiert die API selbst die Clients über die URIs. Die Notwendigkeit, dass Clients die URIs kennen oder gar selbst zusammensetzen, ist nicht gegeben.

Nichtsdestotrotz sind URIs Teil der API. Insbesondere die URLs, die im Browser sichtbar sind, können als Teil der Benutzerschnittstelle angesehen werden. Aus diesem Grund sollten URIs intuitiv verständlich sein. Dies erreicht man durch eine einheitliche Strukturierung und sprechende Namen.

Auswahl der Medientypen

Zum Ressourcendesign gehört auch die Auswahl passender Medientypen. Dieser Entwurfsschritt ist sehr wichtig, denn Ressourcen können in unterschiedlichen Formaten repräsentiert werden. Das Spektrum reicht von allgemeinen bis sehr spezifischen Formaten:

Abb. 9–6

Allgemeine und spezifische Formate [Tilkov et al. 2015]

Was spricht für allgemeine Formate wie JSON und XML? Vorteile ergeben sich durch vorhandene Infrastruktur, Werkzeuge und Lösungen für wiederkehrende Probleme. Man sollte jedoch im Einzelfall bewerten, wie aufwendig die Repräsentation von spezifischen Daten mit diesen Formaten wäre.

Gegebenenfalls existieren spezifischere Formate mit passender Applikationssemantik. Durch Wiederverwendung bestehender Formate kann der Entwicklungsaufwand verringert und die Lernkurve der Clients abgeflacht werden.

Spezifischere Formate wie HTML, Atom und Siren bieten recht konkrete Applikationsmodelle, auf die die speziellen Anforderungen einer API abgebildet werden müssen. Dies ist eine Entwurfseinschränkung, die wohl überlegt sein sollte. Es ist empfehlenswert, das Zustandsdiagramm der entworfenen API mit den Zustandsdiagrammen der Medientypen zu vergleichen. Das Los sollte auf den Medientyp mit den größten Übereinstimmungen fallen [Richardson & Amundsen 2013].

Es kann auch sinnvoll sein, sich für die Entwicklung eines eigenen Formates, das exakt für die gegebenen Anforderungen zugeschnitten wird, zu entscheiden. Auch proprietäre Formate sollten möglichst intuitiv verständlich sein. Weil Intuition auf Vorwissen und Wiedererkennung basiert, sollte man versuchen, bereits existierende und bekannte Konzepte beim Design wiederzuverwenden. Außerdem verringert die Wiederverwendung von bereits existierenden Konzepten und Begriffen die Wahrscheinlichkeit, dass jemand deren Bedeutung missversteht. Auch das Mikroformat geo übernahm die Properties aus dem bekannten Mikroformat hCard. Es war nicht notwendig, für geo neue Begriffe einzuführen.

Egal für welchen Medientyp Sie sich entscheiden, geben Sie immer den spezifischsten Medientyp an. Es ist beispielsweise möglich, ein Collection+JSON-Dokument zurückzugeben, aber als Content Type nur text/plain anzugeben. Denn genau genommen ist das zurückgegebene Dokument Collection+JSON, JSON, ein UTF8-codierter Text und ein Octet-Stream.

Angabe des spezifischsten Medientyps

Für proprietäre XML- und JSON-Formate wird häufig versäumt, einen spezifischen Medientyp bzw. Namen zu definieren und diesen im Content Type anzugeben. Nehmen Sie immer den spezifischsten Medientyp, um Ihren Clients die Verwendung der API zu vereinfachen. Für XML und JSON können Sie mit +json bzw. +xml sicherstellen, dass die Formate auch von generischen Prozessoren sinnvoll verarbeitet werden können.

9.2 URI-Design

Eine URI ist idealerweise so aufgebaut, dass ein Benutzer intuitiv erkennen kann, um welche Art von Inhalt es sich hierbei handelt.

```
http://example.com/products/tablets/ipad
http://example.com/04ig/x3lzgzt/_799bmz5
```

Diese beiden URIs im direkten Vergleich machen deutlich, wie wichtig URI-Design für die intuitive Verständlichkeit einer API sein kann. Deswegen beschäftigt sich der folgende Abschnitt mit einigen grundlegenden Tipps zu diesem Thema.

Hackable

Wenn Benutzer einer Website einen Bereich öffnen und durch weitere Klicks tiefer navigieren, entspricht dies dem Aufsteigen in einer Ressourcenhierarchie, die in der URL ebenfalls sichtbar sein sollte, falls mit jedem Klick ein neues Pfadende an die URL angehängt wird. Wenn Benutzer das Ende eines solchen Pfades entfernen, sollte die neue URL eine Ressource, die höher in der Hierarchie steht, identifizieren.

```
http://myshop.com/products/tablets/ipad
http://myshop.com/products/tablets
http://myshop.com/products
```

Angenommen ein Benutzer eines Onlineshops befindet sich auf der Produktseite für ein iPad. Wenn der Benutzer nun die Endung »/ipad« aus der angezeigten URL entfernt, sollte die neu gebildete URL ebenfalls gültig sein und passenderweise eine Seite mit verschiedenen Tablets präsentieren. Falls der Benutzer auch »/tablets« entfernt, kommt er zu einer allgemeineren Produktübersicht.

```
https://api.github.com/users/mamund/followers
https://api.github.com/users
https://api.github.com/users/kspichale
```

Auch diese URLs sind intuitiv verständlich: Man kann leicht erkennen, dass es sich hierbei um URLs der GitHub-API handelt. Im ersten Fall werden die Follower des Benutzers mit der ID »mamund« identifiziert. Wenn man das Ende »/mamund/followers« entfernt, kommt man zur Liste aller Benutzer. Analog zu »/mamund« kann man einen anderen Benutzernamen angeben, um dessen Benutzerinformationen abzurufen.

```
https://jira.spring.io/browse/DATAREST-516
https://jira.spring.io/browse/DATAREST-515
https://jira.spring.io/browse/DATAREST-514
...
```

Auch die URLs von Jira-Tickets sind hackable: Wenn man die URL für das Ticket »DATAREST-516« kennt, kann man leicht zu einem anderen Ticket navigieren. Auch wenn man die Nummern der Tickets nicht kennt, kann man durch Probieren zu anderen Tickets navigieren.

Hackable URLs setzen eine lesbare und nachvollziehbare Struktur voraus. Diese Eigenschaften sind wichtig, denn die im Webbrowser sichtbaren URLs sind ebenfalls Teil der Benutzerschnittstelle. Auch APIs können von hackable URLs profitieren: Zwar werden durch Hypermedia die URLs von der API bereitgestellt und kein Benutzer sollte gezwungen sein, URLs selbst zusammenzubauen zu müssen, aber lesbare und hackable URLs können das Ausprobieren und Kennenlernen einer API vereinfachen.

Erratbare URLs können in manchen Fällen auch unerwünscht sein oder ein Sicherheitsrisiko darstellen. Deswegen müssen Sie in manchen Fällen bewusst kryptische URLs verwenden.

Konsistent

Für jedes Konzept sollten Sie nur eine Bezeichnung verwenden. Wenn Sie für ein Konzept eine weitere Bezeichnung verwenden wollen, muss das einen Grund haben. Ressourcen werden mit Substantiven benannt. Verben sind nicht notwendig.

```
http://api.example.com/products
http://api.example.com/picture
```

Nutzen Sie die Substantive entweder im Singular oder Plural, aber nicht abwechselnd beides. Es gibt jedoch Ausnahmen:

```
http://api.example.com/state
http://api.example.com/heartbeat
```

Falls Sie Dateiendungen verwenden wollen, sollte dies einheitlich erfolgen. Nehmen Sie nicht einmal .html und dann .htm. Noch besser wäre es jedoch, auf diese Pseudodateiendungen von vornherein zu verzichten, denn HTML ist nur eine von vielen möglichen Repräsentationen einer Ressource, die durch die URI identifiziert wird. Die vom Server verwendete Repräsentation kann stattdessen durch Content Negotiation zwischen Client und Server vereinbart werden.

```
https://userstream.twitter.com/1.1/user.json
```

APIs, wie die von Twitter, nutzen trotzdem URIs mit Dateiendungen, um Endpunkte für spezifische Medientypen anzubieten. Auch Roy Fielding widerspricht diesem verbreiteten Ansatz nicht [Fielding 2006], denn Content Negotiation muss nicht in jedem Fall benutzt werden. Außerdem können Ressourcen von mehr als einer URI identifiziert werden.

Die Pseudo-Dateiendungen in der URI haben folgenden Vorteil: Wenn Sie diesen Link einer Kollegin per E-Mail schicken, wird sie die gleiche Repräsentation erhalten. Die URL ist auch deshalb zweckmäßig, weil Content Negotiation in diesem Fall nicht stattfindet, denn nur JSON wird von der genannten Ressource unterstützt. Die Unterscheidung zwischen generischer Ressource und konkretem Dokument wird hierdurch verwischt.

Kurz

Eine URI sollte möglichst kurz sein, sodass sie übersichtlich und leicht merkbar ist. Die Länge ist jedoch nur Mittel zum Zweck, denn wichtig ist vor allem die Verständlichkeit der URI. Eine URI wie zum Beispiel /products/42/1 ist kurz, aber nicht verständlich. Eine etwas längere Alternative wie /products/42/reviews/1 ist im Vergleich dazu geradezu selbsterklärend. Redundante ID-Zusätze könnten verwendet werden, um die Lesbarkeit der URIs zu verbessern. Die URI könnte dann zum Beispiel /products/prod-42/reviews/rev-1 lauten.

Groß- und Kleinschreibung

Groß- und Kleinschreibung hat für den Server- und Domainnamen in einer URI keine Bedeutung, deswegen zeigen die folgenden URIs zur selben Ressource:

```
http://example.com/products
http://EXAMPLE.COM/products
```

Für den URI-Pfad können jedoch andere Regeln gelten: Hier muss auf Groß- und Kleinschreibung geachtet werden. Ob eine Ressource trotz falscher Groß- und Kleinschreibung gefunden werden würde, hängt vom jeweiligen Server und dessen Einstellungen ab. Im Zweifel sollten URIs konsequent klein geschrieben werden. Sicherlich sind auch andere Konventionen denkbar, aber die einfachste ist konsequente Kleinschreibung.

Sonderzeichen

Ohne CamelCase könnte man versucht sein, Leerzeichen oder Unterstriche zur Worttrennung in URIs zu verwenden. Bindestriche sind jedoch viel besser geeignet, denn Leerzeichen und Unterstriche können Probleme verursachen. Leerzeichen müssen mit %20 unansehnlich codiert werden und Unterstriche können Nachteile bei Suchmaschinen zur Folge haben. Sonderzeichen sind generell nicht empfehlenswert. Auch wenn Ihre eigenen Werkzeuge und Technologien damit fehlerfrei funktionieren, können Sie das nicht von Clients erwarten. Beschränken Sie sich daher auf die Buchstaben von a bis z, die Ziffern von 0 bis 9 und den Bindestrich.

URIs mit IDs

Sequenzielle IDs, die beispielsweise fortlaufend mit Datenbanksequenzen erzeugt werden, können nicht immer in URIs verwendet werden.

```
http://api.example/products/1
http://api.example/products/2
http://api.example/products/3
...
```

Angreifer könnten versuchen, andere existierende URIs zu erraten. Einige Hundert Versuche würden wahrscheinlich im Log nicht auffallen. Falls ein Angreifer jedoch versuchen würde, eine zufällig generierte ID zu finden, wären viel mehr Versuche notwendig und der Angriff würde nicht unbemerkt bleiben. Das Sicherheitsrisiko kann mit UUIDs (Universally Unique Identifiers) und GUIDs (Globally Unique Identifiers) vermieden werden.

9.3 Medientypen

Der konzeptionelle Unterschied zwischen einer Ressource und ihrer Repräsentation wurde bereits erläutert. In diesem Abschnitt sollen nun verschiedene Medientypen zur Repräsentation vorgestellt werden. Die Auswahl der Medientypen ist eine wichtige Entwurfsentscheidung. Je etablierter der gewählte Typ ist, desto mehr Clients können die API potenziell nutzen. Idealerweise sollte ein offizieller Medientyp verwendet werden, der bei der Internet Assigned Numbers Authority (IANA) registriert ist. Allerdings sollte nicht nur der Bekanntheitsgrad bei der Auswahl beachtet werden, sondern auch die Natur der Ressource sollte zur Semantik des Medientyps passen.

XML

Die allgemeine Auszeichnungssprache XML ist immer noch ein populärer Medientyp und trägt die Bezeichnung application/xml. Sie kann als Basis für applikationsspezifische Datenformate eingesetzt werden, da XML nur ein generisches Format beschreibt, aber kein Vokabular vorgibt. Weil XML so allgemein ist, sollten Sie den Einsatz eines spezifischeren Medientyps wie beispielsweise application/vnd.products+xml in Erwägung ziehen. Die Abkürzung »vnd« wird für unternehmensspezifische (vendor specific) Medientypen verwendet. Die Endung »+xml« zeigt an, dass der Medientyp auf XML basiert.

   XML unterstützt Namensräume, in denen nur bestimmte Elemente und Attribute gültig sind. Auf diese Weise entstehen spezifische Dialekte für unterschiedliche Anwendungsfälle. XML-Dokumente können mit XML-Schemata validiert, mit XSLT (Extensible Stylesheet Language Transformations) transformiert und mit XPath und XQuery gelesen werden.

Sie können für Ihre API ein eigenes Schema definieren oder auf eines der zahlreichen existierenden zurückgreifen. Denn selbst für den Austausch von Informationen zum Bierbrauen – ja Sie haben richtig gelesen – gibt es das sogenannte BeerXML [BeerXML]. Ein anderes Beispiel ist RSS. Dieses XML-Format dient zur Übertragung von Änderungen an einer Website. Beispielsweise können Interessierte über neue Blogposts informiert werden. Eine Alternative, die sogar von der Internet Engineering Task Force (IETF) standardisiert wurde, ist Atom.

Einen wesentlichen Nachteil hat XML: Es ist im Vergleich zu JSON wortreich und schwer lesbar. JSON wird häufig auch zur Reduzierung des Payloads bevorzugt. Nichtsdestotrotz ist XML ein vielseitig einsetzbarer Medientyp für semistrukturierte Daten mit guter Werkzeugunterstützung.

JSON

JSON (Java Script Object Notation) stammt ursprünglich aus dem Umfeld von JavaScript und hat sich als wichtige Alternative zu XML etabliert. Schemata können mit JSON Schema Core [JSON-Schema] definiert werden. Die Erweiterung JSON Hyper-Schema definiert sogar Schlüsselwörter für JSON-basierte Hypermediadokumente. Der offizielle Medientyp für JSON lautet application/json. Analog zu XML sagt auch dieser Medientyp wenig über die eigentliche Semantik der Daten aus, sodass auch hier spezifischere Formate für APIs benutzt werden sollten.

Was sind die Vor- und Nachteile von JSON insbesondere im Vergleich zu XML? JSON hat im Vergleich zu XML eine einfachere Syntax und einen geringeren Markup-Overhead. Mit JavaScript und anderen dynamischen Sprachen kann es gut verarbeitet werden. JSON bietet standardmäßig jedoch keine Objektreferenzen. Außerdem kann es nicht mit XSLT, XPath und XQuery verarbeitet werden.

Protocol Buffers

Wem XML oder JSON zu langsam ist, sollte sich Protobuf von Google anschauen. Protocol Buffers (kurz Protobuf) umfasst ein sprach- und plattformneutrales Format für strukturierte Daten sowie eine API zur Serialisierung der Daten. Passende Runtimes gibt es für alle gängigen Programmiersprachen (C++, Python, JavaScript, Java etc.). Ein wichtiges Entwurfsziel war Einfachheit und Performance.

Eine Protobuf-Nachricht hat eine definierte Struktur, die zusammengesetzt ist aus Basisdatentypen wie bool, int32, string etc. Einzelne Felder können mit den Modifikatoren required, optional und repeated markiert werden.

Mikroformate

Die bisher genannten Medientypen sind sehr generisch, weswegen die Bedeutung der Inhalte von Dokumenten dieser Medientypen für andere Programme (z.B. Suchmaschinen) unverständlich bleibt. Abhilfe schaffen nur Konventionen für wiederkehrende Konzepte. Konzepte sind beispielsweise Personen, Termine, Bewertungen oder Adressen. Die Bedeutung dieser Konzepte wird durch Mikroformate in X/HTML, XML und Atom/RSS-Feeds deutlich gemacht [Cederholm & Çelik 2005].

Ein Beispiel ist hCard, ein Mikroformat zur Veröffentlichung von Kontaktinformationen für Personen, Unternehmen, Organisationen und Lokationen [Dawson & Howes 1998]. Dieses Microformat wird beispielsweise von Suchmaschinen unterstützt. Das Ziel der Mikroformate ist Datenportabilität, um den Austausch und die Wiederverwendung von Daten durch interoperable Anwendungen zu ermöglichen.

```
<div class="geo">GEO:
    <span class="latitude">36.376012</span>,
    <span class="longitude">-119.072942</span>
</div>
```

Ein anderes Beispiel ist das Mikroformat für geografische Koordinaten mit dem Namen geo [Çelik 2013]. Die Elemente von geo sind an den hCard-Standard angelehnt.

Profiles

Die zuvor angesprochene zusätzliche Semantik kann mithilfe von Profiles bereitgestellt werden. Die vorhandene Semantik der Medientypen darf durch die Profiles nicht verändert, sondern nur ergänzt werden. So könnte beispielsweise gewöhnliches XML oder JSON um applikationsspezifische Datentypen, Semantik, Bedingungen und Konventionen erweitert werden. Auch Mikroformate können mit Profiles beschrieben werden. Zur Angabe von Profiles eignen sich verschiedene Formate:

▪ XMDP (XHTML Meta Data Profiles) ist ein XHTML-basiertes Format zur Definition von Metadatenprofilen. Es kann von Menschen und Maschinen gleichermaßen genutzt werden. Die Bestandteile von hCard werden beispielsweise durch ein XMDP-Profil beschrieben.

    ▨ RDF Schema (Resource Description Framework Schema) stammt aus dem Umfeld des semantischen Web und dient zur Definition einer Ontologie, die ein Vokabular und dessen Verwendungsregeln umfasst. Die Bedeutung von Ressourcen und deren Relationen untereinander können hierdurch formalisiert werden.

    ▨ ALPS (Application-Level Profile Semantics) beschreibt die Datenelemente und Zustandsübergänge einer Problemdomäne. ALPS-Dokumente können sowohl zur Implementierung der Client- als auch der Serverseite dienen. ALPS wurde entwickelt, weil den meisten Entwicklern ein RDF Schema zu kompliziert ist [Richardson & Amundsen 2013]. ALPS-Dokumente können angewendet werden, sofern ein akzeptiertes Mapping zwischen ALPS und dem jeweiligen Medientyp vorliegt.

Profiles können während des Entwurfs und später zur Laufzeit genutzt werden. Es können ein oder mehrere Profiles mit folgenden Techniken referenziert werden [Wilde 2013]:

Link Relation Type   Eine Möglichkeit zur Angabe von Profiles bieten Links mit dem speziellen Relationstyp »profile«.

```
HTTP/1.1 200 OK
Content-Type: application/json
Link: <http://example.com/profiles/myjsonprofile>; rel="profile"
```

Parameter   Ein Link zum Profile-Dokument kann ebenfalls mit einem Parameter als Anhang an den Medientyp angegeben werden. Diese Technik kann im Accept-Header, im Content-Type-Header und im X/HTML-Link-Element benutzt werden.

```
application/xml;profile= http://example.com/profiles/myjsonprofile
```

Hypermediafaktoren

Hypermedia ist eine Variante des Hypertexts mit multimedialen Anteilen. Medientypen dieser Kategorie eignen sich für REST-APIs, weil Clients die bereitgestellten Hypermedia-Steuerelemente nutzen können, um mit einem Server zu interagieren. Im Idealfall ist eine separate Dokumentation für die API nicht notwendig, weil die Ressource selbst alle notwendigen Informationen für den Client bietet.

H-Faktor   Die Hypermedia-Unterstützung eines Medientyps wie HTML kann durch den H-Faktor beschrieben und verglichen werden [Amundsen 2010]. Der Vergleich kann wiederum dabei helfen, einen passenden Medientyp für die Implementierung einer API auszuwählen. Der H-Faktor setzt sich zusammen aus Faktoren für Links und Faktoren für Kontrollstrukturen.

Links können für Clients die Möglichkeit bieten, den Zustand der Anwendung zu verändern, weitere Daten zu laden oder zu anderen Ressourcen zu navigieren. Mit LE-Links kann beispielsweise ein Teil des Bildschirminhalts mit neuen Daten aktualisiert werden. LO-Links können einen Client zu anderen Ressourcen führen. LT-, LN- und LI-Links übertragen Daten zum Server für Lese- und Schreiboperationen.

Unterstützung für Links

Bezeichnung	HTTP-Beispiele	Bedeutung
Embedding links (LE)	HTTP GET	Die eingebetteten Links verweisen auf andere Ressourcen, die bei Bedarf nachgeladen werden können.
Outbound links (LO)	HTTP GET	Navigationslinks führen zu anderen Ressourcen.
Template queries (LT)	HTTP GET	Diese Queries übertragen Daten zum Server und stoßen Leseoperationen an.
Non-idempotent updates (LN)	HTTP POST	Diese Queries übertragen Daten zum Server und stoßen nicht idempotente Schreiboperationen an.
Idempotent updates (LI)	HTTP PUT, DELETE	Diese Queries übertragen Daten zum Server und stoßen idempotent Schreiboperationen an.

Tab. 9–3
Hypermediafaktoren für Links mit Beispielen

Zum H-Faktor gehören ebenfalls Kontrollstrukturen, die zusätzliche Metainformationen für die Links angeben. Die Metainformationen verraten dem Client beispielsweise, welches Protokoll oder welche Methode sie beim Aufruf des Links benutzen können.

Unterstützung für Kontrollstrukturen

Bezeichnung	HTTP	Bedeutung
Read requests (CR)	HTTP Accept-* Header	Für Content Negotiation bei Leseoperationen kann der gewünschte Medientyp oder die gewünschte Sprache angegeben werden.
Update requests (CU)	Content-* Header	Der Client erfährt bei Schreiboperationen den Medientyp der zu übertragenden Daten.
Interface Methods (CM)	HTTP GET, POST, PUT, DELETE	Server gibt Interface-Methode an, sodass Clients wissen, welche HTTP-Methode sie benutzen können.
Links (CL)	Link-Relationen	Diese Kontrollstrukturen auf Basis von Link-Relationen geben den Links eine Bedeutung.

Tab. 9–4
Metainformationen für die Benutzung von Links

JSON unterstützt keine der aufgezählten Links oder Kontrollstrukturen. Auch XML wird nicht zu den Hypermediaformaten gezählt, obwohl es durch XLink ebenfalls Hyperlinks bietet. Stattdessen werden für REST-APIs spezielle Hypermediaformate eingesetzt, die häufig auf XML oder JSON basieren. In den folgenden Abschnitten werden deswegen weitere Medientypen, die sich zur Umsetzung einer REST-API eignen, vorgestellt.

Abb. 9–7
*Die grafische Darstellung
der H-Faktoren für die
Medientypen X/HTML,
HAL, Siren, Atom,
Collection+JSON und
UBER zeigt, dass selbst
Hypermediaformate
häufig nur einen Teil der
beschriebenen Links und
Kontrollstrukturen
unterstützen.*

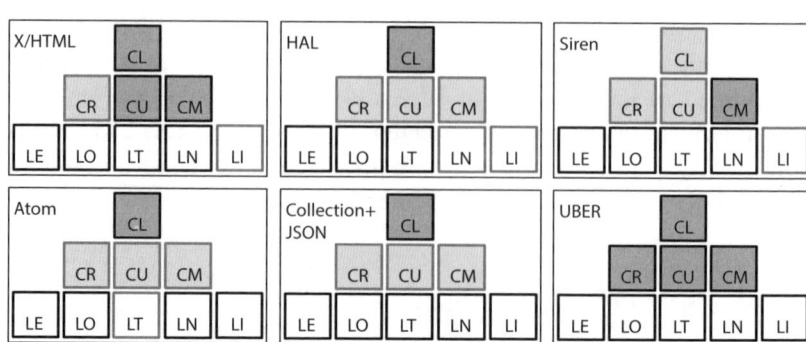

X/HTML

Der wohl bekannteste Vertreter der Hypermediaformate ist HTML, denn die HTML-Dokumente bilden im World Wide Web ein weltumspannendes Netz aus Dokumenten. Allein aufgrund dieser Verbreitung sollte HTML stets als Repräsentationsformat für APIs in Betracht gezogen werden.

```
<html>
  <body>
    <img src="..."/>
    <a rel="about" href="...">About</a>
    <form action="..." method="post" enctype="multipart/form-data">
      First name: <input type="text" name="firstname"><br>
      Last name: <input type="text" name="lastname"><br>
      <input type="submit" value="Submit">
    </form>
  </body>
</html>
```

Das HTML-Snippet zeigt verschiedene Hypermedia-Steuerelemente. Das HTML-Tag <img/> ist ein Embedding Link, der laut dem HTML-Standard mit HTTP GET genutzt wird. Mit der gleichen HTTP-Methode wird ebenfalls der Outbound Link <a/> aufgerufen. Das Form-Element <form/> kann entweder mit HTTP GET für Templated Queries oder mit HTTP POST für nicht idempotente Updates genutzt werden. Das Form-Element im HTML-Snippet hat das Attribut enctype. Es spezifiziert, wie die Form-Daten für die Übertragung zum Server codiert werden. Laut H-Faktor handelt es sich hierbei um Steuerungsdaten für Update Requests. Ein Webbrowser weiß, wie diese Steuerungsdaten zu nutzen sind, und erzeugt entsprechende Content-Header. Das Form-Element gibt mit dem Attribut method an, ob HTTP POST oder HTTP GET verwendet werden soll. Dies sind Steuerungsdaten für Interface Methods. Schließlich sei noch auf die Angabe der Link-Relation im <a/>-Element hingewiesen.

HTML ist ein fast komplettes Hypermediaformat: Nur die Kontrollstrukturen für Leseoperationen (CR) und die Links für idempotente Updates (LI) werden von HTML nicht unterstützt.

HAL

HTML wurde primär für menschenlesbare Dokumente entworfen und enthält inzwischen einigen historischen Ballast. Im Gegensatz dazu gibt es schlankere Hypermediaformate wie HAL (Hypertext Application Language), die speziell für REST-konforme Web-APIs entworfen wurden [Kelly 2013]. HAL übernimmt den aus HTML bekannten Hyperlink und ist ansonsten sehr minimalistisch ausgestattet. HAL kann sowohl mit XML als auch mit JSON genutzt werden. Der Medientyp lautet application/hal+xml bzw. application/hal+json. HAL-Dokumente bestehen im Wesentlichen aus drei Bereichen:

- Es gibt eine für Hypermedia typische Liste mit Links.
- Der Zustand der Ressource wird in einem anderen Bereich mit gewöhnlichem XML bzw. JSON angegeben.
- Optional können HAL-Dokumente eingebettete Ressourcen enthalten, die ihrerseits aus Links und Ressourcenrepräsentationen bestehen.

Das folgende Beispiel zeigt das HAL-Dokument für ein Produkt. Die Liste der Links beginnt mit einem »self«-Link, den typischerweise jede Ressource haben sollte. Genau genommen handelt es sich nicht um eine Liste, sondern um eine Map, und das Wort »self« dient als Schlüssel in dieser Map. Gleichzeitig wird über diesen Schlüssel der Relationstyp zum Ausdruck gebracht. Auf diese Weise erhält jeder Link eine Bedeutung. Die Bedeutung der Standardrelationstypen »self«, »next« und »previous« ist in RFC 5988 [Nottingham 2010] definiert.

```
{
  "_links": {
    "self": { "href": "/products/42" },
    "curies": [
      {
        "name": "doc",
        "href": "https://api.example.com/docs/rels/{rel}",
        "templated": true
      }
    ],
    "doc:reviews": { "href": "/products/42/reviews" },
    "previous": { "href": "/products/41" },
    "next": { "href": "/products/43" }
  },
```

```
"sku": 42,
"name": "Monitor",
"_embedded": {
  "pictures": [
    {
      "_links": {
        "self": { "href": "http://api.example/pictures/pic01" }
      },
      "id": "pic01"
    },
    {
      "_links": {
        "self": { "href": "http://api.example/pictures/pic02" }
      },
      "id": "pic02"
    }
  ]
}
}
```

Das HAL-Beispiel verwendet eine CURIE (Compact URI), einen Datentyp, der bisher noch nicht vorgestellt wurde. Diese verkürzte Schreibweise für URIs nutzt HAL zur Angabe der API-Dokumentation. Die CURIE im Beispiel lautet »doc« und basiert auf einem Template. Der Platzhalter im Template ist der Name des Relationstyps. Den Link zur Dokumentation eines Relationstyps erhält man, indem man den Platzhalter durch den Namen des Relationstyps ersetzt. Möchte beispielsweise ein Client die Dokumentation des Relationstyps »reviews« aufrufen, dann erhält er entsprechend dem Template die URI https://api.example.com/docs/rels/reviews.

Das JSON-Snippet zeigt außerdem den eigentlichen Zustand der Ressource, bestehend aus verschiedenen Properties und einer Liste eingebetteter Ressourcen. Mithilfe der eingebetteten Ressourcen, können Collection-Ressourcen abgebildet werden.

Siren

Ein weiteres generisches Hypermediaformat ist Siren. Es basiert auf JSON und wird von Kevin Swiber als Hypermediaspezifikation zur Repräsentation von Entitäten beschrieben [Swiber 2015]. Der registrierte Medientyp lautet application/vnd.siren+json. Die Navigation erfolgt durch GET-Links. Zustandsänderungen werden durch Aktionen, die mit HTTP GET, POST, PUT oder DELETE aufgerufen werden, beschrieben. Eine Entität ist gekennzeichnet durch eine Klasse, hat eine Menge von Properties, Links und sogar Subentitäten.

Das folgende Snippet zeigt ein beispielhaftes Siren-Dokument. Es ist eine Repräsentation eines Produktes. Die Bewertungen (reviews) sind als verlinkte Subentität angegeben. Das Beispiel hat eine Aktion, mit der durch HTTP POST eine neue Bewertung für das Produkt hinzugefügt werden kann.

```
{
  "class": [ "product" ],
  "properties": {
    "sku": 42,
    "name": "Monitor",
  },
  "entities": [
    {
      "class": [ "reviews", "collection" ],
      "rel": [ "http://api.example/rels/product-reviews" ],
      "href": "http://api.example/products/42/reviews"
    }
  ],
  "actions": [
    {
      "name": "add-review",
      "title": "Add Review",
      "method": "POST",
      "href": "http://api.example/products/42/reviews",
      "type": "application/x-www-form-urlencoded",
      "fields": [
        { "name": "productId", "type": "hidden", "value": "42" },
        { "name": "comment", "type": "text" },
        { "name": "rating", "type": "number" }
      ]
    }
  ],
  "links": [
    { "rel": [ "self" ], "href": "http://api.example/products/42" },
    { "rel": [ "previous" ], "href":
      "http://api.example/products/41" },
    { "rel": [ "next" ], "href": "http://api.example/products/43" }
  ]
}
```

Atom und AtomPub

Das Atom Syndication Format ist ein XML-basierter Medientyp für Feeds und gilt als Nachfolger von RSS [Nottingham & Sayre 2005]. Ein Feed entspricht einer Liste von Inhalten, die von Webautoren produziert werden. Die Inhalte stammen beispielsweise aus einem Blog oder aus einer Onlinezeitung. Das Atom-Format wird vom Atom Publishing Protocol (AtomPub), einem REST-konformen und HTTP-basierten Applikationsprotokoll, genutzt [Gregorio & de hOra 2007]. Protokoll und Format bilden zusammen den Atom-Standard, der nicht auf die Verwaltung und Veröffentlichung von Bloginhalten beschränkt ist, sondern für beliebige Webressourcen verwendet werden kann.

AtomPub-Services sind einheitlich hierarchisch aufgebaut: Ein Service besteht aus einer Menge von Workspaces und ein Workspace ist wiederum eine Menge von Collections (Feeds), bestehend aus Entries. Ein Entry kann mit HTTP-Methoden erzeugt, verändert und gelöscht werden. Ein AtomPub-Service könnte so aussehen:

```
GET / HTTP/1.1
Host: api.example.com
```

Ein Aufruf der Discovery-Ressource liefert ein Servicedokument mit den vorhandenen Collections. In diesem Beispiel gibt es nur eine Collection für Produkte.

```
HTTP/1.1 200 OK
Content-Type: application/atomsvc+xml

<?xml version="1.0" encoding="utf-8"?>
<service xmlns="http://www.w3.org/2007/app"
              xmlns:atom="http://www.w3.org/2005/Atom"
              xml:base="http://api.example.com">
  <workspace>
    <atom:title>Atom Example</atom:title>
    <collection href="products">
      <atom:title>Products</atom:title>
      <accept>application/atom+xml;type=entry</accept>
      <categories href="cat/products"/>
    </collection>
  </workspace>
</service>
```

Theoretisch wäre es möglich, das XML-Vokabular mit einem anwendungsspezifischen Namensraum wie »base« zu erweitern, doch zusätzliche Informationen werden in diesem Beispiel nicht benötigt. Ausgehend von dieser Ressource kann der Link zur Collection products genutzt werden:

```
GET /products HTTP/1.1
Host: api.example.com
```

Das Ergebnis des Aufrufs ist ein Feed für die Produkte. Sowohl der Feed als auch dessen Entries können Links anbieten. In diesem Beispiel gibt es einen Link auf die Produktkommentare.

```
HTTP/1.1 200 OK
Content-Type: application/atom+xml

<?xml version="1.0" encoding="utf-8"?>
<feed xmlns="http://www.w3.org/2005/Atom"
      xmlns:app="http://www.w3.org/2007/app"
      xml:base="http://api.example.com">
  <title>Products</title>
  <updated>2016-07-04T12:08:56Z</updated>
  <id>urn:uuid:60a76c80-d399-11d9-b93C</id>
  <app:collection href="products">
    <title>Products</title>
    <app:accept>application/atom+xml;type=entry</app:accept>
    <app:categories href="cat/products"/>
    <entry>
      <title>Monitor</title>
      ...
      <link rel="http://api.example.com/comments"
            href="products/1234/ comments"/>
    </entry>
    ...
  </app:collection>
</feed>
```

Atom/AtomPub bildet eine vorbildliche REST-API, die Hypermedia geschickt zur Verwaltung beliebiger Collections nutzt. Versuchen Sie gegebenenfalls Atom/AtomPub wiederzuverwenden, anstatt ein eigenes REST-konformes Protokoll samt Datenformat zu entwerfen. Die Verwaltung von Collections ist häufig beschränkt auf eine Menge wiederkehrender Interaktionsmuster. Ein anderes Format, das die Verwaltung von Collections vereinheitlicht, ist Collection+JSON.

Collection+JSON

Wie der Name verrät, basiert dieser Medientyp auf JSON, erlaubt aber keine beliebigen Strukturen. Stattdessen müssen alle Dokumente eine vorgegebene Struktur einhalten. Die zusätzlichen Bedingungen bieten die notwendige Semantik, um das Lesen, Schreiben und Suchen von Elementen einer Collection zu vereinheitlichen. Collection+JSON ist eine Alternative für das Atom Syndication Format und das Atom Publishing Protocol in einem einzigen Medientyp [Amundsen 2013].

```
{
  "collection": {
    "version": "1.0",
    "href": "http://api.example.com/products",
    "links": [
      {
        "rel": "self", "href": "http://example.org/products"
      }
    ],
    "items": [ ... ],
    "queries": [ ... ],
    "template": { ... }
  }
}
```

Die minimale Repräsentation einer Collection umfasst die Felder version und href. Die angegebene Version bezieht sich nicht auf die Version der Ressource, sondern auf die Version des Medientyps. Diese Information gehört jedoch besser in einen Header:

```
Content-Type: application/vnd.collection+json;version=1.0
```

Die URI im Feld href identifiziert die mit dem Dokument repräsentierte Ressource. Diese URI könnte auch mit einem Self-Link angegeben werden.

```
queries: [
  {
    "href": "http://api.example.com",
    "rel": "search",
    "prompt": "Enter search string",
    "data": [
      { name: "search", value: "" }
    ]
  }
]
```

Zusätzlich zu den Links können Queries angegeben werden. Der einzige Unterschied zwischen einem Link und einer Query sind die Datenfelder. Die Datenfelder werden als Query String an die URL angehängt. Links und Queries werden stets mit HTTP GET ausgeführt.

```
{
  "template": {
    "data": [
      {"name": "display_name", value: "Monitor"},
      {"name": "id", value: "42"},
    ]
  }
}
```

Zur Aktualisierung der Ressource werden die Datenfelder des Templates mit HTTP PUT oder POST an href gesendet. Mit einem DELETE-Request auf href wird die identifizierte Ressource gelöscht.

UBER

UBER (Uniform Basis for Exchanging Representations) [Amundsen & Nadareishvili 2015] ist ein Hypermediaformat, das in einer XML- und in einer JSON-Variante angeboten wird. Es unterstützt alle H-Faktoren und ist kompatibel zu Protokollen wie HTTP und CoAP (Constrained Application Protocol). Jedes UBER-Dokument beginnt auf oberster Ebene mit einem UBER-Objekt, in dem sich Data- und Error-Objekte befinden. Komplexere Modelle können durch Schachtelung weiterer Data-Objekte gebildet werden. Typischerweise hat ein Data-Objekt eine URL, die das Objekt identifiziert, und ein Array mit dem Namen »rel« zur Angabe von Relationstypen. Die Relationstypen geben dem Data-Objekt eine Bedeutung, sodass man zum Beispiel zwischen Collections, Items und Links unterscheiden kann.

```
HTTP/1.1 200 OK
Content-Type: application/vnd.uber+json

{
  "uber": {
    "version": "1.0",
    "data": [
      {
        "rel": [ "self" ], "url": "http://api.example.com/"
      },
      {
        "rel": [ "profile" ],
        "url": "http://api.example.com/profiles/product"
      },
      {
        "id": "products",
        "rel": [ "collection",
                 "http://api.example.com/rels/products" ],
        "url": "http://api.example.com/products/",
        "data": [
          {
            "name": "create",
            "rel": [ "http://api.example.org/rels/create" ],
            "url": "http://api.example.com/products/",
            "model": "i={id}&n={name}"
            "action": "append"
          },
```

```
{
  "name": "search",
  "rel": [ "search", "collection" ],
  "url":
  "http://api.example.com/products/search{?id,name}",
  "templated": "true"
},
{
  "name": "product",
  "rel": ["item", "http://api.example.com/rels/product" ],
  "url": "http://api.example.com/products/42",
  "data": [
    {
      "name": "id",
      "value": "42",
      "label": "ID"
    },
    ...
  ]
},
{
  "name": "product",
  ...
```

Das UBER-Beispiel in der Sprachversion 1.0 beginnt mit einem Data-Objekt, desses Bedeutung durch den Relationstyp »self« definiert ist. Es handelt sich hierbei um einen Link, der die gesamte Ressource identifiziert. Als Nächstes folgt ein Data-Objekt zur Angabe des Profiles. Das dritte Data-Objekt ist eine Collection, denn es hat den Relationstyp »collection«. Die Bedeutung der Collection wird durch den anwendungsspezifischen Relationstyp definiert. Innerhalb der Collection gibt es ein weiteres Data-Array, das einen Link zur Suche, eine Aktion zur Produkterzeugung und den eigentlichen Inhalt der Collection enthält. Falls das Feld »templated« auf »true« gesetzt ist, sollte die URL des Data-Objektes als ein URI-Template behandelt werden. UBER definiert Aktionen wie »append«, »read« und »remove«, die auf jeweils eine Methode eines Übertragungsprotokolls abgebildet werden. Die sichere und idempotente Aktion »read« kann beispielsweise mit HTTP GET genutzt werden.

9.4   Fehlerbehandlung

Die Behandlung von Fehlern ist ein wiederkehrendes Thema beim API-Design. Hilfreiche Fehler- und Statusmeldungen sind unverzichtbar für eine verständliche API, denn aus Sicht eines Benutzers erscheint diese als Blackbox. Fehlermeldungen können Aufschluss darüber geben, wie die API verwendet werden sollte. Rückmeldungen wie »ein interner Fehler ist aufgetreten« oder ein einfaches »true« bei Erfolg einer Operation sind nicht aussagekräftig genug, um eine API leicht benutzen zu können. Das war auch den Designern von HTTP klar und so definierten sie eine Vielzahl an HTTP-Statuscodes. Mit diesen kann relativ differenziert der Client über das Ergebnis der vorhergehenden Anfrage informiert werden. Die einheitlichen Rückmeldungen über den Status bzw. das Ergebnis der vom Client angestoßenen Operation können die Verwendung einer API ungemein vereinfachen. Beim Entwurf einer API lohnt sich deswegen ein Blick in die Spezifikation [Fielding et al. 1999], um den jeweils passenden Statuscode auszuwählen. Das »Tunneln« von Fehlern mit Statuscode 200 ist nicht empfehlenswert. Stattdessen sollten passende HTTP-Statuscodes verwendet werden. Die meisten Web-APIs benötigen nicht mehr als 10 unterschiedliche Statuscodes. Weitere Detailinformationen können im Antwortrumpf mit textuellen Erklärungen angegeben werden. Auch Fehlercodes mit einem Link in die Dokumentation sind sinnvoll.

Standardisierte HTTP-Statuscodes

Die mehr als 70 Statuscodes sind in verschiedene Bereiche eingeteilt:

- 1xx dient Informationszwecken und signalisiert, dass die Bearbeitung der Anfrage noch nicht abgeschlossen wurde.
- 2xx wird für erfolgreich bearbeitete Anfragen verwendet. Entsprechend können die Antworten vom Client verwendet werden.
- 3xx zeigt Umleitungen an. Weitere Schritte des Clients sind notwendig, um die Bearbeitung erfolgreich abzuschließen.
- 4xx wird für clientseitige Fehler verwendet.
- 5xx wird für Fehler verwendet, die bei der Bearbeitung von Anfragen auf dem Server auftreten.

Nach diesem Überblick folgt eine Auswahl konkreter Statuscodes mit Erklärungen:

Tab. 9–5

Auswahl der HTTP-Statuscodes für Fehler- und Statusmeldungen

Statuscode	Nachricht	Bedeutung (Beispiele)
200	»OK«	Der wohl bekannteste Statuscode wird für erfolgreiche Anfragen benutzt. Die Antwort des Servers enthält weitere Informationen für den Client. Dieser Statuscode kann für unterschiedliche HTTP-Methoden verwendet werden. Beispielsweise für GET-Aufrufe, wenn eine entsprechende Entität erfolgreich übertragen wurde. Auch für erfolgreiche POST-Aufrufe eignet sich Statuscode 200. In diesem Fall beschreibt oder enthält die übertragene Entität das Ergebnis.
201	»Created«	Die Anfrage war erfolgreich und das Ergebnis ist eine neu erzeugte Ressource. Im Location-Header wird die URI der neuen Ressource angegeben. Der Server muss die Ressource erst erzeugen, bevor er mit 201 antworten darf, ansonsten kann er mit 202 »Accepted« antworten. Der Statuscode 201 kann beispielsweise für POST-Aufrufe verwendet werden, wenn dabei eine neue Ressource entsteht. Die Serverantwort enthält eine Repräsentation sowie eine URI.
202	»Accepted«	Der Server hat die Anfrage akzeptiert, aber noch nicht vollständig abgeschlossen. Die Antwort sollte weitere Hinweise enthalten, wie der Client das endgültige Ergebnis erfahren kann.
204	»No Content«	Die Operation war erfolgreich, aber der Server liefert nur Metadaten. Geeignet ist dieser Statuscode auch für PUT-Aufrufe, deren Antwort keine Entität enthält. Für DELETE-Aufrufe sind Statuscode 410 oder 404 besser geeignet.
206	»Partial Content«	Der Server liefert keine vollständige Repräsentation der Entität. Dies ist beispielsweise bei GET-Operationen der Fall, wenn mit einem Range-Header nur ein Teil der Entität abgerufen wird.
301	»Moved Permanently«	Die angeforderte Ressource hat dauerhaft eine neue URI, die im Location-Header angegeben ist. Clients werden hierdurch aufgefordert, ihre Links und Bookmarks entsprechend anzupassen. Dieser Statuscode ist ein mögliches Ergebnis beim Zugriff auf eine Ressource mit GET, falls sich die URI der Ressource geändert hat. Ein möglicher Grund könnte beispielsweise das Übertragen der Applikation auf eine neue Domain sein. Den existierenden Clients soll so ein nahtloser Übergang ermöglicht werden.
304	»Not Modified«	Der Server liefert diesen Code als Antwort auf ein bedingtes GET mit If-Modified-Since-Header, falls sich die Ressource nicht im angegebenen Zeitraum geändert hat.

→

Statuscode	Nachricht	Bedeutung (Beispiele)
400	»Bad Request«	Der Server konnte die Anfrage wegen falscher Syntax nicht verarbeiten. Ein Grund könnte ein Problem beim Parsen von JSON- oder XML-Daten sein. Die Serverantwort sollte dem Client weitere Detailinformationen über Ursache des Fehlers bieten. Falls die Anfrage wohlgeformt, aber inhaltlich falsch ist, empfiehlt sich die Verwendung von Statuscode 422 »Unprocessable Entity«[a]. Denken Sie beispielsweise an die Vergabe eines neuen Passworts. Falls das Passwort nicht die Sicherheitsbedingungen erfüllt, kann der Server die Anfrage mit 422 abweisen.
401	»Unauthorized«	Die Anfrage erfordert Authentifizierungsinformationen. Folglich weiß der Client, dass er einen angemeldeten Benutzer für die Operation benötigt.
403	»Forbidden«	Der Server verstand die Anfrage, verweigert jedoch deren Ausführung. Auch Authentifizierungsinformationen werden nicht helfen, denn entsprechende Berechtigungen fehlen.
404	»Not Found«	Der Server kennt keine Ressource unter der angegebenen URI. Nutzen Sie diesen Fehlercode nicht für DELETE. Unterscheiden Sie zwischen leeren Ressourcen und nicht existierenden Ressourcen: Eine Suche kann beispielsweise keine Treffer haben.
410	»Gone«	Eine Ressource hat unter der angegebenen URI existiert, ist jetzt aber nicht mehr verfügbar. Der Fehlercode kann beispielsweise für einen API-Endpunkt verwendet werden, der abgeschaltet wird, weil eine neuere API-Version unterstützt wird.
415	»Unsupported Media Type«	Dieser Code ist geeignet für Fälle, in denen der Client ein nicht unterstütztes Format verwendet. Beispielsweise versucht ein Client ein Bild mit image/svg+xml hochzuladen, aber der Server kann mit diesem Format nicht umgehen.
500	»Internal Server Error«	Dieser sehr allgemeine Fehlercode weist auf einen nicht näher spezifizierten Fehler auf dem Server hin. Der Client bekommt keinerlei Informationen über Art und Ursache des Fehlers. Daher sollten Sie den Antwortrumpf für weitere Details nutzen[b].
501	»Not Implemented«	Der Server unterstützt nicht die vom Client angeforderte Funktion. Verwenden Sie diesen Fehlercode beispielsweise für nicht implementierte HTTP-Methoden. Beispielsweise könnte ein Client OPTIONS nutzen wollen, doch der Server unterstützt dies nicht.
502	»Bad Gateway«	Ein Gateway- oder Proxy-Server kann die Anfragen des Clients nicht beantworten, weil er vom nachgelagerten Server keine gültige Antwort erhält.

→

Statuscode	Nachricht	Bedeutung (Beispiele)
503	»Service Unavailable«	Der Server ist im Moment nicht in der Lage, die Anfrage zu bearbeiten. Gründe könnten ein Servercrash, Wartungsarbeiten oder Überlast sein. Das Problem ist häufig nur temporär.
504	»Gateway Timeout«	Der nachgelagerte Server antwortet dem Gateway- oder Proxy-Server nicht rechtzeitig.
550	»Permission Denied«	Der aktuelle angemeldete Benutzer hat nicht die Berechtigung, die angeforderte Operation auszuführen. Hierzu kann beispielsweise das Löschen von Ressourcen zählen.

a. Statuscode 422 Unprocessable Entity gehört zu WebDAV, einer Erweiterung des Hypertext Transfer Protocol.

b. Bei einem Internal Server Error von YouTube steht beispielsweise im Antwortrumpf: »Sorry, something went wrong. A team of highly trained monkeys has been dispatched to deal with this situation.« Die eigentliche Fehlermeldung ist verschlüsselt. Generell sollte man keinen Stacktrace aus Sicherheitsgründen herausgeben.

I'm a teapot Wenn Sie sich die Zeit nehmen und einmal die lange Liste der HTTP-Statuscodes durchschauen, werden Sie im Bereich der Clientfehler auf den Code 418 »I'm a teapot« stoßen. Dieser Aprilscherz der Internet Engineering Task Force bezieht sich auf das Hyper Text Coffee Pot Control Protocol. Ja, Sie haben richtig gelesen! Dieses Protokoll zum Kaffeekochen nutzt den genannten Code, um Clients mitzuteilen, dass sie fälschlicherweise eine Teekanne anstatt einer Kaffeekanne verwendet haben.

Dieser scherzhafte Statuscode ist auch eine gute Überleitung zu weiteren proprietären Fehlercodes. Diese können für fachliche Statusmeldungen, die passend für bestimmte Applikationen definiert sind, genutzt werden.

Proprietäre Fehlercodes

In der Praxis findet man immer wieder Web-APIs, die auch im Fehlerfall den Statuscode 200 »OK« verwenden. Typischerweise werden die eigentlichen Fehler in diesem Fall durch Nummern im Antwortrumpf kommuniziert. Das »Tunneln« von Fehlern mit Statuscode 200 ist ein Antipattern, das man vermeiden sollte. Clients dieser APIs werden nicht erfreut sein, wenn sie das Vorhandensein von Fehlern durch Parsen des Antwortrumpfes überprüfen müssen. Ein anderer Nachteil der proprietären Fehlercodes ist, dass ihre Bedeutung nicht sofort erkennbar ist. Meist führt eine Internetsuche zur Onlinedokumentation der Web-API, wo die Fehlercodes aufgelistet und beschrieben sind. Zum Beispiel definiert die Facebook Graph API [Facebook Graph API] eine

Liste ihrer Fehlercodes. Von diesen hat jeder eine eindeutige Nummer, einen kurzen prägnanten Namen sowie einen Hinweis, wie mit dem Fehler umgegangen werden kann. Eine Liste mit HTTP-Statuscodes findet man in der Dokumentation nicht.

Wenn hingegen die Twitter-API [Twitter API] eine Fehlermeldung zurückgibt, nutzt sie das vom Client angegebene Format. Für JSON könnte die Fehlermeldung so aussehen:

```
{"errors":[{"message":"Sorry, that page does not
exist","code":34}]}
```

Der Fehlercode 34 wird zurückgegeben, wenn die angeforderte Seite nicht existiert. Dieser proprietäre Fehlercode korrespondiert mit dem HTTP-Statuscode 404. Die Twitter-API zeigt, dass allgemeine HTTP-Statuscodes mit proprietären Codes sinnvoll kombiniert werden können.

Auch die Twilio-API [Twilio API] kombiniert geschickt allgemeine HTTP-Statuscodes mit proprietären Fehlercodes. Hervorzuheben ist die Verlinkung mit der Dokumentation. Im JSON-Format sieht eine Fehlermeldung folgendermaßen aus:

```
{
    "status": 400,
    "message": "No to number is specified",
    "code": 21201,
    "more_info": http://www.twilio.com/docs/errors/21201
}
```

Twilio kommuniziert Ausnahmen im HTTP-Antwortrumpf. Dazu verwendet es entweder XML oder JSON. Im obigen Beispiel wurde eine invalide POST-Anfrage gemeldet, weil der Parameter »To« fehlt. Weitere Informationen zum Fehlercode liefert der Link zur Dokumentationsressource. Dieser Ansatz ist ganz im Sinne einer sich selbst beschreibenden API.

Die API von GitHub [GitHub API] nutzt den HTTP-Nachrichtenrumpf, um Erklärungen prompt mitzuliefern. Hierbei bedient sie sich sprechender Fehlercodes wie beispielsweise »missing_field«.

```
HTTP/1.1 422 Unprocessable Entity
Content-Length: 149
{
    "message": "Validation Failed",
    "errors": [
        {
            "resource": "Issue",
            "field": "title",
            "code": "missing_field"
        }
    ]
}
```

Dies sind gute Beispiele für die Kombination der standardisierten HTTP-Statuscodes mit anwendungsspezifischen Fehlercodes zur Beschreibung weiterer Details. Sie müssen jedoch kein eigenes Format erfinden, um Problemdetails in HTTP-Responses zu übertragen, denn inzwischen gibt es auch dafür einen Standard. In RFC 7807 [Nottingham & Wilde 2016] wird der Medientyp application/problem+json definiert, mit dem u.a. Typ, Titel und Details eines Fehlers angegeben werden können.

9.5   Versionierung

Die Umsetzung neuer Anforderungen und Fehlerkorrekturen ändern das extern sichtbare Verhalten von APIs. Änderungen dieser Art sind unvermeidbar und können negative Auswirkungen auf bestehende Clients haben, deshalb sollte eine API von Anfang an versioniert werden. Die Versionierung von Web-APIs ist aber ein kontrovers diskutiertes Thema. Aus diesem Grund widmet sich dieser Abschnitt verschiedenen Versionierungstechniken und wichtigen Grundlagen.

Daten- und Sprachversionierung

Grundsätzlich besteht zwischen Daten- und Sprachversionierung ein riesiger Unterschied, der gleich am Anfang erklärt werden sollte:

Datenversionierung
■ Eine Ressource kann zu unterschiedlichen Zeitpunkten unterschiedliche Zustände haben. Egal wie häufig die Werte geändert werden, die Bedeutung der Ressource bleibt gleich. Falls in einer neuen Softwareversion die Bedeutung geändert wird, kann das alten Konsumenten schaden, die die alte Bedeutung voraussetzen.

Sprachversionierung
■ Bei einer Spracherweiterung oder neuen Sprachversion bleibt der Zustand der Ressource unverändert, aber die Repräsentation ändert sich.

Änderungen der Sprache können problematisch für bestehende Konsumenten sein. Deswegen sollten Spracherweiterungen möglichst vorwärts- und abwärtskompatibel sein. Ein Versionsindikator zum Anzeigen inkompatibler Sprachänderungen sollte nur als letzter Ausweg genutzt werden. Falls eine inkompatible Sprachänderung aber unausweichlich ist, darf der Versionsindikator nicht fehlen. Man stelle sich vor, Twitter würde ohne Versionierung inkompatible Änderungen an seiner API umsetzen. Das Ergebnis wären unzählige unbrauchbare Clientapplikationen und verärgerte Benutzer in Millionenhöhe. Das gesamte Twitter-Ökosystem, bestehend aus einer Vielzahl an Diensten und Applikationen, die auf der Twitter-API aufbauen, könnte ausfallen und müsste angepasst werden. Inkompatible API-Änderungen sind beispielsweise:

- Entfernen eines Feldes einer Ressource
- Verschieben eines Feldes einer Ressource
- Umbenennen eines Feldes einer Ressource
- Ändern der URI-Struktur (falls kein Hypermedia eingesetzt wird)

Doch nicht jede Änderung ist zwangsläufig inkompatibel. Das Hinzufügen einer neuen Ressource oder einer zusätzlichen HTTP-Methode hat keine Auswirkungen auf bestehende Clients, denn die Unterstützung für DELETE hat nichts mit der Fähigkeit älterer Clients zu tun, eine Ressource mit GET zu nutzen.

Kompatibilität und Perspektive

Wie in Abschnitt 7.2 bereits beschrieben ist, können geänderte APIs bzw. geänderte Sprachen abwärts- und vorwärtskompatibel sein. Ein USB-3.0-Port ist beispielsweise abwärtskompatibel, weil er ebenfalls von USB-2.0-Sticks genutzt werden kann. Umgekehrt kann man über den USB-2.0-Stick sagen, dass er zum USB-3.0-Port vorwärtskompatibel ist. Folglich muss man Abwärts- und Vorwärtskompatibilität aus unterschiedlichen Perspektiven betrachten.

Kompatiblität	Konsument	Produzent
Abwärts	Versions-ID beachten, Features prüfen	Replacement, Side-by-side
Vorwärts	Unbekannte Datenelemente akzeptieren und beibehalten	Spezifikation der Medientypen definiert erweiterbare Bereiche
Inkompatibel	Versions-ID beachten	Replacement, Side-by-side

Tab. 9–6
Abwärts- und Vorwärtskompatibilität durch unterschiedliche Perspektiven

- Ein abwärtskompatibler Konsument ist beispielsweise eine neue mobile Applikation, die eine Nachricht eines älteren Webservers verarbeiten kann. Die mobile Applikation könnte den Versionsidentifikator bei der Verarbeitung der Nachricht beachten. Die Angabe des Versionsidentifikators wird etwas später noch genau erläutert. Viel besser wäre es jedoch, wenn der Konsument einzelne Features prüft.

Abwärtskompatibler Konsument

- Von einem abwärtskompatiblen Produzenten spricht man, wenn beispielsweise ein neuer Webserver die Requests älterer Clients verarbeiten kann. Typischerweise nutzt der Webserver Replacement oder Side-by-side. Replacement bedeutet, dass der ältere Server durch einen neueren Server, der beide Sprachversionen unterstützt, ersetzt wird. Dieser Ansatz ist vor allem dann sinnvoll, falls die neue

Abwärtskompatibler Produzent

Sprache eine Obermenge der alten ist. Der neue Server könnte dann die neuen optionalen Sprachelemente unterstützen. Der andere Ansatz heißt Side-by-side und bedeutet, dass neuer und alter Server nebeneinander deployt werden. Zur Zuordnung der Requests könnten unterschiedliche Medientypen oder unterschiedliche URIs verwendet werden. Hinter den Kulissen könnte auch ein Proxy oder ein Gateway als Dispatcher dienen. Wenn eine neue Sprachversion angeboten wird, sollten Benutzer darüber informiert werden.

Vorwärtskompatibler Konsument

Beispielsweise ist eine ältere mobile Anwendung ein vorwärtskompatibler Konsument, falls sie die Nachrichten eines neueren Webservers verarbeiten kann. Viele Erweiterungen können in der Tat ohne Anpassung der Konsumenten gemacht werden, falls die Konsumenten die neu hinzugefügten Elemente ignorieren können. Ein XML-Format für Personendaten könnte beispielsweise optionale Elemente zur Angabe eines Zweitwohnsitzes erhalten. Ältere Clients, die dieses Feature nicht kennen, müssen diese Elemente ignorieren können. Wenn bei einem dokumentenzentrierten Ansatz die Personendaten mehrfach zwischen Client und Server ausgetauscht werden, darf der Client keine Elemente entfernen, nur weil er sie nicht versteht. Ein vorwärtskompatibler Client muss deswegen unbekannte Elemente nicht nur ignorieren, sondern auch bewahren.

Vorwärtskompatibler Produzent

Ein vorwärtskompatibler Produzent ist beispielsweise ein Server, der die Requests neuerer Clients verarbeiten kann. In der Spezifikation des Medientyps, die der Server implementiert, muss vorab definiert worden sein, wie sich der Server bei unbekannten Elementen verhalten soll. Typischerweise enthält der Medientyp spezielle Erweiterungsbereiche für diesen Zweck.

Inkompatibler Konsument

Der Konsument könnte die Versions-ID der Nachricht prüfen, um zu erkennen, ob er diese korrekt verarbeiten kann. Falls beispielsweise für die neuen Sprachelemente das ursprüngliche XML-Schema geändert werden muss, können die Nachrichten nicht mehr von älteren Clients validiert werden. Falls der Code zum Zugriff auf die XML-Daten mit Werkzeugen generiert wurde, bricht die Bindung zwischen XML und Code häufig schon beim Hinzufügen eines einzelnen Elements oder Attributs auseinander. Vermeiden können Sie dieses Problem durch Nutzung der XML-APIs der jeweiligen Programmiersprache oder mit klassischen XML-Technologien wie XPath und XQuery. In der JSON-Welt sind diese Probleme eher unüblich.

Inkompatibler Produzent

Der neue inkompatible Produzent wird entweder als Replacement in Betrieb genommen, sodass die vorherige Sprachversion fortan nicht mehr unterstützt wird, oder er wird parallel zum alten Server deployt.

Inkompatibilitätsprobleme können durch die Umsetzung des Postel'schen Gesetzes verringert werden. Dieses Robustheitsprinzip besagt, dass man tolerant bei der Annahme von Nachrichten und konservativ beim Versenden von Nachrichten sein sollte. Jonathan Postel formulierte dieses Prinzip im RFC 761. Dabei bezog er sich auf die Implementierung von Internetstandards, die sich so genau wie möglich an die bestehenden Standards halten sollen, ohne dies von anderen Beteiligten zu erwarten.

Postel'sches Gesetz

9.5.1 Versionsidentifikation

Die Version einer API kann auf unterschiedliche Weise angegeben werden. Die bekanntesten Techniken nutzen:

- Query-Parameter
- Applikationsspezifischer Header
- Accept-Header
- URI

Vorab sei schon verraten, dass Content Negotiation mithilfe des Accept-Headers am häufigsten empfohlen, aber Versionierung mit URIs am meisten in der Praxis eingesetzt wird.

Query-Parameter

Ein Client kann einem Server die Version, die er verwenden möchte, mit einem Query-Parameter mitteilen. Die Auswahl der Version v2 der Ressource /products könnte etwa so aussehen:

```
http://api.example.com/products?version=v2
```

Weil das so einfach funktioniert, wird es von mehreren Google-APIs eingesetzt. Dennoch bietet HTTP bessere Mechanismen für diese Problemstellung. Ein Query-Parameter sollte zum Filtern, Suchen oder Sortieren verwendet werden, nicht zur Auswahl der Version der API.

Applikationsspezifischer Header

Bei dieser Technik kommt ein applikationsspezifischer Header zum Einsatz. Lange Zeit galt die Empfehlung, die Namen dieser Header mit dem Präfix »X-« zu beginnen. Diese Empfehlung ist jedoch ausdrücklich revidiert worden, denn falls nicht zum Standard gehörende Header zum Standard hinzugefügt werden, müssten diese umbenannt und das Präfix entfernt werden. Diese Änderung wäre jedoch nicht abwärtskompatibel. Daher sollte ein benutzerdefinierter Header zur Versionsangabe beispielsweise folgendermaßen lauten:

```
api-version: v2
```

Der Vorteil dieser Technik ist, dass die URIs bei allen Versionen gleich bleiben – nur die Header ändern sich. Allerdings muss nicht unbedingt ein neuer Header eingeführt werden, um dem Server mitzuteilen, in welchem Format bzw. welcher Formatversion die Daten übertragen werden sollen. Der Client kann mit dem Accept-Header angeben, welche Formate er versteht und bevorzugt. Nichtsdestotrotz werden applikationsspezifische Header von einigen APIs verwendet. Beispiele sind die APIs von Microsoft Azure und Google Data.

Accept-Header

Durch Content Negotiation kann eine Ressource über ein und dieselbe URI mit unterschiedlichen Ressourcenrepräsentationen angeboten werden. Ein Client teilt dem Server durch Angabe eines oder mehrere MIME-Types mit, welche Ressourcenrepräsentationen er bevorzugt. Diese HTTP-Standardtechnik kann REST-konform zur Auswahl von Versionen (Formatversionen) genutzt werden. Statt allgemeiner MIME-Types wie application/json kommen aus diesem Grund applikationsspezifische MIME-Types zum Einsatz:

```
application/vnd.example.v2.orders+json
```

Zur Umsetzung einer inkompatiblen Änderung wird ein neuer Medientyp eingeführt, sodass existierende Clients nicht davon betroffen sind. Diese Technik wird beispielsweise von der GitHub-API angewendet.

URI

Ein anderer weitverbreiteter Ansatz ist das Einfügen einer Versions-ID in die URIs der Ressourcen. Bei der genauen Position in der URI kann man prinzipiell zwischen den beiden folgenden Varianten unterscheiden:

```
http://api.example.com/[version]/orders
http://api.example.com/orders/[version]
```

Die erste Variante ist die gebräuchlichste und geeignet für den Fall, dass alle Ressourcen einheitlich versioniert werden sollen. In der zweiten Variante können die Ressourcen einzeln mit einer Version versehen werden. Letztendlich ist wichtig, dass Sie sich für ein URI-Schema entscheiden und dieses konsistent anwenden.

Was spricht für diesen URI-Ansatz? Er ist intuitiv verständlich und die verwendete Version ist auf einen Blick ersichtlich. Benutzer, die mit einem Browser auf die Ressourcen zugreifen wollen, haben keine Probleme. Auch Bookmarks und andere Referenzen werden nicht gebrochen, sofern auch schon ältere Clients mit versionierten URIs arbeiten.

Außerdem ist dieser Ansatz einfach zu testen. Man kann beispielsweise den Link zur neuen API-Version einfach einem Kollegen per E-Mail schicken. Streng genommen passt der Ansatz nicht ganz zu den REST-Prinzipien, aber eine pragmatische Lösung ist es trotzdem. Entsprechend lang ist die Liste mit APIs, die diese Technik anwenden. Beispiele sind die APIs von Foursquare, Dropbox und YouTube.

Was spricht gegen diesen Ansatz? Eine URI dient dazu, eine Ressource eindeutig zu identifizieren, nicht aber eine Version einer Ressource. Der URI-Ansatz ist demzufolge semantisch falsch. Es gibt aber auch einen wichtigen praktischen Nachteil: Clients müssen geändert werden, obwohl es semantisch dazu gar keinen Grund gibt, wenn die API an einer anderen Stelle geändert wird.

Datum als Versionsnummer

Manche Applikationen nutzen zur Angabe der Version anstatt einer einfachen oder zusammengesetzten Nummer ein Datumsformat wie yyyymmdd:

```
http://api.example.com/orders?version=20160501
```

Wenn ein Client beispielsweise mit der Benutzung der API beginnt, gibt er das aktuelle Datum an. Er erhält dann die neueste bis zu diesem Tag erschienene Version vom Server. Diese Version ändert sich auch in Zukunft nicht mehr, es sei denn, der Client entschließt sich, ein anderes Datum anzugeben. Wie im Beispiel gezeigt ist, könnte der Zeitstempel als Query-Parameter übergeben werden.

Was sind die Vorteile dieses Ansatzes? Clients müssen sich nicht mit versionsspezifischen Endpunkten oder Header auseinandersetzen, sondern entscheiden sich für ein Datum. Es ist dann die Aufgabe des Servers, eine für dieses Datum passende Version anzubieten. Außerdem erlaubt es Clients, Versionen nach ihrem eigenen Rhythmus zu aktualisieren. Gleiches gilt für den API-Provider – auch er kann nach eigenem Rhythmus neue Versionen bereitstellen.

Softwarearchitektur

Wer vor der Aufgabe steht, mehrere Versionen einer API zu unterstützen, stellt sich sicherlich die Frage, wie die Architektur der Applikation angepasst werden kann, sodass deren Codebasis nicht mit jeder weiteren Version komplexer wird. Denn parallel zur neu hinzugefügten API-Version müssen die älteren in ihrem ursprünglichen Verhalten erhalten bleiben. Da ein monolithischer Ansatz nur für wenige Versionen funktioniert, kann als Alternative eine Microservice-Architektur in Betracht gezogen werden.

Abb. 9–8

*Mehrere Versionen
werden von einer
monolithischen
Applikation unterstützt.*

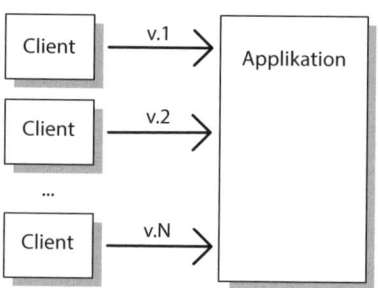

Bei einer Microservice-Architektur wird ein Monolith durch eine Menge kleinerer Dienste ersetzt. Angewandt auf das Versionierungsproblem bedeutet dies, dass jede Version durch einen eigenen Microservice implementiert wird.

Für neue Versionen können zusätzliche Microservices gestartet werden, ohne dass andere Microservices davon beeinflusst werden. Und umgekehrt können die Microservices mit älteren Versionen, die nicht mehr benötigt werden, einfach abgeschaltet werden. In diesem Fall gibt es auch keinen veralteten Code, der eventuell mitgeschleppt wird, weil ein Ausbau zu aufwendig wäre. Auch in puncto Testaufwand gibt es Vorteile, weil nur der neue Microservice, nicht aber alle anderen getestet werden müssen.

Abb. 9–9

*Side-by-side-Microservices
mit Gateway:
Versionen werden auf
unterschiedliche
Applikationen aufgeteilt.*

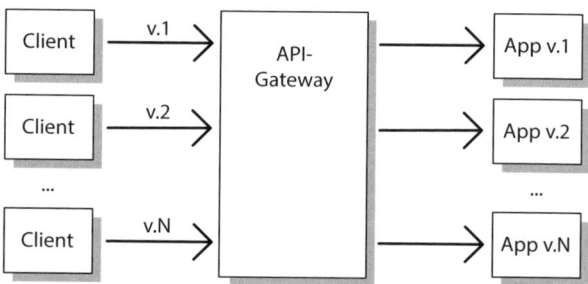

Eine mögliche Ausprägung der Microservice-Architektur basiert auf dem Einsatz eines API-Gateways, das als Vermittler die Kommunikation zwischen Clients und Microservices koordiniert. Die primäre Aufgabe des Gateways ist das intelligente Routing der Clientanfragen zu den entsprechenden Microservices und ihren API-Versionen. Das API-Gateway könnte beispielsweise auf Basis der MIME-Types oder eines Query-Parameters entscheiden, zu welcher Version die Anfrage geroutet werden soll. Das API-Gateway ist auch für Fälle interessant, in denen die Granularität zwischen Microservices und API-Versionen unterschiedlich ist, sodass keine einfache 1:1-Zuordnung erfolgen kann.

9.6 Sicherheitsmechanismen

Passend zum Architekturstil REST bietet HTTP Mechanismen, mit denen der Zugriff auf einzelne Ressourcen geschützt werden kann. Grundsätzlich kann zwischen nachrichtenbasierter und transportbasierter Sicherheit unterschieden werden. Im ersten Fall erfolgt die Kommunikation über einen unsicheren Kanal mit gesicherten Nachrichten. Im zweiten Fall ist es umgekehrt: Ungesicherte Nachrichten werden über einen abgesicherten Transportkanal ausgetauscht.

Eine Authentifizierung wird durchgeführt, um sicherzustellen, dass ein Client tatsächlich derjenige ist, der er vorgibt zu sein. Bevor ein Server einen Client authentifizieren kann, muss sich dieser erfolgreich beispielsweise mit seinem Namen identifizieren und mit einem Passwort authentisieren. Danach entscheidet die Autorisierung darüber, welche Operationen der Client ausführen darf. HTTP bietet einen erweiterbaren Standardmechanismus zur Authentifizierung. Falls auf eine Ressource nicht anonym zugegriffen werden darf, antwortet der Server mit Statuscode 401 »Unauthorized«. HTTP bietet die standardisierten Authentifizierungsschemata Basic und Digest, die in den folgenden Abschnitten beschrieben werden.

HTTP Basic Authentication

Es handelt sich hierbei um ein einfaches und weitverbreitetes Authentifizierungsschema. Name und Passwort werden getrennt durch einen Doppelpunkt mit Base64 codiert und im Authorization-Header übertragen. Der Server kann anschließend Name und Passwort extrahieren und überprüfen.

```
Authorization: Basic bmFtZTpwYXNzd29yZA==
```

Sowohl im Client als auch im Server kann HTTP Basic Authentication leicht implementiert und genutzt werden. Weil aber Base64 keine Verschlüsselung darstellt, werden Name und Passwort quasi im Klartext übertragen. Außerdem wird die Identität des Servers nicht sichergestellt, sodass der Client möglicherweise einem Angreifer Name und Passwort mitteilt. Aus diesem Grund kommt HTTP Basic Authentication nur in Kombination mit transportbasierter Sicherheit zum Einsatz. Typischerweise wird es zusammen mit SSL/TLS verwendet.

HTTPS mit Basic Authentication kann mit vergleichsweise geringem Aufwand zur Verfügung gestellt werden, um alle Ressourcen oder einen Teil der Ressourcen gegen unautorisierten Zugriff zu schützen. Der Umsetzungsaufwand ist gering, weil es sowohl für Client als auch Server fertige Komponenten (Clientbibliotheken, Webserver) gibt, sodass diese Form der Public-Key-Authentifizierung nicht selbst implementiert werden muss. Für SSL/TLS wird ein Serverzertifikat, das von einer offiziellen Stelle signiert wird, benötigt. Für Test- und Entwicklungsumgebungen werden häufig auch selbst signierte Zertifikate verwendet.

OAuth

Mit OAuth 2.0 liegt ein Protokoll bereit, das definiert, wie Rechte an eine andere Anwendung übertragen werden können. Auf diese Weise kann ein Benutzer eine Clientanwendung bevollmächtigen, eine bestimmte Aufgabe in seinem Namen durchzuführen, ohne dass der Benutzer sein Passwort der Clientanwendung mitteilen muss.

Das Protokoll besteht aus einer Basisspezifikation [Hardt 2012] und verschiedenen Erweiterungen. Zu den Erweiterungspunkten gehören die Client Profiles und Request-Autorisierungsmechanismen. Mit dieser Flexibilität kann es für unterschiedliche Anforderungen angepasst werden. Das OAuth-2.0-Protokoll unterscheidet zwischen verschiedenen Akteuren:

■ **Ressourcenserver**
Gemeint ist ein API-Provider, dessen Ressourcen zur Verfügung gestellt und mit OAuth gesichert werden.

■ **Ressourcenbesitzer**
Dies ist ein Benutzer, der eine Clientanwendung dazu autorisiert, in seinem Namen auf die Ressourcen des Ressourcenservers zuzugreifen.

■ **Client**
Diese Clientanwendung möchte die geschützten Ressourcen benutzen und braucht dafür die Autorisierung des Ressourcenbesitzers.

■ **Autorisierungsserver**
Dieser Server erhält die Zustimmung des Ressourcenbesitzers und stellt Access-Token für die Clientanwendungen aus. Mit diesem Access-Token können die Clientanwendungen auf die geschützten Ressourcen zugreifen. Kleinere API-Provider können Autorisierungsserver und Ressourcenserver miteinander kombinieren.

In [Boyd 2012] werden die Kommunikationsabläufe aus der Perspektive des Clients und des Ressourcenbesitzers im Detail beschrieben. Letztendlich benötigt der Client ein Access-Token, um auf die geschützte Ressource zugreifen zu dürfen. Dieses Token erhält er vom Autorisierungsserver, falls der Ressourcenbesitzer dem Zugriff zugestimmt hat. Dem Ressourcenbesitzer wird ein Request-Token mit der Ressource und der Methode, mit der der Client darauf zugreifen will, geschickt, sodass dieser darüber entscheiden kann.

OpenID Connect

Viele Unternehmen möchten ihre Ressourcen mit verschiedenen Client-anwendungen nutzen können. Dazu zählen häufig auch Clientanwendungen von Partnern. Problematisch wird dieses Vorhaben dann, wenn diese Clientanwendungen in unterschiedlichen Sicherheitsdomänen (security realms) liegen. Das gleiche Problem tritt auch beim Surfen im Web auf: Wenn Sie auf eine andere Site kommen, müssen Sie sich erst anmelden und – sofern noch nicht geschehen – registrieren.

Eine Lösung bietet föderierte Identität (federated identity). Hierdurch kann ein Benutzer dieselbe Identität für mehrere Webapplikationen nutzen. Föderierte Identität kann beispielsweise mit OpenID umgesetzt werden. Sowohl Benutzer als auch Webapplikationen können die Benutzerprofile und Authentifizierungsfunktionen der Identitätsanbieter von Google, Facebook und Co. nutzen. Auf diese Weise müssen sich Benutzer nicht bei jeder Webapplikation registrieren und anmelden.

OpenID Connect ist die Nachfolgeversion von OpenID. Es basiert auf OAuth 2.0 und verwendet einen zusätzlichen OAuth-Token-Typ. Gemeint ist das ID-Token, das die Identität des zu authentifizierenden Benutzers repräsentiert. Das genannte Token sollte nicht mit dem Access-Token, das zum Abfragen von Benutzerprofilen verwendet wird, verwechselt werden. Das ID-Token ist ein digital signiertes JSON-Web-Token. Mehr Information zu diesem Thema finden Sie bei [Jones et al. 2015]. Token-basierte Authentifizierung bietet für Web-APIs verschiedene Vorteile [Tilkov et al. 2015]:

- Zustandslosigkeit und skalierbare Server: Der angemeldete Benutzer muss nicht in einer Session auf dem Server gespeichert werden.
- Unterstützung für CORS (Cross-Origin Resource Sharing): Im Normalfall sind HTTP-Requests mit JavaScript eingeschränkt auf eine Domäne, um Cross-Site-Scripting zu vermeiden.
- Authentifizierung für andere Anwendungen: Selektiv können so Rechte an andere Anwendungen vergeben werden.
- Zusätzliche Sicherheit: Statt Cookies werden Token bei Anfragen übertragen. Dies schützt vor Cross-Site-Request-Forgery, wenn Sie beispielsweise auf der Website Ihrer Bank angemeldet sind und dann zu einer anderen Site surfen, wo die noch gültige Authentifizierung im Cookie missbraucht werden könnte.

9.7 Partielle Rückgaben

Im Index einer Internet-Suchmaschine liegen riesige Datenmengen, sodass eine Suchanfrage Millionen Treffer umfassen kann. Jedoch wäre es weder im Interesse der Benutzer noch der Suchmaschine, alle Treffer zurückzugeben. Stattdessen werden meist nur die ersten 10 der nach Relevanz sortierten Treffer angezeigt.

```
GET /api/search?q=foobar&max-results=10 HTTP/1.1
```

Eine einfache Lösung könnte also die Beschränkung der Suchtrefferanzahl mit einem Parameter wie max-results sein. Falls jedoch unter den ersten 10 Treffern nicht der gesuchte Eintrag zu finden ist, möchte der Benutzer weitere Suchtreffer sehen. Für eine erneute Suchanfrage mit max-results=20 müssten allerdings die ersten 10 erneut vom Server zum Client übertragen werden. Aus diesem Grund nutzen Dienste, die Zugriff auf lange Ergebnislisten bieten, Paging.

Paging

Angenommen ein Client möchte den Inhalt einer sehr langen Logdatei über einen Dienst lesen, dann könnte der Inhalt der Datei in 1000 Zeilen lange Seiten aufgeteilt werden. Anschließend muss der Client nur noch mitteilen, welche Seite er benötigt.

```
GET /api/logs?page=2&count=1000 HTTP/1.1
```

Diese Technik ist für beliebig lange Listen geeignet und bietet folgende Vorteile:

- Die initiale Ladezeit wird verkürzt, weil der Client bereits die ersten Ergebnisse anzeigen oder verarbeiten kann, obwohl die Liste noch nicht vollständig übertragen worden ist.
- Für viele Anwendungsfälle wird gar nicht die gesamte Liste benötigt, weil Clients typischerweise nur an den neuesten Nachrichten oder den neuesten Tweets interessiert sind.
- Die gesamte Liste kann zu groß für einen Client sein und muss deswegen sequenziell abrufbar sein.

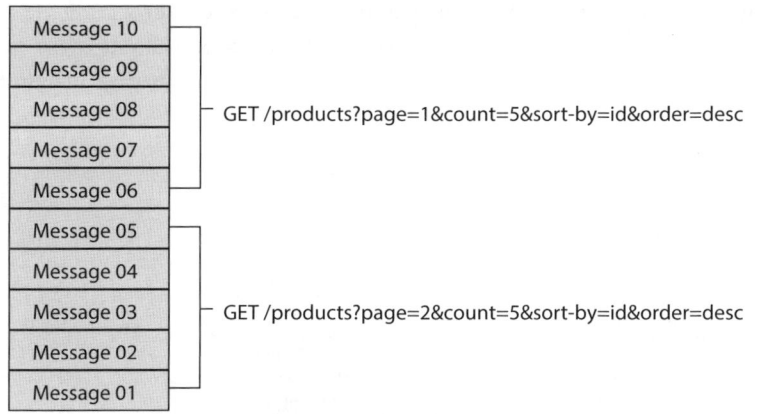

Abb. 9–10
Lange Listen können mit Paging seitenweise geladen werden.

Auch Hypermedia-Links können zum Zugriff auf einzelne Seiten einer Liste verwendet werden. Die Links können beispielsweise auf die vorherige, die aktuelle, die folgende, die erste und die letzte Seite verweisen. In diesem Fall könnte man theoretisch auf die lesbaren URIs in den Links verzichten, aber von Nachteil ist diese Lesbarkeit nur in Ausnahmefällen.

Paging mit Web Linking

```
"links": [
  {
    "href": "http://api.example.com/messages?page=1&count=5",
    "rel": [ "previous" ],
    "method": "GET"
  },
  {
    "href": "http://api.example.com/messages?page=2&count=5",
    "rel": [ "self" ],
    "method": "GET"
  },
  {
    "href": "http://api.example.com/messages?page=3&count=5",
    "rel": [ "next" ],
    "method": "GET"
  },
  {
    "href": "http://api.example.com/messages?page=1&count=5",
    "rel": [ "first" ],
    "method": "GET"
  },
  {
    "href": "http://api.example.com/messages?page=23&count=5",
    "rel": [ "last" ],
    "method": "GET"
  }
]
```

Nachteile bei sich
ändernden Listen
Paging hat jedoch auch einen Nachteil: Falls in kurzer Zeit neue Elemente einer Liste hinzugefügt werden, während ein Client diese noch abschnittsweise abruft, könnte der Client doppelte Einträge erhalten.

Abb. 9–11
Paging ist nicht ideal für
Listen, die sich häufig
ändern.

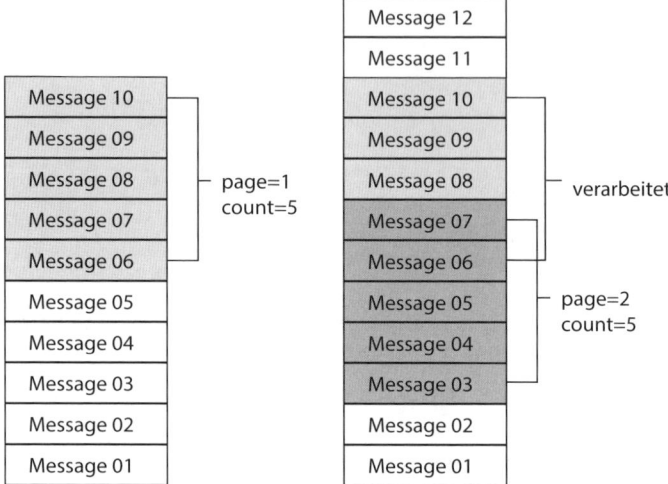

Falls am Anfang der Liste neue Elemente hinzugefügt werden, verändert sich die Seitenzuordnung der Elemente. Im Beispiel sind Message 06 und 07 zunächst auf Seite 1. Durch das Hinzufügen von Message 11 und 12 werden Message 06 und 07 auf Seite 2 verschoben. Wenn der Client Seite 2 lädt, werden diese Elemente der Liste erneut übertragen. Aus diesem Grund ist Paging weniger gut für schnell wachsende Listen geeignet.

Cursoring

Eine alternative Technik für Paging ist Cursoring. Im Gegensatz zu Paging können schnell wachsende Listen ohne Duplikate übertragen werden. Beim initialen Aufruf muss der Client nur angeben, wie viele Elemente er maximal erhalten möchte. Im Beispiel sind es 5 Elemente. Weil die Liste lang genug ist, erhält er diese auch beginnend mit dem neuesten Element in der Liste. Noch bevor der Client die nächsten 5 Elemente abfragen kann, wächst die Liste um zwei weitere Elemente. Der Client überträgt beim zweiten Aufruf die Parameter count=5 und max_id=5. Der zweite Parameter setzt voraus, dass alle Elemente der Liste mit einer sequenziellen ID eindeutig identifizierbar sind. Demzufolge ruft der Client 5 weitere Elemente ab, deren ID maximal 5 beträgt. Falls das Element mit der ID 5 aus der Liste gelöscht worden wäre, würde der Service nur die Messages 01 bis 04 zurückgeben.

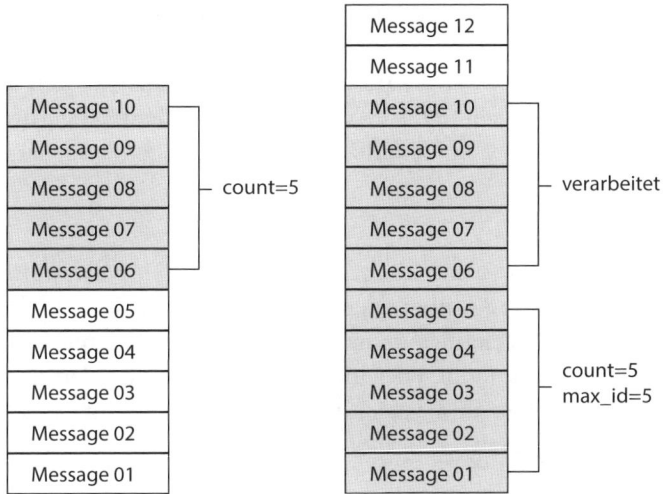

Abb. 9–12
Zum Lesen von beliebig langen Listen eignen sich Cursor.

Falls man nicht voraussetzen kann, dass ein Client den Wert für max_id auf Basis der ihm bereits vorliegenden IDs berechnen kann, könnte man den Algorithmus etwas abwandeln: Wenn der Parameter max_id exklusiv wäre, bräuchte der Client nur die kleinste ihm bekannte ID übertragen und müsste selbst keine Berechnung durchführen.

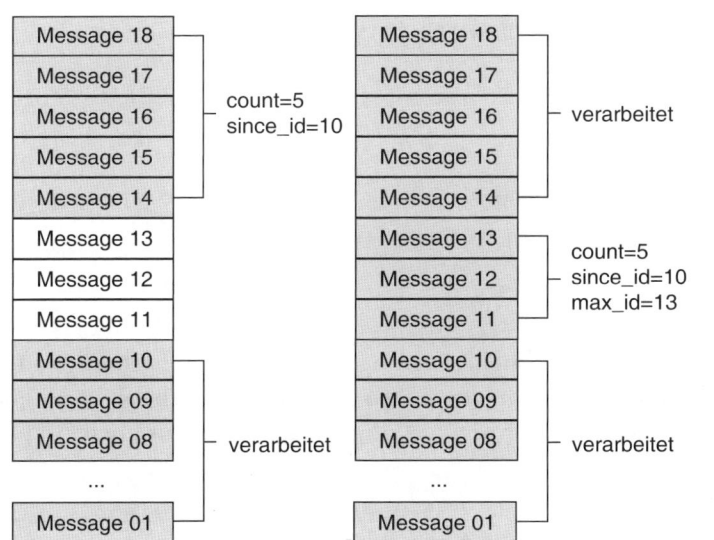

Abb. 9–13
Alle Elemente der Liste können präzise geladen werden.

Die neu hinzugefügten Elemente können mit count=5 und since_id=10 abgerufen werden. Der zweite Parameter ist die größte dem Client bekannte ID. Hiermit wir vermieden, dass Elemente erneut übertragen

werden. Die Parameter since_id und max_id können auch in Kombination eingesetzt werden.

Fazit: Mit den Cursor-Parametern count, since_id und max_id
kann abschnittsweise eine Liste gleichartiger Elemente abgerufen werden, deren Elemente sich schnell ändern.

Feldangabe

Mit Paging und Cursoring können zwar Listen abschnittsweise abgerufen werden, aber die übertragenen Objekte sind stets vollständig.
Ein zusätzlicher Mechanismus ist notwendig, um nur die benötigten
Datenfelder zu selektieren. Für eine Bestellung mit einer 1:n-Beziehung
auf Bestellpositionen und verschiedenen Feldern könnte eine Query
folgendermaßen lauten:

```
GET/orders/order-
42?fields=creation_date,positions(count,article/name)
```

Das Ergebnis der Abfrage enthält nur die angegebenen Datenfelder:

```
{
  "creation_date":"2016-08-21",
  "positions": [
    {
      "count": 1,
      "article": {
        "name": "Drive bay"
      }
    },
    {
      "count": 5,
      "article": {
        "name": "HDD 8 TB"
      }
    }
  ]
}
```

Varianten dieser partiellen Abfragen mit und ohne Schachtelung werden beispielsweise von den APIs von Google, Facebook und LinkedIn
unterstützt. Eine noch viel mächtigere API bietet nur noch GraphQL.

GraphQL

GraphQL bietet einen alternativen Ansatz für Clients zum Zugriff auf
Daten. Die Clients können präzise spezifizieren, welche Sicht auf die Daten sie benötigen. Die dazu notwendige Abfragesprache von GraphQL
unterstützt die Angabe geschachtelter Felder, sodass Benutzer genau
die von ihnen benötigten Felder angeben können:

```
{
  article {
    id
    name
  }
}
```

Diese Abfrage könnte zum Beispiel mit folgenden Daten beantwortet werden:

```
{
  "article": {
    "id": "42",
    "name":"HDD 8 TB"
  }
}
```

Die Angabe der benötigten Felder seitens der Clients führt nicht nur zur Reduzierung des Netzwerkverkehrs, was insbesondere für mobile Clients von Bedeutung ist, sondern erhöht die Kompatibilität des Dienstes: Denn falls zum Datenmodell des Artikels ein zusätzliches Feld description hinzugefügt wird, ist dieses für ältere Clients nicht sichtbar, weil diese das Feld nicht abfragen. Neuere Clients, die das Feld benötigen, können das Feld gezielt abrufen.

Auch beim Entfernen von Feldern bietet GraphQL Vorteile: Bevor ein Feld entfernt wird, sollten Clients über die bevorstehende Änderung informiert werden. Dazu wird das betroffene Feld als deprecated markiert. Über Introspektion kann diese Eigenschaft von Clients abgefragt werden. Außerdem kann der Dienstanbieter überprüfen, welche Felder von Clients benutzt werden. Falls in einem bestimmten Zeitraum das als deprecated markierte Feld nicht mehr benutzt wurde, könnte es dann tatsächlich entfernt werden.

Jedes Element einer GraphQL-Abfrage hat einen korrespondierenden Typ im Datenschema. Wer eine API mit GraphQL bauen möchte, erzeugt zunächst ein Datenschema, das Datentypen, Lese- und Schreiboperationen und Direktiven umfasst. Denn schon zum Entwurfszeitpunkt wird beispielsweise festgelegt, welche Validierungen und Introspektionen später erlaubt sein werden. Das Typsystem basiert auf Listen, Enums, Union, Objekten, Interfaces und eingebauten skalaren Datentypen.

Die Referenzimplementierung basiert auf JavaScript. Mit der GraphQL-Java-Implementierung könnte das Datenschema für das Bestellungsbeispiel folgendermaßen definiert werden:

```
GraphQLObjectType articleType = newObject()
  .name("Article")
  .description("Represents an article that can be ordered.")
  .field(newFieldDefinition()
    .name("name")
    .description("The name of the article.")
    .type(GraphQLString)
    .build())
  .build();

GraphQLObjectType orderPositionType = newObject()
  .name("OrderPosition")
  .description("Represents an order position that is part of an
order.")
  .field(newFieldDefinition()
    .name("count")
    .description("The count of the order position.")
    .type(GraphQLInt)
    .build())
  .field(newFieldDefinition()
    .name("article")
    .description("The article of the order position.")
    .type(articleType)
    .build())
  .build();

GraphQLObjectType orderQuery = newObject()
  .name("Order")
  .description("Represents an order")
  .field(newFieldDefinition()
    .name("creation_date")
    .type(GraphQLString)
    .build())
  .field(newFieldDefinition()
    .name("positions")
    .type(new GraphQLList(orderPositionType))
    .build())
  .build();

GraphQLSchema schema = newSchema().query(orderQuery).build();

Map<String, Object> result = (Map<String, Object>) new
GraphQL(schema)
  .execute("{creation_date, positions {count, article {name} } }")
  .getData();
```

Mithilfe von Introspektion können zur Laufzeit Informationen über das komplette Schema oder einzelne Queries und Typen abgefragt werden:

```
{
  __type(name: "Order") {
    name
    fields {
      name
      type {
        name
      }
    }
  }
}
```

Alle Funktionen werden über einen Endpunkt bereitgestellt. Eine API auf Basis von GraphQL ist demzufolge kein RESTful HTTP. Die GraphQL-Abfragen werden als Zeichenkette zum Server geschickt, der diese mit JSON beantwortet.

9.8   Zusammenfassung

Einige wichtige Aussagen sind in der folgenden Liste noch einmal zusammengefasst:

- Nutzen Sie die HTTP-Methoden und Ressourcen statt Remote Procedure Calls.
- Ein sauberes URI-Design spiegelt einen guten Ressourcenentwurf wider.
- JSON hat sich als Alternative für XML durchgesetzt. Es gibt jedoch speziellere Formate für Collections und Hypermedia, die Sie auch in Betracht ziehen sollten.
- Fehlerzustände können durch HTTP-Statuscodes und durch zusätzliche applikationsspezifische Fehlermeldungen kommuniziert werden.
- APIs können meist kompatibel erweitert werden. Nutzen Sie Versionsidentifikatoren nur als Notlösung.
- Nutzen Sie Cursoring für partielle Rückgaben oder kleinere Subressourcen. Für Sonderfälle gibt es die Datenabfragesprache GraphQL.

Nicht mehr so populär wie RESTful HTTP, aber immer noch sehr wichtig sind SOAP-Webservices im nächsten Kapitel.

10 SOAP-Webservices

In diesem Buch haben Sie bereits den Architekturstil REST und dessen bekannteste Ausprägung RESTful HTTP kennengelernt. Eine immer noch sehr wichtige Alternative dazu stellen Webservices auf Basis von SOAP dar. Häufig werden SOAP-Webservices als Gegenentwurf zu REST genannt, obwohl das eine eine Technologiespezifikation und das andere ein Architekturstil ist.

Da die Spezifikationen von SOAP und WSDL vergleichsweise komplex und umfangreich sind, werden in diesem Kapitel zunächst einige Grundlagen vorgestellt. Weitere Details können bei Bedarf den offiziellen Standards für SOAP [SOAP] und WSDL (Web Services Description Language) [WSDL] entnommen werden. Falls Sie bereits SOAP und WSDL kennen, können Sie gerne diese Einleitung überspringen und direkt zur sich anschließenden Beschreibung der Entwurfsansätze und -muster gehen.

10.1 SOAP-Grundlagen

Die Abkürzung »SOAP« stand ursprünglich für »Simple Object Access Protocol«, aber inzwischen wird »SOAP« als eigenständiger Begriff angesehen. SOAP ist ein industrieller Standard des World Wide Web Consortium (W3C), der als eine Weiterentwicklung des XML-RPC angesehen werden kann. Vom W3C wird momentan die Version 1.2, die 2007 veröffentlicht wurde, empfohlen. Diese Version wird jedoch immer noch seltener benutzt als SOAP 1.1.

SOAP wird typischerweise in Kombination mit HTTP(S) eingesetzt. Andere Kombinationen, beispielsweise mit SMTP (Simple Mail Transfer Protocol) und JMS (Java Messaging Service), sind ebenfalls möglich. Deswegen können Nachrichten auch verlässlich und asynchron zugestellt werden. JMS-Implementierungen können beispielsweise Nachrichten in korrekter Reihenfolge und mit ausgewählter Zuverlässigkeit zustellen. Die Zuverlässigkeit der Nachrichtenzustel-

HTTP, SMTP und JMS

lung bestimmt, wie oft die Nachricht vom Empfänger empfangen werden kann. Die Zuverlässigkeit kann genau einmal, mindestens einmal oder höchstens einmal sein[1].

XML Information Set   Der SOAP-Standard beschreibt im Detail, aus welchen Elementen eine SOAP-Nachricht aufgebaut ist und welche Bedeutung die Elemente haben. SOAP 1.2 bietet ein Nachrichtenformat für Client-Server-Kommunikation, das formal durch ein XML Information Set spezifiziert ist. Ein Infomation Set wird zur Übertragung in XML oder andere Formate serialisiert. Daher könnte eine SOAP-Nachricht (theoretisch) auch mit JSON oder CSV (Comma Separated Values) übertragen werden.

Wie das folgende Beispiel zeigt, besteht eine SOAP-Nachricht aus einem Envelope-Element, das wiederum die Elemente Header und Body beinhaltet:

```
POST /ws HTTP/1.1
Host: example.org
Content-Type: application/soap+xml;charset=utf-8;
              action="http://example.org/findProducts"

<?xml version="1.0"?>
<soapenv:Envelope
 xmlns:ns="http://example.org/product-web-service"
 xmlns:soapenv="http://www.w3.org/2001/12/soap-envelope"
 soapenv:encodingStyle="http://www.w3.org/2001/12/soap-encoding">
   <soapenv:Header/>
   <soapenv:Body>
      <ns:findProductsRequest>
         <ns:name>Smartphone</ns:name>
      </ns:findProductsRequest>
   </soapenv:Body>
</soapenv:Envelope>
```

Als Parameter des Medientyps kann optional das Attribut »action« angegeben werden. Der Wert des Attributs ist eine URI, die die Absicht des Aufrufs deutlich macht. Die Angabe ist im Prinzip redundant, weil das Body-Element der SOAP-Nachricht eindeutig beschreibt, welche Operation des Service aufgerufen wird. Das Attribut »action« wurde mit SOAP 1.2 eingeführt. Zuvor konnte ein spezieller HTTP-Request-Header mit dem Namen »SOAPAction« angegeben werden.

---

1.   SOAP-Webservices und andere Protokolle wie MQTT unterscheiden generell zwischen drei »Quality of Service«-Stufen: at most once (0), at least once (1) und exactly once (2).

Envelope

Sowohl Requests als auch Responses machen vom Element Envelope Gebrauch. Es ist das Wurzelelement aller SOAP-Nachrichten und hat den Namensraum *http://www.w3.org/2002/06/soap-envelope*. Diese Deklaration muss in jedem Element angegeben werden. Das im Beispiel verwendete Präfix »soapenv« ist variabel. Eine SOAP-Nachricht hat keine Standarddatentypen, deswegen muss auch immer das Attribut »encodingStyle« angegeben werden.

Header

Ein SOAP-Header ist ein optionales Kindelement im Envelope. Innerhalb des Headers können zusätzliche Informationen transportiert werden, die nicht in den Body gehören. Auf diese Weise kann SOAP um zusätzliche Funktionen erweitert werden. Die Kindelemente im Header müssen ebenfalls durch einen XML-Namensraum qualifiziert werden.

```
<soap:Header>
    <ns:SessionType xmlns:ns="...">Stateless</ns:SessionType>
    <ns:SessionToken xmlns:ns="...">9ny9QTOFIu</ns:SessionToken>
</soap:Header>
```

Die Header können beispielsweise für Authentifikation und Sitzungsverwaltung verwendet werden. Andere Verwendungszwecke sind beispielsweise Transaktionen und Abrechnung.

Body

Das Body-Element muss in jeder SOAP-Nachricht enthalten sein. Es beinhaltet die anwendungsspezifischen Daten, die dafür verwendet werden, eine Operation mit bestimmten Parametern auf dem Server aufzurufen.

```
<soapenv:Body>
    <ns:findProductsRequest>
        <ns:name>Smartphone</ns:name>
    </ns:findProductsRequest>
</soapenv:Body>
```

Die in diesem Beispiel verwendeten Elemente sind anwendungsspezifisch und Teil des angegebenen Namensraums.

Fault

Mit dem optionalen Fault-Element können Fehlermeldungen übertragen werden. Das Fault-Element wird im Body platziert. In einer SOAP-Nachricht kann jeweils nur ein Fault-Element angegeben werden. Es besteht aus einem Faultcode, der den Fehler identifiziert, und einem Faultstring, der den Fehler menschenlesbar umschreibt. Auch der verursachende Akteur und weitere Details können mit Subelementen angegeben werden.

10.2 WSDL-Grundlagen

Um die zuvor beschriebenen SOAP-Webservices nutzen zu können, benötigt ein Client eine detaillierte Beschreibung. Für diese Aufgabe eignet sich WSDL, eine vom W3C standardisierte Beschreibungssprache für XML-basierte Webservices. Die Beschreibung der Webservices erfolgt unabhängig von ihrer Plattform und Programmiersprache. Interoperabilität ist eine zentrale Anforderung von WSDL. Die WSDL-Definitionen umfassen alle notwendigen Informationen zum Zugriff auf einen Service in menschen- und maschinenlesbarer Form. Auf diese Weise wird eine Brücke zwischen Provider und Consumer des Service geschlagen.

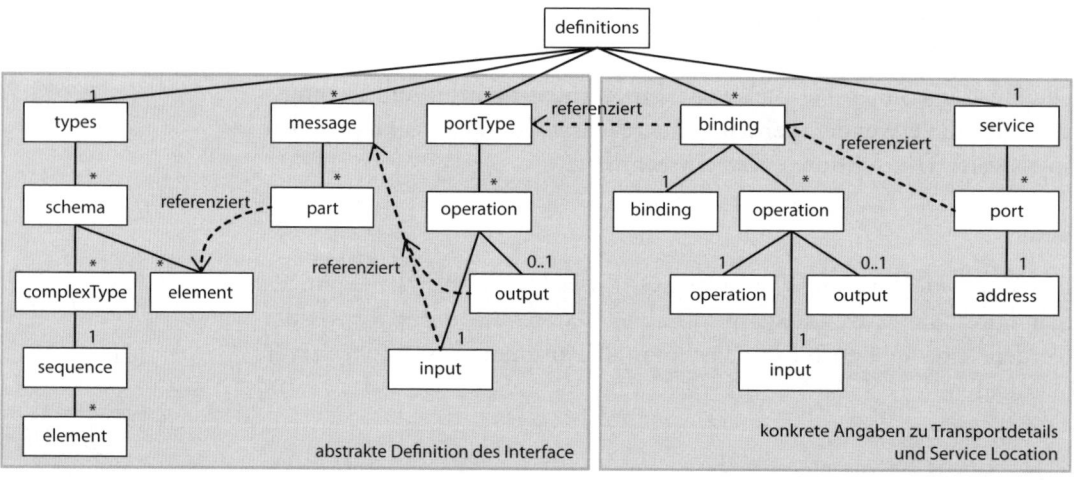

Abb. 10–1
Schematischer Aufbau einer Webservice-Beschreibung nach WSDL 1.1

WSDL existiert in zwei Versionen: 1.1 und 2.0. Erstere ist weitverbreitet und wird von vielen Werkzeugen unterstützt. Die Nachfolgeversion bietet einige Verbesserungen und Modelländerungen. Dieses Kapitel beschränkt sich auf WSDL 1.1 aufgrund der hohen Verbreitung.

Teil der Beschreibungen sind die übertragenen Nachrichten und deren Datentypen. Die Datentypen werden mit einem XML-Schema definiert und von den Nachrichten referenziert. Die definierten Nachrichten sind die Ein- bzw. Ausgaben der anwendungsspezifischen Operationen des Service. Die Operationen sind in Schnittstellentypen (Port

Types) gruppiert. Die genannten Elemente bilden den abstrakten Teil der WSDL-Definition.

Der zweite Teil der WSDL-Definition macht konkrete Angaben zum Transport der Nachrichten und zum Auffinden der Services. Ein sogenanntes Binding definiert das Protokoll und das Datenformat für einen Port Type. In diesem Fall erfolgt die Datenübertragung über HTTP mit SOAP. Der zweite Teil der WSDL-Definition definiert schließlich auch den Service als Menge von Ports und deren Adressen.

Passend zum vorherigen SOAP-Beispiel folgt an dieser Stelle ein vollständiges WSDL-Beispiel, das alle genannten Elemente beinhaltet:

```xml
<wsdl:definitions xmlns:wsdl="http://schemas.xmlsoap.org/wsdl/"
  xmlns:sch="http://example.org/product-web-service"
  xmlns:soap="http://schemas.xmlsoap.org/wsdl/soap/"
  xmlns:tns="http://example.org/product-web-service"
  targetNamespace="http://example.org/product-web-service">
  <wsdl:types>
    <xs:schema xmlns:xs="http://www.w3.org/2001/XMLSchema"
      element-FormDefault="qualified"
      targetNamespace="http://example.org/product-web-service">
    <xs:element name="findProductsRequest">
        <xs:complexType>
            <xs:sequence>
                <xs:element name="name" type="xs:string"/>
            </xs:sequence>
        </xs:complexType>
    </xs:element>
    <xs:element name="findProductsResponse">
        <xs:complexType>
            <xs:sequence>
                <xs:element name="product" type="tns:product"/>
            </xs:sequence>
        </xs:complexType>
    </xs:element>
    <xs:complexType name="product">
        <xs:sequence>
            <xs:element name="name" type="xs:string"/>
            <xs:element name="stock" type="xs:int"/>
            <xs:element name="category" type="tns:category"/>
        </xs:sequence>
    </xs:complexType>
    <xs:simpleType name="category">
        <xs:restriction base="xs:string">
            <xs:enumeration value="Electronics"/>
            <xs:enumeration value="Food"/>
            <xs:enumeration value="Textile"/>
        </xs:restriction>
    </xs:simpleType>
  </xs:schema>
  </wsdl:types>
```

```
<wsdl:message name="findProductsRequest">
  <wsdl:part element="tns:findProductsRequest"
    name="findProductsRequest">
  </wsdl:part>
</wsdl:message>
<wsdl:message name="findProductsResponse">
  <wsdl:part element="tns:findProductsResponse"
    name="findProductsResponse">
  </wsdl:part>
</wsdl:message>
<wsdl:portType name="ProductService">
  <wsdl:operation name="findProducts">
    <wsdl:input message="tns:findProductsRequest"
      name="findProductsRequest">
    </wsdl:input>
      <wsdl:output message="tns:findProductsResponse"
        name="findProductsResponse">
      </wsdl:output>
    </wsdl:operation>
</wsdl:portType>
<wsdl:binding name="ProductServiceHttpBinding"
  type="tns:ProductService">
  <soap:binding style="document"
    transport="http://schemas.xmlsoap.org/soap/http"/>
  <wsdl:operation name="findProducts">
    <soap:operation soapAction=""/>
    <wsdl:input name="findProductsRequest">
      <soap:body use="literal"/>
    </wsdl:input>
    <wsdl:output name="findProductsResponse">
      <soap:body use="literal"/>
    </wsdl:output>
  </wsdl:operation>
</wsdl:binding>
<wsdl:service name="ProductPortService">
  <wsdl:port binding="tns:ProductServiceHttpBinding"
    name="ProductService">
    <soap:address location="http://localhost:8080/ws"/>
  </wsdl:port>
</wsdl:service>
</wsdl:definitions>
```

WSDL-
Namenskonventionen

Die Anbieter von Webservices mögen vielleicht sauberen Code mit verständlichen Schnittstellen und gutem Objektmodell haben, doch diesen Code können sie nur selten mit ihren Clients teilen. Aus diesem Grund müssen die veröffentlichten WSDL-Definitionen mit Sorgfalt erstellt werden, sodass der daraus generierte clientseitige Code sinnvolle Bezeichnungen erhält.

Zur Generierung einer passenden Java-API für einen XML-Web-service gibt es JAX-WS. Dieser Standard regelt, wie die durch WSDL beschriebenen und mit SOAP-Nachrichten aufgerufenen Operationen auf Java-Methoden abgebildet werden. *JAX-WS*

- wsdl:portType wird auf ein Java-Interface abgebildet. Für die Bezeich-nung »ProductService« wird das Interface »ProductService.java« generiert. Die Operationen des Port Type bilden die Methoden des Interface.
- wsdl:service entspricht im Java-Code einer Factory-Klasse, die javax.xml.ws.Service erweitert. Die Bezeichnung »ProductService-Ports« wird für die Factory »ProductServicePorts.java« genutzt. Die Factory-Klasse bietet Getter-Methoden für die Ports. Im Beispiel wurde »ProductService« als Bezeichnung für den Port gewählt, sodass dessen korrespondierende Methode »getProductsService« einen sinnvollen Namen erhält. Aus dem Namen des Ports wird ebenfalls der Name der Klasse »ProductServiceProxy.java« abge-leitet.
- Die vermutlich bessere Alternative für JAX-WS ist das Projekt Spring Web Services, das den Einsatz von Alternativen zu JAXB wie beispielsweise JibX oder Castor erlaubt. Ein anderer Vorteil ist das feingranulare Endpunkt-Mapping. *Spring Web Services*

10.3   Entwurfsansätze und -muster

Trotz zahlreicher Details bieten die Spezifikationen von SOAP und WSDL ausreichend Flexibilität zur Anwendung unterschiedlicher Ent-wurfsansätze und -muster, die in diesem Abschnitt vorgestellt werden.

Contract First

Für die Entwicklung von SOAP-Webservices gibt es zwei grundsätzliche Vorgehensweisen: Contract First und Code First (auch Contract Last). Man beginnt entweder mit dem WSDL-Vertrag und implementiert die-sen anschließend oder startet direkt mit dem Code und generiert pas-send dazu die WSDL-Beschreibung. Beide Ansätze haben letztendlich dasselbe Ziel: die Definition stabiler WSDL- und Schemabeschreibun-gen für den Webservice. Die genannten Ansätze haben jedoch ihre jeweiligen Vor- und Nachteile.

XML wird zur Kommunikation eingesetzt, um die Interoperabili-tät unterschiedlicher Plattformen sicherzustellen. XML verkörpert sozusagen das kleinste gemeinsame Vielfache dieser Plattformen. Es gibt jedoch einen fundamentalen Unterschied zwischen dem hierarchi- *O/X-Mapping* schen Modell von XML und dem Graphenmodell von Programmiersprachen wie Java [Loughran & Smith 2005]. In Java erfolgt die Erweiterung eines Typs durch klassenbasierte Vererbung. Der so gebildete Subtyp kann um neue Methoden und Felder erweitert werden. Ein XML-Datentyp kann ebenfalls erweitert werden. Ein Subtyp zeichnet sich jedoch durch Einschränkungen aus. Beispielsweise könnte xs:integer durch die Restriktion minInclusive=0 eingeschränkt werden, um den Typ nonNegativeInteger zu definieren. Um diese Unterschiede zu überbrücken, werden Algorithmen zur XML-Serialisierung von Objektgraphen eingesetzt. Folglich gibt es in Java Datentypen, die keine eindeutige XML-Repräsentation haben. Sicherlich könnte man sogar eine TreeMap in XML umwandeln, aber deren besondere Semantik geht dabei verloren. Schwierigkeiten bereiten auch zyklische Assoziationen zwischen Klassen, die in objektorientierten Programmiersprachen häufig auftreten. Mit eingebetteten Mapping-Anweisungen, wie sie beispielsweise JAXB anbietet, kann das standardmäßige O/X-Mapping verbessert werden. Aber auch das reicht nicht immer aus, um das erzeugte XML in allen Fällen von den internen Datenstrukturen zu trennen. Um diese Probleme zu vermeiden, sollten Sie Contract First favorisieren.

Fragilität des Vertrages   Code First hat noch einen anderen Nachteil. Der Servicevertrag wird relativ instabil, weil Codeänderungen unbeabsichtigte Vertragsänderungen zur Folge haben können. Wenn der Code jedoch aus der WSDL generiert wird, ist ausgeschlossen, dass sich der Servicevertrag ändert. Bei Code First besteht außerdem die Gefahr, dass ein unbeabsichtigt großer Objektgraph über den Service exponiert wird, sodass der Service unnötig komplex und langsam wird.

Versionierung   Sicherlich soll ein Vertrag so lang wie möglich gültig bleiben, dennoch kann es irgendwann Gründe geben, den Vertrag zu ändern, um neue Anforderungen umsetzen zu können. Contract First bietet die notwendige Kontrolle über die WSDL-Definitionen und XML-Schemata, sodass diese bei Änderungen korrekt versioniert werden können. Bei der Versionierung kann die Kompatibilität bzw. Inkompatibilität der Änderung berücksichtigt werden.

XML ist schwer zu schreiben.   Contract First hat nicht nur Vorteile. Das Erstellen der WSDL-Definitionen und der dazugehörigen XML-Schemata ist vergleichsweise aufwendig. Die Arbeit am Quellcode geht vielen Entwicklern leichter von der Hand als die Arbeit an den WSDL-Dokumenten. Für Contract First sind daher detaillierte Kenntnisse über SOAP, WSDL und XML notwendig. Die letzte Aussage ist jedoch kein echtes Problem. Ein Problem besteht vielmehr dann, wenn der Servicevertrag generiert wird, aber vom Entwickler nicht im Detail verstanden wird.

Eindeutiger Servicevertrag

Unmissverständlichkeit ist kein absolutes Muss beim Design eines Service, aber die Benutzung eines Service fällt häufig dann schwer, wenn das Design nicht explizit genug ist. Die folgende Operation wäre beispielsweise flexibel einsetzbar, doch ein semantischer Vertrag ist praktisch nicht vorhanden.

```
public List<Product> findProducts( String[] params )
```

Alternativ könnte man eine Operation mit explizit benannten Parametern einsetzen. Die Bedeutung der Parameter wäre dann besser für den Client erkennbar. Falls aber einige der Parameter optional sind, wird die Benutzung fehleranfällig, denn der Client hält vielleicht einen Pflichtparameter für optional und lässt ihn weg. Dieses Problem kann man umgehen, indem man versucht, auf optionale Parameter grundsätzlich zu verzichten. Stattdessen kann man zusätzliche Operationen hinzufügen und damit die Varianten abdecken. Entsprechend diesem Ansatz entscheiden sich Clients für die jeweils passende Operation und geben dann alle Parameter an. Der Name der Operation und die Parameter bieten eine klare Vertragssemantik, sodass der Service leicht verwendet werden kann. Ein Nachteil dieses Ansatzes ist, dass gegebenenfalls sehr viele Operationen erzeugt werden müssen.

Antipattern »Loosey Goosey« mit expliziten Optionen vermeiden

```
public List<Product> findProductsByCategory( Category category )
public List<Product> findProductsByCategoryAndPrice( Category
category, Price price )
public List<Product> findProductsByVendorName( String vendorName )
```

Auch die Namen und Typen der Parameter sind zu beachten. Diese sollten möglichst konsistent sein und sich nicht wie im folgenden Beispiel unnötig voneinander unterscheiden.

```
public List<Product> findProductsByCategory( Category category )
public List<Product> findProductsByCategoryAndMaxPrice( String
category, Price maxPrice )
public List<Product> findProductsByNameAndCategoryName( String
name, String categoryName )
```

Um die Anzahl der Operationen nicht zu groß werden zu lassen, könnte alternativ auch ein flexibleres Suchobjekt als Parameter genutzt werden. Die Elemente des Suchobjektes und dessen fachlich erlaubte Kombinationen können im XML-Schema definiert werden, sodass der Servicevertrag explizit definiert wird.

```
public List<Product> findProducts( SearchQuery query )
```

Aus Gründen der Performance oder Sicherheit unterstützen manche Services die Rückgabe von partiellen Objektgraphen. Auch derartige

Optionen sollten explizit definiert werden. Typsichere Enumerationen können für diesen Zweck eingesetzt werden:

```
public List<Product> findProducts( ProductDetails.All )
public List<Product> findProducts( ProductDetails.ProductInfo )
public List<Product> findProducts( ProductDetails.WarrantyInfo )
```

Fachliche Abstraktion

Für einen guten Service müssen passende fachliche Abstraktionen identifiziert werden. Gelingt dies nicht, so spricht man vom Antipattern »CRUDy Interface«. Der Name ist vermutlich etwas irreführend. Das Akronym CRUD steht zwar bekanntlich für die Operationen Create, Retrieve, Update und Delete, doch wer nun daraus schlussfolgert, dass es bei diesem Antipattern ausschließlich um Persistenzoperationen geht, der greift etwas zu kurz. Was tatsächlich mit diesem Antipattern gemeint ist, sollen die nachfolgenden Beispiele verdeutlichen.

```
createOrder
deleteOrder
```

Antipattern »CRUDy Interface« mit fachlicher Abstraktion vermeiden

Aus technischer Sicht sind diese persistenzbezogenen Namen korrekt, sofern man davon ausgeht, dass in der darunterliegenden Persistenzschicht ein Dateneintrag für die Bestellung erzeugt bzw. entfernt wird. Besser geeignet wären jedoch fachliche Namen auf einem höheren Abstraktionsniveau.

```
placeOrder
cancelOrder
```

Der semantische Unterschied wird im nächsten Beispiel noch deutlicher:

```
createProduct
deleteProduct

buyProduct
sellProduct
```

Der entscheidende Punkt ist, dass ein Serviceaufruf einen geschäftlichen Effekt haben sollte. Das Kaufen eines Produktes hat einen geschäftlichen Effekt, aber nicht das Erzeugen und Speichern eines Produktes in der Datenbank der Anwendung. Die Verben »create« und »delete« erinnern außerdem mehr an HTTP-Operationen und würden viel besser zu einer REST-API passen.

Problematisch können Services mit feingranularen Low-Level-Operationen sein, die eher an entfernte Methodenaufrufe als an Serviceaufrufe erinnern. Die API des folgenden Beispiels ist außerdem »geschwätzig« und kapselt nicht den damit verbundenen Geschäftsprozess oder Prozessschritt. Das »CRUDy Interface« des Beispiels könnte innerhalb des Service genutzt werden, sollte aber nicht für externe Clients zugänglich sein.

```
service.createProduct( product );
service.addProductInfo( product.id, productInfo )
service.addWarrantyInfo( product.id, warrantyInfo )
```

Kommunikation dieser Art ist häufig zustandsbehaftet und läuft Gefahr, Dateninkonsistenzen zu verursachen, falls Clients die API falsch nutzen oder Interaktionen aufgrund eines Netzwerkproblems abbrechen müssen. Anbieter eines Service können sich nicht darauf verlassen, dass Clients die API korrekt verwenden, andernfalls wird der Service instabil.

Ein Service sollte eine wohldefinierte Zuständigkeitsgrenze (boundary) darstellen. Das gezeigte Beispiel verletzt dieses Prinzip. Das Beispiel könnte die API eines Moduls innerhalb der Implementierung des Service sein, aber nicht Teil der öffentlichen API.

Explizite Grenze

Alle Daten, die ein Service vom Client braucht, um seine Funktion korrekt zu erfüllen, sollten beim Serviceaufruf übertragen werden. Der Zugriff auf den Service sollte auch nur über die öffentlich exponierte und mit WSDL beschriebene API erfolgen. Der Aufruf eines Service erfolgt über Nachrichtenaustausch, dessen Eigenschaften im Servicevertrag definiert sind. Gleichzeitig gibt es keinen gemeinsamen Kontext, den sich Client und Server teilen. Idealerweise erfolgt die Kommunikation mit dem Service zustandslos, weil dies Vorteile für Failover-Szenerien und Skalierbarkeit bietet.

Dokumentenorientiert

Prinzipiell kann man zwischen entfernten Methodenaufrufen und nachrichtenorientierten Services unterscheiden. Beide Stile lassen sich mit SOAP-Webservices verfolgen:

▪ Typischerweise wird SOAP für synchrone Request-Response-Interaktionen zwischen Client und Server genutzt. Dennoch muss sich ein SOAP-Webservice nicht auf einen RPC-Stil beschränken. Auch wenn technisch gesehen nur ein entfernter Methodenaufruf stattfindet, kann eine höhere fachliche Abstraktion gewählt werden. Neben der Abstraktion hilft der dokumentenzentrierte Ansatz, dass aus den Serviceaufrufen der Austausch von aussagekräftigen fachlichen Nachrichten entsteht. Die ausgetauschten Dokumente sollten aus der fachlichen Domäne der Anwendung stammen.

◼ Darüber hinaus können SOAP-Nachrichten auch zur synchronen und asynchronen Kommunikation mittels einer Messaging-Lösung verwendet werden. Der dokumentenzentrierte Charakter der SOAP-Nachrichten unterstützt auch langlaufende Prozesse und Store-and-Forward-Kommunikation[2].

> ### WSDL-Binding-Stile
>
> Russell Butek bietet in seinem Artikel [Butek 2005] eine gute Beschreibung der Binding-Stile und erörtert deren jeweilige Vor- und Nachteile. Deswegen wollen wir an dieser Stelle nicht näher darauf eingehen. Es ist jedoch an dieser Stelle wichtig zu verstehen, dass die SOAP-Binding-Stile »RPC« und »Document« nichts mit dem verwendeten Programmiermodell bzw. dem API-Stil zu tun haben.

Granularität

Die Frage, wie groß ein Service sein soll, lässt sich nicht allgemeingültig beantworten. Dennoch gibt es einige Aspekte, die man berücksichtigen kann, um zu einer sinnvollen Aufteilung zu kommen:

Performance   ◼ Webservices werden entfernt aufgerufen und haben folglich einen Netzwerkoverhead. Außerdem muss der Server die erhaltenen Nachrichten deserialisieren bzw. Antworten serialisieren. Aus diesem Grund möchte man die Anzahl der Serviceaufrufe eher gering halten. Das Antipattern »Nano Service« bringt das Problem auf den Punkt: Der Service darf nicht so kleinteilig geschnitten werden, dass der Overhead für Kommunikation und Wartung den Nutzen durch Wiederverwendung des Service übersteigt.

Atomarität   ◼ Jeder Serviceaufruf sollte eine Funktion erfüllen, die in einer atomaren Transaktion durchgeführt werden kann. Ein API-Designer kann nicht erwarten, dass Clients mehrere Aufrufe in spezifischer Reihenfolge durchführen, ohne dass die Anwendung hierdurch instabil wird. Die Beachtung dieses Aspekts vereinfacht Fehlerbehebung und vermeidet inkonsistente Zustände.

Nachrichtengröße   ◼ Grobgranulare Serviceoperationen übertragen mehr Daten als feingranulare, weil auch Daten übertragen werden, die womöglich gar nicht für die spezifische Aufgabe des Clients notwendig sind. Wenn man die Nachrichtengröße minimieren möchte, muss man den Ser-

---

2.   Bei dieser Technik werden die Daten über eine oder mehrere Zwischenstationen zum Empfänger übertragen. Die Zwischenstationen können die Daten vor der Weiterleitung speichern. Eine nachrichtenorientierte Middleware arbeitet nach diesem Prinzip, um Nachrichten zwischenzuspeichern und asynchron zuzustellen.

vice in kleinere Operationen aufteilen. Atomarität und Overhead müssen hierbei beachtet werden.

▪ Idealerweise bietet jede Serviceoperation genau eine Geschäfts-   *Geschäftsfunktion*
funktion. Theoretisch könnte eine Serviceoperation auch mehrere Geschäftsfunktionen anbieten, sofern dadurch die API nicht komplexer und die Nachrichten größer werden. In diesem Zusammenhang sind zwei Antipatterns zu nennen: »Multi Service« und »Tiny Service«. Das Antipattern »Multi Service« ist ein Service, der Operationen unterschiedlicher fachlicher oder technischer Abstraktionen bietet. Das Antipattern »Tiny Service« umschreibt kleine Services, die nur wenige Operationen bieten und dadurch eine Abstraktion unvollständig abdecken. Ein derartiger Service gehört zu einer Gruppe weiterer Services, die gemeinsam genutzt werden. Die Aufteilung auf mehrere Services erhöht die Komplexität der API und erschwert damit deren Benutzung.

Idempotente Nachrichten

In einem verteilten System sind Netzwerk- und Serverfehler nicht auszuschließen und es können Nachrichtenverluste auftreten. Wenn eine Serviceantwort verloren geht und der Client erneut seine Anfrage sendet, kann die Wiederholung zu unerwünschten Ergebnissen führen. Der Service kann oftmals so entworfen werden, dass auch wiederholte Nachrichten zum gleichen Ergebnis führen. Typischerweise sind lesende Services kein Problem, sofern sie den Zustand der Anwendung nicht verändern. Andere Serviceoperationen, die allgemein auf den Aktionen »put«, »delete« oder »set« basieren, können ebenfalls idempotent sein, sofern die Nachbedingungen nicht vom vorherigen Zustand des Service abhängen. Zum Beispiel sollte auch das wiederholte Stornieren einer Bestellung das gleiche Ergebnis haben. Die Nachbedingung fordert schließlich nur, dass nach Ausführung der Operation, die Bestellung storniert ist.

Nachrichten anderer Operationen können mit eindeutigen IDs markiert werden, sodass serviceseitig überprüft werden kann, ob die Operation bereits durchgeführt wurde. Duplizierte Aufrufe können auf diese Weise abgelehnt werden.

Die Idempotenz von Operationen sollte dokumentiert werden, weil die Operationen eines SOAP-Service im Gegensatz zu HTTP anwendungsspezifisch sind.

Reservierung

Datenbanksysteme garantieren typischerweise Transaktionen mit ACID-Eigenschaften[3], sodass im Fehlerfall eine Transaktion zurückgerollt werden können muss, um Dateninkonsistenzen zu vermeiden. Das ist ziemlich praktisch, doch leider steht dieser Luxus nicht immer und überall zur Verfügung. Verteilte Transaktionen skalieren nicht und Transaktionen sollten generell möglichst kurz sein. Diese Tatsache macht ACID-Transaktionen für langlaufende Geschäftsprozesse nutzlos.

Eine Alternative bietet das Reservierungsmuster, das mit einem Koordinator umgesetzt wird, der für folgende Aufgaben zuständig ist:

- Freie Ressourcen für begrenzte Zeit reservieren und bestätigen
- Reservierungen vor tatsächlichem Abschluss prüfen
- Veraltete Reservierungen aufräumen

Dieses Muster könnte beispielsweise beim Kauf eines Flugtickets eingesetzt werden. Der vom Kunden ausgewählte Sitzplatz wird nicht sofort gebucht, sondern nur für 10 Minuten reserviert. Falls der Kunde bis zum Ablauf dieser Frist nicht abschließend bucht, verliert er die Reservierung. Bei der Buchung könnten mehrere Systeme beteiligt sein. Eine verteilte Transaktion, die als umspannende Klammer die Konsistenz aller beteiligten Systeme sicherstellt, ist nicht notwendig.

10.4 Versionierung

Der korrekte Umgang mit API-Versionierung ist insbesondere für Entwickler von verteilten Anwendungen eine schwierige Aufgabe. Daher ist es auch nicht verwunderlich, dass dieses Thema immer wieder mit unterschiedlichen Ergebnissen diskutiert wird. Versionierung wurde nicht in den Webservice-Standards berücksichtigt. Daher gibt es keine verbindliche Lösung für dieses Problem.

Angenommen alle existierenden Clients eines beispielhaften Product-Service erwarten den Datentyp Float zur Angabe der Bestellmenge, aber der Service wird geändert und verwendet nun Integer. Falls ein Client trotzdem Float verwendet, wird dessen SOAP-Nachricht akzeptiert. Die Bestellmenge wird jedoch in die Zahl 0 umgewandelt und der technische Fehler bleibt vielleicht unbemerkt.

---

3.   ACID ist abgeleitet von den Anfangsbuchstaben der englischen Begriffe Atomicity (Atomarität), Consistency (Konsistenz), Isolation und Durability (Dauerhaftigkeit).

Daher muss man genau verstehen, welche WSDL-Änderungen existierenden Clientcode brechen und welche dies nicht tun. Gleichzeitig braucht man einen Mechanismus, um existierenden Clientcode zu brechen, sodass nicht versehentlich ältere Nachrichten akzeptiert werden, die zu fehlerhaften Resultaten führen.

Thomas Erl beschreibt in [Erl et al. 2008] folgende Änderungen, die den Servicevertrag abwärtskompatibel ändern und somit keine negativen Auswirkungen auf existierende Clients haben:

Abwärtskompatible Änderungen

- Hinzufügen einer WSDL-Operation und dazugehöriger Nachrichten
- Hinzufügen eines Port Type und dazugehöriger Operationen
- Hinzufügen von Binding- und Servicedefinitionen
- Hinzufügen optionaler Elemente oder Attribute im XML-Schema[4]
- Reduktion der Bedingungsgranularität[5] der Elemente oder Attribute im XML-Schema
- Hinzufügen von XML-Wildcards (xs:any und xs:anyAttribute) im XML-Schema der Nachrichten
- Hinzufügen optionaler WS-Policy Assertions
- Hinzufügen neuer WS-Policy-Alternativen

Dem gegenüber stehen die Änderungen, die den Service für existierende Clients unbrauchbar machen. Erl beschreibt die folgenden Punkte [Erl et al. 2008]:

Inkompatible Änderungen

- Entfernen oder Umbenennen einer WSDL-Operation
- Ändern des Nachrichtenaustauschmusters einer WSDL-Operation
- Hinzufügen einer Fault Message zu einer WSDL-Operation
- Hinzufügen eines erforderlichen Elements oder Attributs zum XML-Schema der Nachrichten
- Erhöhen der Bedingungsgranularität der Elemente oder Attribute im XML-Schema
- Entfernen oder Umbenennen von Elementen oder Attributen im XML-Schema
- Hinzufügen einer erforderlichen WS-Policy Assertion oder Expression

Letztendlich sind Versionen immer dann inkompatibel, wenn Vorbedingungen verstärkt werden oder Elemente, die ein Client verwendet, nicht mehr zur Verfügung stehen.

---

4. Für Request-Nachrichten spielen neue optionale Elemente oder Attribute keine Rolle, aber für Response-Nachrichten ist die Situation komplizierter. Denn je nach Implementierung des Clients könnte es sein, dass dieser die Nachricht nicht mehr lesen kann.

5. Die Reduktion der »contraint granularity« entspricht der Verstärkung von Vorbedingungen, die von validen XML-Dokumenten eingehalten werden müssen.

Zur Umsetzung einer Versionierungsstrategie muss man generell erst einmal in der Lage sein, eine Version eindeutig zu identifizieren. An sich ist ein Servicevertrag unveränderlich. Sobald der Servicevertrag geändert wird, hört dessen Existenz auf und ein neuer Vertrag entsteht. Ob der neu entstandene Vertrag zum vorherigen kompatibel ist, hängt von der durchgeführten Änderung ab. Die Kompatibilität bzw. Inkompatibilität von Webservice-Änderungen wurde bereits in diesem Kapitel beschrieben. Was bleibt, ist die Notwendigkeit, einzelne Serviceverträge voneinander unterscheiden zu können. Zur eindeutigen Unterscheidung erhalten die Serviceverträge eine Versionsbezeichnung.

Versionsidentifikation

Versionen werden fast immer durch Versionsnummern kommuniziert. Ein einfaches und verbreitetes Format ist:

```
version="2.0"
```

Minor-Versionen wie »2.2« deuten auf abwärtskompatible Änderungen hin. Die Version »2.2« wäre daher kompatibel zu »2.1« und »2.0«. Im Gegensatz dazu ist eine Major-Version wie »3.0« nicht abwärtskompatibel zu »2.0«. Andere Versionsformate nutzen mehrere Nummernstellen, um die Signifikanz der Änderung genauer auszudrücken. Ein bekanntes Format mit drei Stellen ist Semantic Versioning [Preston-Werner 2015].

Die Nummern können auch genutzt werden, um zu zeigen, wie komplex oder umfangreich die Änderung ist. Demzufolge würde man Major-Versionen nur für umfangreiche Erweiterungen oder Überarbeitungen einsetzen, ganz egal ob diese kompatibel sind oder nicht.

Auch die Spezifikation von XML-Dokumenten wird mithilfe einer Versionsnummer identifiziert:

```
<?xml version="1.0"?>
```

Der gleiche Ansatz wird ebenfalls von XSD (XML Schema Definition) verwendet:

```
<xsd:schema version="2.0" >
```

Prinzipiell kann man das Attribut »version« auch für beliebige benutzerdefinierte Elemente einsetzen:

```
<Product version="1.0">
```

Alternativ zum Attribut kann die Versionsnummer auch in den Namensraum integriert werden. Wenn sich der Namensraum ändert, müssen automatisch alle Clients angepasst werden:

```
<Product xmlns="http://example.org/schema/product/v1"/>
```

Auch Datumsangaben können zur Identifikation der Version verwendet werden:

```
<Product xmlns="http://example.org/schema/product/2016/11"/>
```

Strategien zur Versionierung

Bei Auswahl einer Versionierungsstrategie können optional Vorwärts- und Abwärtskompatibilität berücksichtigt werden, sodass sich verschiedene Varianten ergeben [Erl et al. 2008]:

- Jede Änderung, egal ob im WSDL-Dokument, im XML-Schema oder die WS-Policies betreffend, führt zu einer neuen Version. Dies ist die einfachste Strategie zum Umgang mit Änderungen am Servicevertrag, weil die Konsequenzen der Änderungen für Abwärts- und Vorwärtskompatibilität mit Absicht ignoriert werden. Diese Strategie hat jedoch auch ihre Nachteile: Falls die Version mithilfe eines XML-Namensraums angegeben wird, muss jeder Client angepasst werden. Der Integrationsaufwand auch für minimale Änderungen kann daher sehr hoch sein. *Strenge Versionierung*

- Nur inkompatible Änderungen am Servicevertrag führen zu einer neuen Version. Diese Strategie unterstützt Abwärtskompatibilität, aber keine Vorwärtskompatibilität. Man muss jedoch beachten, dass obwohl die Änderungen abwärtskompatibel sein mögen, diese nicht nachträglich wieder entfernt werden können. Daher muss sichergestellt werden, dass unterschiedliche Webservice-Verträge trotz gleicher Versionsnummer nicht vertauscht werden. *Flexible Versionierung*

- Diese Strategie ähnelt der flexiblen Versionierung, unterstützt aber auch Vorwärtskompatibilität, die beispielsweise mit Wildcards im XML-Schema umgesetzt werden kann. Denn durch die Wildcards können beliebige Elemente innerhalb der Nachrichten transportiert werden. Dieser Ansatz ist einerseits sehr flexibel, macht andererseits aber die Semantik des Webservice sehr vage. *Lose Versionierung*

10.5 SOAP versus REST

SOAP oder REST – diese Fragestellung wird kontrovers diskutiert und darf deswegen auch in diesem Buch nicht fehlen. Das vorweggenommene Fazit lautet: Eine Web-API sollte idealerweise die REST-Bedingungen befolgen und ist einem SOAP-Webservice vorzuziehen:

▨ REST bietet insbesondere dann Vorteile, wenn eine API internetweit veröffentlicht wird. Im Mittelpunkt steht der Zugriff auf benannte Ressourcen durch ein einheitliches Interface.

▨ SOAP exponiert Operationen, die Geschäftslogik durch unterschiedliche Interfaces umsetzen. Im Mittelpunkt stehen nicht die exponierten Daten, sondern Operationen.

▨ Der Begriff »Webservice« ist stark mit SOAP assoziiert. Tatsächlich arbeitet aber nur REST im Einklang mit der Funktionsweise des Web auf Basis von URIs und HTTP. Streng genommen ist deswegen der Begriff »SOAP-Webservice« unpassend.

▨ REST nutzt Standard-HTTP. SOAP und WSDL haben eigene komplizierte Standards. Aus diesem Grund werden Entwicklung, Dokumentation und Benutzung von REST-APIs als einfacher angesehen.

▨ REST erlaubt unterschiedliche Datenformate, während SOAP sich praktisch auf XML beschränkt. Alternativ eingesetzte JSON-Datenformate können leichter geparst werden als XML.

▨ Caching ist ein Standard-Feature von RESTful HTTP. Anders sieht die Unterstützung bei SOAP aus. SOAP-Nachrichten, die via HTTP transportiert werden, nutzen ausschließlich HTTP POST. Theoretisch könnten die SOAP-Nachrichten auch mit HTTP GET übertragen werden, aber dann könnte der Body nicht genutzt werden. Faktisch wird daher ausschließlich HTTP POST eingesetzt. Standard-HTTP-Technologien können allerdings kein HTTP POST cachen. Caching müsste deswegen innerhalb der Applikation auf Client- oder Serverseite erfolgen.

Viele moderne IT-Unternehmen haben aus diesem Grund von SOAP Abstand genommen und konzentrieren sich auf REST zur Umsetzung von Web-APIs. Doch gibt es eigentlich noch Gründe, die für den Einsatz von SOAP sprechen? Befürworter von SOAP nennen typischerweise diese Vorteile:

▨ In den WS-*-Spezifikationen ist das Signieren und Verschlüsseln *WS-Security*
von Nachrichten definiert. Außerdem können Sicherheitstoken als
Teil einer Nachricht mittransportiert werden.

▨ Der WS-Coordination-Standard bietet gleich mehrere Protokolle *WS-AtomicTransaction*
zur Durchführung verteilter Transaktionen (WS-AtomicTransac-
tion, WS-BusinessActivity).

▨ SOAP bietet verlässliche Kommunikation auch über Zwischensta- *WS-Reliable Messaging*
tionen von Ende zu Ende.

Diese vermeintlichen Vorteile von SOAP-Webservices gegenüber
RESTful HTTP sollte man aber kritisch hinterfragen. Zum Beispiel ist
das Ausführen von ACID-Transaktionen im Web sehr problematisch.
Nicht ohne Grund bietet HTTP kein Zwei-Phasen-Commit-Protokoll
für verteilte Transaktionen. Der WS-Coordination-Standard wird
ohnehin nur selten verwendet. Und statt Reliable Messaging können
pragmatische Alternativen auf Basis idempotenter HTTP-Operationen
oder IDs zur Duplikaterkennung genutzt werden.

10.6   Zusammenfassung

Eine immer noch wichtige Alternative für RESTful HTTP sind klassi-
sche Webservices auf Basis von SOAP und WSDL. In diesem Kapitel
haben Sie die Struktur von SOAP-Nachrichten kennengelernt und verstehen nun, wie diese XML-basierten Dienste mit WSDL beschrieben
werden können. Vergleiche zwischen SOAP und REST werden kontrovers diskutiert. Die von SOAP-Befürwortern typischerweise hervorge-
brachten Vorteile können kritisch infrage gestellt werden, weil auch
RESTful HTTP pragmatische Lösungen bietet. Deshalb ist RESTful
HTTP grundsätzlich gegenüber SOAP-Webservices zu bevorzugen.

11 Messaging

Eine Middleware bildet eine anwendungsneutrale Schicht zwischen Betriebssystem und Anwendung. Eine ihrer wesentlichen Funktionen ist die Unterstützung von entfernten Methodenaufrufen. Damit sind Aufrufe von Methoden auf Objekten gemeint, die im Adressraum eines anderen Prozesses liegen. Für den entfernten Methodenaufruf nutzt die Middleware ein sogenanntes Wire-Protokoll. Wenn der Aufrufer auf das Ergebnis des Aufrufs der entfernten Methode wartet, ergeben sich einige Probleme: Entwickler müssen sich mit Netzwerkproblemen beschäftigen und mit langen Antwortzeiten zurechtkommen. Aus diesem Grund arbeitet eine nachrichtenorientierte Middleware nicht mit Methodenaufrufen, sondern mit Nachrichtenaustausch. Auch die im vorherigen Kapitel beschriebenen SOAP-Nachrichten können so genutzt werden.

Gründe für eine nachrichtenorientierte Middleware

Eine Nachricht wäre zum Beispiel »Neuer Containertransport«. Der Empfänger der Nachricht entscheidet, was konkret er mit dieser Nachricht macht. Im Gegensatz dazu wäre ein Methodenaufruf wie beispielsweise »Speichere neuen Containertransport in Datenbank« viel konkreter. Durch den Einsatz der Nachrichten werden die Systeme stärker voneinander entkoppelt.

Entkopplung durch Nachrichten

Die Verarbeitung der Nachrichten erfolgt typischerweise asynchron. Durch diese zeitliche Entkopplung kann eine Nachricht beispielsweise lokal gespeichert werden, falls die Übertragung zum entfernten Server aufgrund vorübergehender Netzwerkprobleme nicht sofort möglich ist. Die Übertragung wird so lange wiederholt, bis sie schließlich erfolgreich war.

Asynchrone Bearbeitung der Nachrichten

Ein Publisher veröffentlicht eine Nachricht, die von der Middleware zu einem oder mehreren Konsumenten der Nachricht gesendet wird. Weil der Publisher und die Konsumenten nicht direkt miteinander interagieren, kann der Publisher nicht von den Konsumenten blockiert werden, auch wenn die Verarbeitung der Nachricht länger dauert oder die Konsumenten temporär nicht erreichbar sind.

Um von den Vorteilen asynchroner Kommunikation profitieren zu können, müssen Entwickler und Softwarearchitekten etwas umdenken und eine andere Architektur wählen, als dies bei synchroner Verarbeitung der Fall wäre. Um die Anwendungsmöglichkeiten zu verdeutlichen, wollen wir uns zunächst eine Beispielanwendung zur Planung und Verwaltung von Transportrouten von Lastkraftwagen anschauen.

11.1 Routenplanung für Lkw-Transporte (Teil 1)

Im Mittelpunkt dieser Beispielanwendung steht ein Dienst zur Routenplanung, der Nachrichten wie »Transportiere Container von Lokation A nach B« oder »Transportiere Schüttgut von Lokation C nach D« akzeptiert. Die eingehenden Transportaufträge werden vom Routenplaner gespeichert und bestätigt. Es liegt auf der Hand, dass ein Auftraggeber nicht so lange blockiert werden kann, bis der Transportauftrag tatsächlich durchgeführt wurde. Stattdessen erhält der Auftraggeber nur eine Bestätigung, dass sein Auftrag erfasst und schnellstmöglich durchgeführt wird.

Abb. 11–1
Auftraggeber und Fahrer kommunizieren mit Routenplaner.

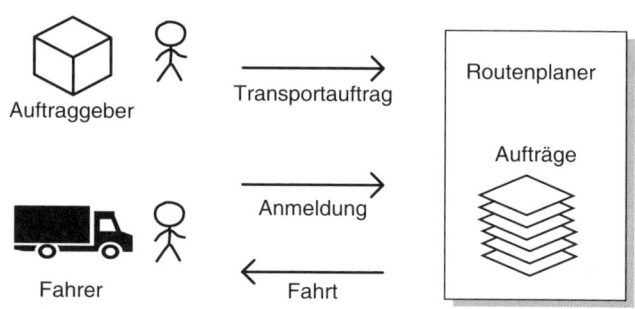

Wenn sich ein Fahrer unter Angabe seiner ID und seines Wagens in Form einer Nachricht beim Routenplaner anmeldet, berechnet dieser für die noch durchzuführenden Transportaufträge eine Route R1. Die Berechnung der Route basiert auf einem komplexen Algorithmus, der Priorität, Zeit, Entfernung und andere Parameter berücksichtigen kann, um eine möglichst effiziente Fahrroute für den Fahrer zu berechnen. Konkrete Details eines solchen Algorithmus sollen in diesem Beispiel vernachlässigt werden.

Der Fahrer fordert schließlich einen Transportauftrag an, und der Routenplaner schickt ihm den ersten Eintrag aus der Route R1. Weil die Berechnung der Route so aufwendig ist, wird die Route auf dem Server gespeichert, sodass die Anfrage des Fahrers schnell beantwortet werden kann.

In der Zwischenzeit gehen weitere Transportaufträge beim Routenplaner ein und die Berechnung einer neuen Route R2 beginnt. Erst wenn die Berechnung von R2 abgeschlossen ist, wird R1 ersetzt. Von dieser Umplanung merkt der Fahrer nichts. Falls sich ein zweiter Fahrer anmeldet, erfolgt ebenfalls eine asynchrone Umplanung. In diesem Fall sind das Ergebnis zwei Routen.

Zusammenfassend hat der beschriebene Routenplaner folgende Vorteile: Die zeitaufwendige Berechnung bzw. Neuberechnung der Routen ist von der Interaktion mit den Auftraggebern und Fahrern entkoppelt. Eingehende Transportaufträge werden gespeichert und sofort bestätigt, sodass die Auftraggeber nicht unnötig warten müssen. Auch die Fahrer erhalten schnell eine Antwort, weil die Routen vorberechnet werden.

Das beschriebene Szenario lässt sich mit einer Messaging-Lösung realisieren. Bevor weitere Details einer möglichen technischen Lösung beschrieben werden, sollen zunächst grundlegende Funktionen von Messaging-Lösungen vorgestellt werden. Danach wird in Teil 2 die beispielhafte Routenplanung wieder aufgegriffen.

11.2 Message Broker

Häufig verwenden Messaging-Systeme einen sogenannten Message Broker oder werden sogar als solcher bezeichnet. Ein Message Broker ist ein Architekturmuster, das beschreibt, wie der Nachrichtenaustausch zwischen verschiedenen Komponenten eines Systems erfolgen kann. Ein zentraler Message Broker hat die Funktion eines Servers, der Nachrichten von mehreren Publisher empfangen, die korrekte Destination bestimmen und zum Nachrichtenkonsumenten routen kann. Dieses und weitere Messaging-Architekturmuster werden in [Hohpe & Woolf 2004] beschrieben.

Destinationen

Ein Message Broker unterscheidet prinzipiell zwischen den Destinationen Queues, Topics und durable Subscriptions:

Queues haben zwei Arten von Clients: Publisher und Konsumenten. Die Nachricht eines Publishers kann nur von einem Konsumenten empfangen werden. Nach Bestätigung des Empfangs der Nachricht wird diese automatisch aus der Queue entfernt. Das Ganze erinnert an die Funktionsweise einer Post: Man wirft einen Brief in einen Briefkasten und verlässt sich darauf, dass der Brief schlussendlich zugestellt

Queues (Punkt-zu-Punkt)

wird. Die Post ist für das Routing zum korrekten Adressaten verantwortlich.

Abb. 11–2

*Eine Queue
(Warteschlange) ist eine
Datenstruktur zur
Zwischenspeicherung von
Objekten in Reihenfolge
(First In – First Out).*

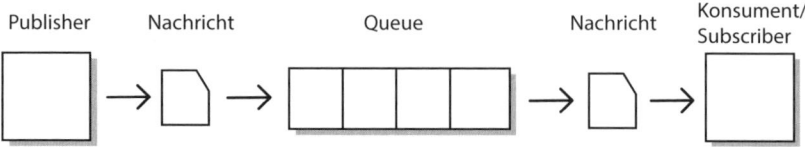

Topics (Publish/Subscribe)

Topcis haben ebenfalls zwei Arten von Clients: Publisher und Subscriber. Die Subscriber erhalten die Nachrichten der Publisher, falls sie sich
für das passende Topic angemeldet haben. Im Gegensatz zur 1:1-Kom-
munikation der Queues können mehrere Subscriber die gleiche Nachricht empfangen.

Abb. 11–3

*Publish/Subscribe
(veröffentlichen/
abonnieren) ist ein
Entwurfsmuster, bei dem
mehrere Subscriber die
Nachrichten des
Publishers erhalten.*

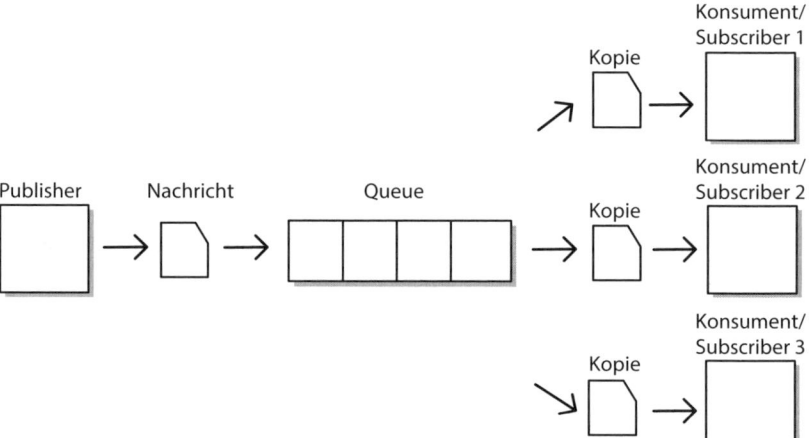

Durable Subscriptions

Wenn die abonnierten Nachrichten so lange in der Queue gespeichert
werden sollen, bis die Konsumenten sie schließlich empfangen können,
spricht man von einer »durable Subscription«. Auch wenn ein Konsument nicht jederzeit online ist, wird er eine Nachrichtkopie erhalten
(siehe Abb. 11–4).

*Message Persistence und
Message Durability sind
unterschiedliche
Konzepte.*

   Den Unterschied zwischen Persistenz und Durability von Nachrichten kann man am besten mit einer E-Mail und einer Sendung im
Fernsehen erklären. Wenn man den Fernseher nicht einschaltet, wird
man die Sendung verpassen. Wenn man jedoch den Computer nicht
einschaltet, kann man trotzdem zu einem späteren Zeitpunkt die E-
Mail noch empfangen und lesen. In diesem Sinne ist die E-Mail
»durable« und die Sendung im Fernsehen ist es nicht.

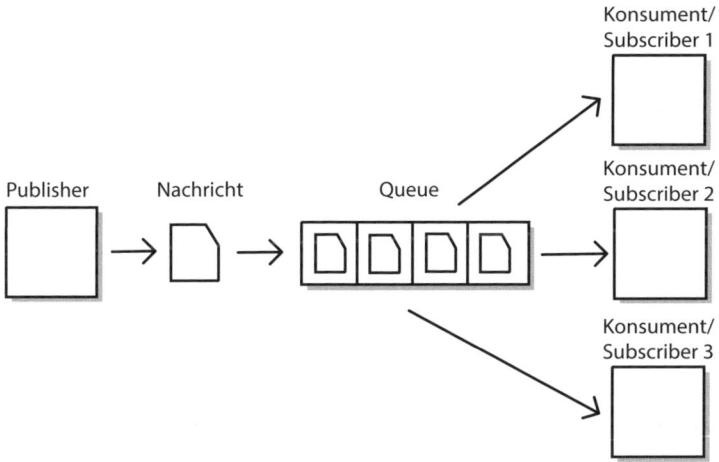

Abb. 11–4
Die Nachrichten einer durable Subscription werden zwischengespeichert, sodass alle angemeldeten Konsumenten eine Kopie erhalten.

Eine Nachricht kann auch »persistent« sein. Damit ist gemeint, dass die Nachricht auf dem Server auf Festplatte gesichert wird, um einen Servercrash überleben zu können. Eine Nachricht ohne diese Eigenschaft wird im Hauptspeicher gehalten und geht bei einem Neustart des Servers verloren.

Datenratenbegrenzung

Datenratenbegrenzung (throttling) ist eine bekannte Technik aus dem Bereich der Übertragungstechnik, um die Datenrate eines Kanals nach bestimmten Prioritäten an konkurrierende Benutzer aufzuteilen. Auch für Messaging ist Datenratenbegrenzung von Bedeutung. Zu den Enterprise Integration Patterns gehört der Throttler, der sicherstellt, dass ein spezifischer Endpunkt nicht überlastet wird oder dass vereinbarte Service Level Agreements eines externen Dienstes eingehalten werden.

Das Throttler-Muster wird beispielsweise von Apache Camel, einer freien, regelbasierten Routing- und Konvertierungsengine, umgesetzt. Mit Apache Camel kann gesteuert werden, wie viele Requests in einem Zeitabschnitt vom Publisher zum Konsumenten gesendet werden.

Throttler-Muster

Apache Camel nutzt für dieses Feature SEDA-Komponenten, die Nachrichten mithilfe einer BlockingQueue[1] übertragen. Die Konsumenten einer BlockingQueue werden in einem separaten Thread-Pool aufgerufen. SEDA (Staged Event-Driven Architecture) bezeichnet eine Softwarearchitektur, die ereignisgetriebene Applikationen in eine Menge von verbundenen Queues aufteilt.

SEDA-Verhalten von Queues

---

1.   Hiermit ist das Interface java.util.concurrent.BlockingQueue in der Java-Standardbibliothek gemeint.

Push versus Pull

Es gibt zwei Ansätze zur Übertragung der Nachrichten aus der Queue zum Konsumenten:

Push initiiert durch Server ▪ Typischerweise registriert sich ein Konsument bei einer Queue oder einem Topic mit einer Callback-Funktion. Dann wartet der Konsument, bis er vom Messaging Server mit einer Nachricht aufgerufen wird. Der Server bestimmt, wann und welche Nachricht versandt wird. Um die Überlastung des Konsumenten zu vermeiden, kann Datenratenbegrenzung eingesetzt werden.

Pull initiiert durch Konsument ▪ Alternativ kann der Konsument selbst den Messaging Server aufrufen und nachfragen, ob neue Nachrichten vorhanden sind. Der Server speichert die Nachrichten und wartet passiv auf den Abruf der Nachrichten. Das Polling kann unnötige Netzwerklast verursachen.

Callback Queues

Das Ergebnis eines synchronen Methodenaufrufs, egal ob lokal oder entfernt, erhält der Aufrufer, sobald die Bearbeitung der Methode abgeschlossen ist. Wenn der Aufruf durch asynchrones Messaging entkoppelt wird, braucht man einen zusätzlichen Mechanismus, um den Aufrufer über das Ergebnis zu informieren.

Eine Nachricht mit der Antwort kann an eine Callback Queue geschickt werden, die die Nachricht dann zum eigentlichen Konsumenten weiterleitet. AMQP hat für diesen Zweck die Felder reply-to und correlation-id. Ersteres ist normalerweise der Name der Callback Queue. Letzteres ist eine ID, die den Zusammenhang zwischen Nachricht und Antwort herstellt.

11.3 Produkte

Nach dem eher theoretischen Einstieg folgt nun eine Übersicht über konkrete Messaging-Produkte. Am Ende dieses Abschnitts werden die Produkte noch einmal zusammenfassend miteinander verglichen.

Apache ActiveMQ

Einer der populärsten Message Broker ist Apache ActiveMQ. Dieser freie Broker unterstützt mehrere Protokolle: OpenWire, STOMP, AMQP und MQTT. Die genannten Protokolle werden im anschließenden Abschnitt vorgestellt. Darüber hinaus implementiert ActiveMQ die API von JMS 1.1 und unterstützt alle Enterprise Integration Patterns[2] aus dem Buch von Gregor Hohpe und Bobby Woolf [Hohpe & Woolf 2004].

Zur Speicherung von Nachrichten wird die datei-basierte Datenbank KahaDB eingesetzt. Alternativ kann auch eine relationale Datenbank eingesetzt werden, denn deren Betrieb ist im Enterprise-Umfeld gut geregelt. Mehrere Enterprise-Service-Bus (ESB)-Implementierungen (z.B. Mule und Apache ServiceMix) basieren auf ActiveMQ.

ActiveMQ Apollo

Nicht verwechseln sollte man ActiveMQ mit ActiveMQ Apollo. Diese Scala-Neuentwicklung mit verbesserter Architektur führt alle Aufgaben asynchron und nicht blockierend aus. Aus diesem Grund arbeitet die Konkurrenz aus eigenem Haus effizienter mit Mehrkernprozessoren als sein älterer Vorgänger. Für persistente Nachrichten nutzt ActiveMQ Apollo wahlweise die NoSQL-Datenbank LevelDB oder die Java-Edition der Berkeley DB.

RabbitMQ

Ein anderer populärer Message Broker, der ebenfalls die zuvor genannten Protokolle unterstützt, ist RabbitMQ. Der in Erlang geschriebene Broker bietet zahlreiche Features und ist gut dokumentiert. Nachrichten werden, falls der Hauptspeicher nicht ausreicht oder falls die Nachrichten vor Verlust geschützt werden müssen, ins lokale Dateisystem geschrieben.

ZeroMQ

Eine weitere Messaging-Lösung ist ZeroMQ. Diese Bibliothek unterstützt asynchrones Messaging für verteilte oder nebenläufige Anwendungen. ZeroMQ bietet eine Message Queue und kann im Gegensatz zu einer klassischen nachrichtenorientierten Middleware ohne Message Broker arbeiten. Ein Message Broker ist für gewöhnlich das zentrale Element, durch das die Kommunikation der verbundenen Anwendungen fließt – vergleichbar mit einer »Hub and Spoke«-Architektur. ZeroMQ vermeidet den Overhead eines zentralen Message Broker, indem die beteiligten Anwendungen direkt miteinander kommunizieren. Der Sender einer Nachricht ist für das Routing zum Ziel und der Empfänger für das Queueing verantwortlich. Ein Broker in Funktion eines Directory Service[3] hat jedoch auch seine Vorteile, deswegen unterstützt ZeroMQ verschiedene Modelle.

---

2. Für Routing und Vermittlung von Nachrichten nutzt ActiveMQ das Framework Apache Camel, das die angesprochenen Enterprise Integration Patterns unterstützt.

Apache Kafka

Kafka ist ein verteiltes Messaging-System mit Publish-Subscribe-Muster. Produzenten schreiben Nachrichten für Topics und Konsumenten lesen von diesen. Die Topics werden partitioniert und repliziert über mehrere Knoten. Zur Partitionierung können den Nachrichten Schlüssel hinzugefügt werden. Ein wichtiger Unterschied zu den anderen zuvor beschriebenen Messaging-Systemen sind die Partitionen, die als Logs behandelt werden. Ein Log entspricht einer sortierten Menge von Nachrichten. Eine Nachricht ist definiert durch einen eindeutigen Offset im Log. Ein anderer Unterschied besteht darin, dass Kafka alle Nachrichten für eine bestimmte Dauer behält und nicht verfolgt, welcher Client welche Nachricht gelesen hat. Stattdessen sind die Konsumenten selbst dafür verantwortlich, ihre Positionen in den Logs zu verwalten und die Nachrichten zu lesen. Mit diesem Ansatz vermeidet Kafka Overhead und kann dadurch sowohl eine sehr große Anzahl an Konsumenten als auch sehr große Datenmengen bewältigen.

Falls man Kafka für die am Anfang des Kapitels beschriebene Routenplanung einsetzen würde, könnten die Nachrichten mit dem Fahrauftragstyp als Schlüssel (Wechselbrücke, Schüttgut, Heizöl etc.) und dem Ereignis als Wert versandt werden. Alle Nachrichten für einen bestimmten Fahrauftragstyp werden dann zur selben Kafka-Partition geleitet. Die Kafka-Konsumenten können sich auf einzelne Kafka-Partitionen spezialisieren und müssen die Nachrichten der anderen Partitionen nicht lesen, um die Routen für spezielle Fahrauftragstypen zu planen.

Obwohl es möglich wäre, Kafka für diese Aufgabe einzusetzen, wäre es wahrscheinlich mit dem zu erwartenden Durchsatz unterfordert. Falls die Fahrzeuge kontinuierlich Messsignale für Geschwindigkeit, Kraftstoffverbrauch etc. zur Analyse schicken würden, wäre maximaler Durchsatz gefordert und Kafka könnte seine Vorteile ausspielen.

---

3. Ein Broker hat zwei wesentliche Funktionen: den eigentlichen Nachrichtentransport und die Verwaltung von Metadaten über die Applikationen im Netzwerk, sodass die Nachrichten von Applikation X korrekt zu Applikation Y auf Host Z übertragen werden können. Ein Broker in Funktion eines Directory Service übernimmt nur letztere Funktion.

Aeron

Diese Open-Source-Bibliothek für Nachrichtentransporte auf der ISO-Schicht 4 macht den besten kommerziellen Produkten aufgrund seiner guten Performance Konkurrenz. Diese Bibliothek ist kein Messaging-Produkt mit vielen Funktionen (Nachrichtenspeicherung, Übertragungsgarantien, Clustering und Topics werden nicht unterstützt), sondern ein nachrichtenorientierter TCP-Ersatz.

Aeron nutzt keine Broker, so wie sie hier vorgestellt sind, sondern kommuniziert via Shared Memory mit Clients. Außerdem nutzt ein Aeron-Treiber zum Senden und Empfangen dedizierte Threads auf Datenstrukturen mit nicht blockierendem Laufzeitverhalten.

Vergleich der Messaging-Systeme

Die vorgestellten Messaging-Systeme sind skalierbar, haben Queues mit unbegrenzter Länge, bieten Failover-Konfigurationen für Hochverfügbarkeit und haben Clients für verschiedene Programmiersprachen. Einige wichtige Unterschiede sind in der folgenden Tabelle zusammengefasst:

	ActiveMQ	ActiveMQ Apollo	RabbitMQ	ZeroMQ	Kafka	Aeron
Broker	Ja	Ja	Ja	Nein	Verteilt	Nein
Transaktionen	Ja	Ja	Ja	Nein	Nur mit Plug-in	Nein
Persistenz	Ja	Ja	Ja	Nein	Ja	Nein
Routing	Komplex	Komplex	Komplex	Einfach	Mittel	Einfach
Protokolle	OpenWire, STOMP, AMQP, MQTT	OpenWire, STOMP, AMQP, MQTT	OpenWire, STOMP, AMQP, MQTT	ZMTP	Kafka Protocol	Aeron Protocol

ActiveMQ und ActiveMQ Apollo überzeugt vor allem durch einfache Konfiguration und gute Performance im Persistenzmodus. RabbitMQ ist bestens für fortgeschrittene Messaging-Muster, Routing und Load Balancing geeignet. ZeroMQ bietet nur einfache Messaging-Muster ohne Persistenz, aber eine sehr gute Performance. Kafka ist ideal für maximalen Durchsatz und verlässliches Messaging. Aeron ist minimalistisch, bietet hervorragende Performance und gilt als nachrichtenorientierter Ersatz für TCP.

11.4 Standards und Protokolle

In den vorherigen Abschnitten wurden bereits verschiedene Messaging-Protokolle erwähnt, aber noch nicht im Detail beschrieben. Das soll in diesem Abschnitt nachgeholt werden, denn Softwarearchitekten und API-Designer haben nicht nur die Aufgabe, eine passende nachrichtenorientierte Middleware, sondern auch ein passendes Protokoll auszuwählen.

Java Messaging Service (JTTS)

JMS ist kein Messaging-Protokoll, sondern eine standardisierte Programmierschnittstelle, mit der Java-basierte Anwendungen Nachrichten über eine Messaging-Lösung erzeugen, senden, empfangen und lesen können. JMS ist in der Java-Welt weit verbreitet und wird von vielen nachrichtenorientierten Middleware-Produkten unterstützt. Die Spezifikation des Standards und die dazugehörige API erhielt 2013 erstmals nach mehr als 10 Jahren eine neue Version mit kleinen Änderungen. Die Stabilität und Verbreitung von JMS können entscheidende Vorteile sein. Da Message Broker wie RabbitMQ oder ActiveMQ als JMS-Provider genutzt werden können, kann man mit einer JMS-Clientanwendung einen Vendor-Lock-in vermeiden. Außerdem kann JMS mit verschiedenen JMS-konformen Messaging-Protokollen wie beispielsweise OpenWire oder AMQP genutzt werden.

Simple Text Oriented Messaging Protocol (STOMP)

STOMP bietet ein textbasiertes Wire-Format zur Kommunikation von Anwendungen über einen STOMP-kompatiblen Message Broker wie ActiveMQ oder RabbitMQ. Das Protokoll von STOMP ist einfach und kann leicht implementiert werden. STOMP eignet sich insbesondere zur Kommunikation zwischen Anwendungen unterschiedlicher Programmiersprachen. Als Transportschicht wird TCP/IP verwendet.

OpenWire

Beim Entwurf des Binärformats OpenWire hatten Performance und möglichst geringe Nachrichtengröße höchste Priorität. Im Vergleich zu STOMP ist es schwerer zu implementieren, aber es gibt bereits native Clientbibliotheken für Java, C# und C++, sodass dies kein Nachteil sein muss. OpenWire ist abwärtskompatibel zu Vorgängerversionen: Wenn sich ein Client mit einem Broker verbindet, wird eine Protokollversion, die beide Seiten unterstützen, vereinbart. Java OpenWire wird standardmäßig zum Transport von Nachrichten von ActiveMQ eingesetzt. OpenWire kann über TCP/IP oder HTTP transportiert werden. In beiden Fällen kann es mit SSL/TLS zusätzlich gesichert werden. OpenWire ist JMS-konform, sodass zum Beispiel ActiveMQ, der OpenWire standardmäßig nutzt, als JMS-Provider dienen kann.

Message Queue Telemetry Transport (MQTT)

MQTT definiert ein kompaktes Binärformat, das für Geräte mit beschränkter Rechenkapazität in einem nicht verlässlichen Netzwerk entworfen wurde. Aufgrund dieser Eigenschaften eignet es sich hervorragend als Protokoll für »Internet of Things«-Anwendungsfälle. Das von MQTT unterstützte Publish-Subscribe-Muster eignet sich für 1:1- und 1:n-Kommunikation verschiedener Geräte. Die Geräte müssen sich nicht kennen, können aber trotzdem über Topics miteinander kommunizieren. Die Kommunikation läuft über einen zentralen MQTT-kompatiblen Broker. MQTT läuft auf Applikationsebene und kann mit etablierten Standards wie SSL/TLS gesichert werden. Wenn MQTT-Clients mit einem MQTT-Broker eine dauerhafte TCP-Verbindung aufbauen, können die MQTT-Clients auch Nachrichten über Ereignisse durch Push-Kommunikation erhalten. Die Effizienz des Protokolls sowie die angebotenen Garantien der Nachrichtenübermittlung machen MQTT auch für mobile Anwendungen interessant.

Constrained Application Protocol (CoAP)

CoAP [Shelby et al. 2014] ist kein Messaging-Protokoll, aber ein spezialisiertes Web-Transferprotokoll, das für leistungsbeschränkte Geräte und Netzwerke geeignet ist und sich deswegen wie MQTT gut für Maschinen-zu-Maschinen-Applikationen einsetzen lässt.

Zur Minimierung des Transportoverheads nutzt CoAP nur 4 Byte große Header und basiert auf UDP/IP. Sicherheit bietet CoAP durch DTLS (Datagram Transport Layer Security), das auch mit dem unzuverlässigen Transportprotokoll UDP (User Datagram Protocol) funktioniert.

Analog zu RESTful HTTP kann auch mit CoAP der Architekturstil REST umgesetzt werden: Server veröffentlichen Ressourcen unter eindeutigen URIs und Clients können auf diese mit Methoden wie GET, PUT, POST und DELETE zugreifen. Die Ressourcen können in verschiedenen Formaten repräsentiert werden. Weil sich CoAP und HTTP sehr ähneln, ist der Umstieg für Entwickler vergleichsweise einfach. CoAP arbeitet wie HTTP mit einem Request-Response-Interaktionsmodell. Die Response-Nachrichten werden vom Server als Antwort auf Request-Nachrichten eines Clients geschickt. Die Request- und Response-Nachrichten können mit »Fire and Forget« versandt werden. Optional können auch Bestätigungen vom Nachrichtenempfänger angefordert werden, um die Zuverlässigkeitsnachteile von UDP zu kompensieren.

→

Was sind die Unterschiede zum alternativen IoT-Protokoll MQTT? MQTT erlaubt n:m-Kommunikation über TCP durch den Einsatz von Nachrichten und einem zentralen Broker, der die Nachrichten zu allen Empfängern routet. CoAP bietet 1:1-Kommunikation und Gruppenkommunikation mit IP-Multicasts. MQTT unterstützt im Gegensatz zu CoAP persistente Nachrichten, die vom Broker gesichert werden.

MQTT-Nachrichten können für beliebige Zwecke eingesetzt werden, aber Clients müssen zuvor das Datenformat und dessen Semantik kennen. MQTT bietet keine Unterstützung zur Markierung der Nachrichten mit Metainformationen, die Clients helfen könnten, die Nachrichten zu verstehen. Im Gegensatz dazu bietet CoAP standardmäßig Content Negotiation.

Advanced Message Queue Protocol (AMQP)

AMQP 0-9-1 ist ein Protokoll, das die Kommunikation zwischen Messaging Clients und Message Broker spezifiziert. Man findet es im OSI-Referenzmodell in der Applikationsschicht über TCP/IP. Während HTTP ein Request-Response-Muster verwendet, definiert AMQP ein Publish-Subscribe-Muster und unterstützt Transaktionen. Im Gegensatz zu HTTP können Nachrichten mit unterschiedlichen Garantien zugestellt werden.

Im AMQP-Modell sendet ein Produzent seine Nachricht nicht direkt zu einer Queue, sondern zu einem Exchange. Der Exchange routet die Nachricht dann nach bestimmten Regeln zu den korrekten Message Queues. Die Message Queues müssen sich zuvor an den Exchange gebunden haben. AMQP 0-9-1 unterstützt folgende Exchange-Typen:

Exchange-Typ	Beschreibung
Fanout	Dieser Exchange sendet alle eingehenden Nachrichten zu allen angebundenen Queues.
Direct	Queues binden sich unter Angabe eines Routing Key K1 an diesen Exchange. Dieser leitet dann nur die Nachrichten an die Queue weiter, deren Routing Key mit K1 übereinstimmt.
Topic	Dieser Exchange verwendet Pattern Matching beim Vergleich der Routing Keys.
Header	Selbst hierarchische Routing Keys sind letztendlich nur eine Zeichenkette. Mehrere Attribute können beim Routing durch den Einsatz eines Headers genutzt werden.

Die neuere Version AMQP 1-0 unterscheidet sich stark von ihrer Vorgängerversion. Insbesondere wird das Verhalten eines Message Broker nicht mehr spezifiziert. Ohne die Erwähnung eines Message Broker ist das Protokoll komplizierter, aber die Entwickler von Messaging-Produkten erhalten mehr Freiheiten bei der Umsetzung des Protokolls. In diesem Zusammenhang wurden auch die Exchange-Typen aus dem Protokoll entfernt. Ohne einen Message Broker ist AMQP 1-0 ein reines Wire-Protokoll zum Austausch von Nachrichten.

Extensible Messaging and Presence Protocol (XMPP)

XMPP ist ein Anwendungsprotokoll über TCP/IP und nutzt XML (XML-Stanzas) zur Datenrepräsentation. Es wird typischerweise für Instant Messaging, IoT-Szenarien und für Dienste sozialer Medien eingesetzt. Benutzer können anhand der Präsenzinformationen sehen, welcher ihrer Kontakte für ein Gespräch bereit ist. Textnachrichten werden unmittelbar zum XMPP-Server geschickt, der dann die Nachricht zum Adressaten weiterleitet. XMPP-Server können Nachrichten mit anderen XMPP-Servern austauschen, sodass Verbindungen über Anbietergrenzen hinweg möglich sind. XMPP eignet sich sowohl für 1:1-Kommunikation, Gruppenkommunikation als auch für Publish/Subscribe. XMPP wird von Facebook, WhatsApp und vielen anderen Messaging-Anbietern eingesetzt.

Durch BOSH können XMPP-Verbindungen ebenfalls über HTTP laufen. BOSH erzeugt dazu mehrere synchrone HTTP-Verbindungen zur Übertragung von Request-Response-Paaren. BOSH wird beispielsweise von Yammer eingesetzt.

BOSH (Bidirectional streams Over Synchronous Http)

11.5   Routenplanung für Lkw-Transporte (Teil 2)

Dieses Anwendungsbeispiel wurde bereits am Anfang des Kapitels in Teil 1 beschrieben. Mit den Messaging-Produkten, Protokollen und Standards, die Sie im vorherigen Abschnitt kennengelernt haben, können nun mögliche Lösungen diskutiert werden. Zur Beschreibung der Architektur nutzen wir das Vokabular der Enterprise Integration Patterns:

- Die Berechnung der Routen dauert sehr lang und wird deswegen asynchron ausgeführt. Die Fahraufträge werden aus diesem Grund in einer oder mehreren Queues abgelegt, bis sie in eine Route eingeplant werden.

  Messaging

- Die Nachrichten werden auf Festplatte bzw. in einer Datenbank gespeichert, um zu vermeiden, dass sie verloren gehen, falls das Messaging-System abstürzt.

  Guaranteed Delivery

- Es gibt Fahrauftragstypen für Schüttgut und Wechselbrücken. Da diese Fahrauftragstypen unterschiedliche Lkw-Typen voraussetzen, kann die Berechnung der Routen auf verschiedene Queues aufge-

  Message Router

teilt werden. Für das Routen der Nachrichten zur richtigen Queue wird ein spezieller Filter, ein Message Router, eingesetzt. Publish/Subscribe ist nicht notwendig, da jeder Fahrauftrag nur einmal eingeplant werden soll.

Message Broker   ▦   Der Einsatz eines Message Router erlaubt eine Hub-and-Spoke-Architektur mit einem zentralen Message Broker.

Die Kommunikation der Lkw-Fahrer und der Auftraggeber (z.B. Arbeiter auf einem Werksgelände) mit dem zentralen Routenplaner erfolgt mit mobilen Geräten (z.B. Handheld, Smartphone, Tablet). Ein Mobilfunkstandard der mindestens dritten Generation wird als gegeben vorausgesetzt.

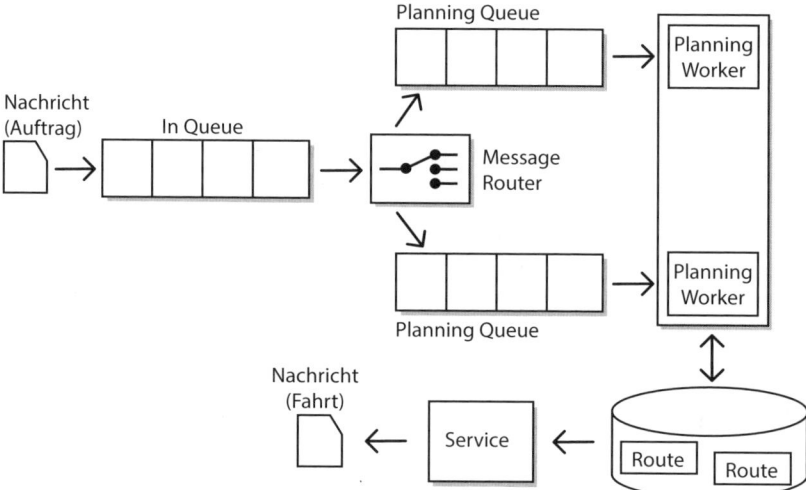

Abb. 11–5
Eingehende Fahraufträge werden zu fahrzeug-spezifischen Planning Queues geroutet und asynchron von den Planning Worker in Routen, bestehend aus einzelnen Fahrten, eingeplant.

Zur konkreten Umsetzung der Anwendung kommen verschiedene Technologie-Stacks infrage:

Variante 1:   ▦   JMS ist weit verbreitet – selbst für Android-Geräte gibt es JMS-Cli-
JMS, OpenWire, TCP/IP   entbibliotheken. JMS kann mit dem Protokoll OpenWire kombiniert werden. Als Broker eignet sich Apache ActiveMQ, der OpenWire standardmäßig nutzt.

Variante 2:   ▦   Das Projekt Eclipse Paho bietet verschiedene freie Clientimplemen-
Eclipse Paho, MQTT,   tierungen (C, Java, Android, Python etc.) für das Messaging-Proto-
TCP/IP   koll MQTT. Der Funktionsumfang von MQTT reicht für die Anwendung aus. MQTT unterstützt beispielsweise hierarchische Routing Keys und Übertragungsgarantien.

Variante 3:   ▦   Mit SOAP/WSDL kann die Schnittstelle des Dienstes exakt be-
SOAP/WSDL, AMQP,   schrieben werden. Das kann ein Vorteil sein, falls die Clientanwen-
TCP/IP   dungen von anderen Teams oder Organisationen gebaut werden.

SOAP/WSDL ist jedoch vergleichsweise komplex. Statt des üblichen HTTP-Bindings kann AMQP als Protokoll für die Webservices genutzt werden. Als Broker eignet sich Apache ActiveMQ.

Die vorherige Variante nutzt SOAP/WSDL, daher sollte man auch über eine Variante mit RESTful HTTP nachdenken. HTTP arbeitet zwar nach einem synchronen Request-Response-Modell, aber das reicht aus, da die Kommunikation des Routenplaners mit den Clientanwendungen synchron erfolgen kann. Die asynchrone Verarbeitung der Fahraufträge geschieht innerhalb der Anwendung. Dort könnte JMS, OpenWire mit Apache ActiveMQ genutzt werden. HTTP bietet jedoch keine Übertragungsgarantien, daher kann nicht sichergestellt werden, dass der Routenplaner Nachrichten mit Fahraufträgen genau einmal erhält. Falls der Client keine Response vom Server erhält, wiederholt er den Request. Um zu vermeiden, dass Fahraufträge doppelt angelegt werden, muss der Client eine generierte ID mitsenden, sodass der Routenplaner Duplikate erkennen kann.

Variante 4: RESTful HTTP, TCP/IP

11.6 Transaktionen und garantierte Nachrichtenzustellung

In vielen Fällen können serviceorientierte Architekturen, Microservice-Architekturen und andere Integrationsszenarien mit schlussendlicher Konsistenz (eventual consistency) arbeiten und auf (verteilte) Transaktionen verzichten, denn es gibt Ansätze, um duplizierte idempotente Nachrichten zu ignorieren und um fehlgeschlagene Interaktionen zu wiederholen. Trotzdem gibt es Messaging-Szenarien, in denen keine Nachrichten verloren gehen dürfen. Daher ist es wichtig, zu verstehen, welche Garantien Messaging-Technologien bieten.

ActiveMQ

Ein Client von ActiveMQ kann eine Nachricht auf vier verschiedene Arten konsumieren:

- mit automatischer Bestätigung
- mit expliziter Bestätigung durch Aufruf der Methode Message.acknowledge()
- mit JMS-Transaktionen
- mit XA-Transaktionen

Im ersten Fall sendet der Client automatisch für jede erhaltene Nachricht eine Bestätigung an den Broker, sodass die Nachricht endgültig aus der Queue entfernt werden kann. Im zweiten Fall muss der Client die Bestätigung explizit senden. Der Client erhält so die Möglichkeit, die Nachricht erst zu verarbeiten und danach zu bestätigen. Auf diese Weise wird sichergestellt, dass der Client nicht nur die Nachricht erhält, sondern auch vollständig verarbeitet.

Im dritten und vierten Fall werden Transaktionen mit Funktionen wie Commit und Rollback, ähnlich wie bei JDBC, eingesetzt. Der wesentliche Unterschied zwischen den vier Arten besteht darin, dass nur die Transaktionen zurückgerollt und dann gegebenenfalls wiederholt werden können. Diese Funktionen sind notwendig, falls eine Nachricht nicht erfolgreich verarbeitet werden kann. Der Unterschied zwischen Message.acknowledge() und einer JMS-Transaktion wird deutlich, wenn innerhalb einer Session mit mehreren Queues oder Topics gearbeitet wird. Wenn man nur Nachrichten aus einer einzelnen Queue konsumiert, dann spielt es keine Rolle, ob man Message.acknowledge() oder eine JMS-Transaktion benutzt. Falls man jedoch mit mehreren Queues oder Topics arbeitet, braucht man eine JMS-Transaktion, um sicherzustellen, dass alle beteiligten Ressourcen im Fehlerfall zurückgerollt werden. Eine JMS-Transaktion unterstützt nur beteiligte JMS-Ressourcen. Wer auch Datenbanken und andere Nicht-JMS-Ressourcen in die Transaktion einbeziehen möchte, muss auf XA-Transaktionen zurückgreifen.

Die Performance hängt im Wesentlichen von der Persistenz der Nachrichten ab. Eine persistente Nachricht blockiert den Publisher, bis die Nachricht erfolgreich auf Festplatte geschrieben wurde. Diese Blockierung tritt sowohl bei transaktionalen als auch bei nicht transaktionalen JMS-Sessions auf. Aus diesem Grund gibt es auch Transaktionen mit nicht persistenten Nachrichten. Dieser sehr leichtgewichtige Ansatz wird hauptsächlich clientseitig durch Fassaden umgesetzt.

Falls dennoch persistente Nachrichten eingesetzt werden sollen, geht das am schnellsten mit JMS-Transaktionen und Batching: Man versendet beispielsweise gleich 1000 Nachrichten asynchron und sehr schnell. Erst dann erfolgt ein einziger Commit für alle Nachrichten, um die Latenz, die durch das Schreiben auf Festplatte verursacht wird, zu minimieren.

RabbitMQ

Der Einsatz von Transaktionen verschlechtert den Durchsatz um den Faktor 250 [RabbitMQ]. Ein Grund ist die Blockierung des Publishers, denn dieser muss warten, bis die Bestätigung des Brokers erfolgt ist. Die Transaktion ist wiederum sehr schwergewichtig für den Broker, denn dieser muss ein fsync() durchführen. Weil dieser Performance-Nachteil nicht akzeptabel ist, empfiehlt RabbitMQ Publisher Acknowledgements, eine Erweiterung zu AMQP 0-9-1, die etwa 100-mal schneller ist als Transaktionen.

Publisher Acknowledgements: leichtgewichtiger Ansatz zur Nachverfolgung von Nachrichten

Der Broker bestätigt alle Nachrichten, sobald er sie verarbeitet hat. Weil diese Bestätigungen asynchron erfolgen, wird der Publisher nicht blockiert. Demzufolge kann der Broker weitere Nachrichten streamen und muss nicht erst auf einzelne Bestätigungen warten. Dadurch ist dieser leichtgewichtige Ansatz etwa 100-mal schneller als Transaktionen. Der Publisher merkt sich die veröffentlichten Nachrichten in einer Collection und registriert einen Listener zum Empfang der Bestätigungen vom Broker. Wenn der Listener eine Bestätigung erhält, entfernt er die bestätigte Nachricht aus der Collection. Die Nachrichten werden durch Sequenznummern identifiziert. Antwortet der Broker beispielsweise mit der Sequenznummer 7, dann entfernt der Publisher die korrespondierende Nachricht aus der Collection. Falls der Broker zusätzlich das Bit multiple gesetzt hat, dann gelten alle Nachrichten von 1 bis 7 als bestätigt und können aus der Collection entfernt werden. Der Publisher weiß somit immer, welche veröffentlichten Nachrichten bereits bestätigt wurden. Leider gibt es keine Garantie, bis spätestens wann der Broker eine Nachricht bestätigen wird.

XA-Transaktionen sollte aus Performance-Gründen vermieden werden. Statt einer XA-Transaktion, die eine Klammer um einen Datenbankschreibvorgang und das Veröffentlichen einer Nachricht bildet, könnte stattdessen zuerst die Datenbanktransaktion festgeschrieben werden. Danach wird die Nachricht veröffentlicht. Wenn schließlich der Publisher die Nachricht bestätigt, könnte dies in der Datenbank in einem speziellen Feld markiert werden. Ein separater Prozess kann regelmäßig nach nicht gesendeten Nachrichten schauen und dies nachholen.

11.7 Asynchrone Verarbeitung und REST

Aber auch mit REST und HTTP ist asynchrone Verarbeitung möglich, nicht aber asynchrones Messaging. Deswegen stellt sich die Frage, wie der HTTP-Client schließlich das berechnete Ergebnis seiner Abfrage erhält. Es gibt zwei grundsätzliche Ansätze: Polling und Callback.

Polling

Falls der Client mit HTTP PUT eine Ressource anlegt, kann er durch anschließendes Polling prüfen, ob die neue Ressource unter der von ihm verwendeten URI angelegt wurde. Bis der Server die Bearbeitung abgeschlossen hat, antwortet der Server mit 404 »Not Found«. Erst wenn die Ressource angelegt wurde, antwortet der Server mit 200 »OK«. Weil der Client wiederholt beim Server nachfragen muss, fällt zusätzliche Netzwerklast an.

Für die Bearbeitung von Abfragen mit HTTP POST, könnte der Server mit einer URI antworten, unter der der Client später das Ergebnis finden wird. Diese Ergebnisressourcen müssen gegebenenfalls nachträglich wieder entfernt werden, falls sie nicht dauerhaft benötigt werden.

Callback

Der Client kann dem Server als Teil der Abfrage einen Ergebnis-Link übermitteln. Wenn der Server schließlich das Ergebnis der Abfrage asynchron berechnet hat, kann er diesen Link zur Übertragung des Ergebnisses nutzen.

Normalerweise definiert der Server die Links der Hypermedia-API. Da für den Callback der Client ebenfalls in die Rolle des Servers schlüpft, ist es jetzt auch der Client, der dem Server einen Link anbietet. Typischerweise stellt der Client einen PUT-Link zur Verfügung. Der Client könnte für jeden Callback einen neuen Link erzeugen, sodass er die übertragenen Ergebnisse den Abfragen zuordnen kann. Alternativ kann der Client eine Korrelations-ID zum Beispiel in Form einer UUID erzeugen.

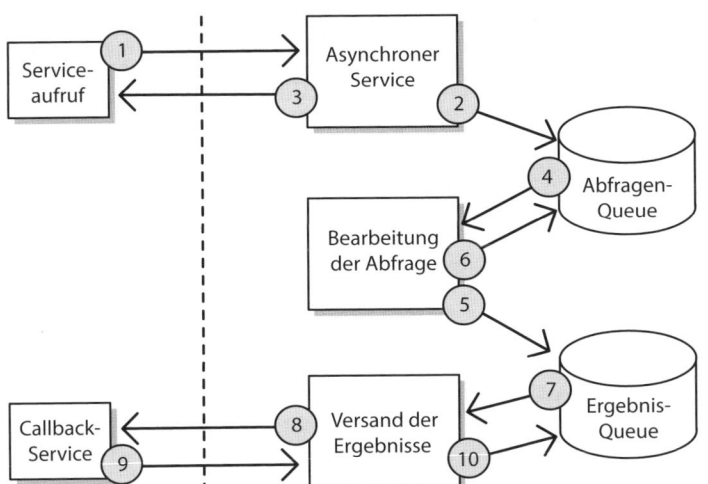

Abb. 11–6

Asynchroner Service mit
zwei Message Queues

Abbildung 11–6 veranschaulicht den Ablauf der Notifikation mit HTTP-Callback. In Schritt (1) ruft ein Client den asynchronen Service auf und teilt ihm den Callback-Link mit.

```
POST /long-running-tasks HTTP/1.1
Host: api.server.com
Content-Type: application/json
Content-Length: ...

{
  "links": [
    {
      "href": "http://api.client.com/notifications/xpl87q38",
      "method": "PUT",
      "rel": [ "notification-callback" ]
    }
  ]
  "other_input_data": {
    ...
  }
}
```

Erst nachdem die Abfrage in Schritt (2) in der Queue gespeichert wurde, kann eine Bestätigung in Schritt (3) an den Client geschickt werden. Das HTTP-Protokoll bietet für diesen Zweck den Statuscode 202 »Accepted«. Der Client erfährt hierdurch, dass die serverseitige Bearbeitung asynchron stattfindet.

```
HTTP/1.1 202 Accepted
Content-Type: application/json
```

Die in der Queue gespeicherte Abfrage wird schließlich in Schritt (4) bearbeitet. Eine Webanwendung auf Basis von Java EE würde beispielsweise zur Bearbeitung der Abfrage eine Message-Driven Bean nutzen. Das Ergebnis wird in einer zweiten Queue gespeichert (5), sodass die Message-Driven Bean nicht länger als notwendig blockiert ist. Nachdem das Ergebnis in der Ergebnis-Queue gespeichert wurde, kann die Entnahme der Nachricht aus der Abfragen-Queue in Schritt (6) bestätigt werden. Die Abfragen-Queue muss diese Nachricht nicht mehr vorhalten. Wäre ein Fehler bei der Bearbeitung der Nachricht aufgetreten, hätte die Bearbeitung der Nachricht wiederholt werden können.

Eine zweite Message-Driven Bean wird in Schritt (7) aufgerufen. Diese Bean überträgt das Ergebnis mit HTTP PUT zur angegebenen Callback-Ressource (8).

```
PUT /notifications/xp187q38 HTTP/1.1
Host: api.client.com
Content-Type: application/json
Content-Length: ...

{
  "result_data": {
    ...
  }
}
```

In Schritt (9) und (10) erfolgt die Bestätigung, sodass das Ergebnis aus der Ergebnis-Queue entfernt werden kann.

11.8 Push Notifications

Serviceanbieter wie PayPal, Firebase, Dropbox, Twilio, Facebook, Twitter oder Spotify bieten spezielle SDKs zur Integration ihrer Services in mobile Applikationen. Ein SDK stellt für die Entwickler der mobilen Applikationen eine API zum Zugriff auf den Service bereit und sollte in wenigen Minuten integrierbar sein, sonst würden das SDK und der Service wahrscheinlich abgelehnt werden. Darüber hinaus muss bei der Entwicklung von mobilen SDKs auf minimalen Ressourcenverbrauch geachtet werden. Was ist damit gemeint?

▓ Minimaler Datenverbrauch
▓ Minimaler Energieverbrauch

Mobile Datenverbindungen sind immer noch vergleichsweise teuer und stehen häufig nur eingeschränkt zur Verfügung. Die Übertragung großer Payloads macht Applikationen langsam. Selbst wenn das Laden geschickt im Hintergrund stattfindet und die Applikation interaktiv und gefühlt schnell bleibt, können Endbenutzer das verbrauchte

Datenvolumen pro App prüfen. Auch der Energieverbrauch pro App bleibt vor den Endbenutzern nicht verborgen. Die für den ständig leeren Akku verantwortliche App, kann also schnell identifiziert werden. Viel Energie kosten insbesondere Netzwerk-Requests. Kurzum: Sowohl die Anzahl als auch die Größe von Netzwerkzugriffen müssen minimiert werden.

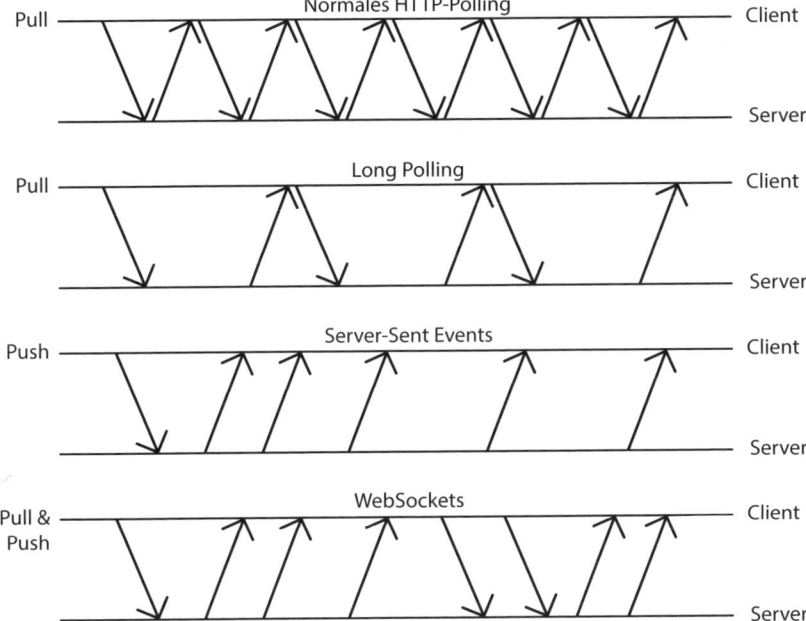

Abb. 11–7
Gegenüberstellung verschiedener Interaktionsvarianten

Nicht jede Information muss in Echtzeit zwischen Client und Server ausgetauscht werden. Höchstwahrscheinlich würde es ausreichen, Fehlerberichte einmal pro Minute oder nur bei Neustart der Applikation als Batch-Request zu übertragen. Andere Applikationen wie Instant Messenger müssen jedoch unmittelbar die Nachrichten übertragen. Polling mit einem HTTP-Request alle 10 Sekunden ist jedoch ein Antipattern wegen des enorm hohen Energieverbrauchs. Polling in größeren Zeitabständen ist auch nicht akzeptabel, weil niemand 60 Sekunden auf eine Chat-Nachricht warten möchte.

Eine andere Alternative ist Long Polling. Der Client macht wie gewöhnlich einen HTTP-Request, den der Server beantwortet. Der Server wartet und verzögert die Antwort, falls es noch keine neuen Updates gibt. Falls also beispielsweise ein Benutzer eine Datei zum Server hochlädt und ein anderer Benutzer auf die Datei zugreift, noch bevor der Upload abgeschlossen ist, kann der Server mit Long Polling

HTTP Long Polling

die Antwort verzögern, bis der Upload abgeschlossen ist. Für effiziente Push Notifications ist allerdings auch diese Technik ungeeignet.

Server-Sent Events
Mit HTML5 Server-Sent Events (SSE) kann ein Webbrowser Aktualisierungen von einem Server über eine HTTP-Verbindung erhalten, sodass sich der Stromverbrauch von mobilen Applikationen reduziert. Eine HTTP-Verbindung wird erstellt und bleibt offen zur Übertragung weiterer Ereignisse. Beispielsweise könnten mit Server-Sent Events neue Twitter-Nachrichten oder aktualisierte Börsenkurse zum Client übertragen werden. Die SSE-API bietet für diesen Zweck das Event-Source-Interface, mit dem der Client Push Notifications vom Server als DOM-Ereignisse erhält. Mit dem Event-Stream- Datenformat werden individuelle Updates angegeben.

Trotz dieser Vorteile werden Server-Sent Events vergleichsweise selten eingesetzt, weil SSE im Vergleich zu WebSockets weniger bekannt sind.

WebSockets
WebSockets und Server-Sent Events sind beide geeignet für Push Notification. Im Gegensatz zu SSE bieten WebSockets sogar bidirektionale Kommunikation. Server können Nachrichten oder Ereignisse zu Clients pushen, ohne dass Clients diese Daten durch Polling aktiv abfragen müssen. Diese Art der Kommunikation wäre mit dem Request-Response-Muster von HTTP nicht möglich.

Server-Sent Events haben den Vorteil, dass sie eine normale HTTP-Verbindung verwenden. Für WebSockets braucht man hingegen ein spezielles Protokoll. Naheliegenderweise könnte man eines der Messaging-Protokolle wiederverwenden wollen. Ältere Message Broker brauchten noch einen zusätzlichen Webserver, der die Nachrichten des Message Broker über WebSockets zum Client weiterleitete. Modernere Message Broker können auch direkt STOMP- bzw. MQTT-Nachrichten über WebSockets zum Client pushen:

STOMP mit WebSockets
▨ Die Bibliothek STOMP-WebSockets ist kein gewöhnlicher STOMP-Client, weil sie das WebSocket-Protokoll zur Übertragung von STOMP-Nachrichten nutzt. Konsequenterweise kann sich dieser Client auch nicht mit einem gewöhnlichen STOMP-Broker verbinden, denn dieser würde den WebSocket-Handshake nicht verstehen. ActiveMQ, Apollo und RabbitMQ unterstützen STOMP mit WebSockets durch entsprechende Konfiguration oder Plug-ins.

MQTT mit WebSockets
▨ Das binäre Format von MQTT ist hervorragend für Geräte mit eingeschränkter Rechenleistung oder Netzwerkbandbreite geeignet. Die Nachrichten werden in Frames versendet, deren Overhead nur 2 Byte beträgt. Weil MQTT auch über WebSockets laufen kann, ist jedes Gerät mit einem Webbrowser ein potenzieller MQTT-Client. Als MQTT-Broker mit WebSocket-Unterstützung

eignen sich beispielsweise Mosquitto, HiveMQ und ActiveMQ. Auf Clientseite kann im Browser der Paho JavaScript Client genutzt werden.

11.9 Zusammenfassung

In diesem Kapitel wurde Messaging als wichtige Alternative für entfernte Methodenaufrufe vorgestellt.

- Durch den Einsatz der Nachrichten werden Publisher und Client entkoppelt, sodass die Verarbeitung der Nachrichten auch asynchron erfolgen kann. Der Publisher muss nicht darauf warten, bis der Client die Nachricht erhalten oder verarbeitet hat, sondern kann mit seiner Aufgabe fortfahren.
- Messaging-Produkte wie ActiveMQ oder RabbitMQ nutzen einen zentralen Message Broker, der die Nachrichten zu den richtigen Empfängern routet.
- Broker unterstützen Queues, Topics und durable Subscriptions.
- Die Verarbeitung von Task-Nachrichten kann asynchron und verteilt durch Worker erfolgen. Eine Queue dient in diesem Zusammenhang als Load Balancer. Messaging erlaubt außerdem auch Throttling.
- Die transaktionale Übertragung der Nachrichten ist ein wichtiger Vorteil gegenüber RESTful HTTP.
- Falls ein Publisher über das Ergebnis informiert werden muss, kann der Client eine Antwortnachricht mittels einer Callback Queue übertragen.
- Bestätigungen (acknowledgements) werden nicht zwischen Publisher und Client ausgetauscht, sondern zwischen Client und Broker. Wenn der Client die Nachricht erhalten hat und eine Bestätigung sendet, entfernt der Broker die Nachricht aus der entsprechenden Queue.

Der folgende vierte Teil des Buches behandelt Querschnittsthemen wie Skalierbarkeit, Caching und API-Management. Dazu zählt auch das nächste Kapitel mit einem zu Unrecht unpopulären und oft nur stiefmütterlich behandelten Thema der Softwaretechnik: Gemeint ist das Thema Dokumentation.

Teil IV

Übergreifende Themen

12 Dokumentation

12.1 Motivation

In vielen Softwareprojekten kommt das Thema Dokumentation zu kurz, weil es als Aufgabe mit geringerer Priorität behandelt wird. Die API einer Softwarebibliothek oder eines Webservice ist jedoch komplexer als die grafische Benutzeroberfläche eines Smartphones. Eine gute Dokumentation ist daher unverzichtbar und der Schlüssel zum Erfolg der API oder sogar des gesamten Projektes. Verschiedene Ziele werden mit einer API-Dokumentation verfolgt:

- Entwickler sollen ermutigt werden, die API zu nutzen. Eine vernünftige Einstiegsdokumentation mit möglichst wenigen Marketing-Phrasen ist daher sehr wichtig. Ziel ist es, die Einstiegshürden zu minimieren, dennoch sollte die Dokumentation auch auf die Fragen von fortgeschrittenen Benutzern Antworten liefern.
- Eine gute Dokumentation ist ein wichtiges Qualitätsmerkmal, das vielleicht den entscheidenden Unterschied zu einer alternativen Lösung ausmacht.
- Die Lernkurve von Benutzern sollte so flach wie möglich sein. Die Lernkurve spiegelt den Einarbeitungsaufwand, den Benutzer investieren müssen, im zeitlichen Verlauf wider. Zeit und Aufwand zur Einarbeitung kann durch die Dokumentation reduziert werden.
- Auch der Supportaufwand wird verringert, wenn die Dokumentation Benutzern hilft, Stolperfallen zu vermeiden. Wenn die Dokumentation Lösungen für wiederkehrende Probleme liefert, können Benutzer diese selbstständig lösen.

12.2 Zielgruppen unterscheiden

Zur Dokumentation einer API gehört eine technische Beschreibung, die in erster Linie zur automatischen Weiterverarbeitung erstellt wird. Hierzu zählen beispielsweise WSDL- und Swagger-Dokumente. Diese Beschreibungen werden zur Generierung von Clientcode oder zur Generierung von menschenlesbarer Dokumentation genutzt.

Neben der offensichtlichen Unterscheidung in menschen- und maschinenlesbare Beschreibungen sollten die Benutzer in Zielgruppen eingeteilt werden. Wer wird die API benutzen? Welches Hintergrundwissen kann vorausgesetzt werden und wie viel Kontextinformationen muss die Dokumentation liefern?

Anfänger benötigen andere Informationen als fortgeschrittene Benutzer: Anfänger brauchen einen kompakten Überblick, Kontextinformationen und Schritt-für-Schritt-Anleitungen. Fortgeschrittene Benutzer sind an Best Practices interessiert und wollen die Designentscheidungen der API verstehen. Experten brauchen vielleicht Upgrade-Pfade und Informationen über weiterführende Themen wie Performance und Skalierbarkeit.

Die Beispiele in der Dokumentation sollten den Background der Benutzer berücksichtigen. Dazu gehören Codebeispiele in den Programmiersprachen der späteren Benutzer.

12.3 Allgemeiner Aufbau

Beim Vergleich guter API-Dokumentationen erkennt man schnell Gemeinsamkeiten, aus denen man einen allgemeingültigen Aufbau ableiten kann. Die Bereiche, aus denen eine API-Dokumentationen üblicherweise bestehen, sind in der folgenden Abbildung dargestellt:

Abb. 12–1

Die allgemeinen Bestandteile einer API-Dokumentation sind Übersicht, erste Schritte, Benutzerhandbuch und Referenz.

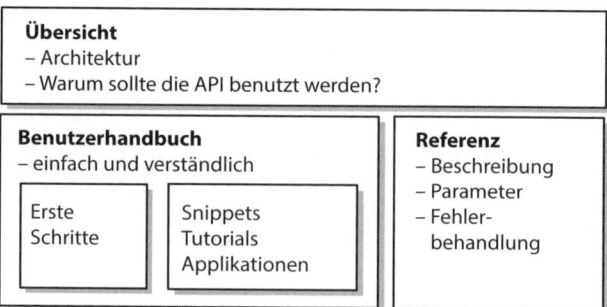

Der hier vorgestellte Aufbau ist ein Vorschlag, den Sie als Ausgangspunkt verwenden können. Passen Sie diesen gegebenenfalls an die Anforderungen Ihres konkreten Projektes an. Die einzelnen Bestandteile dieses Vorschlages werden in den folgenden Abschnitten erklärt.

Übersicht

Wenn Sie unsicher sind, was zu diesem Bereich gehört, können Sie die folgenden Fragen als Startpunkt verwenden:

- Welchen Zweck erfüllt die API? Die Dokumentation der Twitter-API beantwortet diese Frage beispielsweise mit einem Satz: Mit der Twitter-API kann eine Website oder Applikation mit der Kommunikation, die weltweit auf Twitter stattfindet, verbunden werden.
- Welche Kernfunktionen bietet die API? Mit der Twitter REST-API kann man Suchen, Benutzerprofile lesen und neue Tweets posten. Mit den Twitter Streaming APIs können Tweets zeitnah überwacht und verarbeitet werden.
- Aus welchen Elementen besteht die Dokumentation und wo findet man diese? Eine kurze Beschreibung mit Verweisen auf die einzelnen Bereiche der Dokumentation ist hierfür geeignet.
- Aus welchen wesentlichen Objekten besteht die API und was ist deren Bedeutung? Die wesentlichen Objekte der Twitter-API sind Tweets, Users, Entities und Places.

Erste Schritte

Dieser Bereich ist auch bekannt als »getting started« oder »quick start«. Versetzen Sie sich in die Situation eines Benutzers, der die Plattform oder das Projekt nicht kennt und vor der Aufgabe steht, die API erstmalig auszuprobieren.

- Was muss getan werden, um die API erstmalig aufzurufen?
- Werden zur Benutzung der API Credentials benötigt? Wenn ja, wo kann man diese erhalten?
- Wie kann die Bibliothek integriert oder installiert werden?
- Wo kann die Bibliothek heruntergeladen werden?

Für diesen Bereich der Dokumentation sind konkrete Tutorials sehr empfehlenswert. Diese Schritt-für-Schritt-Anleitungen sollten den Benutzer an die Hand nehmen und ihn sicher zum Erfolg führen. 10-minütige Hello-World-Beispiele sind sehr beliebt. Weitere Tutorials können auch aufeinander aufbauen.

Benutzerhandbuch

Ein Benutzerhandbuch, auch als »developer guide« oder »manual« bekannt, bietet Erklärungen und Beispiele. Es deckt sowohl einfache Grundlagen als auch Themen für fortgeschrittene Benutzer ab. Der Bereich »Erste Schritte« kann deswegen auch zum Benutzerhandbuch gezählt werden. Ein Benutzerhandbuch listet nicht nur einfach die

Funktionen und Parameter einer API auf, sondern erklärt, wie die API benutzt werden kann. Ein Benutzerhandbuch könnte auch als Kochbuch dienen, weil es typische Aufgabenstellungen, Lösungen und praxisbezogene Beispiele bietet.

Referenz

Im Gegensatz zum Benutzerhandbuch ist eine Referenz eher ein Nachschlagewerk, das die Funktionsweise der API beschreibt. Hier werden detailliert alle Elemente der API und deren Bedeutung beschrieben. Die Referenz einer Web-API umfasst deren Ressourcen, die unterstützten HTTP-Methoden und verwendete Status- und Fehlercodes. Wichtig sind außerdem Query-Operatoren, Sicherheit, Caching und das Datenmodell, dessen Elemente tabellarisch mit Name, Datentyp und Kommentar erklärt werden.

Als Referenz für Bibliotheken und Frameworks eignen sich Javadoc und weitere textuelle Beschreibungen auf Basis von beispielsweise Markdown und AsciiDoc. Eine Referenzdokumentation enthält in der Regel auch Beispiele, die jedoch nicht mit einem Kochbuch vergleichbar sind.

Weitere Elemente

Neben den beschriebenen Elementen könnten auch Artikel und Blogbeiträge zu ausgewählten Themen Best Practices vermitteln. Beliebt sind außerdem FAQs, in denen häufig gestellte Fragen von Benutzern gesammelt werden, sodass diese nicht wiederholt beantwortet werden müssen. Ein ganz pragmatischer Ansatz, der beispielsweise von kleineren Open-Source-Projekten genutzt wird, ist die Dokumentation der API mithilfe von Unit Tests. Die Tests stellen nicht nur die Qualität des Projektes sicher, sondern demonstrieren mit Beispielen auch dessen Funktionsumfang. Für Web-APIs könnte sogar eine interaktive Dokumentation zum explorativen Kennenlernen der API bereitgestellt werden.

12.4 Beispiele

Vereinfachen Sie lange und abstrakte Erklärungen mit konkreten Beispielen. Bei Entwicklern sind Beispiele sehr beliebt, weil sie die Funktionsweise von APIs veranschaulichen. Im Idealfall können die Beispiele durch Kopieren und Einfügen übernommen werden.

Wenn eine Java-Bibliothek dokumentieren wird, ist klar, in welcher Programmiersprache die Codebeispiele geschrieben werden. Bei den Beispielen für Web-APIs ist das nicht so eindeutig. Da man die Beispiele nicht in allen erdenklichen Programmiersprachen erstellen und pflegen kann, müssen die wichtigsten ausgewählt und priorisiert werden. Typischerweise werden die Web-API-Beispiele auch in Form von HTTP-Nachrichten und curl-Aufrufen angegeben. Die Beispiele sollten auch die Daten der Aufrufe und Antworten zeigen. Vollständig werden die Beispiele jedoch erst durch passende Erklärungen.

> **Spring REST Docs**
>
> Dieses Projekt unterstützt die Dokumentation von Web-APIs mit einer Kombination aus manuell geschriebener Dokumentation und automatisch generierten Beispielen. Die Codebeispiele werden durch Spring MVC Tests generiert. Man kann sich deswegen sicher sein, dass die Beispiele aktuell sind und tatsächlich funktionieren. Zur Erstellung der manuellen Dokumentation wird Asciidoctor empfohlen. Für die Requests und Responses erzeugen die Tests .adoc-Dateien, die in die restliche Dokumentation inkludiert werden können.
> Asciidoctor ist ein Open-Source-Projekt, das Werkzeuge zur Textverarbeitung und Konvertierung umfasst. AsciiDoc-Inhalte können mit diesen Werkzeugen in HTML5, DocBook und andere Formate konvertiert werden.

Die Beispiele können unterschiedlich umfangreich sein. Das Spektrum reicht von kurzen Snippets, mittelgroßen Tutorials bis hin zu kompletten Applikationen. In den folgenden Abschnitten werden diese Kategorien genauer beschrieben.

Snippets

Diese Beispielschnipsel sind kurz, meist wiederverwendbar und können beispielsweise so aussehen:

```
Request: GET /status
Reponse: 200 "OK", <message>system is up and running</message>
Comment: Use this service to check whether the application is
generally available.
```

Tutorials

Diese Anleitungen konzentrieren sich jeweils auf eine Aufgabe und beschreiben Schritt für Schritt, wie diese gelöst werden kann:

```
1. Follow this guide <here> to obtain an application key and a secret
2. Register an URL redirection for your application <here>
3. Develop an OAuth client for your application as described <here>
4. Test your OAuth with the sandbox service
```

Applikationen

Auch umfangreiche Beispiele können hilfreich sein und zeigen, wie eine Komponente, ein Framework oder ein Dienst verwendet werden kann. Eine bekannte Referenzapplikation für das Java EE 5 SDK ist beispielsweise der Java Pet Store.

Designfragmente

Beispiele können im übertragenen Sinn auch als Designfragmente dienen. In [Fairbanks et al. 2006] schlagen die Autoren vor, Designfragmente zu nutzen, um den Gebrauch von Frameworks zu vereinfachen. Die Fragmente sind Muster für konventionelle Lösungen, die zeigen, wie Clients mit einem Framework interagieren sollten. Wenn die Fragmente einheitlich von Entwicklern übernommen werden, kann unnötige Codediversität vermieden werden. Je nach Art des Frameworks können die Designfragmente auch als Architekturvorlage dienen.

12.5 Dokumentation von Java-APIs

Den wichtigsten Beitrag zur Dokumentation auf Quellcodeebene liefern nicht die Kommentare, sondern ein guter Programmierstil, der sich durch passende Feld- und Methodennamen, Datenstrukturen mit geringer Komplexität sowie einfachen und verständlichen Ansätzen auszeichnet. Zu diesem Thema gibt es bereits einschlägige Literatur u.a. von Steve McConnel [McConnell 2004], Robert C. Martin [Martin 2008] und Andrew Hunt und David Thomas [Hunt & Thomas 1999].

Die generelle Notwendigkeit von Quellcodekommentaren wird kontrovers diskutiert: Schlechte oder veraltete Kommentare können mehr Schaden verursachen, als sie im Idealfall helfen. Kommentare können den Quellcode aufblähen und schwerer verständlicher machen. Auch sind natürliche Sprachen wie Englisch und Deutsch weniger exakt als Programmiersprachen. Kommentare können jedoch zusätzliche Informationen bieten, den Quellcode zusammenfassen, auf Seiteneffekte hinweisen und die Absicht des Autors erklären. Das Abstraktionsniveau der Kommentare sollte deswegen höher als das des Quellcodes sein.

Quellcode sollte in jedem Fall so geschrieben werden, dass er möglichst verständlich für andere Entwickler ist. Daher muss zunächst einmal die Lesbarkeit des Quellcodes optimiert werden, bevor man beginnt, Quellcodekommentare hinzuzufügen. Kommentare kann man sozusagen als Ausnahme für besonders komplexe Stellen im Quellcode betrachten. Wenn ein Kommentar keinen zusätzlichen Nutzen für Entwickler bietet, dann sollte er entfernt werden.

Die Dokumentation von APIs ist jedoch ein anderer Fall. Alle für den Client sichtbaren API-Elemente sollten dokumentiert werden. Dazu gehören Packages, Klassen, Interfaces, Konstruktoren, Methoden und Felder. Die Dokumentation sollte vollständig und gewissenhaft erstellt werden, weil sie den Vertrag zwischen API und Client spezifiziert.

Dokumentation generieren

Einen Bärendienst leisten Werkzeuge wie JAutodoc. Dieses Eclipse-Plug-in kann Javadoc automatisch generieren. Es nutzt dazu die vorhandenen Namen der Klassen, Methoden und Felder. Die so entstandenen Kommentare können bestenfalls ein Ausgangspunkt sein. Es besteht jedoch die Gefahr, dass die einmal generierten Kommentare nicht überarbeitet werden und dann dauerhaft so bleiben. Die generierten Javadoc-Kommentare für eine Klasse können beispielsweise so lauten:

```java
/**
 * The Class MyExample.
 */
public class MyExample {

  /**
   * The number of questions.
   */
  private int numberOfQuestions;

  /**
   * Sets the number of questions.
   *
   * @param numberOfQuestions the number of questions
   * @throws IllegalArgumentException the illegal argument
   *     exception
   */
  public void setNumberOfQuestions(int numberOfQuestions) {
    if (numberOfQuestions < 0) {
      throw new IllegalArgumentException(
        "numberOfQuestions < 0");
    }
    this.numberOfQuestions = numberOfQuestions;
  }
}
```

Diese Kommentare bieten keinerlei Mehrwert. Sie verbessern nicht die Verständlichkeit des Quellcodes, sondern blähen ihn nur auf. Der Zweck der Klasse wird nicht beschrieben. Auch der Grund für die IllegalArgumentException wird nicht genannt. Die Exception wird geworfen, falls die Vorbedingung der Methode nicht erfüllt ist.

Kommentare dieser Art entstehen leider nicht nur durch Werkzeuge, sondern auch durch Entwickler. Vermeiden Sie diese nichtssagenden Kommentare! Jeder Satz in der Dokumentation sollte einen Mehrwert bieten.

Dokumentation mit Javadoc

Es gibt nur wenige Dinge, die so hilfreich und nützlich für Entwickler sind, wie gut dokumentierte öffentliche APIs. Für Java-Bibliotheken wurde deswegen Javadoc entwickelt. Das wohl bekannteste Beispiel ist die Javadoc-Dokumentation der Java-Standardbibliothek. Wer öffentliche Bibliotheken schreibt, sollte ebenfalls Javadoc einsetzen. Eine ausführliche Anleitung zum Schreiben von Javadoc finden Sie unter [Java Documentation 2015]. Einige grundsätzliche Hinweise werden dennoch in diesem Abschnitt vorgestellt.

Kommentare stehen vor der Deklaration einer Klasse, eines Feldes, eines Konstruktors oder einer Methode und werden mit minimalistischem HTML geschrieben. Wie das nachfolgende Beispiel zeigt, beginnt jeder Kommentar mit einem aussagekräftigen Satz, der mit einem Punkt beendet wird. Dieser erste Satz wird ebenfalls in der nächsthöheren Javadoc-Ebene verwendet. Der Satz sollte deswegen auch alleinstehend Sinn ergeben. Im Allgemeinen sollten die Sätze kurz, leicht verständlich und in der dritten Person verfasst werden. Der erste Satz ist besonders wichtig, weil vielleicht nur dieser gelesen wird. Er sollte deswegen die wichtigsten Informationen enthalten. Der erste Satz beginnt für gewöhnlich mit einem Verb. Für Methodenkommentare eignen sich »provides«, »computes« oder »returns«.

```
/**
 * Returns an Image object that can then be painted on the screen.
 * The url argument must specify an absolute {@link URL}. The name
 * argument is a specifier that is relative to the url argument.
 * <p>
 * This method always returns immediately, whether or not the image
 * exists. When this applet attempts to draw the image on the
 * screen, the data will be loaded. The graphics primitives that
 * draw the image will incrementally paint on the screen.
 *
 * @param url
 *       an absolute URL giving the base location of the image
 * @param name
 *       the location of the image, relative to the url argument
 * @return the image at the specified URL
 * @throws MalformedURLException
 *       if no protocol is specified, or an unknown protocol is
 *       found, or spec is null
 * @see Image
 */
public Image getImage(URL url, String name)
    throws MalformedURLException {
        return getImage(new URL(url, name));
}
```

Mit @link können Verweise auf andere Elemente erzeugt werden. Diese Links sollten aber nicht im ersten Satz verwendet werden, weil sonst die generierte Dokumentation auf der nächsthöheren Ebene für die späteren Leser unübersichtlich wird. Paragraphen werden durch <p> voneinander getrennt.

Parameter werden mit @param dokumentiert. Die dazugehörige Beschreibung ist häufig kein vollständiger Satz. Der Text beginnt deswegen kleingeschrieben und endet nur dann mit einem Punkt, falls weitere Sätze folgen. Alternativ kann ein Parameter auch mithilfe eines vollständigen Satzes beschrieben werden, der großgeschrieben beginnt und mit einem Punkt abgeschlossen wird.

```
@param name the location of the image, relative to the url
      argument
@param name Specifies the location, relative to the url argument,
      of the image location.
```

Man kann sich für eine der genannten Möglichkeiten entscheiden, sollte sie dann aber einheitlich verwenden. Die Konvention zur Groß-/Kleinschreibung und Zeichensetzung gilt auch für andere Javadoc-Elemente wie @return und @throws, mit denen Rückgabewerte und Exceptions angegeben werden.

Checked Exceptions gehören zur Methodensignatur und werden automatisch im Javadoc-Dokument aufgelistet. Wer den Grund für die Exception beschreiben möchte, kann dies durch @throws tun. Auch Unchecked Exceptions können durch @throws explizit dokumentiert werden. Das ist dann sinnvoll, wenn davon auszugehen ist, dass sich ein Client davon erholen kann. Jede Exception, die zum API-Vertrag gehört, sollte auch entsprechend im Javadoc vermerkt sein. Unchecked Exceptions, wie beispielsweise NullPointerException oder IndexOutOfBoundsException, die nicht zum API-Vertrag gehören, sondern auf einen Fehler in der Implementierung zurückzuführen sind, sollten nicht angegeben werden. Falls Unchecked Exceptions jedoch zum API-Vertrag gehören, sollten sie angegeben werden.

Kommentare enthalten häufig kleine Codebeispiele, die mit @code angegeben werden können. Aufzählungen werden mit den HTML-Tags <ul> und <li> verfasst. Alternativ können auch Definitionslisten mit <dl>, <dt> und <dd> erstellt werden.

Es ist auch möglich, Packages zu dokumentieren. Dazu wird im entsprechenden Verzeichnis eine Datei mit dem Namen package.html angelegt. Ein Template zur Gestaltung des Inhalts dieser Datei bietet die offizielle Dokumentation von Oracle. Alternativ kann seit Java 1.5 auch eine Datei package-info.java mit regulärem Javadoc erstellt werden.

Javadoc unterstützt Vererbung, sodass die Dokumentation aus Basisklassen und Interfaces von erbenden und implementierenden Klassen übernommen werden kann. Auf diese Weise müssen Kommentare nicht dupliziert werden. Es ist auch möglich, existierende Dokumentationen zu ergänzen oder abzuwandeln.

```java
/**
 * Base class of the Javadoc inheritance example.
 */
public class BaseClass {

    /**
     * Echoes the given message.
     * <p>
     * More documentation.
     *
     * @param message specifies the echoed text
     * @return the message specified with the argument message
     */
    public String echo(String message) {
        return message;
    }
}

/**
 * Sub-class of the Javadoc inheritance example.
 */
class SubClass extends BaseClass {

    /**
     * Has its own text. {@inheritDoc}
     * <p>
     * Documentation continues.
     *
     * @param message new description
     */
    @Override
    public String echo(String message) {
        return message;
    }
}
```

Grundsätzlich versucht Javadoc eine vollständige Dokumentation zu erstellen. Falls einzelne Elemente oder die komplette Dokumentation fehlen, schaut Javadoc in den Basisklassen und Interfaces nach und übernimmt die eventuell dort vorhandene Dokumentation. Die Subklasse im obigen Beispiel übernimmt die Dokumentation des Rückgabewertes. Für den Parameter wird jedoch die Dokumentation überschrieben. Mit @inheritDoc wird der Kommentartext aus der Basisklasse übernommen. Der Text wird genau an der Stelle des Tags eingefügt.

Für die Dokumentation von APIs sind auch die Tags @version und @since wichtig. In beiden Fällen wird eine Version angegeben, doch deren Bedeutung ist unterschiedlich.

```
/**
 * @version %I%, %G%
 * @since 1.1
 */
```

Mit @since wird die Releaseversion angegeben, mit der die Klasse, Methode etc. zur API hinzugefügt wurde. Die aktuelle Quellcodeversion wird mit @version angegeben. Die SCCS-Makros (Source Code Control System) %I% und %G% werden automatisch vom Versionsverwaltungssystem ersetzt, um die Version der Datei und das Datum des Check-outs automatisch einzufügen.

Veraltete Elemente einer API werden mit @deprecated markiert. Falls die Klasse, Methode etc. ersatzlos entfernt werden soll, könnte der dazugehörige Text »no replacement« lauten. In allen anderen Fällen sollte eine Alternative angegeben werden. Für diese Aufgabe eignen sich die Tags @link und @see.

Versionierung von RxJava

RxJava ist eine Erweiterung der Java-VM für asynchrone und ereignisbasierte Applikationen. Die Dokumentation geht ebenfalls auf das Thema Versionierung ein und enthält einige interessante Punkte, die an dieser Stelle als Beispiel vorgestellt werden sollen:

Das Kapitel »Versioning« beginnt mit der Aussage, dass die aktuelle Major-Version 1.x der API stabil ist und für mehrere Jahre unterstützt wird. Das ist eine sehr wichtige Aussage, die Vertrauen in die Plattform schaffen kann. Dann wird das Versionierungsschema vorgestellt. Minor-Versionen, wie zum Beispiel 1.1, 1.2 etc., beinhalten nicht triviale Erweiterungen und Fehlerkorrekturen, die ebenfalls das Verhalten der API ändern. Patch-Versionen, wie zum Beispiel 1.0.1, 1.0.2 etc., werden hingegen ausschließlich für Fehlerkorrekturen und sehr einfache Funktionserweiterungen verwendet.

Die Annotation @Beta markiert Klassen, Methoden und Felder, die neu sind und sich höchstwahrscheinlich wieder ändern werden. Es könnte sogar sein, dass diese Elemente plötzlich aus der API entfallen. Eine ähnliche Semantik hat die Annotation @Experimental. Hiermit markierte API-Elemente wurden für Tests und Feedback in der API veröffentlicht. Auch diese API-Elemente sollten nicht im Produktivcode verwendet werden.

In der Standardbibliothek von Java wird die Annotation @Deprecated eingesetzt, doch noch nie ist tatsächlich ein Element entfernt worden. Bei RxJava ist das anders: Mit @Deprecated markierte Elemente werden im jeweils folgenden Major-Release entfernt.

→

> Packages und Subpackages von rx.internal gehören nicht zur öffentli-
> chen API. Da sich diese Elemente jederzeit ändern könnten, sollte man sie
> nicht verwenden.

Dokumentation von Klassen

Für die Dokumentation von Klassen könnten folgende Angaben relevant sein:

Objekterzeugung ▨ Nicht jede Klasse bietet öffentliche Konstruktoren zur Erzeugung
neuer Instanzen. Für diese Klassen, aber auch für Interfaces und
abstrakte Klassen, sollte die Objekterzeugung dokumentiert werden. Wahrscheinlich gibt es eine Factory oder einen Builder für diesen Zweck, auf den hingewiesen werden kann.

Wichtige Methoden ▨ Für einen Client erschließt sich die Benutzung einer Klasse nicht
immer auf den ersten Blick. Kleine Codebeispiele können zu einem
schnelleren Verständnis beitragen. Die Kommentare auf Klassenebene sind eine geeignete Stelle dafür. Die Beispiele verweisen auch
auf die wichtigsten Methoden, sodass Entwickler keine langen Listen mit Getter- und Setter-Methoden durchsuchen müssen, um her-
auszufinden, wie die Klasse zu benutzen ist.

Entwurfsmuster ▨ Falls die Klasse zu einem Entwurfsmuster gehört, sollte das dokumentiert werden, ansonsten ist die Funktion der Klasse für Clients
schwer erkennbar.

Immutability ▨ Wenn der Zustand eines Objektes nach dessen Erzeugung nicht
mehr geändert werden kann, müssen Clients nicht auf Synchronisation achten.

Thread-Sicherheit ▨ Ein wichtiger Bestandteil des Vertrages zwischen API und Client
umfasst das Verhalten von Objekten oder statischen Methoden bei
nebenläufiger Benutzung. Falls Clients falsche Annahmen treffen,
können unerwartete Fehler die Folge sein. Thread-Sicherheit ist
gegebenenfalls auch für einzelne Methoden zu dokumentieren.

Vererbung ▨ Manche Klassen und Interfaces der API können von Clients erweitert bzw. implementiert werden. Die Bedingungen der zu implementierenden Methoden sowie der Aufrufkontext sollten dokumentiert werden.

Abstraktheit ▨ Diese Eigenschaft von Klassen wird beispielsweise in Javadoc automatisch dokumentiert, aber für andere dynamisch typisierte Spra-
chen ist diese Information wichtig.

Dokumentation von Methoden

Für die Dokumentation von Methoden sind u.a. die folgenden Themen wichtig:

▨ Die Dokumentation einer Methode sollte beschreiben, inwiefern *Seiteneffekte*
sie den Zustand der Applikation ändert. Bei den meisten Setter-Methoden ist die Änderung offensichtlich, sodass auch die Dokumentation keinen Mehrwert bieten würde. Falls aber der Aufruf einer Methode zu nicht offensichtlichen Effekten führt, sollte das dokumentiert werden. Idealerweise dokumentiert man solche Stellen nicht, sondern verbessert sie.

▨ Manche Methoden können nur in einer bestimmten Reihenfolge *Reihenfolgeerwartung*
aufgerufen werden. Auch in diesem Fall sollte entweder das API-Design verbessert oder dokumentiert werden.

▨ Typ und Bedeutung des Rückgabewertes sollte in der Dokumenta- *Rückgabewert*
tion angegeben werden. Kann der Rückgabewert möglicherweise null sein?

▨ Vorbedingungen sollten dokumentiert werden, sonst können sie *Bedingungen*
nicht von Clients eingehalten werden. Nachbedingungen müssen vom aufgerufenen Objekt eingehalten werden. Diese Information ist zum Beispiel wichtig für Callback-Methoden und vererbbare Klassen.

Dokumentation von Packages

Für Packages können beispielsweise diese Themen dokumentiert werden:

▨ In erster Linie gehört zur Dokumentation eines Packages dessen *Zusammenfassung*
Aufgabe. Welche Klassen sind in diesem Package enthalten und was ist deren Funktion?

▨ Auf Ebene der Packages könnten auch Diagramme in die Doku- *Diagramme*
mentation eingefügt werden, um das Zusammenwirken der im Package enthaltenen Klassen zu erklären.

▨ Nicht jedes Packages gehört tatsächlich zur API. Inhalte dieser *Warnhinweise*
Packages könnten sich selbst durch ein Minor-Release inkompatibel ändern.

12.6   Dokumentation von Web-APIs

Die Dokumentation einer Web-API umfasst Themen wie Authentifizie-rung, Benutzungsszenarien, URI-Pfade und Parameter, HTTP-Metho-den und Header, Status- und Fehlercodes, den Payload von Requests und Responses sowie eventuelle Datenratenbeschränkungen. Zur Er-stellung einer solchen Dokumentation werden in diesem Abschnitt sowohl Ansätze als auch Werkzeuge vorgestellt.

Vertrag zuerst oder zuletzt?

Es gibt verschiedene Ansätze den Vertrag, den eine API garantiert, zu definieren. Einerseits könnte man mit dem Vertrag beginnen und die-sen dann implementieren. Andererseits könnte man den Vertrag nach-träglich für die Implementierung schreiben. Allgemein kann zwischen Contract First und Contract Last unterschieden werden:

Contract First ▪ Beim Contract-First-Ansatz wird die API zuerst mit einer Beschrei-bungssprache spezifiziert. Die Implementierung folgt dann dieser Vorgabe. Um sicherstellen zu können, dass Beschreibung und Implementierung übereinstimmen, können Serverimplementierun-gen aus der Beschreibung generiert werden. Beispielsweise kann der Swagger Editor den Code für Server und Client auf Basis ver-schiedener Technologien generieren. Falls nach der einmaligen Generierung der Vertrag bzw. die API-Dokumentation geändert wird, können nur Tests sicherstellen, dass die Implementierung nicht von der Dokumentation abweicht.

Contract Last ▪ Beim Contract-Last-Ansatz existiert die zu dokumentierende API bereits und die Beschreibung wird nachträglich erzeugt. In diesem Fall können Tests helfen, eventuelle Unterschiede zwischen Be-schreibung und Implementierung zu vermeiden. Alternativ kann die Beschreibung zur Laufzeit oder schon während des Builds direkt aus der Implementierung generiert werden. Hierzu wird der Quell-code entsprechend kommentiert. Passende Java-Annotationen oder Kommentar-Tags bieten beispielsweise Swagger Core und apiDoc.

In den nächsten Abschnitten werden einige konkrete Technologien für die beschriebenen Ansätze vorgestellt.

apiDoc

Analog zu Javadoc können auch Web-APIs direkt im Quellcode dokumentiert werden. Für diesen Zweck bietet das Open-Source-Framework apiDoc [apiDoc] verschiedene Kommentar-Tags, die zusätzlich zu den sonstigen Javadoc-Kommentaren verwendet werden können. Aus den apiDoc-Kommentaren können ansehnliche Dokumentationen generiert werden, sodass Dokumentation und Implementierung synchron bleiben. Java ist nur eine von vielen unterstützten Programmiersprachen.

```
/**
 * @api {get} /products/:productId Request product information
 * @apiVersion 1.0.0
 * @apiName GetProduct
 * @apiGroup Products
 *
 * @apiParam {Number} productId A product's unique id.
 *
 * @apiSuccess {String} name The product name is typically used as
 *                          label in the frontend.
 * @apiSuccess {String} price  Net cost of the product.
 *
 * @apiSuccessExample Success-Response:
 *     HTTP/1.1 200 OK
 *     {
 *       " name ": "Gigabit-Switch",
 *       " price  ": "19.95 EUR"
 *     }
 *
 * @apiError ProductNotFound The id of the product was not found.
 *
 * @apiErrorExample Error-Response:
 *     HTTP/1.1 404 Not Found
 *     {
 *       "error": "ProductNotFound"
 *     }
 */
```

Mit den Tags @apiGroup und @apiName wird die Dokumentation strukturiert. Der Dokumentationsblock einer Methode wird mit @apiName benannt. Der Name wird auch zur Navigation innerhalb der generierten HTML-Dokumente verwendet. Zusammengehörige Dokumentationsblöcke werden mit @apiGroup zusammengefasst. Beispiele können sowohl für erfolgreiche und fehlgeschlagene Abfragen angegeben werden. Weitere Beispiele und Erklärungen zu einzelnen Funktionen des Frameworks bietet die Website [apiDoc].

Swagger

Eine bekanntere Alternative für apiDoc ist Swagger Core. Dieses Projekt bietet Java-Annotationen, mit denen Swagger-JSON-Dokumente konform zur OpenAPI-Spezifikation [The OpenAPI Specification] direkt aus dem Quellcode generiert werden können. Die Generierung der Swagger-JSON-Dokumente erfolgt nicht wie bei apiDoc während des Builds, sondern erst zur Laufzeit.

```
@Api(value = "/products",
     position = 1,
     description = "Provides functions to process products.")
@RestController
@RequestMapping("/products")
public class ProductController {
```

Auf Klassenebene kann beispielsweise eine Spring-Bean oder eine JAX-RS-Ressource mit @Api als Swagger-Ressource markiert werden. Die Ressource wird dann automatisch in die Swagger-Dokumentation aufgenommen. Weitere Swagger-Annotationen in der Klasse werden nur ausgewertet, falls diese Annotation vorhanden ist. Das Swagger-Spring-MVC-Plug-in stellt automatisch eine Ressource /api-docs bereit, mit der die API-Beschreibung abgerufen werden kann. Mit value wird der Pfad angegeben, unter dem die API-Beschreibung der jeweiligen Ressource relativ zu /api-docs zu finden ist.

Swagger ist so konzipiert, dass die gesamte API mit nur einem JSON-Dokument beschrieben werden könnte. Die Swagger-API-Beschreibung wird jedoch in einzelne Subressourcen aufgeteilt. Diese Aufteilung spiegelt die Aufteilung der API in einzelne Ressourcen wider. Die Ressource /api-docs verweist daher mit relativen Pfaden auf die Dokumentation konkreter Ressourcen.

```
"apis": [
  {
    "description": "Provides functions to process products.",
    "path": "/default/products",
    "position": 1
  },
  ...
]
```

Standardmäßig gehören alle Ressourcen zur Gruppe »default«. Die Einteilung in Gruppen ist notwendig, falls mehrere Swagger-Spring-MVC-Plug-ins existieren. Die angegebene Position »1« hat Einfluss auf die grafische Darstellung der API-Beschreibung. Die generierten Swagger-JSON-Dokumente können mit Swagger UI grafisch dargestellt werden.

Für die Dokumentation der API-Operationen, wie beispielsweise
»findById«, bietet Swagger Core spezielle Java-Annotationen. Zu den
wesentlichen Angaben gehören eine textuelle Beschreibung der Operation, deren Rückgabetyp sowie eine Liste der möglichen Statuscodes
und Fehlermeldungen. Zu einer vollständigen Dokumentation gehört
auch eine Beschreibung der Query-Parameter. Jeder Query-Parameter
hat eine Bezeichnung, Bedeutung, einige Beispielwerte und die Information, ob der Query-Parameter eventuell optional ist. Benutzer von
Swagger UI können die angegebenen Beispielwerte nutzen, um
Requests direkt in der Dokumentation auszuführen. Die Requests laufen gegen den Server, der auch die Swagger-JSON-Dokumente zur
Laufzeit bereitstellt.

```java
@ApiOperation(
  value = "Find single product by id",
  response = Product.class)
@ApiResponses(value = {
  @ApiResponse(
    code = 200,
    message = "Successfully found product",
    response = Product.class),
  @ApiResponse(
    code = 400,
    message = "Invalid id supplied",
    response = InvalidIdException.class ),
  @ApiResponse(
    code = 404,
    message = "Product not found",
    response = ProductNotFoundException.class) })
@RequestMapping(value = "/{productId}", method = RequestMethod.GET)
public ResponseEntity<Product> findById(
  HttpServletRequest req,
  @ApiParam(name = "productId", allowableValues = "1, 2, 3",
  required = true, value = "This is a unique id.")
  @PathVariable String productId) {
```

Aus diesen Angaben wird zur Laufzeit vom Swagger-Spring-MVC-
Plug-in ein Swagger-JSON-Dokument generiert, das unter /api-docs/
default/products abgerufen werden kann:

```json
{
  "apiVersion": "1.0",
  "apis": [
    {
      "description": "findById",
      "operations": [
        {
          "method": "GET",
          "summary": "Find single product by ID",
          "parameters": [
            {
              "allowMultiple": false,
              "enum": [ "1", "2", "3" ],
              "description": "This is a unique id.",
              "name": "productId",
              "paramType": "path",
              "type": "string",
              "required": true
            }
          ],
          "responseMessages": [
            {
              "code": 200,
              "message": "Successfully found product",
              "responseModel": "Product"
            },
            {
              "code": 400,
              "message": "Invalid id supplied",
              "responseModel": "InvalidIdException"
            },
            {
              "code": 404,
              "message": "Product not found",
              "responseModel": "ProductNotFoundException"
            }
          ],
          "deprecated": "false",
          "type": "Product"
        }
      ],
      "path": "/products/{productId}"
    }
  ]
  ...
  "resourcePath": "/products",
  "swaggerVersion": "1.2"
}
```

Alternativ könnten die Swagger-JSON-Dokumente auch mit einem Texteditor oder dem komfortableren Swagger Editor erstellt werden, falls man nach Contract First bzw. API First vorgehen möchte.

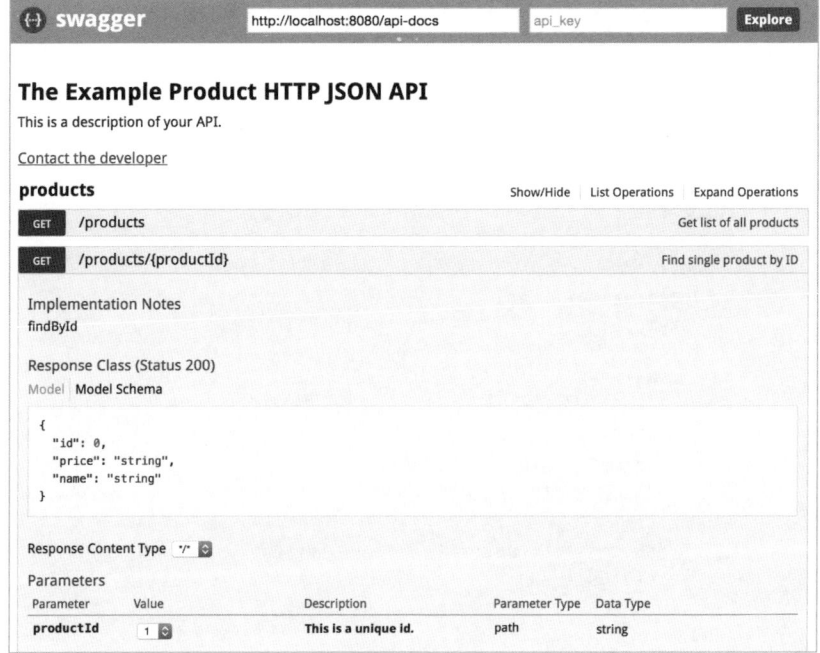

Abb. 12–2

Interaktive
Dokumentation mit
Swagger UI rendern

Die Swagger-JSON-Dokumente können dynamisch mit Swagger UI gerendert werden. Swagger UI kann leicht in eine bestehende Anwendung integriert werden, weil es keine externen Abhängigkeiten hat. Im einfachsten Fall kopiert man die HTML-, CSS- und JavaScript-Dokumente aus dem GitHub-Repository direkt in das webapp-Verzeichnis seiner Applikation und ändert in der index.html die URI zur /api-docs-Ressource.

RESTful API Modeling Language (RAML)

Für Contract First bzw. API First eignet sich auch RAML, eine YAML-basierte (Yet Another Markup Language) Beschreibungssprache für Web-APIs. Jedes RAML-Dokument beginnt mit der Angabe der RAML-Version und einigen allgemeinen Angaben zur API, wie Titel, Basis-URI und API-Version.

```
#%RAML 0.8
---
title: The Example Product HTTP JSON API
baseUri: http://localhost:8080/{version}
version: v1
```

Dann folgt die Beschreibung der Ressourcen und Subressourcen. Variable URI-Pfade werden durch geschweifte Klammern ausgedrückt. Unterhalb der Ressourcen werden die unterstützten HTTP-Operationen und deren mögliche Responses angegeben. In diesem Beispiel werden die Statuscodes 200, 201 und 404 sowie die dazugehören Nachrichten definiert:

```
/products:
 description: Provides functions to process products
 /{productId}:
  get:
   responses:
    200:
     body:
      application/json:
       example: |
        {
         "data":
         {
          "id": 1,
          "name": "Gigabit-Switch",
          "name": "19.95 EUR"
         },
         "success": true,
         "status": 200
        }
    404:
     body:
      application/json:
       example: |
        {"message": "Product not found "}
  post:
   responses:
    201:
     body:
      application/json:
       example: |
        {
         "data":
         {
          "id": 1,
          "name": "Gigabit-Switch"
          "name": "21.00 EUR"
         },
         "success": true,
         "status": 201
        }
```

Mit Traits und Includes können die RAML-Dokumente zusätzlich strukturiert werden. Beispielsweise können wiederkehrende Query-Parameter in Traits verschoben werden, sodass deren Definition nur einmal gemacht werden muss. Im folgenden Beispiel werden die Traits »searchable« und »pageable« definiert. Der letztere Trait befindet sich in einem separaten Dokument und wird inkludiert. Die einmalig definierten Traits können mehrfach in der RAML-Beschreibung referenziert werden.

```
traits:
 - searchable:
    queryParameters:
     name:
      displayName: Product label
      type: string
      description: The product labels are not unique.
      example: smartphone
      required: false
 - !include pageable.yaml
```

In den bisherigen RAML-Beispielen wurde gezeigt, dass Responses durch Beispiele beschrieben werden können. Es ist jedoch auch möglich, die Rückgabedaten durch die Angabe von JSON-Schemata allgemeiner zu beschreiben.

```
/products:
 description: Collection of products
 get:
  is: [
      searchable, pageable
      ]
  responses:
   200:
    body:
     application/json:
      schema: |
       {
       "type":"array",
       "items": [
          {
            "type":"object",
            "properties":
             {
              "id": { "type": "integer" },
              "name": { "type": "string" },
              "price" : { "type" : "string" }
             }
          }
         ]
       }
```

Weitere Beschreibungssprachen

Die Notwendigkeit, Web-APIs einheitlich zu dokumentieren, ist nicht neu, deswegen können Entwickler inzwischen auf eine ganze Reihe unterschiedlicher Formate für diese Aufgabe zurückgreifen. Neben Swagger und RAML sind daher auch WADL, ioDocs und API Blueprint als wichtige Vertreter zu nennen:

- WADL (Web Application Description Language) wurde einst von Sun Microsystems entwickelt und dem W3C vorgeschlagen. Es wurde jedoch nie als Standard verabschiedet. Dennoch bieten Jersey und Apache CXF verschiedene Werkzeuge zur Codegenerierung, Testausführung und Dokumentation.
- ioDocs ist eine Open-Source-Technologie von Mashary. Auf Basis der JSON-basierten Beschreibungen können interaktive Dokumentationen gerendert werden, die sich zum Lernen und Ausprobieren der API eignen.
- API Blueprint ist ein Markdown-Format, das von Apiary entwickelt wurde. Sowohl das Format als auch dessen Parser sind Open Source. Mit der apiary.io-Plattform können aus den Beschreibungen Server-Mocks und Dokumentationen generiert werden.

Markdown

Markdown ist eine einfache Markup-Sprache, die mit zunehmender Popularität zur Dokumentation von APIs eingesetzt wird und aus diesem Grund nicht in diesem Kapitel fehlen darf. Die Konvertierung von Markdown in HTML wird von mehreren Werkzeugen (z. B. Jekyll, Kirby) unterstützt, sodass die Dokumentation leicht online zur Verfügung gestellt werden kann. Mit dem WordPress-Markdown-Plug-in können Markdown-Inhalte auch direkt vom Content-Management-System (CMS) verwendet werden. GitHub unterstützt ebenfalls Markddown-Inhalte.

Markdown bietet standardmäßig Basisfunktionen zur Textformatierung, Links, Bilder, Header und Codeblöcke an. Im Gegensatz zu HTML ist Markdown jedoch aufgeräumter und leichter zu lesen:

```
## Notes

The `GET products` request can be used with the *category* query
parameter to filter to a category. See the [products](../products/)
resource page.
```

Die eingeschränkten Formatierungsmöglichkeiten sind eher ein Vorteil als ein Nachteil, denn API-Dokumentationen bzw. technische Dokumentationen im Allgemeinen sollten möglichst aufgeräumt und gut lesbar gestaltet sein.

Markdown kann sowohl für eine Übersicht als auch für Benutzerhandbuch und Referenz verwendet werden. Ein großer Vorteil ist das Einbetten von XML, JSON und Codebeispielen.

Dokumentation von Datenstrukturen

Für einfache Datenstrukturen ist die Angabe von kommentierten Beispielen ausreichend und unkompliziert. Für komplexe Datenmodelle ist dieser Ansatz jedoch ungenügend. Zur Dokumentation von JSON-Dokumenten eignen sich JSON-Schemata, die direkt aus annotierten Java-Klassen mit JAXB und Jackson generiert werden können. Vererbung und polymorphe Strukturen können zu Problemen bei der Generierung führen und sollten momentan vermieden werden.

```
{
    "title": "Example JSON Schema",
    "type": "object",
    "properties": {
        "name": {
            "type": "string"
        },
        "age": {
            "description": "Age in years",
            "type": "integer",
            "minimum": 0
        }
    },
    "required": ["name"]
}
```

Zur Dokumentation von domänenspezifischen Sprachen eignen sich Syntaxdiagramme, die vielen Lesern vermutlich durch Beschreibungen der SQL-Notation bekannt sind. Syntaxdiagramme sind eine grafische Alternative zur erweiterten Backus-Naur-Form. Auch die offizielle Dokumentation von JSON verwendet Syntaxdiagramme zur besseren Verständlichkeit.

Dokumentation versus Hypermedia

Weder Swagger, RAML noch API Blueprint bieten Unterstützung für Hypermedia. Das ist ein wichtiger Nachteil dieser Beschreibungssprachen, der nicht unerwähnt bleiben sollte. In diesem Zusammenhang könnte man einwenden, dass eine Dokumentation für Hypermedia-APIs gar nicht notwendig sei, weil die möglichen Aktionen des Benutzers je nach Kontext mit der Ressourcenrepräsentation kommuniziert und mit ALPS (Application-Level Profile Semantics) beschrieben werden können. Demnach wäre es prinzipiell möglich, eine Hypermedia-

API wie eine Website durch Browsing zu nutzen. Es gibt jedoch
Webapplikationen – gerade im Unternehmensumfeld –, deren Bedie-
nung ohne zusätzliche Dokumentation trotz guter User Experience
kaum möglich ist. Und für APIs ist das auch nicht anders. Daher sollten Sie im Einzelfall entscheiden, ob eine menschenlesbare Dokumentation für Hypermedia-APIs tatsächlich überflüssig ist. Die Metainformationen im Hypermedia kann man aber durchaus als Ersatz für die
maschinenlesbare Dokumentation der genannten Beschreibungssprachen ansehen.

12.7 Zusammenfassung

Zur Arbeit von Entwicklern gehören viele interessante Tätigkeiten, das
Thema Softwaredokumentation wird häufig nicht dazu gezählt.
Nichtsdestotrotz, und das wurde in diesem Kapitel deutlich, ist eine
gute Dokumentation für APIs unerlässlich. Einige Tipps und verschiedene Werkzeuge wurden deshalb in diesem Kapitel vorgestellt:

- Zu einer vollständigen Dokumentation gehören im Allgemeinen eine
  Übersicht, ein Benutzerhandbuch und eine detaillierte Referenz.
- Schreiben Sie Dokumentationen nicht ausschweifend, sondern kompakt, und verwenden Sie möglichst einfache Formulierungen.
- Entwickler verstehen und lernen sehr schnell mit Beispielen, die in
  passenden Programmiersprachen angeboten werden.
- Aus Quellcodekommentaren können Dokumentationen sowohl
  für Softwarekomponenten als auch für Web-APIs generiert werden.
- Für Ansätze wie API First oder Contract First eignen sich Beschreibungssprachen wie RAML und Swagger. Aus diesen Metadaten
  können Dokumentationen, Code und Server-Mocks generiert werden. Weder RAML noch Swagger unterstützen jedoch Hypermedia.

13 Caching

Ein Cache ist ein schneller Pufferspeicher, der Daten für zukünftige Abfragen vorhält. In ihm können Daten aus vorherigen Leseoperationen sowie die Ergebnisse aus vorherigen Berechnungen zwischengespeichert werden, sodass langsamer Hintergrundspeicher entlastet und unnötige Neuberechnungen vermieden werden. Caching ist aufgrund dieser Eigenschaften eine vielseitig einsetzbare Technik zur Verbesserung der Performance und Skalierbarkeit einer Applikation. Ein monetärer Vorteil ist nicht zuletzt gegeben, wenn durch einen Cache die Anzahl der Zugriffe auf einen Dienst mit Pay-per-Use-Abrechnungsmodell reduziert wird. Denn falls die benötigten Daten bereits in einem Cache liegen und nicht veraltet sind, ist der Zugriff auf den Dienst unnötig.

Cache-Speicher gibt es in vielen unterschiedlichen Varianten. Das Spektrum reicht vom lokalen Cache im Webbrowser bis zum verteilten Cache-Cluster eines Applikationsservers. Man findet sie beispielsweise in Prozessoren, Festplatten, Betriebssystemen, Datenbanken, Applikationen und Proxy-Server. Im Kontext dieses Buches ist vor allem HTTP-Caching hervorzuheben, über das Sie in diesem Kapitel neben einigen allgemeinen Grundlagen weitere Informationen finden.

13.1 Anwendungsfälle

Wenn Sie beispielsweise die API eines Dienstes für Börsenkurse entwerfen, sollten Sie beachten, dass sich die Finanzdaten in kurzen Zeitabständen ändern. Trotzdem kann die vom Benutzer wahrgenommene Performance durch Entlastung des Origin Server verbessert werden, sofern die zwischengespeicherten Daten beispielsweise in festgelegten Zeitabständen invalidiert werden. Historische Daten, die sich praktisch nicht mehr ändern, könnten davon separiert und länger zwischengespeichert werden.

Börsenkursdienst

Nachrichtendienst ▦ Die API eines Nachrichtendienstes veröffentlicht Mitteilungen mit festgelegter Regelmäßigkeit und könnte deren Zwischenspeichern für einen längeren Zeitraum erlauben.

Wetterdienst ▦ Ein verteilter, weltweit agierender Wetterdienst könnte geografisch lokale Zwichenspeicher einsetzen, um die wahrgenommene Performance von Benutzern verschiedener Standorte zu verbessern.

13.2 Performance-Vorteil

Ein Cache ist typischerweise schneller als sein jeweiliger Hintergrundspeicher. Beispielsweise liegt der Cache eines Datenbanksystems im Hauptspeicher und die persistenten Daten auf langsameren Festplatten. Die Latenz von Lese- und Schreiboperationen kann daher durch einen Cache reduziert werden.

Ein anderer Grund für die bessere Performance eines Cache ist Datenlokalität. Der Cache eines Webbrowsers liegt auf einer lokalen Festplatte, von der die Daten schneller geladen werden können als über ein Netzwerk vom entfernten Server. Daher sollte man sich zunächst auf lokale Cache-Speicher, zum Beispiel innerhalb der Datenbank, der JVM oder des O/R-Mappers, konzentrieren, bevor man andere zusätzliche Komponenten hinzufügt.

13.3 Verdrängungsstrategien

Ein Cache im Hauptspeicher ist teuer und deswegen nur in Ausnahmefällen groß genug für alle Daten einer Anwendung. Wenn ein Objekt in einem bereits vollen Cache abgelegt werden soll, muss ein anderes Objekt zuvor entfernt werden. Um trotzdem möglichst viele Cache-Treffer (cache hits) und möglichst wenig Cache-Verfehlen (cache misses) zu erzielen, werden wohlüberlegte Verdrängungsstrategien angewandt.

Im Idealfall würde man den Algorithmus von Belady [Belady 1966] anwenden. Dieser Algorithmus verdrängt zuerst jene Objekte aus dem Cache, deren nächste Zugriffe am weitesten in der Zukunft liegen. Leider ist die Benutzung eines Cache nicht vorhersagbar, sodass dieser Algorithmus eher eine theoretische Überlegung bleibt. Daher muss man in der Praxis auf andere Algorithmen zurückgreifen. Beispielsweise könnte jeweils das Objekt verdrängt werden, auf das am längsten nicht zugegriffen wurde.

Darüber hinaus können auch Prioritätsbänder eingesetzt werden, um zu verhindern, dass Objekte im Wechsel verdrängt und eingefügt werden. Wenn ein zwischengespeichertes Objekt benutzt wird, rutscht es eine Position auf seinem Band noch oben. Wenn es bereits am Anfang des Bandes steht, wechselt es auf ein Band mit höherer Priorität. Auf diesem Band kann es ebenfalls aufsteigen. Ein Cache könnte beispielsweise zwei Prioritätsbänder verwenden. Wenn Objekte aufsteigen, müssen andere absteigen. Objekte werden erst dann aus dem Cache entfernt, wenn sie am Ende des unteren Bandes herausfallen.

Ein Read-only-Cache kann die verdrängten Objekte einfach löschen. Im Gegensatz dazu muss ein Cache für Schreibzugriffe spezielle Strategien anwenden, um zu verhindern, dass Änderungen verloren gehen.

13.4 Cache-Strategien für Schreibzugriffe

Für einen Schreibzugriff auf ein zwischengespeichertes Objekt stehen prinzipiell zwei Strategien zur Auswahl:

- Durchgängiges Schreiben (write-through)
- Zurückkopieren (write-back)

Durchgängiges Schreiben

Ein Write-through-Cache führt Schreiboperationen sofort im Cache und im permanenten Hintergrundspeicher aus. Erst danach wird die Schreiboperation abgeschlossen und bestätigt. Diese Strategie hat den Vorteil, dass die Daten sofort sicher gespeichert werden. Das Schreiben in den Hintergrundspeicher erhöht jedoch die Latenz der Schreiboperation. Aufgrund dieser Eigenschaften eignet sich ein Write-through-Cache für Anwendungen, die Daten selten schreiben, aber oft lesen.

Zurückkopieren

Ein Write-back-Cache führt Schreiboperationen zunächst nur im Cache aus und bestätigt diese unverzüglich. Die Latenz einer Schreiboperation wird dadurch auf ein Minimum reduziert. Von diesem Vorteil profitieren schreibintensive Anwendungen mit hohem Durchsatz.

Erst zu einem späteren Zeitpunkt wird der Inhalt des Cache permanent gesichert und zurück in den langsameren Hintergrundspeicher geschrieben. Bis zu diesem Zeitpunkt besteht die Gefahr, dass die ungesicherten Daten im Cache verloren gehen können. Aus diesem Grund kombinieren Datenbanksysteme wie Apache Cassandra einen Write-back-Cache mit anderen Mechanismen: Für Schreiboperationen kann ein optionales Commit-Log verwendet werden, sodass die veränderten Daten beispielsweise einen Stromausfall überstehen würden. Die Schreiboperationen werden außerdem auf mehreren Knoten parallel durchgeführt. Der Datenbankclient entscheidet, auf wie viele Bestätigungen er wartet. Im Allgemeinen ist ein Write-back-Cache für Anwendungen mit ausgeglichenem Workload geeignet.

Cache-Verfehlen

Auch für Cache-Verfehlen bei Schreiboperationen gibt es mehrere Strategien: Ein Write-allocate-Cache lädt die betroffenen Daten zunächst in den Cache und führt anschließend die Schreiboperation aus. Nachfolgende Leseoperationen würden dann von einem Cache-Treffer profitieren.

Ein Non-write-allocate-Cache, auch bekannt als Write-around-Cache, lädt die Daten nicht in den Cache, sondern führt die Schreiboperation ausschließlich im Hintergrundspeicher aus. Daten, die häufig geschrieben, aber selten gelesen werden, würden in diesem Fall keine anderen Objekte aus dem Cache verdrängen.

13.5 Cache-Topologien für Webanwendungen

Webanwendungen – und dazu zählen auch Web-APIs – können von den Vorteilen eines Cache-Speichers stark profitieren. Je nachdem auf welcher Ebene die Cache-Speicher zum Einsatz kommen, ergeben sich verschiedene Topologien. Ein Cache lokal beim Client dient dazu, Aufrufe auf entfernte Ressourcen zu vermeiden. In diesem Fall nutzt der Client seine eigenen Datenkopien und könnte auch »private« Daten, die ungeeignet sind für Proxy-Server, zwischenspeichern. Auch personalisierte und verschlüsselte Daten können im Client zwischengespeichert werden. Ein derartiger privater Cache ist beispielsweise in jedem Webbrowser integriert.

Abb. 13–1
Webapplikationen können von Cache-Speichern auf verschiedenen Ebenen profitieren.

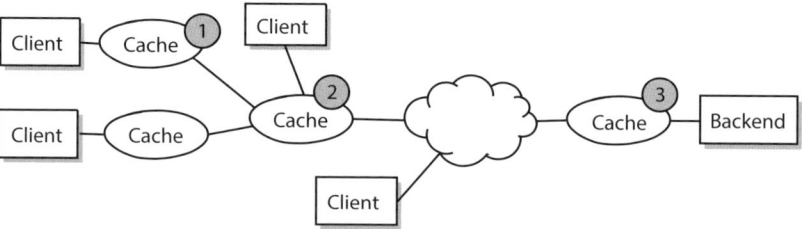

Außerdem kann ein geteilter Cache als vorgelagerter Dienst auf Clientseite verwendet werden. Konsequenterweise können hier nur Daten zwischengespeichert werden, die für alle Clients gleich sind. Die Bezeichnung »Shared Cache« und »Proxy Cache« sind üblich. Proxy-Server wie Varnish, Squid und nginx eignen sich für diese Aufgabe.

Auch serverseitig kann ein Cache genutzt werden, durch den alle Anfragen an den Server laufen. Zur besseren Unterscheidung vom Shared Cache auf Clientseite wird dieser Cache »Reverse Proxy Cache« genannt[1].

Die beschriebenen Cache-Speicher können unabhängig miteinander kombiniert werden. Der serverseitige Reverse-Proxy ist transparent für den Client, der seinerseits ebenfalls einen privaten oder Shared Cache nutzen kann.

13.6 HTTP-Caching

Für Webapplikationen lohnt sich insbesondere das Zwischenspeichern von statischen Inhalten wie CSS-Dateien, JavaScript-Dateien, Firmenlogos und anderen Bildern. Diese Ressourcen sind geeignet, weil sie sich nicht von Abfrage zu Abfrage ändern. Daher ist es sicher, dem Client mitzuteilen, dass er diese Daten für einen gewissen Zeitraum selbst speichern kann.

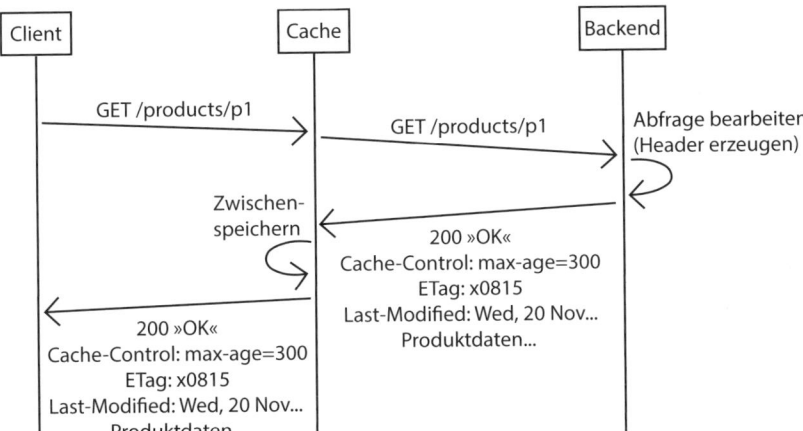

Abb. 13–2

Nach einem Cache-Verfehlen werden die Ressourcen für folgende Abfragen zwischengespeichert, wenn ein Cache-Control-Header gesetzt ist.

Beim erstmaligen Zugriff auf eine Ressource befindet sich im Cache-Speicher kein passender Eintrag und die Anfrage muss an den Backend-Server weitergeleitet werden. Der Backend-Server antwortet mit den angeforderten Daten sowie verschiedenen HTTP-Headern. Neben der Längenangabe und dem Inhaltstyp sind auch Caching-Direktiven und Daten zur Cache-Validierung enthalten. Entsprechend diesen Angaben kann der Cache die empfangenen Daten zwischenspeichern.

---

1. Analog zum »Reverse Proxy Cache« auf der Serverseite gibt es auch die Bezeichnung »Forward Proxy Cache« für die Clientseite.

Cache-Control

Für jede Ressource können Caching-Direktiven mithilfe des Cache-Control-HTTP-Headers angegeben werden. Die Caching-Direktiven regeln, wer Daten in einem Cache zwischenspeichern kann, unter welchen Bedingungen und wie lange. Eine Caching-Direktive wird im folgenden Beispiel verwendet. Mit max-age wird der Gültigkeitszeitraum des Cache-Eintrags definiert. In diesem Beispiel ist der Cache-Eintrag für 300 Sekunden gültig.

Abb. 13–3

Bis zum Erreichen des maximalen Alters kann der Cache-Eintrag verwendet werden.

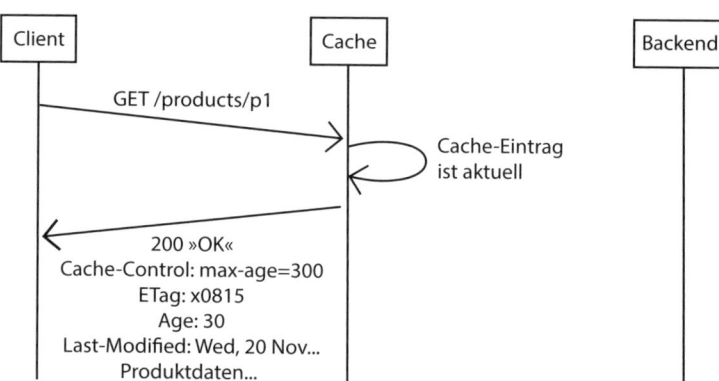

Angenommen nach 30 Sekunden – also innerhalb des Gültigkeitszeitraums – wird die zwischengespeicherte Ressource erneut von einem Client abgerufen. Der Cache-Eintrag kann dann zur Beantwortung der Abfrage verwendet werden. Der Backend-Server muss in diesem Fall nicht kontaktiert werden. Die Antwort vom Cache enthält außerdem einen Age-Header, mit dem die geschätzte Zeit, die seit der Erzeugung der Daten durch den Backend-Server vergangen ist, angegeben wird. Der Cache-Eintrag ist valide, falls das Alter nicht den Gültigkeitszeitraum übersteigt.

ETags

Die Antwort vom Backend-Server enthält ein ETag, mit dem die zwischengespeicherten Daten validiert werden können. Falls nach Ablauf des Gültigkeitszeitraums die Ressource erneut abgefragt wird, kann der Cache-Eintrag nicht ohne vorherige Überprüfung verwendet werden.

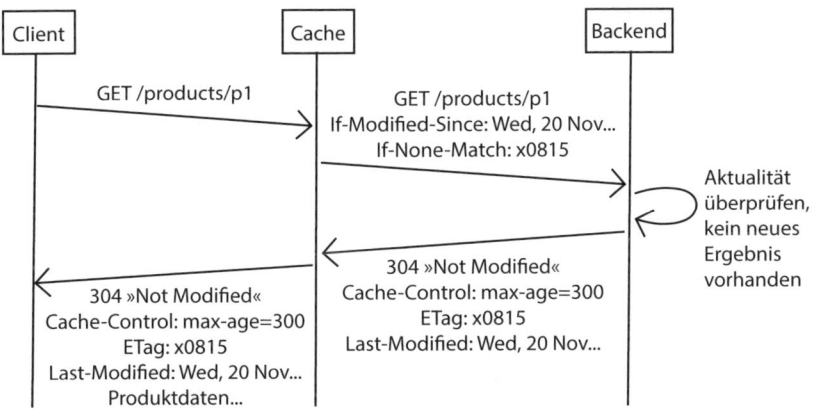

Abb. 13–4
Der Backend-Server
antwortet mit Statuscode
304 »Not Modified«,
sodass der Cache-Eintrag
weiterhin genutzt werden
kann.

Der Cache-Speicher leitet dem Server deswegen die Abfrage des Clients inklusive eines If-None-Match-Headers weiter. Dieser Header enthält das Validierungstoken, das zuvor vom Server an den Client mithilfe des ETag-Headers übertragen wurde. Mit diesem Token kann die Aktualität der Ressource effizient überprüft werden. Der Server berechnet das Token erneut und vergleicht beide Werte. Falls sich die Ressource nicht geändert hat, sind auch die Token gleich. Im Beispiel von Abbildung 13–4 hat sich die Ressource nicht verändert, sodass der Cache-Eintrag weiterhin verwendet werden kann. Die Antwort des Servers ist daher 304 »Not Modified«. Die Daten werden in diesem Fall nicht übertragen. Der Cache-Eintrag ist nun weitere 300 Sekunden gültig. Laut RFC 7232 muss der Server bei einer 304-Antwort die gleichen Header mitschicken, die er auch bei einer 200-Antwort mitschicken würde.

Falls die Hashfunktion zur Berechnung der ETag-Werte Inodes verwendet, kann das Ergebnis nicht auf anderen Caching-Servern reproduziert werden. Ein Inode ist eine Datenstruktur eines Unix-Dateisystems, mit der Dateisystemobjekte, wie Dateien und Verzeichnisse, repräsentiert werden. Falls nicht nur ein einzelner Caching-Server, sondern ein Cluster eingesetzt wird, sollte die Verwendung von Inodes deaktiviert werden.

Expires

Eine Alternative für Cache-Control: max-age=N ist der Expires-Header. Beide Header geben den Zeitraum an, in dem ein Client die zwischengespeicherte Ressource ohne Prüfung beim Webserver verwenden kann. Beide Alternativen sind sogenannte starke Caching-Header, die ohne Bedingung gelten. Erst nach Ablauf des Zeitraums muss der Client beim Webserver nachfragen, ob eventuell eine neuere Version verfügbar ist.

Gibt es Unterschiede zwischen diesen beiden Alternativen? Der Expires-Header erlaubt lediglich die Angabe eines Zeitstempels. Mit Cache-Control, das nachträglich mit HTTP/1.1 eingeführt wurde, können eine relative Zeitspanne und weitere Optionen definiert werden. Der Cache-Control-Header ist somit die überlegenere Alternative. Falls beide Header vorhanden sind, wird max-age mit höherer Priorität verwendet.

Last-Modified

Dieser Zeitstempel definiert die letzte Änderung der vom Server zurückgegebenen Ressource. Der ETag- und der Last-Modified-Header dienen beide als Validatoren, haben aber eine unterschiedliche Semantik. Das ETag ist ein vom Server für die jeweilige Ressource berechneter Hashwert, der von Clients nicht interpretiert werden kann. Im Gegensatz dazu ist der Zeitstempel des Last-Modified-Headers für Clients verständlich.

Ein Server sollte einen Last-Modified-Header senden, wenn er dazu in der Lage ist und die Veröffentlichung dieser Information kein Sicherheitsrisiko darstellt. RFC 2616 empfiehlt für HTTP/1.1, dass Server sowohl einen ETag- als auch einen Last-Modified-Header verwenden. Zur Validierung kann der Zeitstempel mit dem If-Modified-Since-Header zum Server übertragen werden.

no-cache und no-store

Die Direktive no-cache kann vom Server als Teil der Antwort zurückgegeben werden. Die Direktive gibt an, dass die von der URI identifizierte Ressource zwischengespeichert werden kann. Jedoch muss vor jeder Verwendung beim Server die Aktualität mit einem Validierungstoken sichergestellt werden.

Falls die Direktive no-store vom Server angegeben wird, muss die Ressource bei jedem einzelnen Zugriff vollständig vom Server geladen werden.

public und private

Wenn Caching-Direktiven wie max-age angegeben werden, ist klar, dass die übertragenen Daten zwischengespeichert werden können. Trotzdem kann die Caching-Erlaubnis mit public explizit gekennzeichnet werden. Selbst Daten, die von einer HTTP-Authentifizierung abhängig sind, können dann im Cache abgelegt werden.

Private Nutzerinformationen können mit der Direktive private geschützt werden. In diesem Fall können die Daten nicht in einem intermediären Cache zwischengespeichert werden, sondern nur in einem Cache, der zwischen den Daten einzelner Clients unterscheiden kann. Beispielsweise können private Antworten in einem Webbrowser zwischengespeichert werden.

Content Delivery Networks

Die Zeiten, in denen nur Webbrowser Daten zwischengespeichert haben, sind längt vorbei. Zwischen Clients und Servern gibt es häufig weitere intermediäre Cache-Speicher. Eine besondere Form sind Content Delivery Networks. Diese Netzwerke bestehen aus Servern in verschiedenen geografischen Regionen. Typischerweise wird der für den Client nächst gelegene verfügbare Server ausgewählt. Die Rate der Cache-Hits ist typischerweise sehr hoch.

Falls sicherheitskritische Daten nicht in einem Content Delivery Network zwischengespeichert werden dürfen, kann die Direktive Cache-Control: private, no-cache verwendet werden. Die mit private gekennzeichneten Daten sind für intermediäre Cache-Speicher tabu. Die Daten könnten aber trotzdem in einem privaten Webbrowser zwischengespeichert werden. Die Aktualität der Cache-Einträge muss vor jeder Verwendung wegen der Direktive no-cache überprüft werden.

Cache-Einträge verwerfen

Falls ein Backend-Server einem Cache mitteilt, dass eine Ressource für beispielsweise einen Tag zwischengespeichert werden kann, dann kann der Backend-Server den Cache nicht vorzeitig auffordern, eine neuere Version zu laden. Frühestens am nächsten Tag wird der Cache die Aktualität überprüfen. Falls der Backend-Server trotzdem eine neuere Version veröffentlichen möchte, muss er eine neue URI verwenden.

```
/script.c9845ki.js
/photo.y47mq42.jpg
```

Wer sicherstellen möchte, dass trotz Caching Clients stets die neueste Version erhalten, kann die Version in der URI codieren. Beispielsweise könnte in die Namen der Ressourcen Hashwerte aufgenommen werden.

Eine Caching-Lösung entwickeln

Eine allgemeingültige Caching-Lösung gibt es nicht, jedoch können die folgenden Hinweise helfen, eine individuelle Lösung zu entwickeln:

- URIs identifizieren Ressourcen im Cache genauso wie Schlüssel Objekte in einer Map. Falls für eine Ressource unterschiedliche URIs verwendet werden, kann diese nicht effizient zwischengespeichert werden. *Stabile URIs verwenden*

Validierungstoken anbieten
▨ Netzwerk und Server werden entlastet, wenn unnötige Downloads vermieden werden. Mit dem Validierungstoken kann der Server entscheiden, ob der Client schon die neueste Version der Ressource hat. Nur wenn das Validierungstoken abweicht, antwortet der Server mit der Repräsentation der Ressource.

Cache-Kandidaten ermitteln
▨ Identifizieren Sie die Ressourcen, die für alle Clients identisch sind. Diese Daten sind hervorragende Kandidaten für die Zwischenspeicherung in intermediären Cache-Speichern. Auch personalisierte Daten können in einem privaten Cache zwischengespeichert werden. Letztendlich kommen die Daten aller sicheren HTTP-Methoden infrage.

Cache-Lebensdauer bestimmen
▨ Ressourcen werden unterschiedlich oft geändert und es bestehen auch unterschiedliche Aktualitätsanforderungen. Definieren Sie für alle Ressourcen ein passendes Höchstalter mit max-age. Wenn ein Teil einer Ressource häufiger geändert wird als ein anderer, dann könnte die Ressource aufgeteilt werden, um den Cache besser zu nutzen. Der stabilere Teil kann dann für längere Zeit im Cache zwischengespeichert werden als der Teil, der sich häufig ändert.

Cache-Topologie aufbauen
▨ Beginnen Sie im ersten Schritt mit einem lokalen Cache. Als API-Anbieter können Sie daher mit einem Reverse-Proxy vor dem Webserver beginnen. Als API-Benutzer wäre der erste Schritt ein lokaler Cache für den HTTP-Client. Im zweiten Schritt kann die Cache-Topologie um weitere intermediäre Cache-Speicher erweitert werden. Der große Vorteil dieser Webtechnologie ist, dass auf Client- und Serverseite Cache-Speicher unabhängig und transparent genutzt werden können, sodass die Topologie flexibel geändert werden kann.

13.7 Zusammenfassung

Caching ist eine vielseitig einsetzbare Technik zur Performance-Verbesserung und Skalierung von Anwendungen. Die Vorteile ergeben sich durch Datenlokalität und den Einsatz schneller Speichermedien. Anwendungen auf Basis von REST und HTTP profitieren von den standardisierten Cache-Control-Headern. Deswegen sind REST-Anwendungen nicht ausschließlich auf anwendungsspezifische Caching-Lösungen angewiesen, sondern können die etablierte Caching-Infrastruktur außerhalb der eigentlichen Anwendung nutzen. Die hervorragende Caching-Unterstützung gehört zu den zentralen Argumenten, die für den Einsatz von RESTful HTTP sprechen.

14 Skalierbarkeit

Welche Last zukünftige Anwendungen zu bewältigen haben, kann im Vorfeld oft nur grob abgeschätzt werden. Wenn eine neue Anwendung live geht und alle Erfolgserwartungen übertrifft, übersteigt auch die Last die eingeplante Hardware. Daher sind Sie gut beraten, von Anfang an auf Skalierbarkeit zu achten. Einen großen Beitrag zur Skalierbarkeit einer Anwendung kann das Design der APIs ausmachen. Statuslose Kommunikation, Caching oder asynchrone Verarbeitung können einen wichtigen Beitrag dazu leisten. Dieses Kapitel bietet Ihnen dazu wichtige Grundlagen, die Sie beim API-Design berücksichtigen können.

14.1 Anwendungsfall

Angenommen Sie haben die Aufgabe, eine Webapplikation zum Speichern, Bearbeiten und Teilen von Bildern zu entwerfen. Ungeachtet der späteren Implementierung und weiterer Architekturdetails können Sie durch den Entwurf der API wichtige Voraussetzungen für die Skalierbarkeit der Webapplikation sicherstellen.

▦ Teilen Sie das Hochladen, Bearbeiten und Veröffentlichen der Bilder auf getrennte Dienste auf, sodass diese Funktionen nicht von einem einzelnen Server, sondern von mehreren unterschiedlichen erfolgen kann. Webserver wie Apache haben eine begrenzte Anzahl an offenen Clientverbindungen. Beim Hochladen der Bilder bleibt jedoch die Verbindung bis zum Abschluss offen, sodass ein einzelner Server ein Flaschenhals wäre. Die Aufteilung der Dienste erlaubt Ihnen, die Funktionen getrennt zu skalieren und bei Performance-Problemen getrennt zu analysieren. *Nach Funktionen aufteilen*

▦ Falls die Anzahl der Requests oder das Datenvolumen trotzdem noch zu groß ist, verteilen Sie die Daten und deren Bearbeitung auf ausreichend viele Server, sodass jeder Server nur einen Teil der *Partitionierung und Datenlokalität*

Requests erhält. Sie können beispielsweise die Namen der Benutzer verwenden, um deren Requests auf die Server nachvollziehbar aufzuteilen und von der Datenlokalität zu profitieren.

Statuslose Kommuni-
kation und Redundanz
■ Statuslose Kommunikation erleichtert die Verteilung der Requests. Nutzen Sie einen Load Balancer, um die Requests auf redundate Serverinstanzen zu verteilen.

Aggregation
■ Um den Kommunikationsoverhead zu minimieren, könnten Sie bei der Bearbeitung der Bilder mehrere Befehle in einem HTTP-Request zusammenfassen.

Caching
■ Cachen Sie die von den Benutzern publizierten Bilder, um deren wiederholte Übertragung zu vermeiden und dadurch die Origin Server zu entlasten.

14.2 Grundlagen

Skalierbarkeit ist die Fähigkeit eines Systems aus Hard- und Software, seine Leistung durch das Hinzufügen von Ressourcen in einem definierten Bereich proportional zu steigern. Die Angabe eines Bereichs ist deswegen wichtig, weil ein System beispielsweise aufgrund seiner verteilten Architektur mit lediglich 100 parallelen Zugriffen weniger gut skalieren könnte als bei 100.000 Zugriffen. Mit Ressourcen sind in diesem Zusammenhang CPUs, Arbeitsspeicher, Festplatten, Netzwerkverbindungen oder ganze Hardwareserver gemeint.

Skalierbarkeit eines Systems im Hinblick auf seine Größe ist jedoch nur eine von drei unterschiedlichen Dimensionen. Die erste Dimension ist das beschriebene Hinzufügen von Ressourcen, um mit einer größeren Last fertig zu werden. Die zweite Dimension betrachtet geografisch skalierbare Systeme, bei denen Ressourcen und Clients räumlich weit voneinander getrennt sind. Administrativ skalierbare Systeme bilden die dritte Dimension. Trotz zunehmender Größe bleibt die Administration des Systems einfach.

Varianten der Skalierung

Das Hinzufügen von Ressourcen zur Steigerung der Leistung eines Systems kann vertikal und horizontal erfolgen:

Vertikale Skalierung
■ Bei der vertikalen Skalierung (scale up) erfolgt die Leistungssteigerung durch das Hinzufügen von Ressourcen zu einem Knoten. Zum Beispiel könnte der Knoten mit mehr Arbeitsspeicher oder schnelleren CPUs ausgestattet werden. Man könnte beispielsweise eine VM auf einer schnelleren Maschine rebooten. Diese Form der Skalierung ist vergleichsweise einfach durchzuführen und die

Anwendung muss keine speziellen Architekturanforderungen erfüllen. Der große Nachteil ist jedoch, dass diese Form der Skalierung
schnell an Grenzen stößt. Einerseits kann man keinen Server auf-
rüsten, der bereits die beste Hardware verwendet, und andererseits
gibt es finanzielle Grenzen, da irgendwann die Hardware – bezogen auf die mögliche Leistungssteigerung – unverhältnismäßig
teuer wird.

Die beschriebenen Hardwaregrenzen vermeidet man bei der hori-
zontalen Skalierung (scale out), da in diesem Fall die Leistungssteigerung durch Hinzufügen zusätzlicher Knoten zum System erfolgt.
Die Effizienz dieser Skalierung ist stark von der Parallelisierbarkeit
des verteilten Systems abhängig.

Horizontale Skalierung

Herausforderungen der Skalierung

Viele Systeme sind für die Ausführung auf nur einem Server konzipiert.
Dieser eine Server kann zu einem Flaschenhals werden, wenn die
Anzahl der Benutzer bzw. die Anzahl der Abfragen steigt. Auch der
Bearbeitungsaufwand einzelner Abfragen kann durch größere Datenmengen oder komplexere Algorithmen ein Problem darstellen. Weil
die Verarbeitungs- und Speicherkapazität eines einzelnen Servers
beschränkt ist, ist es manchmal unvermeidbar, die Bearbeitung der
Abfragen auf mehrere Rechner zu verteilen. Wenn ein System in Bezug
auf seine Größe vertikal skalierbar sein soll, müssen dezentrale Algorithmen verwendet werden. Dezentrale Algorithmen unterscheiden
sich von zentralen durch die folgenden Anforderungen [Tanenbaum &
van Stehen 2007]:

- Kein Knoten hat alle Informationen über den Systemstatus.
- Ein Knoten trifft Entscheidungen nur auf Basis seiner lokalen
  Informationen.
- Der Ausfall eines Knotens zerstört nicht den Algorithmus des Ge-
  samtsystems.
- Das Vorhandensein einer globalen Uhr wird nicht vom Algorithmus
  vorausgesetzt.

Algorithmen dürfen keine exakte Uhrsynchronisierung voraussetzen,
weil dies in einem verteilten System nicht möglich ist. Je größer das
verteilte System ist, desto größer ist die Ungenauigkeit der Uhren.

Das entscheidende Hindernis für horizontale Skalierung sind
gemeinsam verwendete Systemressourcen. Angenommen das verteilte
System nutzt einen zentralen Master-Server, der den Status aller Knoten kennt und koordiniert. Der Master-Server würde die Skalierbarkeit
des Systems limitieren, weil dieser nicht beliebig vertikal skaliert wer-

den kann, um eine sehr große Anzahl an Slave-Servern zu koordinieren. Auch die Interaktion zwischen den Knoten eines Clusters, um beispielsweise verteilte Transaktionen oder Join-Operationen durchzuführen, würde vertikale Skalierung unmöglich machen.

»Shared Nothing«-
Architektur

Man versucht daher beim Entwurf eines skalierbaren Systems dem Ideal einer »Shared Nothing«-Architektur nahezukommen. In dieser Architektur ist jeder Knoten unabhängig und bearbeitet eigenständig seine Requests. Sowohl Datenbanksysteme als auch Webanwendungen machen von dieser Architektur Gebrauch. Eine REST-Anwendung auf Basis von HTTP fördert eine »Shared Nothing«-Architektur durch statuslose Kommunikation.

Skalierungsfaktor

Der tatsächliche Leistungszuwachs beim Hinzufügen einer Ressource wird durch den Skalierungsfaktor (SpeedUp) beschrieben. Wenn beispielsweise die Leistung durch zusätzliche CPUs um jeweils 30 % konstant gesteigert werden kann, spricht man von linearer Skalierbarkeit, weil der Leistungszuwachs des Systems pro hinzugefügter Ressource gleich bleibt. Falls der Skalierungsfaktor abnimmt, spricht man von sublinearer Skalierbarkeit. Theoretisch gibt es auch den Fall, dass der Skalierungsfaktor größer wird. Dieser Fall wird als superlineare Skalierbarkeit bezeichnet.

Abb. 14–1
Der Skalierungsfaktor
beschreibt den
Leistungszuwachs pro
zusätzlicher Ressource.

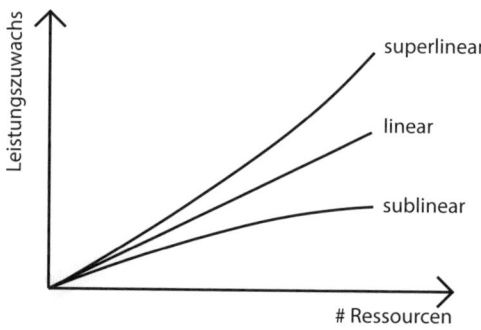

Auch negative Skalierungsfaktoren können auftreten. Wenn ein weiterer Rechner zu einem System hinzugefügt wird, kann aufgrund des höheren Koordinationsaufwands die Gesamtleistung des Systems abnehmen.

Performance, Durchsatz, Antwortzeit

Skalierbarkeit und Performance werden häufig synonym verwendet, obwohl es sich hierbei um unterschiedliche Konzepte handelt. Performance entspricht der Geschwindigkeit, in der eine Abfrage abgearbeitet wird. Im Vergleich dazu beschreibt Skalierbarkeit, inwiefern die Performance bei steigender Last beibehalten werden kann. Skalierbarkeit verbessert nicht die Performance. In der Regel ist ein skalierbares System aufgrund seiner komplexeren Architektur sogar langsamer.

Der Durchsatz eines Systems bezieht sich auf die Anzahl der Abfragen, die pro Zeiteinheit abgearbeitet werden können. Die Antwortzeit einer Abfrage setzt sich zusammen aus der Zeit für die Datenübertragung und der Zeit für die Bearbeitung.

14.3   Load Balancing

Weil vertikale Skalierung auf technische und finanzielle Grenzen stößt, kommt man in vielen Fällen nicht um eine Scale-out-Lösung herum. Wenn man beginnt, horizontal zu skalieren, um die Last auf mehrere Knoten zu verteilen, steht man vor einem ganz neuen Problem, denn nun benötigt man einen Verteilungsmechanismus für die Abfragen.

Das Problem besteht darin, automatisch zu entscheiden, welcher Knoten für die Abarbeitung einer Abfrage zuständig ist. Zu einer Scale-out-Lösung gehört deswegen auch Load Balancing. Diese Technik wird von vielen Systemen eingesetzt, denn sie ist nicht nur ein wichtiger Baustein einer skalierbaren Architektur, sondern trägt auch zur Ausfallsicherheit bei, wenn Abfragen bei Ausfall eines Servers umgeleitet werden.

DNS Load Balancing

Eine einfache Lösung für das Lastverteilungsproblem bietet der Domain Name Service (DNS). Für eine Domain können mehrere DNS-Einträge registriert werden. Die Zugriffe auf die Domain können dann auf die registrierten IP-Adressen verteilt werden.

Eine Domain entspricht einer Website oder einer Web-API, die via Internet erreichbar ist. Die DNS-Einträge bilden die symbolischen Domainnamen auf numerische IP-Adressen ab. Wenn mehrere IP-Adressen für eine Domain hinterlegt sind, erhält ein Client bei einem DNS-Lookup eine Liste mit IP-Adressen. Der Client beginnt mit der ersten IP-Adresse in der Liste und gelangt auf diese Weise zu einem der Server der Domain.

```
$ nslookup google.com
Server:    192.168.178.1
Address:   192.168.178.1#53

Non-authoritative answer:
Name: google.com
Address: 173.194.44.73
Name: google.com
Address: 173.194.44.70
Name: google.com
Address: 173.194.44.66
Name: google.com
Address: 173.194.44.71
Name: google.com
Address: 173.194.44.65
Name: google.com
Address: 173.194.44.72
Name: google.com
...
```

Ein DNS-Lookup für google.com liefert beispielsweise 11 Einträge, weil Google für diese Domain mehrere IP-Adressen registriert hat. Wenn die Abfrage wiederholt wird, kommen die Einträge in einer anderen Reihenfolge zurück. Die konkrete Reihenfolge der Einträge hängt vom DNS-Server ab. Typischerweise erfolgt die Sortierung mit Round-Robin-Algorithmus oder einem Algorithmus, der geografische Regionen berücksichtigt.

Leider hat diese Technik auch Nachteile. Die tatsächliche Last der Server wird nicht berücksichtigt. Auch die IP-Adressen von bereits überlasteten oder ausgefallenen Servern werden den Clients angeboten. Ein anderes Problem ist die Aktualität der DNS-Einträge. Das Hinzufügen oder Entfernen eines Servers dauert bis zu zwei Tage, weil die DNS-Einträge verteilt und redundant gespeichert werden. Sticky Sessions werden ebenfalls nicht unterstützt, denn beim nächsten Lookup könnte der Client einen anderen Server auswählen, auf dem die zuvor begonnene Sitzung nicht vorhanden ist.

Load Balancer

Hardware Load Balancer

Wenn die einfache DNS-Variante nicht ausreicht, könnte ein Hardware Load Balancer zum Einsatz kommen. Solche Appliances sind typischerweise unter einer virtuellen IP-Adresse für Clients erreichbar. Der Load Balancer erhält die Abfrage und entscheidet, an welchen Server die Abfrage weitergeleitet wird. Effizient wird die Verteilung dann, wenn periodisch Informationen über Lastinformationen zwischen den Servern und dem Load Balancer ausgetauscht werden. Der Load Balancer kann diese Informationen bei der Serverauswahl berücksichtigen.

Eine günstigere Alternative sind Software Load Balancer, von denen im Open-Source-Umfeld mehrere zur Auswahl stehen. Sie können auf den Servern, deren Last sie verteilen sollen, oder auf einem separaten Server installiert werden. Im Gegensatz dazu nutzt ein Hardware Load Balancer spezielle Switching- oder Routing-Hardware.

Software Load Balancer

Load Balancer arbeiten entweder auf Schicht 4 oder Schicht 7 des OSI-Referenzmodells. Schicht 4 ist die Transportschicht. Diese Schicht bietet daher TCP-Informationen und IP-Adressen. Load Balancer dieser Ebene können nicht in den Inhalt der übertragenen Nachrichten schauen. Dies ist nur für einen Load Balancer der Schicht 7 möglich. Er kann beispielsweise eine HTTP-Nachricht inspizieren und Header-Werte, Query-Parameter oder Cookies nutzen. Außerdem kann ein Load Balancer der Schicht 7 auch die Informationen der Schicht 4 nutzen.

Schicht 4 und 7

Algorithmen für Lastausgleichsentscheidungen

Load Balancer nutzen verschiedene Algorithmen, um zu entscheiden, zu welchem Server eine Abfrage weitergeleitet wird. Der First-alive-Algorithmus ist einer der einfachsten Algorithmen. Alle Abfragen werden zu einem Primärserver weitergeleitet. Nur wenn der Primärserver ausfällt, wird ein Backup-Server genutzt. Die Bezeichnung Failover-Algorithmus wäre vielleicht passender für diesen Algorithmus.

First-alive-Algorithmus

Im Vergleich dazu ist der Round-Robin-Algorithmus viel besser für Lastausgleichsentscheidungen geeignet. In diesem Fall kann man sich den Load Balancer als Kartengeber in einem Kartenspiel vorstellen. Die Server sind die Spieler und die Karten die Abfragen, die einzeln auf die Spieler verteilt werden. Der Kartengeber geht im Uhrzeigersinn vor und gibt jedem Spieler eine Karte. Das macht er so lange, bis alle Karten unter den Spielern verteilt sind. Man kann jedoch davon ausgehen, dass neue Karten von außen hinzukommen.

Round-Robin-Algorithmus

Ein Vorteil dieser Strategie ist, dass sie einfach implementiert werden kann. Es ist jedoch höchst unwahrscheinlich, dass man in die Verlegenheit kommt, einen Load Balancer selbst implementieren zu müssen. Daher ist dieser Vorteil vernachlässigbar. Leider führt Round Robin nicht immer zu einer akkuraten und effizienten Lastverteilung. Round Robin setzt voraus, dass kein Server ausfällt, alle Server die gleiche Rechenkapazität bieten und jede Abfrage mit dem gleichen Aufwand bearbeitet werden kann.

Aus diesen Gründen unterstützen manche Load Balancer eine gewichtete Variante von Round Robin. Bei der Weiterleitung der Abfragen wird die Gewichtung der Server berücksichtigt. Angenommen der Server A hat die Gewichtung 200 und Server B die Gewichtung 100, dann erhält Server A zwei aufeinanderfolgende Abfragen,

Gewichteter Round-Robin-Algorithmus

bevor an Server B eine Abfrage weitergeleitet wird. Die Gewichtung ist statisch und wird vom Administrator festgelegt.

Dynamische Lastverteilung

Es ist auch möglich die Verteilung dynamisch festzulegen. Beispielsweise könnten die Abfragen zu demjenigen Server weitergeleitet werden, der zum aktuellen Zeitpunkt die kürzesten Antwortzeiten hat. Das ist ein Versuch, die Abfragen schnellstmöglich zu bearbeiten. Alternativ könnte man die Anzahl der Verbindungen berücksichtigen, um Überlastung zu verhindern. Eine neue Abfrage würde zum Server mit der geringsten Anzahl offener Verbindungen weitergeleitet werden. Ein einfacher Round-Robin-Algorithmus würde auf diese Informationen keine Rücksicht nehmen. Falls beispielsweise ein Server nicht schnell genug seine ihm zugewiesenen Abfragen abarbeiten kann, sammeln sich diese allmählich, bis der Server völlig überlastet ist.

Hashing

Eine weitere interessante Alternative für Lastausgleichsentscheidungen ist Hashing. Ein Hashalgorithmus könnte zum Beispiel auf Basis der IP-Adresse des Clients oder eines anderen Wertes aus einem HTTP-Header den Server bestimmen. Falls die Berechnung des Hashwertes wiederholbar ist, werden aufeinanderfolgende Abfragen eines bestimmten Clients immer vom selben Server bedient. Für zustandsbasierte Dienste ist das zwingend notwendig. Ansonsten müsste die Sessions zwischen den Servern repliziert werden. Das Replizieren wiederum würde zwar die Ausfallsicherheit der Anwendung verbessern, aber die Skalierbarkeit des Systems einschränken. Generell ist Zustandslosigkeit eine grundlegende Eigenschaft skalierbarer Systeme.

Consistent Hashing

Besondere Hashfunktionen kommen beim Consistent Hashing zum Einsatz. Um deren Besonderheit verstehen zu können, muss man wissen, für welche Aufgabe die Hashfunktionen verwendet werden sollen: zur Verteilung von Datensätzen. Zunächst wird festgelegt, auf wie viele Behälter die Datensätze verteilt werden sollen. Man könnte beispielsweise jedem Knoten eines Computerclusters genau einen Behälter zuordnen. Jeder der Datensätze braucht einen Schlüssel, anhand dessen er mittels der Hashfunktion dem Knoten bzw. dem Behälter zugeordnet wird. Bei einer Lese- oder Schreiboperation werden Schlüssel und Hashfunktion benutzt, um genau zu bestimmen, auf welchem Knoten der Datensatz gespeichert ist.

Was ist nun das Besondere an einer konsistenten Hashfunktion? Wenn die Anzahl der Behälter nachträglich verändert wird, weil die Anzahl der Knoten steigt oder sinkt, werden die Neuzuordnungen minimiert. Bei einer gewöhnlichen Hashfunktion gäbe es sehr viele Neuzuordnungen und die Datensätze müssten völlig anders im Cluster verteilt werden, sodass flexibles Skalieren nicht möglich wäre. Konsistente Hashfunktionen sind Grundlage von verteilten Hashtabellen (engl. distributed hash table, DHT), die beispielsweise in den skalierbaren NoSQL-Datenbanken Apache Cassandra und Dynamo zum Einsatz kommen.

14.4 Statuslose Kommunikation

Ein Load Balancer kann die Abfragen der Clients nur effizient auf die zur Verfügung stehenden Webserver verteilen, falls die Kommunikation zwischen Client und Webserver statuslos erfolgt. Denn eine statusbehaftete Kommunikation setzt auf Serverseite eine Session voraus, ohne deren Kontext und Daten die Client-Server-Kommunikation nicht funktionieren würde.

Das folgende Beispiel veranschaulicht mit Pseudocode die Interaktion mit Session zwischen Client und Server. Der Client legt in diesem Beispiel eine Hotelzimmerbuchung an. Mit dem zweiten Request erfolgt der Buchungsabschluss:

```
service.createBooking(arrival, departure, name, address);
service.submitBooking();
```

Alternativ könnte die Kommunikation zwischen Client und Server auch statuslos erfolgen. Alle notwendigen Informationen werden bei jedem Aufruf übertragen, sodass der Dienst ohne Kenntnis der vorherigen Kommunikation seine Funktion erfüllen kann:

```
booking = service.createBooking(arrival, departure, name, address);
service.submitBooking(booking);
```

Statuslose Kommunikation bedeutet jedoch nicht, dass die gesamte Anwendung ohne Zustand auskommen muss. Ein Verzicht auf Zustand wäre sicherlich für die meisten Applikationen keine realisierbare Einschränkung. Die Frage sollte daher lauten: Wo kann ein skalierbares System Zustand vorhalten? Zustand kann prinzipiell clientseitig und serverseitig in der Applikation sowie serverseitig in der Datenbank vorgehalten werden:

Clientseitiger Zustand

Der Zustand im Client hat kaum Nachteile für die Skalierbarkeit der Anwendung. Es müssen jedoch größere Datenmengen zwischen Client und Server übertragen werden. Die Anzahl der Clients kann nach oben oder nach unten variieren. Mit wachsender Clientanzahl wächst auch die Kapazität der Anwendung, um den Zustand zu verwalten und zu verarbeiten. Clientseitiger Zustand ist deswegen eine gute Option. Für eine REST-Anwendung bedeutet clientseitiger Zustand, dass der Zustand bei jeder Abfrage vom Client zum Server übertragen wird.

Nach Ausführung der Geschäftslogik antwortet der Server und schickt den Zustand der Ressource als Teil ihrer Repräsentation an den Client zurück. Prinzipiell kann so auf eine serverseitige Session verzichtet werden, doch die Menge der Daten, die bei Abfragen und Antworten übertragen werden, kann sehr groß werden.

Cookies
Wegen des statuslosen Charakters von HTTP wurden einst Cookies eingeführt. Cookies speichern Schlüssel-Wert-Paare und werden typischerweise auf Clientseite im Webbrowser gespeichert. Ein Server kann einen Client mit dem Header »Set-Cookie« anweisen, einen Cookie anzulegen und bei jeder nachfolgenden Abfrage auf die Ressource mitzuschicken. Für REST-Anwendungen ist der Einsatz von Cookies jedoch nicht empfehlenswert, weil die Cookies häufig Schlüssel enthalten, die sich auf Datenstrukturen im Hauptspeicher des Servers beziehen. Auf diese Weise wird der Zustand einer Konversation bzw. einer Session umgesetzt.

Serverseitiger Zustand

Serverseitige Sessions sind für eine skalierbare Anwendung problematisch, denn der Load Balancer kann die Abfragen nicht mehr unabhängig im Cluster verteilen. In einem großen verteilten System ist ein partieller Ausfall der Normalzustand. Daher kann ein Load Balancer nicht alle Verbindungen für einen Client zum selben Server herstellen. Genauso wenig können die Sessions auf alle Server repliziert werden. In einem größeren verteilten System bestehend aus hundert Maschinen kann die konsistente Replizierung nicht garantiert werden. Die Anzahl der Clients wäre außerdem eingeschränkt durch die Kapazität des schwächsten Servers im Cluster. Häufig werden serverseitige Sessions in einen separaten Cache ausgelagert. Auf diesen Cache können die ansonsten zustandslose Server gemeinsam zugreifen.

Serverseitiger Zustand als Ressource
Falls eine REST-Anwendung trotzdem serverseitig eine Session speichern muss, dann sollte dies in Form einer Ressource erfolgen. Der Zustand der Session wird hierbei in den Zustand einer Ressource überführt. Die Interaktion mit dem Hotelbuchungsdienst könnte dann so ablaufen:

```
booking = bookingsResource.post(new Booking());
booking.setArrival(arrival).setDepature(departure)
       .setName(name).setAddress(address);
bookingResource.post(booking);
bookingSubmitResource.post();
```

Mit dem Request auf der Collection-Ressource wird eine neue Ressource für die Buchung angelegt. Der folgende Request fügt weitere Details zur Buchung hinzu. Die abschließende Buchungsbestätigung erfolgt auf einer separaten Subressource, die ausschließlich diesem Zweck dient. Falls die Buchung angelegt, aber nicht final bestätigt wird, könnte man die Buchung nach 10 Minuten oder einem anderen angemessenen Zeitintervall löschen.

Den im vorherigen Beispiel beschriebenen Ansatz könnte man all-gemein für fachliche Transaktionen einer REST-Anwendung verwen-den. Jede Transaktion entspricht einer eigenenen Ressource, die mit HTTP POST oder HTTP PUT mit einer UUID erzeugt wird. Alle von der Transaktion betroffenen Ressourcen sollten allerdings unter der Kontrolle des Servers stehen, sonst wird das Problem nur verschoben. Mithilfe der Transaktionsressourcen wird vermieden, dass ein Client die beteiligten Ressourcen separat aufrufen muss, um deren Zustand zu ändern. *REST-konforme fachliche Transaktion*

Ein anderes Beispiel ist die Suchfunktion einer REST-Anwendung. Grundsätzlich sollte eine Suche mit HTTP GET erfolgen, weil die Semantik dieser Methode zur Suche passt und das Ergebnis zwischen-gespeichert werden kann. Falls jedoch die Suche länger dauert oder die Suchparameter im Body der HTTP-Nachricht übergeben werden sol-len, könnte man HTTP POST verwenden. Die Antwort des Servers enthält dann einen Link auf das Ergebnis, das mit HTTP GET aufgeru-fen werden kann. *REST-konformer Suchdienst*

Zustand in der Datenbank

Naheliegenderweise kann der Anwendungszustand auch serverseitig in einer Datenbank gespeichert werden. Die Datenbank könnte zum Fla-schenhals einer Webanwendung werden, falls zu viele Lese- und Schreib-operationen für den Datenbankserver anfallen. Deswegen wurden in der NoSQL-Bewegung verschiedene nicht relationale Datenbanksys-teme populär, weil diese besser als die klassischen relationalen Daten-banksysteme skaliert werden können. Diese Skalierbarkeit hat jedoch ihren Preis: Für skalierbare Datenbanksysteme gelten besondere Ein-schränkungen, die im folgenden Abschnitt beschrieben werden.

14.5   Skalierung von Datenbanken

Zur Skalierung von Datenbanken werden Replikation und Sharding eingesetzt:

Replikation bedeutet, dass die Daten redundant auf mehreren Ma-schinen eines Datenbankclusters gespeichert werden. Die redundanten Kopien schützen vor Datenverlust und erhöhen die Verfügbarkeit des Systems, denn falls ein Knoten ausfällt, können die anderen verbliebe-nen Kopien genutzt werden. Ein anderer Vorteil ist die größere Anzahl *Replikation* an Leseoperationen, die parallel im Cluster durchgeführt werden können. Falls die Anzahl der Leseoperationen steigt, können weitere Kopien hinzugefügt werden. Ein Load Balancer kann die Leseoperationen auf die Server mit den Datenkopien gleichmäßig verteilen.

Sharding   Replikation reicht aus, um die Anzahl der Leseoperationen zu skalieren. Das gespeicherte Datenvolumen ist jedoch durch die Speicherkapazität des schwächsten Servers beschränkt. Um größere Datenmengen speichern zu können, müssen die Daten aufgeteilt werden, sodass jeder Server nur für einen Teil der Daten zuständig ist. Beim Sharding werden die Daten horizontal partitioniert. Die so gebildeten Shards können unabhängig voneinander auf verschiedene Server verteilt werden. Sharding wird daher von Datenbanken und Suchmaschinen genutzt. Datenbanksysteme mit verteilter Hashtabelle, die in Abschnitt 14.3 beschrieben werden, nutzen ebenfalls Sharding.

CAP-Theorem

Das CAP-Theorem wurde ursprünglich von Eric Brewer [Brewer 2000] postuliert und von Lynch und Gilbert bewiesen [Gilbert & Lynch 2002]. Insbesondere die NoSQL-Bewegung machte das Theorem einem breiteren Publikum bekannt. Das Modell ist sehr hilfreich, um zu verstehen, wie verteilte Datenbanksysteme funktionieren und welche Eigenschaften sie erfüllen können. Die Abkürzung CAP steht für »Consistency«, »Availability« und »Partition Tolerance«. Das Theorem besagt, dass ein verteiltes System nicht gleichzeitig alle drei Eigenschaften erfüllen kann. Stattdessen sind Kompromisse notwendig, die in Abhängigkeit des jeweiligen Anwendungsfalls zu treffen sind. Die von Brewer gewählte Terminologie ist komplizierter, als man vielleicht vermuten würde, denn insbesondere das C aus CAP unterscheidet sich vom C aus ACID.

Consistency   Consistency ist eine Garantie, der zufolge alle Benutzer die gleiche Sicht auf die Daten haben. Ein System mit dieser Eigenschaft verhält sich so, als hätte es nur eine aktuelle Kopie der Daten. In einem verteilten System mit einer Vielzahl an Replikaten ist die Situation jedoch anders. Für strenge Konsistenz im Sinne von ACID müssten alle Datenkopien gleichzeitig aktualisiert werden. Diese Garantie kann kein skalierbares System erfüllen. Gilbert und Lynch sprechen daher in ihrem Beweis nicht von starker Konsistenz, sondern von atomarer. Atomare Konsistenz setzt eine totale Ordnung aller Operationen voraus. Das Ergebnis sieht dann so aus, als wären die Operationen in jeweils nur einem Augenblick umgesetzt worden.

Die Eigenschaft Availability sollte nicht mit Hochverfügbarkeit *Availability* verwechselt werden. Hochverfügbarkeit ist die Fähigkeit eines Systems, den Ausfall einer Komponente mit den verbliebenen Komponenten zu kompensieren, sodass die Funktion des Systems für die Benutzer erhalten bleibt. Availability hat eine andere Bedeutung: Jeder Knoten, der nicht ausgefallen ist und eine Abfrage empfängt, bearbeitet diese auch. Häufig dürfen jedoch Knoten eines verteilten Systems keine Abfragen akzeptieren und bearbeiten, wenn sie vom Rest des Systems getrennt sind. Diese bewusste Einschränkung wird zugunsten der Datenkonsistenz in Kauf genommen.

Partition Tolerance ist die Fähigkeit eines Systems, trotz beliebiger *Partition Tolerance* Nachrichtenverluste weiterarbeiten zu können. Je größer ein verteiltes System ist, desto größer ist die Wahrscheinlichkeit für eine Netzwerkpartitionierung. In diesem Fall können einzelne Knoten nicht miteinander kommunizieren. Wenn eine Anwendung oder Datenbank auf nur einer Maschine läuft, steht sie entweder zur Verfügung oder ist ausgefallen. In diesem einfachen Fall ist Dateninkonsistenz auszuschließen. Sobald jedoch Daten und Logik auf mehrere Knoten verteilt werden, besteht immer die Möglichkeit einer Partitionierung. Im Web treten temporäre Partitionen relativ häufig auf. Sie sind sogar der Normalfall. Netzwerkpartitionen entstehen nicht nur durch verlorengegangene Nachrichten, sondern auch durch den Ausfall von Knoten. Der ausgefallene Knoten bildet quasi eine Partition mit nur einem Mitglied. Denn letztendlich kann man nicht unterscheiden, ob ein Knoten ausgefallen ist und deswegen keine Nachrichten mehr empfangen und senden kann oder ob der Grund ein Netzwerkproblem ist.

Wähle zwei aus drei

Weil nicht alle CAP-Anforderungen von einem System vollständig erfüllt werden können, ergeben sich in einer vereinfachten Betrachtung folgende Kombinationen:

- AC-Systeme garantieren atomare Konsistenz und Verfügbarkeit.
- AP-Systeme bieten Verfügbarkeit auch bei partiellen Ausfällen.
- CP-Systeme garantieren atomare Konsistenz auch bei partiellen Ausfällen.

Für theoretische Überlegungen ist die Einteilung in AC, AP und CP hilfreich. In der Praxis ist diese Einteilung jedoch nur eine Näherung. A, C und P sind graduelle Größen. Das bedeutet, dass in der Praxis ein System Anteile an allen drei Eigenschaften hat.

Ausfall ist keine Option

Die Wahrscheinlichkeit eines Ausfalls steigt exponentiell mit der Anzahl der Knoten in einem verteilten System. Deswegen ist partieller Ausfall der zu erwartende Normalzustand in einem größeren verteilten System.

$$P(\text{Ausfall}) = 1 - P(\text{Knotenausfall})^{\text{Knotenanzahl}}$$

Angenommen ein einzelner Knoten hat ein Service Level Agreement (SLA) von 99,9 %. Mit dieser Vereinbarung sichert der Betreiber einem Auftraggeber zu, dass eine Downtime von etwa 1 Minute und 26 Sekunden pro Tag nicht überschritten wird. In einem Cluster mit 10 Knoten wäre die Uptime-Wahrscheinlichkeit nur noch 99 %. Die statistische Downtime liegt dann schon bei 14 Minuten und 24 Sekunden pro Tag. Bei 100 Knoten wären es schon mehr als 2 Stunden pro Tag.

Ausfallzeiten in diesem Umfang sind nicht akzeptabel. Deshalb kann man in der Praxis nicht auf Partition Tolerance verzichten. Laut dem CAP-Theorem kann man aber nicht alle drei Eigenschaften mit einem System umsetzen, sodass entweder Availability oder Consistency eingeschränkt werden muss.

Schlussendliche Konsistenz

Weil AP-Systeme keine atomare Konsistenz bieten, arbeiten sie mit schlussendlicher Konsistenz (eventual consistency). Es kann also vorkommen, dass manche Clients für eine gewisse Zeit veraltete Daten erhalten. Die Daten sind aber trotzdem nicht inkonsistent, denn wenn keine weiteren Schreiboperationen durchgeführt werden, werden schlussendlich alle Datenreplikate synchronisiert.

Schlussendliche Konsistenz mit DHT (Distributed Hash Table)

In einem System wie Apache Cassandra mit verteilten Hashtabellen kann man sich schlussendliche Konsistenz so vorstellen: Alle Datensätze werden redundant beispielsweise auf 3 Knoten im Cluster gespeichert. Würde man eine Schreiboperation mit »Quorum« durchführen, wäre die Schreiboperation nur erfolgreich, falls mindestens 2 Replikate erfolgreich aktualisiert werden können. Es könnte also ein Replikat mit veralteten Daten geben. Falls anschließend aus Performance-Gründen eine Leseoperation mit Konsistenzstufe »1« erfolgt, könnte zufälligerweise genau dieses Replikat am schnellsten antworten, sodass der Client die veralteten Daten erhält. Anschließend vergleicht Cassandra im Hintergrund die Versionen der Replikate und aktualisiert diese, sodass bei weiteren Leseoperationen, die Daten aktuell sind.

Transaktionen

Eine Transaktion ist eine Arbeitseinheit, die eine Datenbankänderung repräsentiert. Falls eine Transaktion fehlerfrei und vollständig ausgeführt wurde, hinterlässt sie die Daten in einem konsistenten Zustand. Relationale Datenbankmanagementsysteme (RDBMS) garantieren bei der Ausführung von Transaktionen typischerweise die ACID-Eigenschaften.

Falls innerhalb der Grenzen einer Transaktion zwei oder mehr Netzwerkressourcen (XA-Ressourcen) gelesen oder aktualisiert werden, ist ein Commit-Protokoll notwendig. Das wohl bekannteste dieser Protokolle ist das Zwei-Phasen-Commit-Protokoll, das über X/Open Common Application Environment (CAE) standardisiert ist. Die Zustimmung (commit) oder Ablehnung (rollback) der Festschreibung der geänderten Daten erfolgt mittels eines Koordinators. In der Java Transaction API (JTA) übernimmt der java.transaction.TransactionManager diese Aufgabe. Er wird vom Applikationsserver verwendet, um die Transaktionsgrenzen für eine Anwendung zu verwalten.

Ein wesentlicher Nachteil des Zwei-Phasen-Commit-Protokolls ist dessen blockierender Ansatz: Andere Prozesse müssen eventuell lange auf das Lock einer benutzten Ressource warten. Wenn eine Ressource eine Zustimmungsnachricht zum Koordinator geschickt hat, wartet sie auf dessen finale Entscheidung, selbst wenn alle anderen Ressourcen ausgefallen sein sollten.

Aus diesem Grund verzichten die meisten skalierbaren NoSQL-Datenbanken auf verteilte Transaktionen, wenn auf referentielle Integrität über mehrere Knoten hinweg ohnehin nicht geachtet werden muss. Das Schreiben eines Dokumentes bzw. eines Datensatzes ist eine atomare Operation, die entweder erfolgreich ist oder vollständig fehlschlägt. Bei einem Schreibvorgang könnten wahlweise alle oder zumindest die Mehrzahl der Replikate synchron aktualisiert werden, sodass die Anwendung stets eine konsistente Sicht auf die Daten bietet.

Lang laufende Transaktionen oder Transaktionen auf fachlicher Ebene, die beispielsweise durch Webservices bereitgestellt werden, können auf Locks für nicht lokale Ressourcen verzichten, falls sie zur Behandlung von Fehlern Kompensation einsetzen. Beispielsweise bietet das Saga-Entwurfsmuster [Garcia-Molina & Salem 1987] Regeln zum Routen eines Jobs zu mehreren Beteiligten, die eventuelle Fehler zurückverfolgen und korrigieren können.

Kompensation für lang laufende Transaktionen

14.6 Skalierung von Messaging-Systemen

Eine weitere Technik zur Skalierung von Systemen ist asynchrone Ver-arbeitung. Diese Form der Verarbeitung ist empfehlenswert, falls die Bearbeitung einer Abfrage länger dauert, als der Client auf das Ergeb-nis warten kann. Dies ist beispielsweise dann der Fall, wenn externe Dienste bei der Bearbeitung der Abfrage aufgerufen werden müssen. Asynchrone Verarbeitung und HTTP sind kein Widerspruch: Der HTTP-Server nimmt die Abfrage entgegen und sendet eine Empfangs-bestätigung. Dieser Teil der Kommunikation ist synchron. Die eigentli-che Bearbeitung der Abfrage erfolgt später – also asynchron. Tatsäch-liche asynchrone Kommunikation ist durch Messaging möglich, weil hierdurch Produzenten und Konsumenten voneinander entkoppelt werden. Messaging erlaubt verschiedene Ansätze zur Skalierung und Performance-Verbesserung von Anwendungen:

- Verteilung von Task-Messages
- Ausfallsicherheit durch replizierte Queues
- Optimierung durch passende Routing-Topologien
- Partitionierung

Die genannten Ansätze werden in den folgenen Abschnitten beschrieben.

Verteilung von Task-Messages

Eine Queue kann als Load Balancer eingesetzt werden, indem sie die empfangenen Nachrichten gleichmäßig an Konsumenten verteilt. In diesem Fall sind die Konsumenten Worker-Prozesse auf separaten Knoten des Computerclusters. Falls die Bearbeitung der Nachrichten zu lang dauert oder die Anzahl der Nachrichten zu groß ist, kann die Anzahl der Konsumenten vergrößert werden. Der Cluster kann auf diese Weise horizontal skaliert werden. Die Queue stellt sicher, dass jede Nachricht nur genau einmal von einem Konsumenten bearbeitet wird.

Ausfallsicherheit durch replizierte Queues

Ein Message Broker wie RabbitMQ besteht aus einem oder mehreren Knoten, die zusammen einen Cluster bilden. Ein Client kann sich mit einem der Knoten des Clusters verbinden. Falls der Knoten ausfällt, wird die Verbindung geschlossen. Der Client könnte sich dann mit einem anderen Knoten des Clusters verbinden. Clients wird jedoch nicht empfohlen, IP-Adressen oder Hostnamen einzusetzen. Flexibler ist der Einsatz eines Load Balancer oder eines Domain Name Service mit kurzer TTL-Konfiguration (time to live).

Eine Message Queue befindet sich auf nur einem Knoten. Dies ist der Knoten, auf dem sie erzeugt wurde. Um die Daten der Queue nicht bei Ausfall des Knotens zu verlieren, können optional High Availability Queues eingesetzt werden. Diese Queues bieten einen Failover-Mechanismus mit Master-Slave-Replikation. Falls der führende Master ausfällt, wird automatisch der älteste Slave als neuer Master bestimmt. Transaktionen und Publisher Acknowledgements sind trotz Replikation möglich. Im Rahmen einer Transaktion wird der Schreib-vorgang erst dem Client bestätigt, wenn in allen Queues die Änderung erfolgreich durchgeführt wurde. Aus Sicht des CAP-Theorems ist Rab-bitMQ ein CA-System, weil es mit Netzwerkpartitionen nicht gut umgehen kann. Ein RabbitMQ-Cluster sollte daher nur in einem ver-lässlichen Netzwerk betrieben werden.

Optimierung durch passende Routing-Topologien

Skalierung und Performance können durch passende Routing-Topolo-gien verbessert werden. Mit der Terminologie von AMQP 0-9-1 kann das folgendermaßen erklärt werden:

- Falls das Domänenmodell nur wenige Routing Keys hat, empfiehlt sich der Einsatz von Fanout Exchanges. Diese Exchanges sind sehr schnell, weil sie kein Routing berechnen müssen. Es wird ein Fanout Exchange pro Routing Key eingesetzt, andernfalls könnten die Mes-sages nicht korrekt geroutet werden. Produzenten schicken dann die Nachrichten nicht mehr mithilfe des Routing Key auf die Reise zum richtigen Konsumenten, sondern mithilfe der Exchange-Namen.
- Falls das Domänenmodell viele Routing Keys hat, empfiehlt sich der Einsatz von wenigen Topic Exchanges. Die Performance eines Topic Exchange ist etwas schlechter als die eines Fanout Exchange. Die Fehlersuche in einer Topologie mit vielen Bindings, aber weni-gen Exchanges und wenigen Queues ist jedoch einfacher als in einer Topologie mit unzähligen Exchanges. Alternativ können die noch schnelleren Direct Exchanges eingesetzt werden, falls keine Wildcards verwendet werden.

Mit diesen und ähnlichen Überlegungen lässt sich eine passende Rou-ting-Topologie entwerfen, die skaliert und die notwendige Perfor-mance bietet.

Partitionierung

Auch Queues und Topics könne auf mehrere Message Broker und Message-Speicher durch Partitionierung verteilt werden. Dies bedeutet, dass der Gesamtdurchsatz einer partitionierten Queue oder eines Topics nicht mehr durch die Leistung eines einzelnen Message Brokers oder eines Message-Speichers eingeschränkt wird. Eine partitionierte Queue oder ein partitioniertes Topic besteht aus mehreren Partitionen. Jede Partition wird in einem anderen Message-Speicher abgelegt und von einem anderen Message Broker verarbeitet. Wenn eine Nachricht an eine partitionierte Destination gesendet wird, wird die Nachricht automatisch auf eine der Partitionen verteilt. Die Auswahl der Partition kann zufällig oder anhand eines Partitionsschlüssels durch einen Servicebus erfolgen. RabbitMQ nutzt zur Verteilung sogenannte Sharded Exchanges.

Die Partitionierung von Queues und Topics bietet noch einen anderen wichtigen Vorteil: Ausfallsicherheit. Denn der Ausfall eines einzelnen Message Broker kann durch die verbliebenen kompensiert werden.

14.7 Architekturvarianten

Multi-Tier-Architektur Die Schichten einer serverbasierten Applikation können auf verschiedene Tiers aufgeteilt werden. Eine geläufige Variante ist ein 3-Tier-Deployment, bestehend aus Client-, Webserver- und Datenbank-Tier. Für ein 4-Tier-Deployment wird die Webserver-Tier nochmals auf eine Web- und Applikations-Tier aufgeteilt. Für die Tiers 2–4 können spezifische Serverumgebungen, die für die jeweiligen Betriebsanforderungen optimiert sind, verwendet werden. Beispielsweise kann die Datenbank-Tier mit schnellen und ausfallsichereren RAID-Festplatten ausgestattet werden.

Das in Abbildung 14–2 dargestellte exemplarische 3-Tier-Deployment nutzt als Webserver-Tier einen Load Balancer Cluster, der die Abfragen der Clients gleichmäßig auf identische Webserver verteilt. In der Datenbank-Tier kommt ein Failover Cluster zum Einsatz, der aus Gründen der Ausfallsicherheit eingesetzt wird.

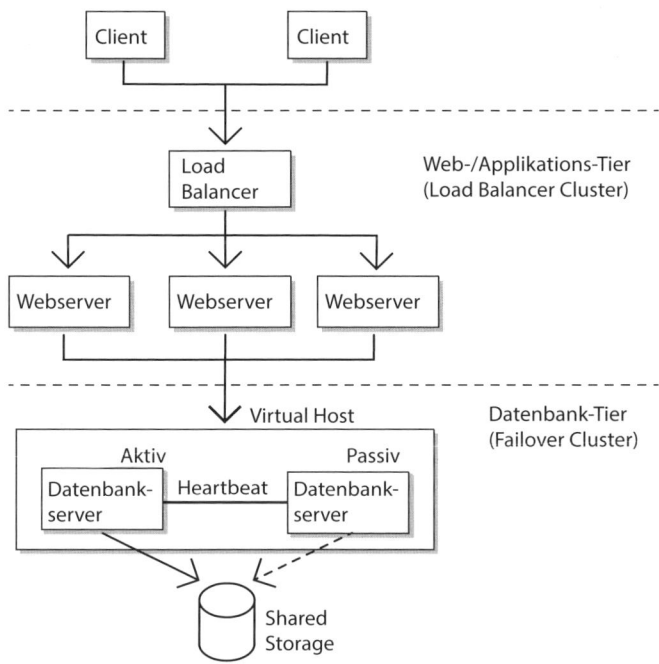

Abb. 14–2
Verteilung einzelner
Schichten auf physische
Tiers

Die in einer Tier zusammengefassten Funktionen und Daten können sehr unterschiedlich sein. Deswegen ist es empfehlenswert, neben der Einteilung in Schichten auch an vertikale Schnitte zu denken. Die vertikalen Schnitte können mehrere horizontale Schichten überspannen und Subsysteme bilden, die mithilfe von APIs verknüpft werden. Jedes Subsystem bündelt zusammenhängende Funktionen, die von anderen (Sub-)Systemen wiederverwendet werden können. Wenn die herausgelösten Subsysteme auf eigenen Servern ausgeführt werden, könnte jedes der lose gekoppelten Subsysteme individuell skaliert werden. Dadurch bietet diese Architektur mehr Skalierungsoptionen für zukünftige Anforderungen als eine größere monolithische Anwendung, die alle Funktionen in sich vereint.

Vertikale Schnitte bilden Subsysteme

Eine REST-Anwendung könnte eine URI-basierte Verteilung nutzen, um die Ressourcen der Anwendung auf separate Server verteilen zu können. Ein Reverse-Proxy oder ein API-Gateway könnte die Abfragen der Clients weiterleiten, sodass die Verteilung für Clients transparent bleibt. Auch der Einsatz von Hypermedia unterstützt die URI-basierte Verteilung, da die Clients mit den von der API angebotenen Links arbeiten.

URI-basierte Verteilung

Die herausgelösten Subsysteme können auch als Microservices bezeichnet werden, falls sie eine in sich abgeschlossene, fachliche Logik bereitstellen und eventuell sogar über eine eigene Datenhaltung

Microservices

verfügen. Weitere Kennzeichen von Microservices sind losgelöste Entwicklung und Evolution der Codebasis sowie autonomes Deployment und Monitoring.

Interprozess-
kommunikation

Auch die Interaktion der Komponenten einer Microservice-Architektur unterscheidet sich von der Interaktion der Komponenten einer monolithischen Anwendung. In einer monolithischen Anwendung können die Komponenten mit regulären Methodenaufrufen innerhalb eines Prozesses interagieren. Im Gegensatz dazu sind die Komponenten der Mircroservice-Architektur auf Interprozesskommunikation angewiesen. Eine wichtige Option ist synchrone HTTP-basierte Kommunikation à la REST oder SOAP. Eine wichtige Alternative ist asynchrone, nachrichtenbasierte Kommunikation, wie sie beispielsweise ein Message Broker bietet.

14.8 Zusammenfassung

Um möglichst anpassungsfähig auf langfristig wachsende Last oder temporäre Lastspitzen reagieren zu können, kann eine Anwendung horizontal skaliert werden, falls bestimmte Bedingungen erfüllt werden. Beim API-Design können Sie die Voraussetzungen dafür schaffen:

- Durch statuslose Kommunikation können Load Balancer Abfragen flexibel in einem Cluster verteilen.
- Laut dem CAP-Theorem kann ein System nicht gleichzeitig Consistency, Availability und Partition Tolerance garantieren, sondern muss Kompromisse machen.
- Partieller Ausfall ist der Normalzustand großer verteilter Systeme.
- Teilen Sie die Funktionen der Anwendung auf verschiedene Dienste, um diese getrennt skalieren oder deren Performance getrennt analysieren zu können.

15 Erweiterte Architekturthemen

Wenn Sie eine API für mehr als einen Client einsetzen, können Sie davon ausgehen, dass die Clients unterschiedliche Anforderungen an die API stellen werden. Wie können Sie sicherstellen, dass diese Anforderungen erfüllt werden und keine inkompatiblen Änderungen entstehen? Es ist ebenfalls fraglich, ob eine einzelne API für diese Aufgabe ausreichend ist. Gegebenenfalls können mehrere dedizierte APIs besser geeignet sein. Diese und andere Fragestellungen werden in diesem Kapitel diskutiert.

15.1 Consumer-Driven Contracts

Typischerweise hat ein Dienst mehrere Clients mit zum Teil unterschiedlichen Anforderungen. Idealerweise kennt der Anbieter eines Dienstes seine Clients, die ihre Anforderungen an den Anbieter kommunizieren können. Dennoch ist es für den Anbieter schwierig, alle diese Anforderungen umzusetzen, die API weiterzuentwickeln und inkompatible Änderungen für existierende Clients zu vermeiden.

Benutzerdefinierte Testfälle

Um zusätzliche Anforderungen neuer Clients umzusetzen, muss die API eines Dienstes weiterentwickelt werden. Wann immer die API zugunsten eines Clients verändert wird, könnte der API-Vertrag zum Nachteil eines existierenden Clients gebrochen werden. Manche API-Designer versuchen, das Problem mit einem umfassenden Entwurf, der alle jetzigen und zukünftigen Anforderungen berücksichtigt, zu vermeiden. Die Erfahrung zeigt, dass diese Versuche zwecklos sind, weil trotzdem Anforderungen vergessen oder nicht antizipiert worden sein könnten. Diese Einsicht ist auch als »You ain't gonna need it« (YAGNI) bekannt.

Dienstanbieter, die ihre Clients und deren Anforderungen kennen, haben einen entscheidenden Vorteil: Sie können benutzerorientierte Testfälle definieren, die einen Bruch des API-Vertrages feststellen würden. Falls der Anbieter des Dienstes selbst diese Testfälle definiert, könnte er versehentlich Anforderungen falsch interpretieren. Cliententwickler können hier aushelfen, indem sie die Definition der Testfälle übernehmen. Diese Testfälle dokumentieren genau die Erwartungen des Clients an die API. Der Dienstanbieter kann die Testfälle seiner Clients in seine Testsuite aufnehmen, sodass er Abweichungen zeitnah identifizieren kann. Alle Integrationstests, die der Dienstanbieter von seinen Clients erhält, bilden zusammen den API-Vertrag.

Praktische Umsetzung mit Pact

Pact ist eine Testbibliothek unter MIT-Lizenz, mit der ein »Pakt« zwischen Dienstanbieter und -konsument geschlossen werden kann, um Consumer-Driven Contract Testing praktisch umzusetzen. Zur Definition von HTTP-Requests und HTTP-Responses bietet die Testbibliothek eine Fluent API. Der Consumer Contract kann sowohl zum Test des Clients als auch zum Test des Servers genutzt werden:

■ Der Client erstellt einen Consumer Contract, der in Form von Komponententests ausgeführt werden kann. Durch Test Stubs werden die Testfälle vom Server entkoppelt zugunsten unabhängiger Entwicklung und Ausführung.
■ Die API des Servers kann mit den Requests aus dem Consumer Contract getestet werden. Die Antworten des Servers werden mit den vorgegebenen Antworten der Testfälle verglichen.

Abb. 15–1

Mit Mocks können Clientapplikationen getestet werden. Die definierten Erwartungen werden ebenfalls zum Test des Servers verwendet.

Wenn die Testfälle erfolgreich durchgeführt worden sind, können Client und Server in Betrieb genommen werden. Falls der Test des Servers nicht erfolgreich ist, darf dieser nicht deployt werden.

```java
public class ProductServiceConsumerTest extends ConsumerPactTest {

  @Override
  protected PactFragment createFragment(PactDslWithProvider
builder) {
    Map<String, String> headers = new HashMap<>();
    headers.put("Content-Type", "application/json;charset=UTF-8");
    return builder.uponReceiving("a request for a specific product")
                .path("/products/1")
                .method("GET")
                .willRespondWith()
                .headers(headers)
                .status(200)
                .body("{\"id\":1,\"name\":\"Monitor\"}")
                .toFragment();
  }

  @Override
  protected String providerName() {
    return "ProductService";
  }

  @Override
  protected String consumerName() {
    return "MyClient";
  }

  @Override
  protected void runTest(String url) {
    URI uri = URI.create(
      String.format("%s/%s/%s", url, "products", 1));
    ProductService service = new ProductService();
    Product product = service.getProduct(uri);
    assertEquals(1, product.getId());
  }
}
```

Dieses Beispiel zeigt einen Komponententest. Es ist der Test eines Clients, der hiermit seine Erwartungen an die API eines Produktdienstes definiert. Diese Erwartung entspricht dem PactFragment, das gleichzeitig in diesem Test zur Definition eines Mocks verwendet wird, sodass eine Implementierung von ProductService zur Ausführung dieses Komponententests nicht benötigt wird.

Fazit

Consumer-Driven Contracts sind ein Muster zur sicheren Weiterentwicklung von API-Verträgen, bei dem jeder Client seine individuellen Anforderungen an die API artikuliert. Neue Versionen des Clients und des Dienstes können auf diese Weise separat getestet und sicher in Betrieb genommen werden. Der Betreiber eines Dienstes ist in der

Lage, den Dienst zu erweitern, falls sichergestellt ist, dass der Dienst
die Integrationstests der Clients erfolgreich besteht.

15.2 Backends for Frontends

Falls ein Frontend Daten und Geschäftslogik anderer Dienste (z.B.
Microservices) nutzt, kann die Orchestrierung aufgrund des Netzwerk-
overheads ein Nachteil sein. Warum ist das so? Die Kommunikation
innerhalb eines Rechenzentrums erfolgt in Mikrosekunden (μs) und ist
in den meisten Fällen vernachlässigbar. Falls die Kommunikation über
das Internet erfolgt, ist der Netzwerkoverhead bereits im Bereich von
Millisekunden (ms), sodass ein Frontend bei vielen Dienstaufrufen entsprechend langsam wird.

In diesem Fall wird häufig ein Backend for Frontend (BFF) [New-
man 2015] eingesetzt. Die Kommunikation des Frontends erfolgt dann
nicht mehr direkt mit den Diensten, sondern nur noch mit dem BFF,
das eine API passend für die Anforderungen des Frontends anbietet,
sodass der Kommunikationsoverhead minimiert wird.

Die Ausgangslage wird noch etwas komplizierter, falls nicht nur
eine Webapplikation, sondern weitere native Applikationen (Desktop,
Tablet, Smartphone, TV) unterstützt werden sollen. Soll man in diesem Fall ein oder mehrere BFFs nutzen?

One-Size-fits-all

Eine mögliche Lösung wäre ein allgemeines BFF, das von allen Frontends gleichermaßen konsumiert wird. In diesem Fall gibt es eine »One
size fits all«-API für unterschiedliche Frontends.

Abb. 15–2
*Eine Backend-API wird
von mehreren
unterschiedlichen
Frontends genutzt.*

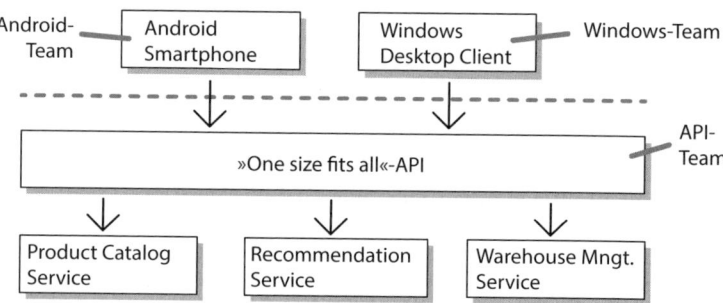

Dieser Ansatz kann erfolgreich sein, falls alle UIs ähnliche Aufrufe durchführen. Typischerweise gibt es jedoch Unterschiede:

- Die User Experience von mobilen Geräten ist grundlegend anders. Die Bildschirme sind beispielsweise kleiner und können weniger Informationen darstellen.
- Eine Vielzahl an Verbindungen zu serverseitigen Ressourcen leeren schnell die Batterien und brauchen das Datenvolumen auf.
- Mobile Benutzer können typischerweise besser von lokationsbasierten Funktionen profitieren. Im Gegensatz dazu können Desktop-Benutzer größere Datenvolumen (Bilder, Videos etc.) konsumieren.

Die Frontend-Technologie ist kein technisches Detail, sondern hat architekturelle Bedeutung.

Wegen der genannten Unterschiede führen mobile Applikationen weniger und andere Requests als Desktop-UIs aus. Eine »One size fits all«-API für unterschiedliche Frontends kann deswegen ungenügend sein.

Ein anderer Nachteil ist organisatorischer Art: Die »One size fits all«-API muss voraussichtlich regelmäßig erweitert werden, um alle Clients unterstützen zu können. Diese diversen Zuständigkeiten machen viel Arbeit, die höchstwahrscheinlich von einem dedizierten API-Team erbracht wird. Das API-Team übernimmt die Codebasis der API und arbeitet mit den Frontend-Teams zusammen, um deren Anforderungen zu priorisieren und umzusetzen. Außerdem muss das API-Team mit den Teams anderer Downstream-Dienste zusammenarbeiten, weil diese von der API konsumiert werden sollen. Das Ergebnis ist eine Art »Middleware«, die sich nicht auf einzelne Geschäftsbereiche konzentriert.[1]

Dedizierte APIs

Alternativ zum zuvor beschriebenen Szenario mit nur einer »One size fits all«-API, können mehrere spezifischere APIs eingesetzt werden. Die Kernidee dieses Ansatzes ist, dass jedem Frontend eine passende API angeboten wird.

---

1. Falls wenige oder nur ein Service versucht, alle Funktionen einer Organisation anzubieten, spricht man auch vom SOA-Antipattern »UBER Service«.

Abb. 15–3

In diesem Ansatz werden
dedizierte APIs für die
UI-Applikationen
angeboten.

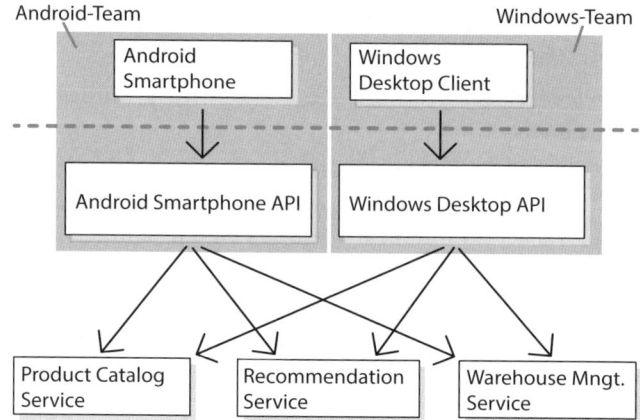

Wenn Frontend und dazugehörige API vom selben Team entwickelt
werden, ergeben sich mehrere Vorteile:

▪ Verbesserungen können leichter erkannt und realisiert werden.
▪ Eine spezifische API ist kleiner, einfacher und fokussierter als eine
  allgemeine API für diverse unterschiedliche Frontends.
▪ Typischerweise können Funktionen innerhalb eines Teams leichter
  verschoben werden als über Teamgrenzen hinaus. Bezogen auf das
  beschriebene Szenario bedeutet das, dass Funktionen leichter zwischen API und Frontend verschoben werden können.

Um die Aggregationslogik der BFFs nicht duplizieren zu müssen,
könnten diese Funktionen in Microservices ausgelagert werden [New-
man 2015].

Abb. 15–4

Aggregationsfunktionen
für den Aufruf mehrerer
Downstream-Dienste
können durch Micro-
services wiederverwendet
werden. Die Microservices
sollten nur intern
verwendet werden.

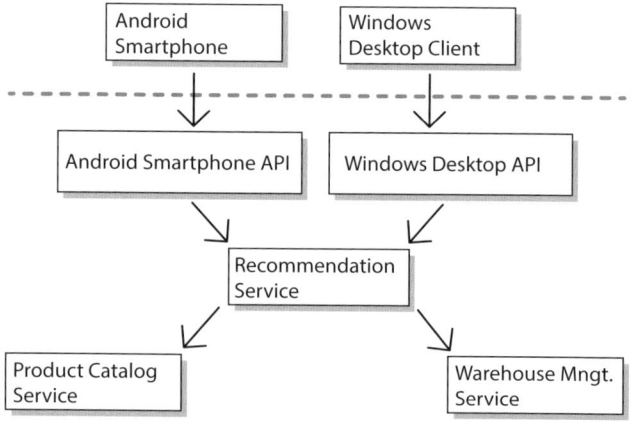

Falls Sie mehrere APIs einsetzen möchten, müssen Sie entscheiden, wie viele APIs tatsächlich notwendig sind:

- Eine API pro Client-Typ bedeutet, dass beispielsweise für mobile Applikationen auf Basis von iOS und Android zwei unterschiedliche APIs notwendig sind.   *Pro Client-Typ*
- Eine API pro User Experience bedeutet, dass zum Beispiel für alle mobilen Applikationen eine gemeinsame Mobile API angeboten wird. Auch die Desktop-Applikationen erhalten eine gemeinsame API.   *Pro User Experience*
- Nach dem Gesetz von Conway sollten die Teamgrenzen bei der Entscheidung einbezogen werden. Wenn beispielsweise ein Team sowohl die Android- als auch die iOS-Applikation entwickelt, können beide Applikationen dieselbe Backend-API verwenden.   *Pro Team*

Letztendlich müssen Sie einen Kompromiss finden: Einerseits möchten Sie nicht unnötig viele APIs bauen, um Overhead und Codeduplizierungen zu reduzieren. Andererseits sollten Sie keine API bauen, die zu viele Belange in sich vereint und dadurch schwer wartbar und benutzbar wird.

Fazit

Eine einzige Backend-API ist ausreichend, falls alle Clients die API einheitlich benutzen. Falls Sie Clients mit unterschiedlichen Anforderungen haben, müssen Sie gegebenenfalls spezifische APIs anbieten. Idealerweise werden Clientapplikation und Backend-API vom selben Team entwickelt.

15.3   Vernachlässigte Frontend-Architektur

Eine API bietet viele Vorteile und kann eine wichtige Komponente in der Architektur von Systemen sein, doch für viele Unternehmen sind UIs wichtiger.

Nur das Web als Channel nutzen

Sie können viele Probleme grundsätzlich vermeiden, indem Sie nur einen Channel nutzen: das Web. Der Aufwand zur Entwicklung mehrerer Frontends, der ohnehin für viele Teams zu hoch wäre, würde dadurch entfallen. Stefan Tilkov [Tilkov 2016] schlägt vor, nur das Web als Channel zu nutzen, weil Webapplikationen sehr leistungsfähig und Browser auf den meisten Clients vorhanden sind. Nutzen Sie eine Mobile-First-Strategie, Response-Design und Progressive Enhancement zur Entwicklung von Webapplikationen, die für viele unterschiedliche Clients geeignet sind. Dieser Ansatz vereinfacht auch den Entwurf dazugehöriger BFFs.

Monolithische Clients

Für Backend-Entwickler erscheinen BFFs vermutlich als eine elegante Lösung, weil sie den Orchestrierungsoverhead reduzieren und für Clients optimierte APIs anbieten können. BFFs sind jedoch oft symptomatisch für eine Vernachlässigung der Frontend-Architektur [Tilkov 2016]. Monolithische Clients und BFFs haben ihre Daseinsberechtigung und sind nicht in jedem Fall schlecht. Aber wenn Sie die Notwendigkeit erkennen, Ihr Backend in unabhängig deploybare Microservices aufzuteilen, dann sollten Sie dies ebenfalls mit ihrem Frontend tun. Nutzen Sie in diesem Fall eine Microservice-Architektur (ohne BFFs) mit kleinen und lose gekoppelten Frontends.

Fazit

Vernachlässigen Sie nicht Ihre Frontend-Architektur, denn das ist der Teil, auf den es oftmals ankommt. Manchmal sind lose gekoppelte Frontends wichtiger als Backend-APIs.

15.4 Netflix-APIs

Das Unternehmen Netflix bietet weltweit Filme und TV-Serien als Stream für Millionen von Kunden. Bereits 2008 startete Netflix eine öffentliche API zum Zugriff auf Filminformationen und zur Verwaltung von benutzerspezifischen Filmlisten. Interessanterweise wurde diese öffentliche API 2014 wieder abgeschaltet. Alle Clientapplikationen erhalten seitdem nur noch den Statuscode 404 »Not Found«. Das Unternehmen erstellte stattdessen eine API-Entwicklungsplattform und begann Partnerschaften mit anderen Unternehmen zur Entwicklung von Netflix-Applikationen, die weiterhin Zugriff auf die Netflix-Daten haben. Was sind die Gründe für dieses Vorgehen?

»One size fits all« versus dedizierte API

Wie im vorherigen Abschnitt bereits beschrieben wurde, können die Anforderungen von Clients an einen Dienst sehr unterschiedlich sein. Insbesondere steht Netflix vor der Herausforderung, Tausende unterschiedliche Geräte zu unterstützen. Eine »One-Size-Fits-All«-API für alle Clients kann nicht funktionieren und deswegen nutzt jedes Frontend-Team eine dedizierte API.

Den größten Einfluss auf das Design einer API sollte die Zielgruppe haben.

Dieser Ansatz widerspricht damit der Idee einer »One-Size-Fits-All«-API, die nach ihrer Veröffentlichung von einer großen Anzahl unterschiedlicher Clients verwendet wird. Wenige bekannte Clients sind demzufolge besser als viele unbekannte. Diese Überlegung spricht für den Einsatz dedizierter APIs.

   In einem traditionellen Modell gibt es einen API-Anbieter und einen API-Konsumenten. Der API-Anbieter ist typischerweise allein für das Aggregieren, Formatieren und Ausliefern der Daten verantwortlich. Doch wie sinnvoll ist diese Aufgabenverteilung tatsächlich?

- Das Einsammeln und Aggregieren der Daten gehört tatsächlich in den Aufgabenbereich des API-Anbieters. Der API-Konsument sollte oder darf hiervon nichts wissen.   *Aggregieren*

- Es liegt auf der Hand, dass ein API-Konsument ein größeres Interesse an der Formatierung der Daten hat als ein API-Anbieter. Dennoch liegt diese Zuständigkeit traditionell beim API-Anbieter.   *Datenformatierung*

- Für das verwendete Protokoll und Request-Response-Modell ist der API-Anbieter zuständig, obwohl der API-Konsument das größte Interesse daran hat, wie die Daten ausgeliefert werden.   *Datenauslieferung*

Es gab demzufolge technische Gründe für Netflix, die API anders zu schneiden. Unabhängig davon wollte Netflix auch aus rein kommerziellen Gründen keine öffentliche API mehr und hat damit seine vielen API-Nutzer enttäuscht. Stattdessen unterhält man nur noch Partnerschaften mit ausgewählten Firmen.

Dynamische Endpunkte

Mit der Plattform von Netflix wird die Grenze zwischen API-Anbieter und API-Konsument neu gezogen. In den Verantwortungsbereich eines Clients fällt nicht nur der Code der Clientapplikation, sondern auch serverseitiger Code für Adapter. Die Adapter nutzen die Java-API von Netflix, die auf weitere interne Downstream-Dienste zugreift. Statt einer »One size fits all«-API gibt es viele dynamische Endpunkte, die für die User Experience eines Clients zugeschnitten werden.

Abb. 15–5

Die Grenze zwischen API-Anbieter und API-Konsument wird durch den Adaptercode neu definiert.

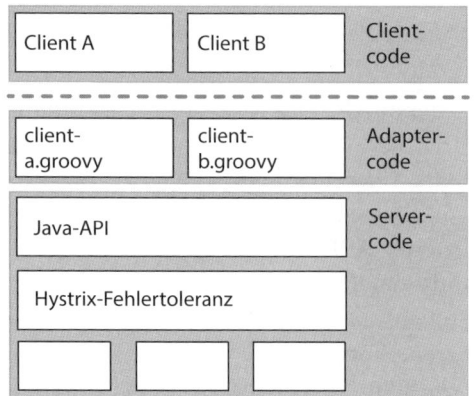

Mit diesem Ansatz wird ein erheblicher Teil der UI-spezifischen Daten-aufbereitung reduziert, weil Clientcode nun ebenfalls serverseitig aus-geführt wird. Die Clientapplikation auf einem Gerät kann nun einen Netzwerkaufruf zu einem dedizierten Clientadapter auf dem Server machen, der an einen bestimmten Endpunkt gebunden ist. Die Java-API führt das Laden und Aggregieren der benötigten Daten aus. Die Ergebnisse werden dem Adapter übergeben, der den Inhalt für die Aus-lieferung verändern kann. Das Datenformat könnte beispielsweise geändert werden. Es wäre auch möglich, Felder umzubenennen oder zu entfernen. Durch den Adapter ist die Interaktion zwischen Gerät und Server viel effizienter. Ein Ziel des Adapters ist daher auch die Reduktion der notwendigen Netzwerkaufrufe.

Hystrix

Netflix entwickelte zur Verbesserung der Fehlertoleranz die Bibliothek Hystrix. Diese Bibliothek ist für verteilte Systeme wie die Microser-vice-Architektur von Netflix notwendig, um Situationen wie diese zu vermeiden: Wenn der Aufruf eines entfernten Dienstes fehlschlägt oder länger als normal dauert, können sich die Clientverbindungen stauen, bis alle Verbindungen des Connection-Pools blockiert sind. Hystrix bietet umfangreiche Hilfestellung zur Umsetzung von Resilience-Mus-ter. Hierzu zählt die Implementierung eines Circuit-Breaker, der ver-hindert, dass keine weiteren Anfragen zu einem fehlerhaften Dienst weitergeleitet werden.

Fazit

Netflix geht einen Schritt weiter und schaltet nicht nur seine öffentliche »One size fits all«-API ab und ersetzt diese durch dedizierte APIs für unzählige Geräte, sondern verschiebt sogar die Grenze zwischen API-Anbieter und API-Konsument. Ein Teil des Clientcodes wird aus diesem Grund auf dem Server ausgeführt. Dieser Adaptercode ist über dynamische Endpunkte von den entfernten Clientapplikationen aufrufbar.

15.5 Zusammenfassung

Wenn eine API unterschiedliche Anforderungen mehrerer Clients erfüllen soll, können Consumer-Driven Contracts eingesetzt werden, um inkompatible Erweiterungen der API frühzeitig zu erkennen. Die gewünschten User Experiences von Clientapplikationen können dennoch so unterschiedlich sein, dass eine »One size fits all«-API nicht ausreicht. Eine dedizierte API pro Client-Typ, User Experience oder Team könnte alternativ eingesetzt werden. Im Idealfall werden Clientapplikation und API vom selben Team entwickelt. Netflix verzichtet auf eine öffentiche API und setzt auf seine API-Entwicklungsplattform.

16 API-Management

16.1 Überblick

Der Begriff »API-Management« lässt sich weder auf einen bestimmten Standard noch ein einzelnes Unternehmen zurückführen. Vielmehr trugen mehrere API-Pioniere wie SalesForce, Ebay und Twilio wechselseitig zur Begriffsbildung bei. API-Management umfasst alle technischen, wirtschaftlichen und strategischen Aspekte, die mit der Handhabe von APIs für ein Unternehmen oder einer Dienstleistung verbunden sind [Lane 2014].

Das erste Start-up, das API-Management als Dienst[1] anbot, war bereits 2006 Mashery. Mit der Plattform von Mashery konnten APIs geplant, deployt und schnell in Betrieb genommen werden. Inzwischen ist die Zahl der Anbieter in diesem Bereich auf über 20 angewachsen. Das Ziel von API-Management ist in jedem Fall die Veröffentlichung und Überwachung von APIs über deren gesamten Lebenszyklus, sodass sichergestellt ist, dass die Bedürfnisse von Entwicklern, die die APIs nutzen, erfüllt werden.

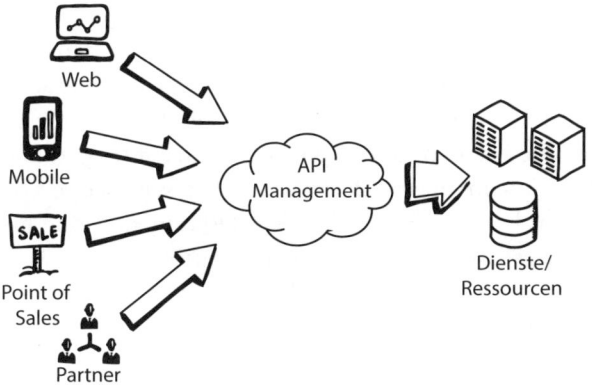

Abb. 16–1
API-Management
als Dienst

---

1. In diesem Zusammenhang wäre auch die Bezeichnung Software as a Service (kurz SaaS) passend.

Der Aufgabenbereich umfasst neben dem Hosting von einzelnen oder Tausenden APIs auch Zugriffsverwaltung und -analyse. Diese und andere Dienste können von API-Gateways bereitgestellt werden. In der Regel gehört zu den API-Management-Werkzeugen auch ein Portalbereich, der ein Blog, Forum, Dokumentation und Helpdesk umfassen kann.

Es gibt zwei grundsätzliche Ansätze im API-Management: Beim DIY-Ansatz (Do-it-yourself) betreiben Sie Ihr eigenes Portal und kombinieren verschiedenste Werkzeuge und Dienste miteinander. Alternativ können Sie einen der vielen API-Management-Provider nutzen, dessen Werkzeuge aufeinander abgestimmt und miteinander integriert sind. Es ist jedoch nicht einfach, den passenden zu finden. Wenn Sie die einschlägigen API-Plattformen noch nicht kennen, sollten Sie zwei Wochen für die Recherche einplanen. Ein Pilotprojekt, bei dem Sie wertvolle praktische Erfahrungen sammeln, kann auch ein guter Startpunkt sein.

Auch dieses Kapitel kann keine Recherche ersetzen, bei der Sie neueste Informationen zu konkreten Angeboten und Dienstleistungen erhalten. Dennoch bietet dieses Kapitel eine breite Einführung in die grundlegenden Werkzeuge und Funktionen des API-Managements.

16.2   Funktionen einer API-Management-Plattform

Eine API-Management-Plattform bietet eine Vielzahl an Funktionen, mit denen Entwurf, Deployment und Verwaltung von APIs vereinfacht wurden. Letztendlich geht es darum, APIs möglichst schnell zu veröffentlichen, aber trotzdem Sicherheit, Verfügbarkeit und Funktionsumfang nicht zu vernachlässigen. Eine API-Management-Plattform umfasst folgende Funktionsbereiche:

Entwurf und Modellierung

- Zur Beschreibung von APIs eignen sich spezielle Dokumentations- und Modellierungssprachen, die in Kapitel 12 genauer vorgestellt wurden. Eine derartige Dokumentation kann nach einem API-First-Ansatz auch vor der Implementierung erzeugt und mit Mocks oder Prototypen überprüft werden. Typischerweise werden API-Entwickler bei der Erstellung der Dokumentation durch Werkzeuge unterstützt. Für die Dokumentations- und Modellierungssprache Swagger gibt es beispielsweise das browser-basierte Werkzeug Swagger UI.

■ Auf Basis der API-Dokumentation können ebenfalls Mocks generiert werden. Die Mocks dienen zur Arbeitsteilung: Während zum Beispiel das Frontend-Team schon damit beginnt, gegen die Mocks zu programmieren, kann parallel dazu das Backend vom Middleware-Team gebaut werden. Eine zweite Aufgabe der Mocks ist die Entwurfsvalidierung, sodass (verteilte) Teams beim gemeinsamen Entwurf und Review der APIs unterstützt werden. Mocking wird zum Beispiel von *www.mockable.io* und *www.mocky.io* angeboten.

Prototyping

■ Für die Installation einer API (Backend) und anderer API-Management-Komponenten kommen verschiedene Szenarien infrage. Hosting im eignen Haus ist genauso üblich wie Hosting bei PaaS-Anbietern. Apigee bietet zum Beispiel beides. Die Unterstützung der einzelnen API-Management-Provider für On-Premises-Installationen, Cloud oder Kombinationen ist unterschiedlich. Beachten Sie dies bei der Auswahl des Providers.

Deployment

■ Statistiken sind notwendig, um zu verstehen, wie APIs benutzt werden. Geschäftsrelevante Erkenntnisse können daraus abgeleitet werden. Metriken zeigen Hotspots, den aktuellen Systemstatus, Aktivität einzelner Benutzer und den zeitlichen Verlauf der Auslastung des Systems.

Analyse und Statistik

■ Zum Traffic-Management gehören Caching und Datenratenbegrenzung (throttling). Caching trägt zur Performance-Verbesserung bei, falls Responses wiederverwendet und nicht neu generiert werden müssen. Datenratenbegrenzung steuert die Häufigkeit, mit der Requests bearbeitet werden. Beispielsweise könnte man festlegen, dass ein Client nicht mehr als 60 Requests pro Minute senden darf.

Traffic-Management

■ Weil APIs sensible Daten bereitstellen, müssen diese vor unberechtigtem Zugriff und Missbrauch geschützt werden. In der Regel können vorgefertigte Komponenten Authentifizierung und Autorisierung übernehmen.

Sicherheit

■ API-Benutzer brauchen eine gute Dokumentation, um nicht durch Probieren herausfinden zu müssen, wie eine API funktioniert. Ein Entwicklerportal kann die Dokumentation leicht zugänglich bereitstellen. Zusätzlicher Informationsaustausch findet auch durch Blogs, Foren und Wikis statt.

Community

■ Zusätzlich zur Dokumentation könnte das Entwicklerportal auch kostenlose und zahlungspflichtige Schulungen in Form von Videos anbieten. Dieses Angebot wird häufig durch Zertifikate komplettiert.

Schulungen und Zertifizierung

■ Auch zur Konfiguration von Abrechnungsmodellen, zur Erzeugung von Rechnungen und zur Handhabung unterschiedlicher Bezahlverfahren sind Funktionen notwendig.

Monetarisierung

16.3 API-Management-Architektur

Die Werkzeuge und Dienste der etablierten API-Management-Provider weisen viele Gemeinsamkeiten auf. Leider sind die Bezeichnungen nicht einheitlich. Und nicht in jedem Fall kann eine Komponente eines Anbieters oder Projektes 1:1 einer Komponente eines anderen Anbieters oder Projektes zugeordnet werden. Ein großer Nachteil ist deswegen Vendor-Lock-in. Um trotzdem einen kompakten und allgemeinen Überblick bieten zu können, ohne sich in Details zu verlieren, werden die wichtigsten Komponenten und deren Funktion in einer verallgemeinerten API-Management-Architektur vorgestellt.

Auf die Ressourcen einer internen Applikation greifen Benutzer oder andere Applikationen häufig nicht direkt zu. Stattdessen erfolgt die Integration über ein API-Gateway, das vor die Applikation geschaltet wird. Die Konfiguration des Gateways sowie die Auswertung der vom Gateway gesammelten Metriken erfolgt im API-Manager. Eine weitere Komponente in der API-Management-Architektur ist das Entwicklerportal für die API-Benutzer. Außerdem gibt es einen API-Designer für Dokumentations- und Modellierungsaufgaben. Die genannten Schlüsselkomponenten dieser serverbasierten API-Management-Architektur sind zusammenfassend in Abbildung 16–2 dargestellt.

Abb. 16–2

Allgemeine API-Management-Architektur

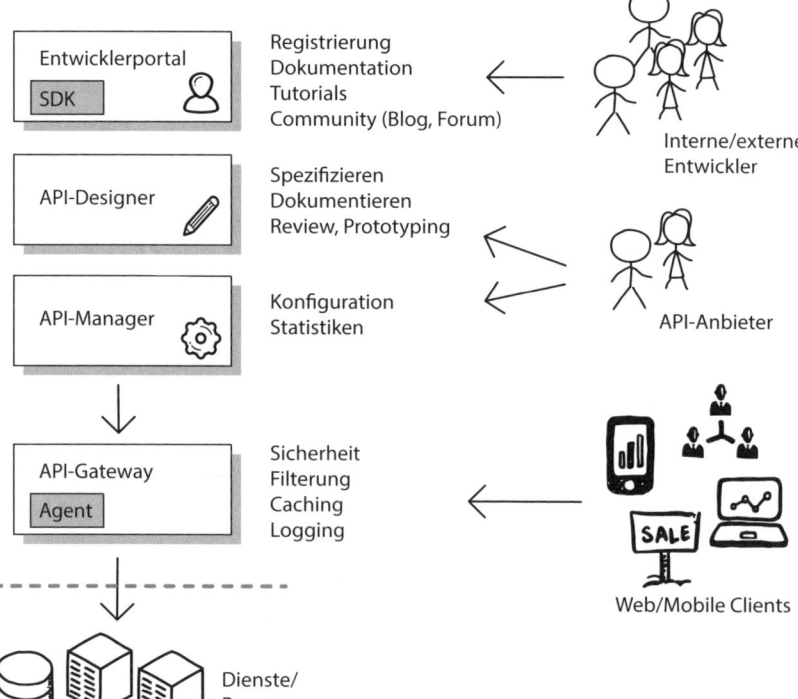

API-Gateway

Ein API-Gateway sitzt vor der API bzw. der Anwendung und setzt Zugriffsverwaltung, Caching und Datenratenbegrenzung um. Im Idealfall bedeutet dies, dass sich Entwickler auf ihre Arbeit an der Applikation konzentrieren können und die Implementierung von Managementinfrastruktur entfällt. Angenommen Sie haben einen nützlichen internen Dienst entwickelt, der nun öffentlich genutzt werden soll, dann kann die Integration eines API-Gateways schneller und einfacher sein als die Entwicklung der eigenen Autorisierungs-Middleware. Ein API-Gateway kann als Proxy, Agent und Hybrid genutzt werden:

- API-Serviceprovider wie Mashery und Apigee nutzen diesen Ansatz *Proxy* und hosten Gateways als Proxys in einer Cloud-Umgebung, sodass sie quasi zwischen den API-Backends und API-Benutzern sitzen. Weil der gesamte Datenverkehr über den Provider läuft, gibt es allerdings datenschutzrechtliche Bedenken. Ein anderer Nachteil ist die höhere Latenz. Ein Vorteil ist (global) verteiltes Caching, das die API-Backends enorm entlasten kann. Alternativ können Proxys auch lokal im eigenem Rechenzentrum stehen. Solche On-Premise-Lösungen werden beispielsweise von Apigee und Layer7 angeboten. Die Open-Source-Lösungen von ApiAxle und WS02 können sowohl in der Cloud als auch im eigenen Rechenzentrum installiert werden.
- Wegen der genannten Nachteile bei der Netzwerklatenz der Proxys *Agent* können alternativ Agents eingesetzt werden. Zum Beispiel bietet 3scale Komponenten, die direkt im Server der Anwendung installiert werden können.
- Auch Kombinationen aus Proxys und Agents werden genutzt. Api- *Hybrid* gee und 3scale nutzen Agents für Authentifizierung und Proxys für Caching.

Amazon API Gateway

Auch AWS bietet für Entwickler einen Service, der das Erstellen, Veröffentlichen, Warten, Überwachen und Sichern von APIs vereinfacht. In der AWS Management Console oder mit der API Gateway Control Service API kann eine API als Proxy zum Zugriff auf Daten und Geschäftslogik von Backend-Diensten auf Amazon EC2, AWS Lambda oder einer beliebigen Webanwendung erzeugt, konfiguriert und deployt werden. Die Kosten für diesen Service sind von den transferierten Daten sowie von der Anzahl der Anrufe abhängig.

API-Manager

Der API-Manager ist eine weitere Komponente der allgemeinen API-Management-Architektur. Er ist Teil eines Portalbereichs, der vom API-Provider zur Verfügung gestellt wird. Zweck des API-Managers ist die Konfiguration und das Monitoring der API-Gateways. Die Agents der API-Gateways kommunizieren über HTTPS mit dem API-Manager. Von diesem erhalten sie ihre Konfigurationen und liefern Daten über Status und Benutzungsstatistiken zurück. Zugang zum API-Manager erhalten die Agents in der Regel durch eine valide Benutzer-ID und ein Benutzergeheimnis. Die Kommunikation mit dem API-Manager wird durch den Agent initiiert.

Wenn das API-Gateway gestartet wird, authentifiziert es sich beispielsweise mit OAuth beim API-Manager. Der Agent sendet anschließend eine Liste mit den konfigurierten Endpunkten des API-Gateways zum API-Manager. Alle Endpunkte, die beim API-Manager registriert sind, werden fortan vom Agent überwacht. Wenn einer dieser Endpunkte der API aufgerufen wird, überprüft der Agent eine Policy-Liste, die er regelmäßig beim API-Manager abfragt. Die Policy-Liste enthält beispielsweise als ersten Eintrag die Überprüfung der Benutzer-ID und des Benutzergeheimnisses. Falls die Überprüfung erfolgreich war, wird mit der nächste Policy auf der Liste fortgefahren. Beispielsweise ist es möglich, API-Requests von bestimmten IPs, Inhalten oder Payload-Größen herauszufiltern. Nur API-Requests, die alle Policies erfüllen, werden zum Backend weitergeleitet und tatsächlich bearbeitet.

API-Designer

Teil der vorgestellten API-Management-Architektur ist der API-Designer, ein Werkzeug zum Entwurf und zur Dokumentation von APIs. Zentraler Bestandteil des API-Designers ist ein Editor für eine Beschreibungssprache, wie zum Beispiel Swagger, I/O Docs oder RAML, mit der APIs in Form von Ressourcen, HTTP-Operationen und Parametern spezifiziert werden können. In der Regel enthält ein API-Designer nicht nur einen Editor, sondern auch eine grafische Ansicht, mit der die API interaktiv ausprobiert werden kann. Werkzeuge dieser Kategorie findet man bei den gängigen API-Management-Providern.

Swagger von SmartBear ▪ SmartBear Software entwickelte Swagger, eine Beschreibungssprache für APIs. Die Swagger-2.0-Spezifikation steht unter Apache License Version 2.0. Passend für Swagger bietet das Open-Source-Projekt Swagger.io zwei Werkzeuge: Swagger UI und Swagger Editor. Technisch gesehen ist Swagger UI eine Sammlung aus HTML-Dokumenten, JavaScript und CSS und hat sonst keine weiteren Abhängigkeiten. Mit Swagger UI werden interaktive API-Dokumentationen erzeugt, die in der Regel als Bestandteil der sonstigen Dokumentation veröffentlicht werden. Der Swagger Editor basiert auf Node.js und ist zum Zeitpunkt des Schreibens dieses Buches im Gegensatz zu Swagger UI nicht als Stand-alone-Komponente verfügbar. Der Swagger Editor bietet zwei Ansichten: Links ist das Swagger-Dokument dargestellt, das mit Autovervollständigung editiert werden kann. Rechts wird zeitgleich die fertige Dokumentation grafisch dargestellt.

▨ Mashery bietet mit I/O Docs ebenfalls ein interaktives Dokumentationssystem für REST-APIs, das auf Node.js basiert. Für die im Editor erstellten API-Beschreibungen werden JavaScript-Clients generiert, mit denen API-Aufrufe durchgeführt werden können. Beantwortet werden die Aufrufe von einem Proxy des I/O Docs Server, der mit entsprechendem Payload antwortet. Ein Pendant zu Swagger UI ist der API Explorer von Mashery. Die I/O Docs Community Edition kann kostenfrei verwendet werden.

I/O Docs von Mashery

▨ Mulesoft bietet mit der Anypoint Platform eine weitere wichtige Alternative. Mit dem API-Designer der Plattform können API-Dokumentationen mit der Beschreibungssprache RAML erstellt werden. Der API-Designer unterstützt Autovervollständigung und macht auf Fehler im RAML-Dokument aufmerksam. Die API Console ist eingebettet in den API-Designer und zeigt die fertige interaktive Dokumentation an. Der API-Designer steht unter Common Public Attribution Licence Version 1.0.

Anypoint Platform von Mulesoft

Die wichtigsten Fakten sind noch einmal in der folgenden Tabelle zusammengestellt:

	Swagger.io (SmartBear Software)	I/O Docs (Mashery)	Anypoint Platform (MuleSoft)
Beschreibungssprache	Swagger	I/O Docs	RAML
Editor mit zusätzlicher grafischer Ansicht	Swagger Editor	I/O Docs	API-Designer
Interaktive Dokumentation	Swagger UI	API Explorer	API Console (auch Bestandteil des API-Designers)
Ad-hoc-Tests	mit Swagger UI	mit API Explorer	mit API Console, API Notebook für interaktive API-Beispiele

Tab. 16–1
Vergleich der API-Designer verschiedener Anbieter

API-Entwicklerportal

Entwicklerportale sind wichtig für den Informationsaustausch in der Entwickler-Community. Aus diesem Grund sind Funktionen notwendig, die man vor allem aus sozialen Netzwerken kennt, denn Entwickler sollen in der Lage sein, Inhalte zu erzeugen, zu teilen und zu vernetzen. Ein Entwicklerportal umfasst daher statische Inhalte, wie beispielsweise die API-Dokumentation und die Benutzerbedingungen, sowie dynamische Inhalte, zu denen Inhalte aus Blogs und Foren gehören.

Ein Anbieter einer API muss nicht nur in der Lage sein, seine API zu exponieren, sondern auch Entwickler in der Benutzung der API zu schulen. Außerdem sind Funktionen zur Registrierung von Benutzern und Clientapplikationen notwendig. Mit den Blogs und Foren können Benutzer wertvolles Feedback liefern. Zu diesem Feedback gehören sicherlich auch Feature Requests und die Möglichkeit, darüber abzustimmen.

Die Diskussionen in den Foren sowie die Erklärungen und Beispiele in den Blogs erweitern die Dokumentation. Foren sind außerdem eine Möglichkeit, Support zu bieten.

Apigee Edge bietet ein Entwicklerportal, das als Ausgangsbasis verwendet werden kann, um eine benutzerspezifisch angepasste Website mit den beschriebenen Funktionen aufzubauen. Die Entwicklerportale von Apigee Edge können als Cloud- oder als On-Premises-Lösung betrieben werden.

SDK

Als API-Anbieter können Sie ein SDK, bestehend aus einer oder mehreren APIs und Werkzeugen, erstellen, mit dem Ihre API schneller und einfacher von Anwendungsentwicklern konsumiert werden kann. Entwickler laden das SDK herunter und können mit der Entwicklung beginnen. Wenn Sie ein SDK bauen wollen, müssen Sie sich entscheiden, auf welchen Geräten und Betriebssystemen und mit welchen Programmiersprachen die API konsumiert werden soll. Falls die API primär von mobilen Applikationen genutzt werden soll, ist es sinnvoll, iOS und Android zu unterstützen. Häufig werden auch Java-SDKs, JavaScript-SDKs oder Python-SDKs angeboten.

Wenn das SDK schnell integriert und benutzt werden kann, beschleunigt es die Entwicklung von Clientapplikationen. Zum SDK gehören deshalb auch Dokumentation und Codebeispiele mit Best Practices, die eine korrekte Umsetzung von Geschäftsregeln und eine effiziente Benutzung des entfernten Dienstes sicherstellen. Ein SDK bietet den Anwendungsentwicklern eine objektorientierte API, die ebenfalls nach den Qualitätszielen des API-Designs zu optimieren ist. Twitter hat zum Beispiel mehrere offizielle und inoffizielle SDKs. Die Entwicklung und Wartung von SDKs ist sehr aufwendig und deswegen nicht immer gerechtfertigt. Für die APIs von Unternehmensanwendungen gibt es aus diesem Grund selten SDKs.

16.4 Open-Source-Gateways

Sie müssen nicht auf die spezialisierten Dienste eines API-Management-Providers zurückgreifen, denn auch im Open-Source-Umfeld finden Sie Alternativen, wie beispielsweise den Spring Cloud Zuul Proxy, Strongloop Mashape Kong, Repose und Tyk. Die beiden letztgenannten werden im Folgenden genauer vorgestellt.

Repose

Repose [Repose 2014] ist ein Java-basierter HTTP-Proxy-Service mit Apache-Lizenz. Mit seinen Funktionen kann er als kostenloses API-Gateway eingesetzt werden. Eine Deployment-Option sieht vor, Repose als Stand-alone-Proxy-Server, der zwischen Client und Anwendung läuft, einzusetzen. Alternativ könnte Repose auch im Servlet-Container der Anwendung laufen. Auch ein Docker-Container eignet sich zur Ausführung von Repose.

Benutzerauthentifizierung, Datenratenbegrenzung, Versionierung und HTTP-Logging werden standardmäßig unterstützt. Jede der genannten Funktionen wird durch eine eigene Komponente realisiert und mit komponentenspezifischen XML-Dateien konfiguriert.

Repose wird zum Beispiel bei Rackspace erfolgreich eingesetzt, weil die genannten Funktionen von nahezu jedem Webservice benötigt werden. Um die Basisfunktionen nicht mehrfach entwickeln zu müssen, wird Repose als universeller HTTP-Proxy verwendet.

Das folgende XML-Dokument definiert ein beispielhaftes Repose-Systemmodell eines Clusters, bestehend aus zwei Repose-Knoten für eine Anwendung:

```
<system-model>
  <repose-cluster id="cluster_id">
    <nodes>
      <node id="repose_node1" hostname="host1" http-port="8080"/>
      <node id="repose_node2" hostname="host2" http-port="8080"/>
    </nodes>
    <filters>
        <filter name="slf4j-http-logging" />
        <filter name="ip-identity" />
        <filter name="rate-limiting" />
    </filters>
    <services>
    </services>
    <destinations>
      <endpoint id="example service" protocol="http"
          hostname="api.example.com" root-path="/"
          port="80" default="true"/>
    </destinations>
  </repose-cluster>
</system-model>
```

Das konfigurierte Systemmodell im obigen Beispiel nutzt drei Filter:

- SLF4J-HTTP-Logging: Mit diesem einfachen Filter werden die von Repose empfangenen und gesendeten HTTP-Nachrichten geloggt.
- IP-Identität: Die Aufgabe dieses Filters ist das Setzen der Header »X-PP-User« und »X-PP-Groups« auf Basis des Headers »X-Forwarded-For« oder der IP-Adresse des Absenders.
- Rate-Limiting: Dieser Filter kann die maximale Anzahl an Requests pro Sekunde, Minute, Stunde oder Tag pro User oder pro IP einschränken. Um die Datenrate korrekt berechnen zu können, muss der Header »X-PP-User« und optional auch »X-PP-Groups« gesetzt werden.

Die Reihenfolge der Filter ist wichtig. Das Logging sollte demnach als erster und die Datenratenbegrenzung als letzter Filter eingetragen werden.

Tyk

Tyk [Tyk 2015] ist ein leichtgewichtiges API-Gateway, mit dem der Zugriff auf APIs gesteuert werden kann. Tyk wurde in Go implementiert, steht unter Mozilla Public Licence v2.0 und benötigt zur Datenspeicherung MongoDB sowie Redis. Tyk erhebt verschiedene Statistiken, die zeigen, wie Benutzer mit der API interagieren. Die Konfiguration erfolgt programmatisch über eine HTTP-JSON-API, sodass die Konfiguration ohne Downtime geändert werden kann. Standardmäßig unterstützt Tyk verschiedene Authentifizierungsproto-

kolle: Token-basierte, HMAC-signierte, HTTP Basic Authentication
und OAuth 2. Wie Repose bietet auch Tyk Funktionen zur Datenratenbegrenzung und API-Versionierung. Die Versionierung der API
wird ebenfalls von der feingranularen Zugriffskontrolle berücksichtigt. Eine neue API-Definition wird mit einem POST und folgendem
exemplarischen JSON-Payload erzeugt:

```
POST /tyk/apis/ HTTP/1.1
Host: localhost:8080

{
    "name": "Example API Definition",
    "api_id": "1",
    "org_id": "default",
    "definition": {
        "location": "",
        "key": ""
    },
    "use_keyless": true,
    "auth": {
        "auth_header_name": ""
    },
    "version_data": {
        "not_versioned": true,
        "versions": {
            "Default": {
                "name": "Default",
                "expires": "3000-01-01 23:59",
                "paths": { ... },
                "use_extended_paths": true,
                "extended_paths": {
                    "ignored": [],
                    "white_list": [],
                    "black_list": []
                }
            }
        }
    },
    "proxy": {
        "listen_path": "/myapplication/",
        "target_url": "http://api.example.com/",
        "strip_listen_path": true
    }
}
```

Mit dem gezeigten JSON-Dokument wird nur eine »Default«-Version
der API definiert, die bis zum Jahr 3000 gültig ist. Der Versionierungs-
mechanismus von Tyk wurde erweitert, sodass die Pfade nicht mehr
mit »paths«, sondern mit »extended_paths« angegeben werden. Darin
enthalten sind die Arrays »ignored«, »white_list« und »black_list«.

Mit deren Einträgen können detailliert die Requests durch Angabe von URI-Pfaden, HTTP-Methoden, Response-Header und Body gesteuert werden.

Das Tyk-Projekt bietet jedoch mehr als nur einen HTTP-Proxy-Service, denn mit »extended_paths« wird auch API-Mocking unterstützt. API-Definitionen in Form von Apiary API Blueprints im JSON-Format können über die Kommandokonsole importiert werden. Die Mocks sind entweder eine eigenständige API-Definition oder eine Version einer schon existierenden API-Definition.

Neben dem API-Gateway bietet das Tyk-Projekt auch ein Dashboard: Diese GUI bietet Einblick in die Analysedaten sowie Funktionen zur Benutzer- und Entwicklerverwaltung. Das Dashboard dient ebenfalls als Server für das Tyk-API-Portal, das jeder konfigurierten Organisation ein separates Portal bietet, in dem APIs und deren Dokumentationen veröffentlicht werden können, sowie einen On-Boarding-Workflow für zukünftige Benutzer der APIs.

16.5 Zusammenfassung

In diesem Kapitel wurden verschiedene Werkzeuge und Anbieter rund um das Thema API-Management vorgestellt. Um das Thema allgemeingültig zu beleuchten, wurde eine verallgemeinerte API-Management-Architektur, bestehend aus Entwicklerportal, API-Designer, API-Manager und API-Gateway, vorgestellt:

- Ein Entwicklerportal bietet Funktionen für On-Boarding, Dokumentation und Kollaboration.
- Entwurf und Dokumentation erfolgt mithilfe eines API-Designers, der die Modellierung auf Basis spezieller Beschreibungssprachen unterstützt.
- Der API-Manager dient der Konfiguration des API-Gateways, der Definition von Services und ihrer Versionen sowie der Auswertung von Analysestatistiken.
- Authentifizierung, HTTP-Logging, Datenratenbegrenzung, Versionierung und andere Filter werden vom API-Gateway, das als Reverse-Proxy zwischen Client und Anwendung platziert wird, angeboten.

Anhang

A Literaturverzeichnis

[**Amundsen 2010**] Amundsen, Mike: *Hypermedia Types*, 31. Mai 2010; *http://amundsen.com/hypermedia/hfactor/*.

[**Amundsen 2013**] Amundsen, Mike: *Collection+JSON – Hypermedia Type*, 24. Februar 2013; *http://amundsen.com/media-types/collection/*.

[**Amundsen & Nadareishvili 2015**] Amundsen, Mike; Nadareishvili, Irakli: *Uniform Basis for Exchanging Representations (UBER)*, 6. Juni 2015; *http://rawgit.com/uber-hypermedia/specification/master/uber-hypermedia.html*.

[**apiDoc**] *apiDoc Website; http://apidocjs.com*; Zugriff am 11.07.2015.

[**BeerXML**] *BeerXML Homepage; http://www.beerxml.com/beerxml.htm*; Zugriff im April 2015.

[**Belady 1966**] Belady, Laszlo: A study of replacement algorithms for virtual storage computers. *IBM Systems Journal* V (2), 1966, S. 78–101.

[**Berners-Lee et al. 1998**] Berners-Lee, T.; Fielding, R.; Masinter, L.: *RFC-2396: Uniform Resource Identifiers (URI): Generic Syntax*, August 1998; *https://tools.ietf.org/html/rfc2396*.

[**Bloch 2006**] Bloch, Joshua: How to Design a Good API and Why it Matters. *Proceedings of OOPSLA*, 2006.

[**Bloch 2008**] Bloch, Joshua: *Effective Java*. 2. Auflage, Addison-Wesley, 2008.

[**Bloch 2014**] Bloch, Joshua: A Brief, Opinionated History of the API, 21. Oktober 2014; *http://goo.gl/WLKLQc*.

[**Borenstein 1996**] Borenstein, N.: *RFC-2046: Multipurpose Internet Mail Extensions (MIME) Part Two: Media Types*, November 1996; *https://www.ietf.org/rfc/rfc2046.txt*.

[**Boyd 2012**] Boyd, Ryan: *Getting Started with OAuth 2.0*. Beijing: O'Reilly, 2012.

[**Brewer 2000**] Brewer, Eric: Towards robust distributed systems. *Proceedings of the Annual ACM Symposium on Principles of Distributed Computing* 19 (2000), S. 7–10.

[Brooks 2008] Brooks, Frederick P.: *Vom Mythos des Mann-Monats*. mitp Business, 2008.

[Butek 2005] Butek, Russell: *Which style of WSDL should I use?* 2005; *http://www.ibm.com/developerworks/library/ws-whichwsdl/*; Zugriff am 18.11.2015.

[Cederholm & Çelik 2005] Cederholm, Dan; Çelik, Tantek: *What are microformats?* 2005; *http://microformats.org/wiki/what-are-microformats*; Zugriff im April 2015.

[Çelik 2013] Çelik, Tantek: *Geo – Draft Microformat Specification*, 2013; *http://microformats.org/wiki/geo*; Zugriff im April 2015.

[Cockburn 2000] Cockburn, Alistair: *Writing Effective Use Cases*. Addison-Wesley Professional, 2000.

[Cotton & Greatorex 1968] Cotton, Ira W.; Greatorex, Frank S.: Data structures and techniques for remote computer graphics. *Proceedings of the fall joint computer conference*, 1968.

[Dawson & Howes 1998] Dawson, F.; Howes, T.: *RFC-2426: vCard MIME Directory Profile*, September 1998; *http://www.ietf.org/rfc/rfc2426.txt*.

[des Rivières 2007] des Rivières, Jim: Evolving Java-based APIs. *Eclipse Wiki*, 1. Oktober 2007; *https://wiki.eclipse.org/Evolving_Java-based_APIs*.

[Dig 2007] Dig, Daniel: Automated Upgrading of Component-based Applications. Urbana, Illinois, 2007.

[Dusseault & Snell 2010] Dusseault, L.; Snell, J.: *RFC-5789: PATCH Method for HTTP*, März 2010; *http://tools.ietf.org/html/rfc5789*.

[Erl et al. 2008] Erl, Thomas; Karmarkar, Anish; Walmsley, Priscilla; Haas, Hugo; Yalcinalp, L. Umit; Liu, Kevin; Orchard, David; Tost, Andre; Pasley, James: *Web Service Contract Design and Versioning for SOA*. Boston: Prentice Hall, 2008.

[Evans 2004] Evans, Eric: *Domain-Driven Design: Tackling Complexity in the Heart of Software*. Addison-Wesley, 2004.

[Facebook Graph API] *Facebook Graph API*; *https://developers.facebook.com/docs/graph-api/using-graph-api/#errors*; Zugriff am 06.03.2016.

[Fairbanks et al. 2006] Fairbanks, George; Garlan, David; Scherlis, William: Design Fragments Make Using Frameworks Easier. *OOPSLA 2006*. New York: ACM Press, 2006, S. 75–88.

[Fette & Melnikov 2011] Fette, I.; Melnikov, A.: *RFC-6455: The WebSocket Protocol*, Dezember 2011; *https://tools.ietf.org/html/rfc6455*.

[Fielding 2000] Fielding, Roy: *Architectural Styles and the Design of Network-based Software Architectures*, 2000; *https://www.ics.uci.edu/~fielding/pubs/dissertation/top.htm*.

[Fielding 2006] Fielding, Roy: *REST discuss mailing list*, 2006.

[Fielding et al. 1999] Fielding, Roy et al.: *RFC-2616: Hypertext Transfer Protocol – HTTP/1.1*, Juni 1999; *http://www.w3.org/Protocols/rfc2616/rfc2616.html*.

[Fielding & Masinter 2005] Fielding, R.; Masinter, L.: *RFC-3986: Uniform Resource Identifier (URI): Generic Syntax*, Januar 2005; *https://www.ietf.org/rfc/rfc3986.txt*.

[Fowler 2005] Fowler, Martin: *Bliki*, 20. Dezember 2005; *http://martinfowler.com/bliki/FluentInterface.html*.

[Gamma et al. 1994] Gamma, Erich; Helm, Richard; Johnson, Ralph; Vlissides, John: *Design Patterns. Elements of Reusable Object-Oriented Software*. Addison-Wesley, 1994.

[Garcia-Molina & Salem 1987] Garcia-Molina, Hector; Salem, Kenneth: *SAGAS*, 1987; *https://www.cs.cornell.edu/andru/cs711/2002fa/reading/sagas.pdf*.

[Gilbert & Lynch 2002] Gilbert, Seth; Lynch, Nancy: Brewer's conjecture and the feasibility of consistent, available, partition-tolerant web services. *ACM SIGACT News* 33 (2), 2002.

[GitHub API] *GitHub API*, 8. März 2016; *https://developer.github.com/v3/#client-errors*.

[Goetz et al. 2006] Goetz, Brian; Peierls, Tim; Bloch, Joshua; Bowbeer, Joseph; Holmes, David; Lea, Doug: *Java Concurrency in Practice*. Addison-Wesley Professional, 2006.

[Goldstine & von Neumann 1948] Goldstine, Herman; von Neumann, John: Planning and Coding of Problems for an Electronic Computing Instrument. *Report on the Mathematical and Logical Aspects of an Electronic Computing Instrument* II (III), 1948.

[Gregorio & de hOra 2007] Gregorio, J.; de hOra, B.: *RFC-5023: The Atom Publishing Protocol*, Oktober 2007; *https://www.ietf.org/rfc/rfc5023.txt*.

[Hardt 2012] Hardt, D.: *RFC-6749: The OAuth 2.0 Authorization Framework*, Oktober 2012; *http://tools.ietf.org/html/rfc6749*.

[Henney 2000] Henney, Kevlin: A Tale of Two Patterns. *Java Report* 2000, S. 84–88.

[Henning 2007] Henning, Michi: API Design Matters. *ACM Queue Magazine* V, 2007, S. 24–36.

[Hickson 2011] Hickson, Ian: *The WebSocket API*, 19. April 2011; *https://www.w3.org/TR/2011/WD-websockets-20110419/*.

[Hohpe & Woolf 2004] Hohpe, Gregor; Woolf, Bobby: *Enterprise Integration Patterns: Designing, Building, and Deploying Messaging Solutions*. Boston: Addison-Wesley, 2004.

[Hunt & Thomas 1999] Hunt, Andrew; Thomas, David: *The pragmatic programmer: from journeyman to master*. Boston: Addison-Wesley Longman Publishing Co., Inc., 1999.

[ISO/IEC 14977] ISO/IEC 14977:1996(E), 12. Dezember 1996; *http://www.cl.cam.ac.uk/~mgk25/iso-14977.pdf*.

[Java Documentation 2015] *Java Documentation – Javadoc*, 9. Juli 2015; *https://docs.oracle.com/javase/8/docs/technotes/tools/windows/javadoc.html*.

[Jones et al. 2015] Jones, M.; Bradley, J.; Sakimura, N.: *RFC-7519: JSON Web Token (JWT)*, Mai 2015; *https://tools.ietf.org/html/rfc7519*.

[JSON-Schema] *JSON-Schema Homepage*; *http://json-schema.org*; Zugriff am 23.04.2015.

[Kelly 2013] Kelly, Mike: *HAL – Hypertext Application Language*, 18. September 2013; *http://stateless.co/hal_specification.html*.

[Kreft & Langer 2014] Kreft, Klaus; Langer, Angelika: Effective Java – Teil 10. *Java Magazin* 2014, S. 12–20.

[Lacker 2013] Lacker, Kevin: How to Design Great APIs, 2013.

[Lane 2014] Lane, Kin: *API Providers Guide – API Management*, Juli 2014; *https://s3.amazonaws.com/kinlane-productions/whitepapers/API+Evangelist+-+API+Providers+Guide+-+API+Management.pdf*.

[Loughran & Smith 2005] Loughran, Steve; Smith, Edmund: Rethinking the Java SOAP Stack. *HPL*, 17. Mai 2005; *http://www.hpl.hp.com/techreports/2005/HPL-2005-83.pdf*.

[Martin 2008] Martin, Robert C.: *Clean Code: A Handbook of Agile Software Craftsmanship*. Upper Saddle River: Prentice Hall PTR, 2008.

[McConnell 2004] McConnell, Steve: *Code Complete: A Practical Handbook of Software Construction*. 2. Auflage, Redmond: Microsoft Press, 2004.

[Meyer 1988] Meyer, Bertrand: *Object-oriented Software Construction*. Prentice Hall, 1988.

[Newman 2015] Newman, Sam: *Pattern: Backends For Frontends*, 18. November 2015; *http://samnewman.io/patterns/architectural/bff/*.

[Nottingham 2010] Nottingham, M.: *RFC-5988: Web Linking*, Oktober 2010; *http://tools.ietf.org/html/rfc5988*.

[Nottingham & Sayre 2005] Nottingham, M.; Sayre, R.: *RFC-4287:*
   The Atom Syndication Format, Dezember 2005;
   http://xml.coverpages.org/Atom-RFC4287.txt.

[Nottingham & Wilde 2016] Nottingham, M.; Wilde, E.: *RFC-7807:*
   Problem Details for HTTP APIs, März 2016; *https://tools.ietf.org/html/rfc7807.*

[Palermo 2008] Palermo, Jeffrey: *jeffreypalermo.com,* 29. Juli 2008;
   http://jeffreypalermo.com/blog/the-onion-architecture-part-1/;
   Zugriff am 10.12.2015.

[Parnas 1972] Parnas, David: On the Criteria To Be Used in Decomposing Systems Into
   Modules. *Communications of the ACM 15,* 1972, S. 1053–1058.

[Parnas & Clements 1986] Parnas, David L.; Clements, Paul C.: A rational design
   process: How and why to fake it, 1986.

[Preston-Werner 2015] Preston-Werner, Tom: *Semantic Versioning 2.0.0,* 2015;
   http://semver.org.

[RabbitMQ] *RabbitMQ-Dokumentation; https://www.rabbitmq.com/confirms.html;*
   Zugriff am 23.06.2016.

[Reddy 2011] Reddy, Martin: *API Design for C++.* Academic Press, 2011.

[Repose 2014] *Repose,* 2014; http://openrepose.org; Zugriff am 10.06.2015.

[Richardson & Amundsen 2013] Richardson, Leonard; Amundsen, Mike: *RESTful*
   Web APIs. O'Reilly, 2013.

[Schmidt 1998] Schmidt, Douglas C.: Extension Interface, 1998;
   http://www.laputan.org/pub/sag/extension-interface.pdf.

[Shelby et al. 2014] Shelby, Z.; Hartke, K.; Bormann, C.: *RFC 7252: The Constrained*
   Application Protocol (CoAP), Juni 2014; *https://tools.ietf.org/html/rfc7252.*

[SOAP] *Latest SOAP versions; http://www.w3.org/TR/soap/;* Zugriff am 28.09.2015.

[Stylos &Myers 2008] Stylos, Jeffrey; Myers, Brad A.: The Implications of Method
   Placement on API Learnability. *SIGSOFT '08/FSE-16 Proceedings of the*
   16th ACM SIGSOFT International Symposium on Foundations of software
   engineering, 2008, S. 105–112.

[Swiber 2015] Swiber, Kevin: *Siren: a hypermedia specification for representing entities,*
   21. Oktober 2015; *https://github.com/kevinswiber/siren.*

[Tanenbaum & van Stehen 2007] Tanenbaum, Andrew S.; van Stehen, Maarten:
   Verteilte Systeme: Prinzipien und Paradigmen. 2. Auflage, Pearson Studium,
   2007.

[The OpenAPI Specification] *The OpenAPI Specification;*
   https://github.com/OAI/OpenAPI-Specification; Zugriff am 23.06.2016.

[Tilkov 2016] Tilkov, Stefan: *Wait, What!? Our Microservices Have Actual Human Users?* 7. Februar 2016;
https://www.infoq.com/news/2016/02/tilkov-microxchg-human-users.

[Tilkov et al. 2015] Tilkov, Stefan; Eigenbrodt, Martin; Schreier, Silvia; Wolf, Oliver: *REST und HTTP.* 3. Auflage, Heidelberg: dpunkt.verlag, 2015.

[Tulach 2008] Tulach, Jaroslav: *Practical API Design: Confessions of a Java Framework Architect.* Berkely: Apress, 2008.

[Twilio API] *Twilio API*; *http://www.twilio.com/docs/api/rest/response*; Zugriff am 08.03.2016.

[Twitter API] *Twitter API*; *https://dev.twitter.com/overview/api/response-codes*; Zugriff am 06.03.2016.

[Tyk 2015] *Tyk; https://tyk.io*; Zugriff am 11.06.2015.

[Vernon 2013] Vernon, Vaughn: *Implementing Domain-Driven Design.* Upper Saddle River, NJ: Addison-Wesley Professional, 2013.

[Wheeler 1952] Wheeler, David J.: The Use of Subroutines in Programs. *Proceedings of the Association for Computing Machinery* (Richard Rimbach Associates), 1952.

[Wiegers 2006] Wiegers, Karl E.: *More about Software Requirements.* Microsoft Press, 2006.

[Wikipedia 2016] *Wikipedia;* 16. Januar 2016;
https://de.wikipedia.org/wiki/Programmierschnittstelle.

[Wilde 2013] Wilde, E.: *RFC-6906: The ›profile‹ Link Relation Type,* März 2013;
http://tools.ietf.org/html/rfc6906.

[WSDL] *Web Services Description Language (WSDL)*; *http://www.w3.org/TR/wsdl*; Zugriff am 28.09.2015.

Index

Stefan Tilkov · Martin Eigenbrodt
Silvia Schreier · Oliver Wolf

REST und HTTP

Entwicklung und Integration nach dem
Architekturstil des Web

3., aktualisierte und erweiterte
Auflage 2015
330 Seiten, Broschur
€ 37,90 (D)

ISBN:
Print   978-3-86490-120-1
PDF   978-3-86491-643-4
ePub   978-3-86491-644-1

Das Buch bietet eine praktische Anleitung
zum professionellen Einsatz von RESTful
HTTP für Webanwendungen und -dienste.
Dazu beschreibt es den Architekturstil REST
und seine Umsetzung im Rahmen der Protokolle des Web (HTTP, URIs u.a.). Es zeigt,
wie man verteilte Anwendungen und Webservices im Einklang mit den Prinzipien des
Web entwirft. Grundlagen und fortgeschrittene Techniken werden detailliert erläutert
und anhand einer Beispielanwendung
umgesetzt.

Neu in der dritten Auflage ist unter anderem.
die Behandlung von HAL, collection+json
und Siren, sowie das Zusammenspiel nach
dem ROCA-Prinzip.

dpunkt.verlag
www.dpunkt.de

Eberhard Wolff

Microservices

Grundlagen flexibler
Softwarearchitekturen

1. Auflage 2016,
386 Seiten, Broschur
€ 36,90 (D)

ISBN:
Buch   978-3-86490-313-7
PDF   978-3-86491-841-4
ePub   978-3-86491-842-1

Eine Microservices-Architektur unterteilt Software-Systeme in eine Vielzahl kleiner Dienste, die unabhängig voneinander in Produktion gebracht werden können. Jedes Team arbeitet dabei an seinen Microservices und ist weitgehend entkoppelt von anderen Teams; das erlaubt eine einfache Skalierung agiler Prozesse. Die Aufteilung in Microservices schützt gegen den Verfall der Architektur, sodass die Systeme auch langfristig wartbar bleiben. Zudem können Legacy-Systeme durch Microservices ergänzt werden, ohne dabei den alten Code zu ändern. Und auch Continuous Delivery ist einfacher umsetzbar.

Das Buch erläutert technologieneutrale Konzepte und Architekturen, die mit verschiedenen Technologien umgesetzt werden können. Als Beispiel für einen konkreten Technologie-Stack wird Java mit Spring Boot, dem Netflix-Stack und Spring Cloud gezeigt. Anhand von vielen Beispielen und konkreten Szenarien lernen Sie, wie Microservices möglichst gewinnbringend genutzt werden können. Außerdem erhalten Sie Anregungen, das Gelernte durch eigene Experimente weiter zu vertiefen.

dpunkt.verlag
www.dpunkt.de

Rezensieren & gewinnen!

Besprechen Sie dieses Buch und helfen Sie uns und unseren Autoren, noch besser zu werden.

Als Dankeschön verlosen wir jeden Monat unter allen neuen Einreichungen fünf dpunkt.bücher. Mit etwas Glück sind dann auch Sie mit Ihrem Wunschtitel dabei.

Wir freuen uns über eine aussagekräftige Rezension, aus der hervorgeht, was Sie an diesem Buch gut finden, aber auch was sich verbessern lässt. Dabei ist es egal, ob Sie den Titel auf Amazon, in Ihrem Blog oder bei YouTube besprechen.

Schicken Sie uns einfach den Link zu Ihrer Besprechung und vergessen Sie nicht, Ihren Wunschtitel anzugeben: www.dpunkt.de/besprechung oder besprechung@dpunkt.de

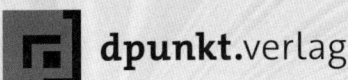

dpunkt.verlag

dpunkt.verlag GmbH · Wieblinger Weg 17 · 69123 Heidelberg
fon: 0 62 21/14 83 22 · fax: 0 62 21/14 83 99